新时期
幼儿园课程实施手册

何蓉 主编

西南大学出版社
国家一级出版社 全国百佳图书出版单位

图书在版编目(CIP)数据

新时期幼儿园课程实施手册 / 何蓉主编. -- 重庆：西南大学出版社, 2025.5. -- ISBN 978-7-5697-3117-0

Ⅰ. G612

中国国家版本馆CIP数据核字第2025NS9053号

新时期幼儿园课程实施手册
XINSHIQI YOU'ERYUAN KECHENG SHISHI SHOUCE

何蓉　主编

责任编辑	曹园妹
责任校对	张　琳
装帧设计	C起源
排　　版	夏洁
出版发行	西南大学出版社（原西南师范大学出版社）
地　　址	重庆市北碚区天生路2号
邮　　编	400715
电　　话	023-68254657　68254107
网上书店	https://xnsfdxcbs.tmall.com
印　　刷	重庆市圣立印刷有限公司
成品尺寸	185 mm×260 mm
印　　张	30.25
字　　数	598千字
版　　次	2025年5月 第1版
印　　次	2025年5月 第1次印刷
书　　号	ISBN 978-7-5697-3117-0
定　　价	128.00元

编委会

主　编：何　蓉

副主编：罗海燕　吴登艳　胡　华

编　委：（排名不分先后）

何　娟　邢　磊　卢　静　幸美玲　任利容

付晓莉　邵　霞　艾丽娟　陶凌燕　陈红霞

秦龙春　周小艳　彭红媛　范迎川　金　莉

卢柳静　吴银花

前言

童年阶段在幼儿园里的学习和游戏是人的一生中最为幸福的时光。幼儿园的课程应该为幼儿提供快乐与自由,让每个幼儿在快乐的发现和自由的探索中茁壮成长。2001年7月,教育部印发《幼儿园教育指导纲要(试行)》,指出:"幼儿园应为幼儿提供健康、丰富的生活和活动环境,满足他们多方面发展的需要,使他们在快乐的童年生活中获得有益于身心发展的经验。"2012年10月,教育部印发《3—6岁儿童学习与发展指南》,提出:"帮助幼儿园教师和家长了解3—6岁幼儿学习与发展的基本规律和特点,建立对幼儿发展的合理期望,实施科学的保育和教育,让幼儿度过快乐而有意义的童年。"2024年6月,学前教育法草案提请全国人大常委会会议二次审议。《中华人民共和国学前教育法草案(征求意见稿)》第二十八条(保教原则)指出:"幼儿园应当坚持保育与教育相结合的原则,面向全体儿童,尊重个体差异,注重习惯养成,以游戏为基本活动,创设良好的生活和活动环境,使学前儿童获得有益于身心发展的经验。"新时代幼儿教育必须坚持立德树人根本任务,贯彻党和国家的教育方针,按照幼儿园保育与教育相结合的基本原则,遵循幼儿身心发展特点和规律,实施德、智、体、美、劳全面发展与"五育并举"的核心素养教育。

课程(curriculum)是个拉丁词汇,它的词源是currere,名词意为"跑道"或者"在跑道上奔跑的四轮马车",侧重固定的轨迹;动词意为"在跑道上奔跑",侧重个体化行为和个人体验。在西方,作为教育术语的"课程",最早出现在彼特·拉莫斯(Peter Ramus)的《知识地图》中,用来表示循序渐进的学习过程。在我国,"课程"一词最早出现在唐朝孔颖达为《诗经·小雅·巧言》之文句所作的疏言:"以教护课程,必君子监之,乃得依法制也",在此不是学校课程的本意。课程开始成为一门独立的教育学的研究领域,是从1918年美国课程与教学理论研究专家巴比特(Bobbit)出版《课程》(*The Curriculum*)一书开始,主张要回答教育改革、学校愿景、教师成长和学生发展等教育改进或教育优化的实际问题，都离不开课程改革与教学创新。泰勒1949年出版的《课程与教学的基本原理》，被公认为现代课程理论的奠基石。同时，泰勒也被誉为"现代课程理论之父"。

学校课程属于观念形态、文化形态、创造形态的知识体系，它的内容既包括人类社会所积累的知识或已知，也包括人类社会所创造的技能或未知。课程作为文化传播的一种手段，一方面它是人类文化遗产传承的工具，另一方面它是人类文化创造转化的媒介。但是，人类已经积累的文化和技能与未知的经验和创新是非常丰富的，而学生的学习时间和求知精力是有限的，要解决这个矛盾和现实，课程就需要从已知文化和未知创造中筛选和提炼，到底如何筛选、如何提炼，我们经过多年的思考，创造性地提出了幼儿园课程知识选择的范式。

重庆市万州区幼师幼儿园创办于1961年9月。1981年11月，被四川省人民政府评为"四川省托幼工作先进集体"。1991年11月，被四川省教育厅认定为首批省级示范园，现为重庆市首批市级示范幼儿园。为深入贯彻落实习近平总书记在学校思想政治理论课教师座谈会上的重要讲话精神和关于思政课建设的重要指示批示精神，根据《教育部关于进一步加强新时代中小学思政课建设的意见》中"学段衔接"的有关要求，我们把课程思政建设作为幼儿园高质量办园的总抓手，充分彰显课程思政价值引领和思政课程政治引领功能，在全国幼儿教育领域首创性地开展了幼儿教育课程思政园本课程理论研究和实践探索。

新时代的幼儿教育既要放眼国际教育前沿，也要着眼立德树人根本任务。幼儿园课程知识既要适应幼儿生存的文化环境，还要面向幼儿未来发展的社会环境。幼儿园的课程应该是一种整合性、发展性、实践性相互依存的综合活动与学习方式。所谓整合性，主要强调幼儿发展的整体性。一方面应注重幼儿身体、情感、认知、行为的和谐发展；另一方面应注重幼儿园与家庭及社会的有机整合，强调为幼儿的发展创造良好的生活空间和学习环境。所谓发展性，强调幼儿园课程应尊重每个幼儿的发展水平、知识能力、现实经验和学习方式，应充分满足幼儿发展的需要，鼓励他们在活泼、幸福、自由的生活环境和学习环境中获得有益于身心发展的经验，为一生的发展奠定良好的基础。所谓实践性，主要强调幼儿学习的实践活动，幼儿园课程不仅应注重幼儿的主动参与和亲身体验，也应关注幼儿与同伴、教师和环境的互动，强调创设适宜幼儿身体发展和心理适应的生活与学习环境，为幼儿提供幸福感知、好奇探究、瞬间发现的活动空间，为幼儿形成良好习惯、积极态度和审美情感提供充分条件。

早在20世纪上半叶，张雪门在其《幼儿园课程》一书中指出，幼儿园课程是对三岁到六岁儿童所能够做而且喜欢做的经验的预备。幼儿园园本课程开发是指幼儿园根据国家教育方针,遵循幼儿园的育人目标和幼儿个体的成长追求,由幼儿园课程主体(园长、教师、幼儿、家长、地方文化精英、学科专家、教研员等)参与,在共同协同合作下,为改善幼儿园的教育质量,为了孩子的全面发展,所计划、组织、研究并逐步形成的一种有助于幼儿身心和谐发展的课程与教学实践活动。理论创新推动实践变革,重庆市万州区幼师幼儿园在幼儿园园本课程开发的过程中,在运用泰勒原理"两把筛子、三个来源"的基础上,又创造性地提出了"两个指向"。一方面我们指向"系好童年的第一粒扣子"育人目标,另一方面我们指向"享有童年的最幸福生活"幼儿追求。前者专注幼儿教育课程思政,后者回归幼儿教育服务主体。经过几年的实践研究,我们紧紧围绕课程思政育人目标,牢牢把握服务主体个体追求,整合国家课程、地方课程和园本课程,按照建园之初我园生活体验办园理念,不断探索,最终形成了"5+2+N园本课程体系"。"5"指幼儿园五大领域园本课程思政;"2"指幼儿园园本美育课程和园本劳动教育课程两个关键思政课程;"N"指我园近些年在开展国家和省部级科研项目研究过程中,科研产出的"幼儿园社会体验园本课程"、"幼儿园幼小衔接园本课程"、"幼儿园乡土材料园本课程"和"幼儿园生活活动园本课程"。

目录

第一篇　幼儿园五大领域园本课程思政　　1

第一章　幼儿园健康领域园本课程思政　　3
第一节　幼儿园小班健康领域园本课程思政教育教学活动设计　　3
第二节　幼儿园中班健康领域园本课程思政教育教学活动设计　　10
第三节　幼儿园大班健康领域园本课程思政教育教学活动设计　　19

第二章　幼儿园语言领域园本课程思政　　37
第一节　幼儿园小班语言领域园本课程思政教育教学活动设计　　38
第二节　幼儿园中班语言领域园本课程思政教育教学活动设计　　51
第三节　幼儿园大班语言领域园本课程思政教育教学活动设计　　66

第三章　幼儿园社会领域园本课程思政　　89
第一节　幼儿园小班社会领域园本课程思政教育教学活动设计　　89
第二节　幼儿园中班社会领域园本课程思政教育教学活动设计　　96
第三节　幼儿园大班社会领域园本课程思政教育教学活动设计　　121

第四章　幼儿园科学领域园本课程思政　　142
第一节　幼儿园小班科学领域园本课程思政教育教学活动设计　　142
第二节　幼儿园中班科学领域园本课程思政教育教学活动设计　　155
第三节　幼儿园大班科学领域园本课程思政教育教学活动设计　　172

第五章　幼儿园艺术领域园本课程思政　210

第一节　幼儿园小班艺术领域园本课程思政教育教学活动设计　210

第二节　幼儿园中班艺术领域园本课程思政教育教学活动设计　224

第三节　幼儿园大班艺术领域园本课程思政教育教学活动设计　243

第二篇　幼儿园园本美育课程和园本劳动教育课程思政　279

第六章　幼儿园园本美育课程思政　281

第一节　幼儿园小班园本美育课程思政教育教学活动设计　281

第二节　幼儿园中班园本美育课程思政教育教学活动设计　284

第三节　幼儿园大班园本美育课程思政教育教学活动设计　291

第七章　幼儿园园本劳动教育课程思政　309

第一节　幼儿园小班园本劳动教育课程思政教育教学活动设计　309

第二节　幼儿园中班园本劳动教育课程思政教育教学活动设计　319

第三节　幼儿园大班园本劳动教育课程思政教育教学活动设计　334

第三篇　幼儿园社会体验园本课程与科研课题园本课程思政　353

第八章　幼儿园社会体验园本课程思政　355

第一节　幼儿园小班社会体验园本课程思政教育教学活动设计　355

第二节　幼儿园中班社会体验园本课程思政教育教学活动设计　362

第三节　幼儿园大班社会体验园本课程思政教育教学活动设计　392

第九章　幼儿园科研课题园本课程思政　420

第一节　幼儿园幼小衔接园本课程思政教育教学活动设计　420

第二节　幼儿园乡土材料园本课程思政教育教学活动设计　439

第三节　幼儿园生活活动园本课程思政教育教学活动设计　453

后　记　471

第一篇

幼儿园五大领域园本课程思政

《幼儿园教育指导纲要(试行)》将幼儿园教育内容划分为健康、语言、社会、科学、艺术五个领域,倡导各领域内容相互渗透,从不同的角度促进幼儿情感、态度、能力、知识、技能等方面的发展。根据《教育部关于进一步加强新时代中小学思政课建设的意见》中"学段衔接"的有关要求,结合《中华人民共和国学前教育法(草案)》,我园始终坚持以"立德树人"为核心,以"一个孩子一个世界"为办园理念,构建了"5+2+N"的课程体系,可以从以下三个层面解读"5"。首先,从政策逻辑层面,"5"就是五大领域普适性课程中渗透思政元素;其次,从政治逻辑层面,我们在课程建设过程中始终践行习近平总书记强调的"五育并举";最后,从历史逻辑层面,我们的课程以陈鹤琴先生倡导的"五指活动"理念为指引。五大领域课程是幼儿园教育的重要组成部分,我们在五大领域课程中注重思政元素的融入,通过丰富多彩的教育活动和实践体验,引导幼儿树立正确的价值观、培养社会责任感、促进全面发展,实现"课程思政 培根铸魂"的教育目标。在健康领域,我们在运动游戏中帮助幼儿形成积极稳定的情绪情感,提高自我保护能力,鼓励幼儿不怕困难,敢于挑战自我,与同伴团结协作,善于思考,立志长大保家卫国。在语言领域,我们借助绘本、谈话、诗歌等游戏,让幼儿想说、敢说、喜欢说并能得到积极回应,培养幼儿良好的阅读习惯,进一步拓展学习经验,浸润专注、合作、团结、友爱等优秀品质。在社会领域,我们通过各种游戏活动,让幼儿在与成人和同伴交往的过程中,学习如何与人友好相处,学习如何看待自己、对待他人,不断发展适应社会生活的能力。在科学领域,我们通过各种科学探究游戏,发现和保护幼儿的好奇心,引导他们运用观察、比较、操作、实验等方法,学会发现问题、分析问题和解决问题,形成受益终身的学习态度和能力。在艺术领域,我们在丰富多彩的艺术体验活动中渗透对幼儿的思政教育,萌发幼儿对美的感受和体验,丰富幼儿的想象力和创造力,引导幼儿学习用心灵去感受和发现美,用他们独特的方式表达对大自然、对家乡和祖国的热爱。

第一章　幼儿园健康领域园本课程思政

2019年3月18日，习近平总书记在学校思想政治理论课教师座谈会上明确指出："思想政治理论课是落实立德树人根本任务的关键课程。"这一重要论断为课程思政建设提供了根本遵循。幼儿园健康领域从"课程思政"视域出发，将健康教育课程与课程思政深度融合，探寻其开展的必要性和可行性。《3—6岁儿童学习与发展指南》也明确指出，"健康是指人在身体、心理和社会适应方面的良好状态"，同时提出"发育良好的身体、愉快的情绪、强健的体质、协调的动作、良好的生活习惯和基本生活能力是幼儿身心健康的重要标志"。健康领域作为五大领域之首，有其自身规律和特点。学前阶段幼儿身体发育和心理发展迅速，提高幼儿身心健康水平，有助于为其他领域的学习与发展奠定基础。因此，在五大领域内容中，健康教育显得尤为重要，将健康教育课程与课程思政融合更是必经之路。本章以文化为根、以儿童为本、以品德为魂，根据幼儿的生活和学习实际，将显性教育和隐性教育结合起来，通过游戏、生活、节日主题等活动把健康课程思政理念渗入幼儿一日生活及学习各环节，更渗透到幼儿园教学、管理和服务的各方面。

第一节　幼儿园小班健康领域园本课程思政教育教学活动设计

活动一

橘子丰收了[①]

设计意图

《3—6岁儿童学习与发展指南》健康领域目标中提到："利用多种活动发展身体平衡和协调能力。"小班幼儿已经具备一定的走、跑、跳能力，但在协调和稳定性方面还有一定的欠缺。通过"橘子丰收了"这个活动，幼儿可以锻炼自己的身体协调能力，培养平衡感，并学会与他人合作完成任务。

---

① 本书作者指导曾梦馨老师设计与撰写。

活动目标

1.在模拟采摘橘子时,发展跳跃、平衡、抓取能力。
2.能大胆挑战自己,勇敢地参与游戏。
3.体验游戏带来的愉悦情绪。

活动重难点

1.重点:在身体移动中发展协调性和稳定性。
2.难点:勇敢地参与游戏,不怕失败。

活动准备

1.经验准备:有在地面上平衡走的经验。
2.物质准备:橘子若干、篮子4个、软垫若干、音乐。
3.环境准备:模拟橘子园。

活动过程

一、橘子小能手,采摘准备时

播放音乐,教师带着幼儿做热身活动。
引导语:今天天气真好,骑上我们心爱的自行车去帮农民伯伯收橘子吧!

二、橘子接力赛,采摘大比拼

(一)教师讲解游戏玩法一:摘橘子(模仿不同的动物摘橘子)。

1.了解去橘子园的路线。
2.幼儿分四组站立在起点线,听教师口令沿路线走到"橘子树"下,然后根据指令模仿不同的动物,用不同的动作摘橘子。

(二)教师讲解游戏玩法二:运橘子(模仿不同的车运橘子)。

1."汽车"运橘子:通过爬的方式将橘子运到终点。
2."自行车"运橘子:通过走的方式将橘子运到终点。
3."屁股车"运橘子:坐在地上,通过屁股挪动将橘子运到终点。

三、橘子运动会,欢乐总动员

教师将幼儿分成四组进行比赛,并提出要求。

1. 比赛时请注意规则、安全,摘得最多的组获胜。
2. 要通过所有的障碍物,才能摘到橘子。
3. 摘到的橘子要放进篮子里,并拍后面一个小朋友的手,接着站到队伍的最后,只有被拍到手的小朋友才能出发。一次只能摘一个橘子。

四、橘子小奖励,甜蜜收获时

(一)教师表扬获胜的队伍,鼓励其他幼儿继续努力。

(二)幼儿跟随音乐放松,离开场地。

小结:我们通过跳、攀、爬等多种方式摘到了橘子,还模仿各种"车子"把橘子运到了农民伯伯的家里。农民伯伯想和大家跳个舞作为感谢!现在我们跟着音乐一起舞动起来吧!

活动延伸

1. 区域活动:在户外体育活动或晨间锻炼时间,让幼儿继续探索平衡游戏的多种玩法。
2. 家园共育:在日常生活中,鼓励幼儿在成人的保护下交替跨台阶、走路牙、走地上的标志线,发展幼儿的平衡能力。

活动二

帮小蚂蚁搬家[①]

设计意图

拾捡,是一种手脚协调的、交替的、有节奏的运动。这种运动不仅有利于幼儿身体两侧肌肉的健康发展,还有利于促进幼儿大脑两个半球的发展。本次活动通过模拟小蚂蚁搬家开展游戏,帮助幼儿在游戏中培养队列、协作的社会秩序感。通过捡拾布球的活动,幼儿练习大肌肉的协调性和精细动作的灵活性,在促进身体协调性发展的同时,幼儿也在快乐中积

---

① 本书作者指导李玉亭老师设计与撰写。

极探索身体与外界的关系。报纸上站立的游戏,则进一步增强幼儿的协作意识,提升他们在活动中的合作性。

活动目标

1. 在搬运粮食的游戏中形成队列概念并在生活中遵守排队的社会规则。
2. 能通过各个障碍捡拾布球并放到对应的容器中。
3. 通过在大报纸上站立的游戏形成协作的意识。

活动重难点

1. 重点:在搬运粮食的游戏中形成队列概念并在生活中遵守排队的社会规则。
2. 难点:在搬运粮食的游戏中形成队列概念。

活动准备

物质准备:蓝色布条若干、小布球若干、大报纸若干。

活动过程

一、乐游冒险岛

(一)热身操:《快乐冒险岛》(设置情境,引起幼儿兴趣)。

引导语:今天,小蚂蚁喜喜和他的朋友们要搬家了,他们需要搬很多粮食到新的家,你们愿意帮忙吗?让我们载歌载舞地出发,去喜喜的洞穴帮忙吧!要去帮忙必须经过这条小河,一起跳过去吧!

教师将蓝色布条设置为障碍(小河),摆放在活动室前后,队伍前面的幼儿须跳过障碍后回到队伍后方。

(二)注意事项。

1. 布条不宜过宽,长度要足够。
2. 幼儿连续跳跃的动作不宜超过5次。
3. 可根据幼儿的运动能力循序渐进地将布条慢慢变宽,或按不同的宽度,分两组进行游戏。
4. 在游戏中强调排队秩序,逐步形成幼儿的队列概念。

二、险游大闯关

引导语:终于到小蚂蚁喜喜的家啦,快快进入洞穴把粮食全都搬出来吧!

游戏方式:将幼儿分成两个小组,一组四名幼儿,幼儿两两相对,将蓝色布条拉住,一队放高(钻爬通过),一队放低(跳跃通过)。另一组扮演一群小蚂蚁,在指定的区域内捡拾小布球(模拟粮食)。进行"闯关"穿越设置的障碍后,幼儿需要排队依次捡拾布球并运送到指定位置(模拟蚂蚁巢)。

教师讲解注意事项。

(1)摆布条障碍的小朋友,两人一组,间隔约1米。

(2)每次一只手只能捡拾一个小布球。

三、寻游新家园

引导语:我们已经将粮食全部运出来了,现在要寻找新家。

游戏方式:幼儿手拿一张大报纸(叶子),当听到指令"大水来了"时,就将报纸踩在脚底下。随着游戏的进行,逐步地将报纸折叠变小以提高游戏难度。

教师讲解注意事项,提示幼儿要稳稳地站在报纸上,跌倒就会被大水冲走了。

教师在幼儿中自由走动,随时给予指令,吸引幼儿的注意力,提高幼儿运动的趣味性。

小结:今天大家都扮演得非常棒,你们的小蚂蚁队伍合作得很好,每个小朋友都很认真地搬运粮食,很棒!通过这个游戏,我们学会了很多,比如要团结合作,不然小蚂蚁就搬不了这么多粮食。生活中我们也要遵守规则,互相帮助,这样才能一起完成任务!

活动延伸

1.(教师出示图片)教师提问:请说一说图片中的小朋友都在做什么运动,你自己喜欢什么样的运动。

2.师幼一起制订运动计划并在运动专栏进行布置。

活动三

寻找身边的红[①]

设计意图

为深入贯彻《3—6岁儿童学习与发展指南》和《新时代爱国主义教育实施纲要》精神,更好地推进红色文化课程研究进程,我园发掘幼儿园红色资源的教育价值,将幼儿教育活动和本土红色文化资源相结合,根植红色基因,帮助幼儿养成坚毅、勇敢、不怕困难、团结协作等红色精神品质,培养幼儿爱党、爱祖国、爱社会的深厚情感。

在发掘本土红色教育资源的过程中,我们发现小班幼儿对"红颜色"的用途有浓厚的探索欲望。于是,开展了"寻找身边的红"的课程活动。

活动目标

1. 观察、认识周围一些红色的东西,初步感知红色与自己的关系。
2. 能用简单的语句表达自己的新发现。
3. 在活动中体验红色精神带来的自豪感。

活动重难点

1. 重点:观察、认识周围一些红色的东西,初步感知红色与自己的关系。
2. 难点:用简单的语言表达自己的发现。

活动准备

1. 经验准备:知道生活中常见的红色的物品有哪些。
2. 物质准备:糖葫芦、红枣、红辣椒等红色食物;中国结、红手套、红气球、红旗等红色的实物若干,分散布置在活动室内;纪录片和播放纪录片的多媒体;歌曲《万疆》音频。

[①] 本书作者指导李玉亭老师设计与撰写。

活动过程

一、拾"红色"记忆——找找活动室里的红色

(一)幼儿观察藏有红色"宝藏"的教室。

关键提问:我们的教室今天有些不一样哦,你们发现了吗?从哪里看出来的?

小结:是的,我在教室里藏了许多红色的"宝藏"呢!

(二)幼儿在教室内寻找红色的"宝藏"。

关键提问:请你们坐下来与同伴讲一讲自己找到的是什么,并说一说你们是在哪里见到过它们的。(要求幼儿完整地说:我看见……是红色的)

(三)幼儿思考生活中的红色,进一步感知红色与自己的关系。

小结:原来我们生活中到处都有红色存在呀,我们每天要穿的衣服、鞋子、袜子都有红颜色的,红颜色的东西穿在我们身上真漂亮,把我们的教室装扮得也更漂亮了。

二、烙"红色"印记——了解红色在喜庆场合中的运用

引导语:鲜艳的红色除了能使我们的生活变得丰富多彩,还有特别的作用,接下来我们一起观看纪录片来寻找答案吧。(幼儿观看纪录片,教师适时进行讲解)

关键提问:视频看完了,你们观察到视频中有哪些红色的东西?(鞭炮、中国结、对联、灯笼、烟花)红色带给了你们什么感受?(喜庆、活泼、热闹、欢庆)你们还有没有在其他地方也看见过红色的东西呢?

小结:我们发现,无论是过新年、结婚还是商店开张都要放鞭炮、贴喜字,鞭炮和喜字都是红色的,这是因为红色可以使气氛变得欢乐喜庆。

三、颂"红色"精神——体验自豪的情感

教师出示红红的糖葫芦、红枣、红辣椒等并提问:这些食物是什么颜色的?你们吃过它们吗?你们还知道什么东西也是红色的?

小结:哦,原来红色不仅赏心悦目,而且还有很大作用!接下来我邀请你们听《万疆》这首好听的歌曲,感受中国红的浪漫——"红日升在东方,其大道满霞光,我何其幸生于你怀,承一脉血流淌……"

活动延伸

在活动进行过程中,小朋友们发现,物品的摆放都是有规律的,颜色一样的东西就放在一起,用的东西和吃的东西要分开放等。根据小朋友们的想法,大家一起绘制了一些小标识,并为教室的各类物品贴上了小标识。

第二节　幼儿园中班健康领域园本课程思政教育教学活动设计

活动一

不贪吃冷饮[①]

设计意图

炎炎夏日里,各种美味冷饮是幼儿最喜欢的消暑饮品。但是幼儿往往脾胃脆弱,冷饮吃多了就会引起肠胃不适。《3—6岁儿童学习与发展指南》健康领域目标中提到:要引导幼儿"不偏食、挑食,不暴饮暴食。喜欢吃瓜果、蔬菜等新鲜食品"。我们设计中班健康活动"不贪吃冷饮",旨在让幼儿了解冷饮吃多了的危害,养成健康饮食的习惯。

活动目标

1.了解夏天吃冷饮的卫生常识,知道贪吃冷饮的危害。
2.懂得多喝白开水、吃新鲜瓜果,少吃冷饮。
3.爱护自己的身体,提高自我保健能力。

活动重难点

1.重点:理解过量食用冷饮对身体的危害。
2.难点:提高幼儿的自控力,不贪吃冷饮。

活动准备

1.经验准备:有吃冷饮的经验,教师讲解并组织幼儿表演故事《贪吃冷饮的奇奇》。

[①] 本书作者指导曾梦馨、秦龙春老师设计与撰写。

2.材料准备:画有各种冷饮的图片、视频,"消暑降温好物"图片,西瓜、绿豆汤。

3.环境准备:美食区提供消暑降温好物。

🏃 活动过程

一、清凉课堂,冷饮的秘密

教师出示图片,让幼儿认识不同冷饮的种类。

引导语:夏天到了,天气炎热,你们以前都吃过哪些食物让自己凉快呢?

小结:这些凉凉的、冷冷的食品我们叫它"冷饮"。冷饮能吃多吗?为什么?我们一起来看看吧!

二、情境表演,了解冷饮危害

(一)情境表演《贪吃冷饮的奇奇》,引导幼儿初步感知故事内容。

关键提问:

(1)这个小孩为什么叫"贪吃冷饮的奇奇"?

(2)奇奇最后为什么感到肚子疼?

小结:我们的脾胃是非常脆弱的,一下子吃太多的冷饮就会肚子不舒服。

(二)进一步理解故事内容,知道贪吃冷饮的危害。

关键提问:

(1)吃冰激凌应该注意什么?

(2)除了冰激凌,还有哪些东西应该少吃?

小结:夏天,适当地吃点儿冷饮可帮助人体降温。但是,我们的胃是热的,冷饮是冰的,一次吃得太多,就会刺激、损害胃,出现肚子疼等症状。

三、小营养师,分享健康食物

(一)鼓励幼儿思考并说一说夏天能消暑降温的食物。

关键提问:夏天除了吃冷饮,还有什么其他消暑的食物?

(二)出示图片,请幼儿找出哪些是夏天吃了能消暑降温的食物。

关键提问:这些图片中,哪些食物吃了既健康又能感到凉爽呢?

小结:夏天天气炎热,我们可以适量地吃一些水果、多喝白开水,也可以喝一些凉茶或绿豆汤。但是为了健康,都要适度食用,不要过量。

四、味蕾探险，品味健康食品

请幼儿一起分享提前准备的西瓜、绿豆汤。

小结：夏季天气炎热，我们的身体需要补充很多水分。因此，在口渴时要多喝白开水。适量地饮食消暑水果和饮品对我们的身体是有益的。

活动延伸

家园共育：请幼儿与爸爸妈妈一起上网查阅夏季健康的消暑食品和饮品有哪些，并一起制作一道家乡的消暑美食。

活动二

守卫阵地[①]

设计意图

平衡类游戏是幼儿园常见的游戏种类之一。长凳、树桩、绳子等平衡材料是幼儿日常生活中经常接触的，对中班幼儿来说既亲切又新奇，他们已经具备一定的协调和稳定性。基于此，我们设计了中班健康活动"守卫阵地"，幼儿随着游戏情境的不断发展，从坐的平衡到站的平衡再到外力干扰下的平衡，最后到团体协作的平衡，难度逐步递增。在此过程中，幼儿体验并总结保持身体平衡的方法，既能增强团队合作意识，又能培养幼儿的集体责任感。

活动目标

1. 在游戏过程中发展身体的平衡性和稳定性。
2. 理解并运用平衡能力完成游戏活动。
3. 遇事能勇敢面对、沉着冷静，和同伴团结合作，表现出较强的责任意识。

活动重难点

1. 重点：在不同情况下保持身体平衡。
2. 难点：能和同伴共享自己的"阵地"，有团队合作能力和集体责任感。

---

① 本书作者指导曾梦馨老师设计与撰写。

活动准备

1.经验准备:对解放军有一定的了解,有简单的平衡游戏经验。

2.物质准备:长凳、树桩、绳子、自制"炮弹"(利用现有材料创造性地制作),背景音乐(空袭警报声)。

3.环境准备:宽敞、安全的活动场地。

活动过程

一、热身活动:角色导入激兴趣

(一)师幼听音乐,围成圆圈进行热身活动。

关键提问:解放军叔叔都会哪些本领呢?

(二)幼儿展示,一起模仿。

小结:我们模仿了解放军叔叔跑、跳、蹲、爬的技能,解放军叔叔保卫阵地还需要很多其他的本领。

二、平衡游戏:建造阵地学本领

(一)扮演解放军叔叔,守卫好自己的"阵地"。

关键提问:"阵地"可以用什么建造?

引导语:请小"解放军"们在材料库区去寻找合适的材料建造"阵地",每一块阵地上要有5位小"解放军"。(用长凳、树桩、绳子等材料围成一圈,呈阵地形状)

1.游戏一:教师拿一根软棍去扫幼儿脚下,幼儿双脚离开地面并想办法坚持5秒钟。

规则:不管遇到什么困难,解放军一定会守卫好自己的阵地。请抬起左脚、右脚,再举起双手,保卫好"阵地"。

2.游戏二:换身体的其他部位来守卫"阵地"。

规则:用双脚守卫"阵地",双手打开保持平衡,动作要慢,脚掌用力。

(二)平衡练习,幼儿双脚站立,教师制造外部干扰。

1."球炮弹"——长棍套球,摆动撞击,外力干扰。("球炮弹"对幼儿身体的撞击部位应为躯干,避免撞击到幼儿的头部、脸部)

2."声波弹"——教师手持垫子,长棍击打,心理干扰。("声波弹"对有些幼儿具有挑战性,可先提醒其声音会比较大,给予幼儿一定的心理准备)

3."球炮弹+声波弹"——外力+心理双重干扰。

挑战任务:幼儿站在长凳、树桩上,在有干扰的情况下保持身体平衡。

小结:面对"炮弹"的袭击,你们不仅能敏捷地避开,还能坚守"阵地",真是一个个优秀的小"解放军"。

三、团体合作:互帮互助守阵地

挑战任务:每条长凳上站尽量多的小朋友。

策略:不断缩小"阵地"的范围,请小"解放军"们合作共同守卫"阵地"。

利用空袭警报声增加游戏情境的真实性,让幼儿能更加专注地投入游戏。

关键提问:

(1)(播放空袭警报声)空袭警报声响了,"阵地"遭到了袭击,我们失去了一块"阵地",怎么办?

(2)空袭警报声再次响起,我们又失去一块"阵地",怎么办?

在两次缩小"阵地"范围的情况下,幼儿互帮互助,继续保持身体平衡,第二次的时候保持平衡10秒钟。"阵地"范围继续缩小,"阵地"上的人数变多,幼儿间的互相合作变得更加重要,幼儿在"阵地"上互帮互助、保持平衡。

小结:在训练中,小"解放军"们都在努力坚持并完成训练,最终练就了很多本领;在遭到"空袭"后,大家能互相帮助、团结合作,保卫了最后一片"阵地",安全度过危险,真为你们感到骄傲!

四、结束活动

"战争"结束了,让我们给自己的身体做个按摩,深呼吸,放松肩膀,捶捶腿,再深呼吸……让我们一起回到自己的美好家园!

活动延伸

区域活动:

(1)根据此次游戏情境自制图书《我是小小解放军》。

(2)探索物体保持平衡的条件,如支撑面、重心等。

(3)体验其他类型的平衡游戏,如走独木桥、斗鸡等,感受动静平衡的区别。

活动三

好心情充电站[1]

🔸 设计意图

《3—6岁儿童学习与发展指南》中提出,中班幼儿能经常保持愉快的情绪,愿意把自己的情绪告诉亲近的人,一起分享快乐或求得安慰。他们能清楚地识别不同的情绪,但对自我情绪的控制能力比较弱,尤其消极情绪的控制方法有待提高,因此,我们设计了"好心情充电站"活动,旨在通过这个活动帮助幼儿认识并理解自己的情感状态,掌握调节情绪的方法,促进其身心健康发展。

🔸 活动目标

1. 懂得情绪愉快有利于身体健康。
2. 学会保持愉快心情的方法,能主动帮助情绪低落的人。
3. 在活动中形成热爱生活的良好状态。

🔸 活动重难点

1. 重点:学会保持愉快心情的方法,形成热爱生活的良好状态。
2. 难点:能主动帮助情绪低落的人。

🔸 活动准备

1. 经验准备:有过愉快和难过的情绪。
2. 物质准备:小狗微笑和哭泣的图片,两张心情图片。

🔸 活动过程

一、我的心情变变变

(一)出示小狗的心情图片,谈话引入。

引导语:小狗冬冬昨天和爸爸妈妈去了游乐园,它吃到了许多美食,玩了好玩的过山车,

---

[1] 本书作者指导李玉亭老师设计与撰写。

它的心情非常愉快(笑脸);可是,今天冬冬最喜欢的红色气球不见了,它好难受啊,心情十分难过(哭脸)。

小结:开心和难过这两种情绪都是很正常的,小狗冬冬会有,我们每个人都会有,我们要学会尊重和接纳自己的所有情绪。

(二)出示两张心情图片,幼儿自由选择。

引导语:这里有两张心情图片,分别是笑脸和哭脸,请你选择一张心情图片来表达你今天的心情吧。

二、我的情绪我做主

(一)请幼儿谈谈自己曾有过的坏心情并分析原因。

关键提问:我看到有好多小朋友都选择了哭脸,看来他们今天的心情不太好!可是,不说出来多难受呀,你们愿意说一说是什么原因导致的吗?

小结:看来有时很小的事情都会影响我们的心情,当我们心情不好的时候做什么都提不起兴趣,可真难受啊!我们应该怎样改变坏心情呢?

(二)寻找高兴起来的方法。

引导语:心情不好会给我们带来很多的困扰,我们来找个让自己开心起来的办法吧!

关键提问:如果你心情不好了,你会做些什么让自己开心起来呢?

小结:有了伤心事,千万不要闷在心里,跟身边的老师、同学或者家人说说,有了他们的关心和安慰,你的心情一定会恢复晴朗的。

三、我的快乐小妙招

每个人总会碰到心情不好的时候,这时我们要学会调节自己的情绪。把这些治愈心情的方法创编成一首诗歌如:

我可以吃一口棉花糖,让自己的心情变得甜甜的。

我可以戴上漂亮的项链,让自己的心情变得亮亮的。

我可以吹一个气球,让自己的心情变成轻松的。

我可以画一幅风景画,让自己的心情变成彩色的。

我可以跳一支快乐的舞,让自己的心情变成飞扬的。

我还可以……

小结:通过今天的活动,我们知道了快乐的心情对我们的身体有好处,也学会了很多让自己变得开心的小办法。记住,当你或你的朋友感到不高兴时,可以尝试听音乐、画画或者和好朋友聊天,快乐一定会回到身边的!

活动延伸

区域活动:将心情树装置到教室后侧的墙面上,当小朋友出现低落的情绪时,去心情树那里自我调节,这样心情就会慢慢变得好起来。

活动四

文明万州人[①]

设计意图

讲文明、讲秩序是人类文明进步的表现,也是对幼儿进行德育教育的重要内容之一。幼儿在日常生活中,普遍存在着一种"先己后人"的自私现象。针对本班幼儿人数较多,在就餐、玩玩具、上厕所排队时存在秩序混乱等现象,很有必要给幼儿上一堂有关讲文明、讲秩序的活动课,争做文明万州人。

活动目标

1.提高对社会公德的判断能力,萌发做文明市民的美好愿望。
2.有初步的自我约束意识,遵守公共规则。
3.体验排队时与同伴一起玩耍的愉悦心情。

活动重难点

1.重点:让幼儿知道生活中许多事情需要讲文明、讲秩序。
2.难点:培养幼儿自觉遵守秩序的习惯。

活动准备

物质准备:拱形门3个,呈曲线形放在草地上;幼儿排队活动的相关图片和轻松欢快的背景音乐;摄像机一部。

[①] 本书作者指导卓睿老师设计与撰写。

活动过程

一、排队我知道

教师以谈话的形式导入游戏"钻太白山洞",激起幼儿的兴趣。

1.教师引导幼儿自由玩"钻太白山洞"游戏,体验无秩序可能带来的混乱甚至危险。

2.教师介绍游戏场地并告知游戏规则:这里有三个山洞,小朋友们可以自由地钻,看谁能又快、又安全地钻过每个太白山洞,不能漏掉任何一个山洞。

3.幼儿自由地玩"钻太白山洞"游戏,教师拍摄记录幼儿在活动中的拥挤、无序、碰撞、掉鞋等画面。

4.播放拍摄视频,引导幼儿分析、讨论、总结快速和安全钻太白山洞的办法。

关键提问:

(1)孩子们,看了老师刚才拍的视频以后,你们发现了什么问题?

(2)怎样才能又快、又安全地钻过太白山洞呢?

小结:钻太白山洞时,大家要从同一个山洞出发,排好队,一个跟着一个,不推不挤不掉队,这样做就能又快、又安全地钻过每个太白山洞了。

5.教师播放欢快的背景音乐,请幼儿再玩"钻太白山洞"游戏,丰富经验。

二、我来排一排

关键提问:孩子们,你们看这是什么地方啊?大家是怎么做的啊?为什么要这样做?还有哪些地方需要大家排队、有秩序地做事?

小结:孩子们,我们和爸爸妈妈在商场缴费、车站上车、游乐场玩大型玩具时,需不需要排好队呢?在公共场所遵守规则,依次排队,我们就是一个讲文明、讲秩序的好孩子。大家愿不愿意做这样的好孩子呢?

活动延伸

家园共育:发起倡议书。我们倡议——大家携手共进,共同践行"文明礼让,有序排队",为建设一个更加美好和谐的家乡而努力奋斗!

第三节　幼儿园大班健康领域园本课程思政教育教学活动设计

活动一

心情泡泡[①]

设计意图

幼儿期是幼儿情感发展的关键时期,此时期,幼儿的情绪波动较大,容易受到外界环境的影响。因此,帮助幼儿学会调节情绪,保持积极健康的心态,对他们的成长至关重要。本活动以"心情泡泡"为主题,通过一系列有趣的环节,引导幼儿感受不同的情绪,学习如何正确表达和调节情绪,从而培养他们健康、乐观的心态。

活动目标

1. 认识并理解不同的情绪,学会积极面对和调节情绪。
2. 了解情绪对身心健康的影响,知道如何正确表达自己的情绪。
3. 提高情绪管理能力,促进身心健康发展。

活动重难点

1. 重点:认识并理解不同的情绪,学习正确表达和调节情绪的方法。
2. 难点:在实际生活中运用所学方法,积极调节情绪。

活动准备

1. 经验准备:幼儿有一定的情绪体验,能初步识别不同的情绪。
2. 物质准备:心情卡片(表达快乐、生气、伤心、害怕等情绪的卡片)、泡泡水、吹泡泡工具、音乐等。
3. 环境准备:将活动室装扮得温馨,营造轻松、愉快的氛围。

---

① 本书作者指导曾梦馨老师设计与撰写。

活动过程

一、心情泡泡屋,认识心情色彩

播放欢快的音乐,师幼一起吹泡泡,感知泡泡的颜色和形状。

关键提问:

(1)你们看到的泡泡是什么颜色的?

(2)它们像什么?

小结:我们的心情也跟泡泡一样,有不同的颜色。"心情泡泡"这个游戏可以帮助我们认识不同的情绪。

二、心情泡泡卡,了解不同情绪

教师出示心情卡片,逐一介绍快乐、生气、伤心、害怕等情绪,并请幼儿说出自己曾经有过这些情绪的经历。引导幼儿讨论不同情绪的表现和影响。

关键提问:

(1)当你们感到快乐时,你们会有什么表现?

(2)当你们感到生气时,你们的身体会有什么反应?

小结:当我们感到快乐时,通常会表现出一种轻松、愉悦的状态。当我们感到生气时,身体会变得紧张,可能会出现胸闷、心跳加速等不适感。这些情绪不仅会影响我们的身心健康,还可能破坏我们与他人的关系。

三、心情泡泡会,分享调节方法

关键提问:当我们感到不开心或者生气的时候,应该怎么办呢?

小组讨论,分享调节情绪的方法。例如深呼吸、找好朋友聊天、做自己喜欢的事情等。

小结:当我们感到不开心或生气时,要学会正确处理这种情绪。通过深呼吸、冷静思考、宣泄情绪、沟通交流、寻求支持和培养积极心态等方法,更好地应对生气时的情绪,保持身心健康。

四、心情泡泡,快乐调节情绪

(一)介绍游戏规则。

教师讲解:用吹泡泡的方式表达自己的情绪。当你感到快乐时,就吹一个彩色的泡泡;当你感到生气时,就吹一个白色的泡泡;当你感到伤心时,就吹一个小小的泡泡;当你感到害怕时,就吹一个大大的泡泡。

(二)幼儿自由吹泡泡,表达自己的情绪并记录,分享自己调节情绪的方法。教师观察并适时给予指导和鼓励。

小结:今天,我们一起走进了"心情泡泡"的世界,通过丰富多彩的活动,感受到了不同情绪带来的独特体验。在这个过程中,我们学会了如何正确认识和表达自己的情绪,也学会了如何理解和尊重他人的感受。希望每个人都能成为自己情绪的小主人,用积极、乐观的心态去面对生活中的每一个挑战。

活动延伸

1.区域活动:在班级中设立"心情角",提供情绪调节相关书籍和玩具,供幼儿自由探索和学习。

2.家园共育:在日常生活中,家长可以与孩子一起记录情绪日记,观察孩子的情绪变化,帮助他们学会正确表达和调节情绪。

活动二

防踩踏我有招[①]

设计意图

孩子是祖国的希望,保护他们的生命安全和促进其健康成长是我们的职责。《3—6岁儿童学习与发展指南》指出,幼儿应该"具备基本的安全知识和自我保护能力"。大班幼儿已经懂得自我保护的重要性,但危险认知和自我保护策略总体水平较低。时逢×××踩踏事故发生,引发社会高度关注,孩子们也三五成群地围在一起议论这个热点新闻。因此,在"全民国家安全教育日"到来之际,我们以"安全教育"为思政要点,顺应幼儿兴趣和发展需要,通过创设真实情境,进一步增强幼儿防范意识,教会他们掌握防踩踏逃生技能,让安全教育落地有声。

活动目标

1.了解踩踏事故发生的原因,掌握逃生自救的方法。

---
① 本书作者指导曾梦馨老师设计与撰写。

2.能积极思考并解决问题,在游戏体验中正确应对踩踏事故、快速有序地安全撤离。
3.树立自我保护的安全防范意识。

活动重难点

1.重点:掌握防踩踏逃生自救的方法。
2.难点:在游戏体验中正确应对踩踏事故、快速有序地安全撤离。

活动准备

1.经验准备:有人多拥挤的体验,知晓×××踩踏事故。
2.物质准备:记录板、笔若干,"防踩踏"安全教育视频,提前邀请蓝天救援队"安全教官"(家长)参与活动。

活动过程

一、"议"热点,话说踩踏事故

教师带领幼儿一起回顾踩踏事故,引出活动主题,唤起已有经验。

关键提问:

(1)一起来回顾前两天刚刚发生的×××踩踏事故,你有怎样的感觉?

(2)什么是踩踏事故?什么情况下容易发生踩踏事故?你经历过或者看到过"人流拥挤"的场景吗?

小结:×××踩踏悲剧给个人、家庭和社会带来了无法弥补的损失,让我们觉得既痛心又害怕。踩踏事故是指很多的人聚在一起,整个人群拥挤移动的时候有人意外跌倒,后面的人群不明真相,依然向前行走,从跌倒的人身上踩过去,进而引发惊慌和越来越多的拥挤,更多的人一个又一个地跌倒、被踩踏,从而造成的事故。踩踏事故是一种极其严重且具有群体伤害性的意外事件。生活中,我们在商场、游乐场、演唱会等场合也会经历或者看到"人流拥挤"的现象。

二、"找"问题,分析踩踏原因

师幼交流,查找安全问题,分析踩踏原因。

关键提问:

(1)人流拥挤时有可能出现哪些安全问题?

(2)面对踩踏事故,人们有什么表现?

小结:当很多人拥挤在一起时,逆行、捡东西、不小心摔倒等行为以及紧张、害怕、恐慌等情绪都可能引发和加剧踩踏事故。

三、"商"方法,梳理防范妙招

(一)小组讨论,提出策略。

1.解决情绪舒缓问题。

关键提问:紧张、害怕、恐慌的情绪可能会带来什么后果?怎样快速缓解情绪?

小结:紧急情况下保持稳定的情绪很重要,我们可以"深深地吸气……慢慢地呼气……"(带着孩子一起做),用"深呼吸"的方式给自己积极的心理暗示,帮助我们沉着冷静不慌张,快速做出正确行为保护自己。

2.解决行动应急问题。

关键提问:

(1)当人群开始拥挤,怎么办?

(2)出现逆行怎么办?

(3)掉了东西怎么办?

(4)不小心摔倒怎么办?

小结"防踩踏小妙招":出现拥挤要冷静,排队疏散不逆行,掉了东西不去捡,小心摔倒快撤离。

(二)专业支持,梳理要点。

蓝天救援队"安全教官"评价小组讨论结果,结合安全教育视频进一步讲解防踩踏要点。

四、"玩"游戏,模拟应急处理

"安全教官"指导模拟演练,幼儿转化行动实践。

小结:日常生活中,我们要时刻规范自己的行为,平时不去人多拥挤的地方,如果已经置身拥挤的人群,请用好"防踩踏小妙招"。

活动延伸

1.家园共育:和爸爸妈妈一起找一找生活中容易发生踩踏事故的地方,并制作标识和海报。

2.社区活动:争当"小小安全员",发起"防踩踏倡议"。

活动三

趣跳房子[1]

设计意图

《3—6岁儿童学习与发展指南》指出:"利用多种活动发展身体平衡和协调能力。"大班的幼儿对传统的跳房子游戏非常喜欢,他们提议用身体的一个部分来跳房子。他们在尝试、反思、调整中发现手和脚结合运用于跳房子,游戏会更加有趣。

活动目标

1.知道可以用单脚跳、双脚跳、不同方向跳等多种游戏方式跳房子。

2.在活动中,能尝试挑战不同难度的跳房子游戏。

3.在活动中学会观察、尝试、反思、调整跳房子的玩法,乐于参加体育游戏。

活动重难点

1.重点:发现挑战跳房子游戏的困难,找到适合自己的解决方法。

2.难点:控制自己的身体,努力做到脚(手)与脚(手)印的重合。

活动准备

1.经验准备:有过跳房子游戏经验。

2.物质准备:手掌印贴纸若干、脚掌印贴纸若干、音乐《身体音阶歌》、蜘蛛侠头饰(教师)。

3.环境准备:画有"房子"的户外宽敞场地。

活动过程

一、快乐热身——《身体音阶歌》唤醒身体

引导语:小朋友们,天晴了,太阳出来了,跟着老师一起到户外玩游戏去吧!(教师带领幼儿做热身活动,注意活动手腕、膝盖、脚踝等部位)

---

[1] 本书作者指导陈红霞老师设计与撰写。

二、勇敢闯关——完成不同难度跳房子游戏

（一）初玩游戏——听口令、快反应。

1.幼儿按照房间数字的顺序跳房子。

引导语：跳房子游戏开始了，请小朋友们跟着老师用手拍节奏玩游戏。

2.单数（双数）跳房子。

引导语：请小朋友们跳单数（双数）的房子。

初玩游戏中，教师注意引导幼儿观察地面标识，根据标识方向返回。

小结：小朋友们，你们认真听口令，快速准确地完成了跳房子游戏，真的很棒！

（二）创玩游戏——创意跳房子。

关键提问：我们还可以怎么跳房子？

幼儿尝试不同的跳房子方法。教师及时鼓励有创意玩法的幼儿。

小结：刚刚的游戏中，你们用多种方式玩跳房子游戏，有交叉跳、前后跳、旋转跳，还有小朋友用到了我们的手来玩跳房子。你们真是一群会动脑、会观察、善思考的好孩子。

（三）趣玩游戏——脚和脚印重合跳。

1.并腿跳（分腿跳）。

（1）教师示范贴脚印。

（2）幼儿选择并腿跳或者分腿跳来贴房子，注意不要碰到房子的墙壁。

（3）幼儿用此种玩法玩2次跳房子游戏。

小结：我们在遵守规则的前提下，完成了并腿跳和分腿跳房子游戏。接下来我们的挑战升级。

2.调整脚印跳房子（挑战不同难度的脚和脚印重合跳）。

（1）提高跳房子的难度，如果在尝试的过程中遇到了问题，要根据自己的运动能力适当调整。

（2）幼儿自主尝试、调整跳房子的难度。完成2次跳房子。

小结：小朋友们通过调整脚印方向，完成了比较高难度的跳房子游戏。你们善于观察，善于思考，敢于挑战。我们第一关闯关成功。

3.增加手印跳房子。

（1）让幼儿将手掌印贴在房间里，并尝试去完成游戏。

（2）幼儿分组讨论、尝试、调整。

小结:今天,我们完成了最高难度的跳房子游戏。游戏中我们调整脚印方向、增加手掌印,都完成了挑战。睿智属于你们,成功属于你们。你们就是未来的运动健将。

活动延伸

区域活动:在各个场域中利用乡土材料完成跳房子游戏。

活动四

趣玩荷叶[①]

设计意图

《3—6岁儿童学习与发展指南》指出:"为幼儿准备多种体育活动材料,鼓励他选择自己喜欢的材料开展活动。"荷叶是常见的一种乡土材料,圆圆的形状深受幼儿喜欢。我们利用荷叶开展健康活动,让幼儿在游戏的过程中探索荷叶的不同玩法,体验运用乡土材料进行游戏的运动乐趣。

活动目标

1.了解加速跑的方法与动作要领。
2.学习加速跑,尝试将助跑与加速跑相结合,发展身体的灵活性和协调性。
3.在游戏中敢于挑战困难,体验不同奔跑方式带来的乐趣。

活动准备

物质准备:荷叶若干、记录板一个、红黄蓝绿标志一套、口哨一个、行进标志一套(停、掉头、排队)、星星勋章若干、篮球一个。

活动重难点

1.重点:学习加速跑。
2.难点:探索荷叶不从身体上掉下来的方法。

---

① 本书作者指导陈红霞老师设计与撰写。

活动过程

一、活力开场——唤醒全身

引导语:万州的马拉松比赛即将举行,你们愿意参加选拔吗?老师要考考你们的反应!跟我一起穿梭在池塘的荷叶里,不能碰到荷叶,还要应对途中的突发情况。(边跑边指导:绕荷叶跑、侧跑、快跑、慢跑)

教师用口哨加停止标志,训练幼儿反应能力。

小结:小朋友们都能认真听口令,准确完成动作。接下来我们一起接受挑战,争取都成为运动小健将。

二、创意无限——玩转荷叶

引导语:要想成为马拉松健将,必须闯过四关。星星相见—星星会战—星星无敌—星星挑战。每一关任务不同,越到后面关卡越难。你们有信心吗?

(一)星星相见,荷叶蹲蹲——30秒内组队,4人一组组成红、黄、蓝、绿四队,依次站在相应的标志后面,"快乐荷叶蹲"游戏无误的小组积星一颗。

小结:孩子们耳朵仔细听,大脑快速做出反应,准确无误地完成了"快乐荷叶蹲"游戏。完成了的小组获得一颗星星。(每组组长在记录板上为自己小组贴上星星)

(二)小步快跑,荷叶护航——小组往返赛,跑到对面绕荷叶跑回,第一名和第二名积星一颗。

小结:小朋友们相互配合、齐心协力完成了小组的第二次比赛。请第一名和第二名的小组长为自己小组贴上一颗星星。

(三)风驰电掣,助力荷叶——荷叶贴着腹部跑(规则:荷叶不掉下)。

1.自由探索荷叶贴着腹部跑,荷叶不掉下来的方法。

幼儿自由探索,教师观察指导。请探索成功的幼儿展示荷叶不掉下来的跑步方法。

小结:小朋友们很会开动脑筋,善于观察,愿意大胆尝试,能让荷叶贴着腹部跑,荷叶不掉下来。你们能成功,最关键的原因就是速度快,运用了加速跑。加速跑时身体要稍微前倾,前脚要用力蹬,后脚迅速向前迈出,同时手臂加快摆动。就一个字——快!

2.练习加速跑。

(1)听哨声做动作。

幼儿跟着哨声做摆臂和蹬腿动作,练习摆臂蹬腿动作的协调性。

(2)我与篮球比快慢。

以篮球为参照物进行加速跑练习。

(3)分组比赛加速跑(荷叶贴着腹部)。

幼儿将荷叶贴着腹部进行加速跑,尝试让荷叶在一定时间内不掉下来。

引导语:你们的动作协调有序,已经掌握了加速跑的技巧,能在荷叶贴着腹部的情况下跑一段距离,你们可以参加马拉松了。请小组长为自己小组贴上一颗星星。

(四)荷叶竞速,谁与争锋——趣味迷你马拉松。

4组每次一人参加比赛,荷叶贴着腹部跑过池塘,荷叶不掉则积星一颗。

引导语:你们都成功完成了我们的趣味马拉松,都学会了加速跑。我在你们的脸上看到了认真、坚持和勇敢。你们成功闯关,为自己鼓掌!

三、身心舒缓——游戏结束

(一)捏腿捶脚,互相放松。

(二)积星统计,颁发勋章。

活动延伸

1.家园共育:和家人一起利用乡土材料(荷叶等)去探索更多的游戏玩法。

2.区域活动:用荷叶开展撕贴等美术活动和语言活动。

附:

江南

汉乐府

江南可采莲,
莲叶何田田。
鱼戏莲叶间。
鱼戏莲叶东,
鱼戏莲叶西,
鱼戏莲叶南,
鱼戏莲叶北。

活动五

独一无二的我[①]

设计意图

正如世界上没有两片完全相同的叶子,世界上也没有两个完全相同的人。升到大班的幼儿,除了身体外形在不断地发生变化外,能力也在不断增强。在关注自身成长的同时,幼儿的自我意识总体上呈快速发展的态势,有着更为强烈的好奇心和求知欲,他们渴望独立与自主。但个别差异也相当显著,并受到家庭、幼儿园、同伴等多方面的影响。教师有责任给予幼儿积极的影响,帮助幼儿形成积极的自我意识,促进幼儿心理的健康发展。

活动目标

1. 比较和发现自己与小伙伴的不同,知道自己是独一无二的。
2. 愿意自己动脑筋,和别人有不同的想法。
3. 敢于在集体面前表现自己、喜欢自己,为自己与别人的不同而感到高兴。

活动重难点

1. 重点:发现自己的身体、外貌、性格等与同伴的不一样。
2. 难点:用自己的方式表达对自己的爱。

活动准备

1. 经验准备:了解自己身上与别人的不同。
2. 物质准备:纸、记号笔、镜子、PPT、音乐等。

活动过程

一、爱的表达——爱之"绘"

关键提问:小朋友们,今天老师给你们带来了一个字宝宝,瞧一瞧,你们认识它吗?(图片:"人")

[①] 本书作者指导卓睿老师设计与撰写。

小结:是的,这是"人"字,一撇一捺就是一个"人";在我们这个世界上,住着许多的人、各种各样的人,现在老师问问,你看到过一些什么样的人?

二、爱的表达——爱之"解"

(一)PPT展示图片,找一找哪里不一样。

引导语:小朋友们,看看这张图,有头发黑黑的人,有头发黄黄的人,有胖胖的人,有瘦瘦的人……有的人脸上长着痣,有的人脸上长着雀斑,有的人戴着一副小眼镜,有的人的皮肤黑乎乎的,有的人的皮肤白白的,有的人留着长长的头发,有的人留着短短的头发,每个人都不一样,所以我们都是"独一无二"的人。

关键提问:孩子们,刚刚我们看到的这几幅图都有自己的特点,现在我们来一起瞧一瞧在座的小朋友,请你们说一说自己在长相上和别人有什么不一样吧!(幼儿上台比较自己与小伙伴外貌上的不一样)

小结:其实我们还可以说出很多自己与别人不一样的地方,比如你的本领、兴趣和爱好都是你和别人不一样的,谁来说说你还有哪些本领呢?

(二)我认识身边的你。

引导语:孩子们,你们瞧,世界上有各种各样的人,他们都有自己的特点。其实当老师第一次见到你们的时候,老师就发现你们每个人都有自己的特点,你们在一起也生活了好几年了,彼此之间都应该很熟悉了。我们每个人都长得不一样,都有自己的特点,虽然有些人看起来比较像,但是仔细瞧一瞧,还是会不同的。接下来,老师就请你们来看一看、猜一猜,图片和音频中的小朋友是你们其中的哪一位。

关键提问:

(1)看一看,这一双眼睛是谁的?(PPT展示幼儿眼睛图)

(2)听一听,这是谁的声音?(PPT播放幼儿音频)

小结:孩子们,你们一天天在长大,学到的本领会越来越多,你看,每个人除了外表长相不一样之外,还可以是声音不一样,本领不一样,爱好不一样,仔仔细细了解自己,你会发现你有很多与别人不一样的地方。世界上住着许多的人,就有各种各样的人,就像天空中多姿多彩的云,就像大海里五彩斑斓的鱼,就像花园里五颜六色的花,我们每一个小朋友也都是独一无二的。

三、爱的表达——爱之"我"

引导语:接下来,我们一起用一句话来介绍自己,声音洪亮,让别人一听就知道你的与众不同,你的独一无二。

小结:说得真好,你们都是独一无二的!孩子们,以后每天都好好看自己,好好了解独一无二的你,让我们伸出自己的手抱抱独一无二的自己吧!(游戏扩展)

活动延伸

区域活动:孩子们,今天老师给你们每人准备了一面镜子、一张纸、一支笔,请你们先拿出小镜子仔细地观察一下你们自己,看看自己长相的特点,画在这张纸上。当然,你也可以画出自己的爱好、本领、最与众不同的方面,与我们的新老师一起瞧瞧独一无二的你吧!

活动六

消防记心间 安全伴我行[①]

设计意图

《幼儿园教育指导纲要(试行)》指出:"幼儿园必须把保护幼儿的生命和促进幼儿的健康放在工作的首位。"《3—6岁儿童学习与发展指南》明确指出,大班孩子应"知道一些基本的防灾知识"。

日本的防灾专家反复告诫人们:自己的安全要靠自己来保护。日本人在外出差、旅游入住旅馆后的第一件事,就是查看并确认安全通道的位置。只有明确了逃生路线,心里踏实之后才能安然入睡。从中国已经发生的重特大火灾事故来看,80%以上的事故都是由民众消防意识淡薄所致。中国人到达新环境一般没有查看安全出口的意识和行为,对于幼儿来说,这方面的意识更为薄弱。这不但为我们的安全教育敲响了警钟,更指明了方向。为加强幼儿逃生教育,树立生命安全第一的意识,养成在任何环境下具有寻找安全出口的习惯,我们设计了"消防记心间 安全伴我行"的教学活动。通过"小卓子美食吧"和"小卓子玩具城"两次游戏活动,幼儿在真实的游戏情境中自我反思,自然习得无论在任何环境中首先要寻找安全出口的意识,并在灾难发生时能用最正确的方法逃生。

活动目标

1.面临火灾危险时,能正确使用湿毛巾沿安全出口方向逃离。

[①] 本书作者指导卓睿老师设计与撰写。

2.养成在任何环境下首先寻找安全出口的习惯,树立生命安全第一的逃生意识。

活动重难点

1.重点:掌握遇到火灾后正确逃生的方式。

2.难点:引导幼儿在游戏中体验到危险的存在,并能积极思考合理解决问题的方法。

活动准备

1.物质准备:消防警报及烟雾器、安全出口标志、湿毛巾。

2.环境准备:小卓子美食吧、小卓子玩具城。

活动过程

一、创设情境,观察反应

(一)以小卓子美食吧品尝美食为情境,导入活动主题。

(二)创设失火情境,观察幼儿的现场反应。

关键提问:

(1)这是什么声音?

(2)当你听到这个声音,看到浓浓的烟雾时,你能确定发生了什么事吗?

(环节设计意图:观察幼儿对火灾的真实反应)

二、回放照片,梳理方法

(一)安全出口记心中:回放逃离火灾现场的照片,师幼共同分析不适宜行为。

关键提问:发生火灾了,我们首先应该想到的是什么？你们是怎么做的？

1.小卓子美食吧的安全出口标记知多少。

(1)小卓子美食吧的安全出口在哪里?

(2)你们以前见过安全出口的标志吗?

(3)它上面有什么?

(4)箭头代表什么意思?

2.回放照片,发生火灾时,哪些行为正确?

(环节设计意图:梳理幼儿不适宜行为,帮助幼儿养成在任何环境下首先寻找安全出口的习惯)

3.帮助幼儿梳理发生危险时,如果没有逃离意识,会发生什么后果?

小结:我们去到任何新的环境,首先应该寻找安全出口在哪里,以便发生危险时,能以最快的速度跑到安全的户外场地。

(二)正确使用湿毛巾。

关键提问:

(1)怎样跑才不会被往上冒的浓烟呛到?

(2)怎样正确地用湿毛巾逃离火灾现场?

具体操作:

(1)个别体验,同伴互助,梳理正确方法。

(2)利用情境,集体初次体验利用湿毛巾正确逃生。

(3)利用情境,再次体验利用湿毛巾沿着安全出口方向标逃生。

小结:湿毛巾、捂口鼻、弯下腰、往安全出口方向有序撤离。

(三)师幼谈话,强化意识。

关键提问:到达任何新环境,你首先应该想到什么?(寻找安全出口)

(环节设计意图:杜威的"经验主义"表明了幼儿的学习是基于已有经验,活动中教师通过回放照片、游戏体验、共同梳理、总结不适宜的行为等,提炼出新的经验,从而推进幼儿的后续活动。)

三、情境再现,对比反应

(一)以小卓子玩具城开业为情境,邀请幼儿玩耍。

(二)创设失火情境,对比观察幼儿的逃生意识及技能。

幼儿观看照片,反思此次行为与第一次有什么进步,会有哪些行为存在安全问题。

总结:小朋友们,你们今天表现得都很棒,学到了应对火灾的本领。小卓子姐姐希望你们在以后的生活中,随时具有生命第一的安全意识,到了任何新的环境,无论是在餐厅,还是在商场,或者在游乐场等场所,首先应该寻找安全出口在哪里。如果室内发生火灾,一定要湿毛巾、捂口鼻、弯下腰朝着安全出口方向逃离到安全的户外场地。

(环节设计意图:这一环节是对幼儿形成的新经验的检验与提升,无论在任何环境下都要具有寻找安全出口的习惯,树立生命安全第一的逃生意识。通过情境游戏,在与材料、环境、同伴的充分互动中达成教学目标。)

四、联系生活，巩固意识

关键提问：

(1)这是我们幼儿园大门口的第一个安全出口，你们见过吗？具体是在幼儿园哪个角落？

(2)你能找到幼儿园的其他安全出口吗？

(3)你知道你最熟悉的生活环境中的安全出口在哪里吗？放学以后请和父母一起去确认一下，明天到幼儿园与同伴分享。

(环节设计意图：寻找幼儿园安全出口，与生活紧密联系，学以致用，再次巩固幼儿"安全出口记心中"的意识。)

活动延伸

家园共育：今天老师要交给小朋友们一个任务，把我们这次活动所学到的消防知识带回家告诉你们的家人，学会用安全知识来保护自己。

活动七

营养师大挑战[1]

设计意图

常言道，"民以食为天"。"食"，是生活所必需。我们设计"营养师大挑战"活动，以食育心，让幼儿认识到不同的食物中包含不同的营养，通过愉快、简单的饮食实践，激发幼儿"吃"的能力，形成对食物健康美味的牢固记忆，把良好的饮食习惯自觉体现在日常生活当中。事实证明，珍惜食物、勤于动手、闻着饭香长大的孩子，在生活中更懂得爱与分享，更能拥有幸福生活的能力。

活动目标

1. 知道人们需要多种类的食物，有利于身体健康。
2. 尝试根据"食物金字塔"设计搭配科学合理的营养餐方案。
3. 养成不挑食的好习惯。

---

[1] 本书作者指导卓睿老师设计与撰写。

活动重难点

1.重点:不同的食物有不同的营养成分,设计搭配科学合理的营养餐方案。
2.难点:分析评价自己和别人的配餐。

活动准备

物质准备:"有营养的食物"组图、"六大类食物"组图、营养结构图、幼儿操作单、画笔、画纸。

活动过程

一、"营"在起跑线

(一)谈话导入:小朋友们,你们平时喜欢吃什么食物?(幼儿自由回答)

小结:你们爱吃的食物真是多种多样,你们知道哪些食物是健康有营养的吗?

(二)出示图片,引导幼儿挑选有营养的食物。

关键提问:

(1)图片上有哪些食物?

(2)哪些是有营养的食物? 请你挑出来,放在桌上。

小结:肉、蛋、鱼、蔬菜、水果、谷物、豆类等都是有营养的食物。油炸食品、方便面和其他一些零食等都是没有营养的食物。

二、"养"在生活中

引导语:老师买了很多有营养的食物,你们能帮老师再细分一下它们吗? 想一想可以分成哪几类。

小结:我们可以将有营养的食物分为六大类——谷物类、蔬菜类、水果类、肉鱼蛋及代替品、奶类及代替品和油盐糖类。

三、"食"时重健康

介绍"健康饮食金字塔",向幼儿介绍各类食物对身体的作用。

(一)出示谷物类食物图片。

引导语:第一层是谷物类食物,是我们平时进餐中最重要也是吃得最多的食物,每天应

吃6—11份,也是我们每一餐的必需品。你们知道为什么谷物类是每餐吃得最多的食物吗?(可以给身体提供热量)

(二)出示蔬菜、水果食物图片。

引导语:第二层是蔬菜类和水果类。蔬菜每天可以吃3—5份,水果可以吃2—3份。蔬菜可以补充膳食纤维,让我们少生病,更健康;水果可以补充维生素,让我们更健康漂亮。

(三)出示奶豆肉禽类食物图片。

关键提问:在第三层的又是什么呢?是我们奶类及代替品和肉鱼蛋及代替品。这层食物能不能多吃?

小结:不能多吃。鸡蛋、牛奶帮助我们补充蛋白质和钙,所以每天选择适量,吃2—3份就可以了。

(四)出示油盐糖类食物图片。

引导语:金字塔的最上面是什么?(油盐糖类)这类食物就是平时尽量少吃或者最好不吃的。因为油炸食品、糖果等吃多了会使我们肥胖、不健康。所以只能吃0—1份。

小结:不同的食物有不同的营养成分,因为我们的身体需要多种营养,所以不挑食,多吃有营养的食物才能长得结实又健康。

四、配"食"有条理

(一)发放教具《我会配餐》,鼓励幼儿为自己搭配营养餐。

关键提问:请5位小朋友上台来选择食物图片,搭配一餐的饭菜,并说出为什么这么搭配。请其余小朋友交流他的配餐合理吗?为什么?

小结:搭配合理饭菜的原则,荤素搭配,荤菜不宜太多,多吃蔬菜和豆类,有主食等。

(二)发放操作单,鼓励全部幼儿进行营养配餐,提醒幼儿应该合理搭配饭菜。

幼儿进行操作,教师巡回指导,帮助个别能力较差的幼儿完成合理配餐的任务,最后教师组织幼儿集中交流自己搭配的食谱。

小结:小朋友们,我们平时在吃饭的时候除了要保持安静,还要注意不挑食,食堂的叔叔阿姨给我们吃的菜都是有营养的,我们不能挑食。平时在家也要多吃蔬菜,适当地吃点儿肉,多吃鱼类和菌菇类有助于我们的健康成长。

活动延伸

家园共育:了解自己家的饮食习惯,给父母设计一份科学、合理的午餐或晚餐菜谱。

第二章　幼儿园语言领域园本课程思政

　　《幼儿园教育指导纲要（试行）》中对幼儿园各年龄段的语言教育提出了相关要求，强调在幼儿园中应创设"一个能使他们想说、敢说、喜欢说、有机会说并能得到积极应答的环境"，以促进幼儿在语言学习和发展方面获得基本能力。语言作为人类交流和思维表达的重要工具，承担着落实幼儿园思政教育的重任。《关于深化新时代学校思想政治理论课改革创新的若干意见》提出，要整体推进大中小学思政课一体化建设，统筹推进思政课课程内容建设。这为在幼儿园语言领域开展思政教育提供了宏观指导，强调了思政教育的重要性和系统性。语言领域课程思政的核心目标是塑造幼儿初步的道德观念、价值体系和社会意识，为其未来的人格发展和社会适应奠定基础。从教育内容看，语言领域课程思政涵盖多方面元素，本书从爱国主义教育、集体主义教育、文明礼仪教育等入手，注重培养幼儿情感认知，引导其感知和理解友善、关爱、尊重、责任等积极情感和价值观念，同时发展幼儿语言表达能力，使其能准确清晰地传达想法和感受，这不仅有助于幼儿在人际交往中建立良好关系，也是形成正确思想观念的重要前提。在教育方法上，本书强调以幼儿为中心，采用情境创设、互动交流、故事讲述等形式，激发幼儿兴趣和参与度，通过创设丰富多样的语言环境，让幼儿在自然氛围中接受思政教育的熏陶。此外，本章还注重与其他领域的相互融合与渗透，形成协同育人合力，即与艺术、科学、健康和社会等领域有机结合，从而更全面深入地促进幼儿综合素质提升。总之，幼儿园语言领域的课程思政是综合性、系统性工程，旨在通过科学合理的教育手段，在幼儿语言发展关键时期，同步培养其良好的思想道德品质和社会适应能力。

第一节　幼儿园小班语言领域园本课程思政教育教学活动设计

活动一

欢欢喜喜过新年[①]

🔖 设计意图

《3—6岁儿童学习与发展指南》指出,应利用民间游戏、传统节日等,适当向幼儿介绍我国主要民族和世界其他国家和民族的文化,帮助幼儿感知文化的多样性和差异性。教师应利用传统节日向幼儿介绍我国的民族文化,帮助幼儿感知文化的多样性,深刻了解我国的传统文化,激发幼儿的民族自豪感。春节对幼儿来说是一个非常难忘的喜庆节日,漂亮的新衣服、沉甸甸的压岁钱、绚丽的烟花、美味的食物等,都让幼儿对新年充满了期待。为了让幼儿重新回味过年的趣事、乐事,学会与别人分享自己的快乐,我们特意为小班幼儿设计了"欢欢喜喜过新年"的语言教学活动。

🔖 活动目标

1. 知道新年是春节,是我国的传统节日,了解春节的习俗。
2. 能说出自己家乡的新年习俗,编入自己的童谣中。
3. 体验春节的快乐,萌发民族自豪感。

🔖 活动重难点

1. 重点:了解新年的习俗,能流畅地朗读诗歌。
2. 难点:理解新年歌谣的意思,并能说出自己家乡的新年习俗,编入自己的童谣中。

🔖 活动准备

1. 经验准备:有过观察新年习俗的经验。
2. 物质准备:歌曲《新年好》、节奏轻快的背景音乐、各地不同习俗的图片。
3. 环境准备:教室里布置好新年气氛。

[①] 本书作者指导蒋建萍老师设计与撰写。

🔺 活动过程

一、以歌为引,探寻春节之韵

教师播放歌曲《新年好》,让幼儿自由发挥,说说新年有哪些习俗。

关键提问:一起来听这首歌,能告诉我这首歌描述的是哪个节日吗?

幼儿畅所欲言,说一说自己都知道哪些新年的习俗。

小结:我们过新年时除了要放鞭炮外,还要一家人聚在一起吃年夜饭、穿漂亮的新衣服、走亲访友互相拜年、贴春联、大人给小孩压岁钱,晚上还会放烟花。

二、诗意童谣,讲述春节故事

引导语:新年真是一个喜庆热闹的节日啊!大家知道新年又叫春节,是我国的一个传统节日吗?接下来,让我们一起来更进一步地了解这个节日吧!

教师在欢快流畅的背景音乐中朗读童谣《新年到》,并讲述"年"的故事,对幼儿进行提问。

关键提问:歌谣里讲了什么?

小结:歌谣里描绘了过年时喜庆欢乐的氛围,孩子们穿着漂亮的新衣服蹦蹦跳跳,周围是噼里啪啦的鞭炮声。新年能看到耍龙灯、踩高跷的民俗活动,还能吃到饺子、甜糕这样的美食,非常热闹。

关键提问:刚刚我们听完"年"的故事,大家知道为什么过年时要放鞭炮、贴对联了吗?一起来说一说吧!

小结:传说中的年兽凶狠无比,唯独害怕鞭炮声和红色,于是在每年年兽到来的时候,家家户户都会放鞭炮,贴上红色的对联,吓跑年兽,久而久之,便形成了春节的习俗。

三、童谣共赏,传承春节文化。

师幼共读童谣《新年到》。

关键提问:童谣中的新年习俗有没有和大家的家乡不同的地方呢?说一说有哪些不同吧!

小结:春节虽然是我们每个中国人共同的节日,但在不同的地方,关于春节的习俗还是多多少少有些不同的。比如,南方过春节吃汤圆,北方过春节吃饺子。但有一点我们都是一样的,那就是全家人聚在一起吃团圆饭。

四、创编童谣,传递春节祝福

(一)将自己家乡的新年习俗编成童谣与大家分享,互相给彼此送上祝福语。

引导语:大家能试着编一两句简单的童谣吗?一起来试一试吧!

(二)如果现在正值新年,你会怎样为同伴送上祝福?

小结:小朋友们自己编唱的童谣既朗朗上口,又很有创意。送给彼此的祝福语温暖吉祥,饱含着对彼此最真诚的祝福。愿大家可以快快乐乐地过好每一个新年,感受新年带来的欢乐!

活动延伸

1.手工活动:剪窗花是我国的传统文化。为了更加深入地了解我国的传统文化,让孩子们尝试剪一些简单的窗花。

2.家园共育:完成新年祝福亲子活动表。

新年祝福亲子活动表

姓名:　　　　班级:

过新年时,你想对爷爷奶奶、爸爸妈妈说些什么?想为他们做些什么?赶快和爸爸妈妈一起用笔记录下来吧!

人员	想说的话	想做的事
爷爷		
奶奶		
爸爸		
妈妈		

附:

新年到

新年到,放鞭炮,
噼噼啪啪真热闹。
耍龙灯,踩高跷,
包饺子,蒸甜糕。
奶奶笑得直揉眼,爷爷乐得胡子翘。

活动二

春天来了[①]

设计意图

小草悄悄地露出了头,春天的气息越来越浓郁,春天的脚步已经来到了我们的身边。一年的希望时节已悄悄来到,农民伯伯开始播种这一年的希望,等待着春天美好的开始。太阳公公开始起早了,因为春天到了,太阳公公要很早就将温暖的阳光洒给大地妈妈。通过本次集中教育活动,孩子们知道了春天对大地妈妈的意义,从点滴的小事儿了解春天的魅力。

活动目标

1. 知道诗歌的内容,知道屋檐、小河等解冻发出的声音。
2. 能口齿清晰地复述诗歌并能运用身体语言表达诗歌内容。
3. 喜爱春天,感受春天花草、树木的变化。

活动重难点

1. 重点:感受春天花草、树木的变化。
2. 难点:能口齿清晰地复述诗歌。

活动准备

1. 经验准备:知道春、夏、秋、冬四季的变化。
2. 物质准备:屋檐、小河、水塘、大雁的图片,头饰若干,诗歌《春天来了》音频。

活动过程

一、我喜欢的春天

关键提问:你们喜欢春天吗?为什么?

小结:大家都很热爱春天,因为天气变得暖和了。有的小朋友发现,在上学路上有许多小草、树木都发芽了,一切都充满了生机。

[①] 本书作者指导黄美玲老师设计与撰写。

二、藏起来的春天

(一)说春天。

关键提问:

(1)我们一起去找一找,看一看,春天在哪些地方?

(2)你找到春天了吗?它藏在哪里?

小结:你们都是善于发现的小朋友,发现了高高的大树上发了新的树枝,发现了小草从泥土里钻了出来,还发现了迎春花迎风开放。

(二)学春天。

1.教师朗读诗歌第一句:屋檐的流水,滴答,滴答。

关键提问:

(1)春天来了,屋檐上为什么会流水?

(2)屋檐上的流水发出了什么声音?

小结:春天来了,小朋友们发现屋檐上的冰块都融化了,从屋檐上流下来发出了滴答滴答的声音。(教师出示图片屋檐,请小朋友们模仿一下屋檐流水声)

2.教师朗读诗歌第二句:解冻的小河,哗啦,哗啦。

关键提问:

(1)春天的小河是怎样的?

(2)春天的小河发出怎样的声音?

小结:小朋友们通过图片发现了冬天冰冻的小河在春天解冻了,河水缓缓地流动,发出了哗啦哗啦的声音,有的小朋友还想去小河边野炊呢,真是个好主意!

3.教师朗读诗歌第三句:水塘的小鸭,呷呷,呷呷。

关键提问:

(1)春天的水塘里谁来了?

(2)想象一下,小鸭呷呷地叫是在叫些什么呢?

小结:小鸭子们"呷呷,呷呷"地游了出来,边游边叫嚷着美丽的春天来了,我们最喜欢春天了。

4.教师朗读诗歌第四句。南来的大雁,哏儿嘎,哏儿嘎。它们都在说:"春天来了!"

关键提问:谁飞来了?都在说什么?

小结:从南边飞回来的大雁也发出了欢快的声音,以此来迎接美丽的春天的到来。

（三）探春天。

关键提问：他们喜欢春天吗？是怎样表现出来的？

小结：从诗歌里各种欢快的声音以及小朋友们的表情中，可以看出来大家都很喜欢春天，对春天充满了热爱。

（四）读春天。

1.教师播放诗歌音频，幼儿跟读诗歌。

2.幼儿在诗歌的伴奏下，表演诗歌。

三、游戏里的春天

游戏：找春天。

在活动场地上画若干圆圈，圈内放上屋檐、水塘、草地、大雁等图片。幼儿扮演小动物，根据教师说的字词，快速站在放有相应图片的圆圈内，用肢体动作表演出相应的小动物，并说出春天在哪里。

活动延伸

家园共育：结合耕读教育基地，将小朋友们带到大自然找春天，将找到的春天带回幼儿园做成花草书签，封存起来。

附：

春天来了

屋檐的流水，

滴答，滴答。

解冻的小河，

哗啦，哗啦。

水塘的小鸭，

呷呷，呷呷。

南来的大雁，

咴儿嘎，咴儿嘎。

它们都在说："春天来了！"

活动三

蚂蚁和西瓜[1]

设计意图

《3—6岁儿童学习与发展指南》指出,"幼儿的语言学习需要相应的社会经验支持,应通过多种活动扩展幼儿的生活经验,丰富语言的内容,增强理解和表达能力"。小班幼儿的语言发展水平较低,语言表达时多使用简短语句或词汇,且他们的交流大多是在成人的引导下完成,教师要有意识地在各种活动中调动幼儿的主动性,引导幼儿积极主动地交流和发言,发展幼儿的口头语言表达能力。《蚂蚁和西瓜》是一个发生在夏天且充满童趣的绘本故事,故事中的小蚂蚁团结合作,乐于分享。

活动目标

1. 知道西瓜是夏天的常见水果。
2. 能通过观察绘本,说出小蚂蚁在故事中做了什么。
3. 感受小蚂蚁团结合作、乐于分享的良好品德。

活动重难点

1. 重点:感受小蚂蚁之间团结合作、乐于分享的优良品德。
2. 难点:观察绘本,说出小蚂蚁在故事中做了什么。

活动准备

1. 经验准备:在日常生活中见过并尝过西瓜。
2. 物质准备:绘本PPT,幼儿人手一册绘本图书。

---

[1] 本书作者指导刘宗利老师设计与撰写。

🔺 活动过程

一、初谈西瓜——师幼互动,引出主题

(一)拓展经验,引出西瓜。

关键提问:夏天,你们最爱吃什么水果呢?

小结:西瓜是夏天最常见的水果,炎热的夏天,吃一口凉凉的西瓜十分解暑。今天,我们一起来听一个关于西瓜的故事!

(二)打开绘本,展示大西瓜和小蚂蚁画面。

关键提问:

(1)这是一片什么样的西瓜?

(2)草地上的小动物谁可能会最早发现这片西瓜?

二、共读绘本——感受小蚂蚁乐于分享的美德

(一)四只小蚂蚁吃西瓜。

关键提问:

(1)四只小蚂蚁最先看到了这块西瓜,他们会想什么,会做些什么呢?

(2)他们吃饱后还有这么多西瓜,浪费了实在可惜,怎么办呢?

(二)大家一起吃西瓜。

关键提问:

(1)四只小蚂蚁搬得走这块西瓜吗,你们怎么看出来的?

(2)他们搬不动这块西瓜,怎么办呢?

小结:四只小蚂蚁决定把这个好消息告诉其他小蚂蚁,和大家一起分享这块大西瓜,他们可真是一群乐于分享的小蚂蚁!

三、自读绘本——寻找答案,感知小蚂蚁搬西瓜的情景

关键提问:

(1)这么多小蚂蚁搬得动大西瓜吗?请在绘本中寻找答案。

(2)观察绘本图片,小蚂蚁们是如何把大西瓜运回家的?

小结:小蚂蚁们团结协作,善于思考,大家分工明确。一块大大的西瓜很难搬回家,但小蚂蚁通过智慧把大西瓜分成一块块小小的西瓜运回了家!

四、通读绘本——进一步感受小蚂蚁团结合作的精神

引导语：我们再一起完整地阅读一次绘本，感受一下小蚂蚁们这次惊喜的体验。

小结：炎热的夏日遇到这么大一块西瓜，对于小蚂蚁们来说真是一件惊喜的事情，他们在遇到好事儿时乐于分享、团结协作的精神值得我们所有人学习。

活动延伸

1. 区域活动：语言活动区表演《蚂蚁和西瓜》。
2. 游戏活动：户外游戏"蚂蚁搬西瓜"。

活动四

月亮的味道[①]

设计意图

《幼儿园教育指导纲要（试行）》指出，幼儿语言的发展与其情感、经验、思维、社会交往能力等其他方面的发展密切相关。小班幼儿词汇量较少，有的幼儿只能用简单的词或词组与人交流。绘本《月亮的味道》讲述了一群小动物团结协作摘月亮的故事，内容生动有趣。中秋节即将来临，幼儿都尝过月饼的味道，但月亮是什么味道呢？通过这个生动有趣的绘本故事，幼儿能体验到团结协作的精神。

活动目标

1. 感知动物叠高摘月亮的情景，知道月亮能摘下来是因为团结的力量。
2. 能听懂故事并根据绘本情景大胆讲述故事内容。
3. 感受小动物间相互帮助、团结合作的精神。

活动重难点

1. 重点：感受小动物们团结合作摘月亮互帮互助的精神。
2. 难点：听懂故事，了解故事内容并能根据图片画面大胆表述。

---

① 本书作者指导刘宗利老师设计与撰写。

🔺 活动准备

1.经验准备:有过吃月饼的经验。

2.物质准备:绘本《月亮的味道》,"小动物吃月亮"游戏音乐,月亮、小动物卡片。

🔺 活动过程

一、师幼互动,问题导入

(一)师幼互动,回顾经验。

关键提问:你们吃过月饼吗,月饼是什么味道呢?

(二)关键提问,引出主题。

关键提问:月亮是什么味道呢?

小结:中秋节快到啦,大家都尝过月饼的味道,但是月亮是什么味道呢? 今天就有一群小动物要去尝尝月亮的味道,我们一起看一看。

二、共读绘本,感知情景

(一)阅读绘本1—2页。

关键提问:

(1)你看到了什么,他们在想什么呢?

(2)谁最先去摘月亮了,你觉得他能尝到月亮吗?

小结:今天小乌龟终于鼓起勇气要去摘月亮,想尝尝它的味道。

(二)教师操作动物卡片,幼儿感知小动物叠高摘月亮的情景。

关键提问:

(1)小乌龟又叫来了谁?

(2)他们是怎么摘月亮的,我这里有小动物们的卡片,谁能来帮忙摆一摆?

(3)最后谁摘到了月亮? 他会把月亮分给其他小动物吗?

小结:小动物们共同努力,一个接一个地叠高摘月亮,最后小老鼠终于摘到了月亮,他将摘下来的月亮分享给大家,大家都尝到了月亮的味道。

三、整读绘本,升华情感

关键提问:请大家完整地听一遍故事,说一说他们为什么能尝到月亮的味道。

小结：小动物们相互帮助，一起叠高摘月亮，最后终于尝到了月亮的味道，团结合作的力量可真大啊！

四、创设情境，趣味表演

跟随轻松、愉快的音乐表演"小动物吃月亮"。

小结：小动物们在故事中团结合作、相互帮助，最后获得了成功。希望你们在以后的生活中遇到困难时也可以像他们一样互帮互助，团结协作。

活动延伸

1. 游戏活动：户外游戏"猴子捞月"。
2. 区域活动：在表演区为幼儿提供小动物头饰，引导幼儿根据故事表演。

活动五

蛤蟆种瓜[1]

设计意图

《3—6岁儿童学习与发展指南》指出，"幼儿的语言学习需要相应的社会经验支持，应通过多种活动扩展幼儿的生活经验，丰富语言的内容，增强理解和表达能力"。西瓜，是幼儿在夏天喜欢吃的水果之一，圆乎乎的样子容易引起幼儿强烈的好奇心：它是怎么从一颗小种子变成大西瓜的？生长需要什么条件？这是本次活动的切入点以及要解决的难题。本次活动"蛤蟆种瓜"能让幼儿在幽默风趣的故事中习得耐心、坚持和合作精神，明白种瓜的过程，感受劳动的艰辛，强化节约粮食的意识。

活动目标

1. 理解故事内容，了解种子的生长过程，学说故事中种子能发芽的句子。
2. 能大胆表达自己的想法，在生活中尝试种瓜，感受劳动的艰辛。
3. 知道种瓜是一件不容易的事，学会耐心地解决问题，珍惜别人的劳动果实。

---

[1] 本书作者指导丁一老师设计与撰写。

活动重难点

1.重点:学说故事中有意思的句子。

2.难点:明白种瓜是一件需要耐心的事情,要珍惜别人的劳动成果。

活动准备

1.经验准备:知道西瓜是夏天的代表性水果。

2.物质准备:西瓜、故事PPT。

活动过程

一、实物激趣,导入活动

教师出示西瓜,和幼儿共同探讨对西瓜的认识。

关键提问:你们看这是什么? 它是什么形状的? 我们通常在什么季节吃西瓜?

小结:西瓜又圆又大,我们通常会在炎热的夏天吃西瓜,西瓜味道甜美,并且能解渴。

二、故事欣赏,品德之育

教师讲解绘本PPT,帮助幼儿理解故事内容。

关键提问:又大又圆的西瓜是怎么来的呢? 谁会种出又大又圆的西瓜? 一起来听听故事吧!

(一)出示场景一:青蛙收获西瓜。

关键提问:

(1)蛤蟆看见青蛙种了这么多又大又圆的西瓜,它会怎么想呢?

(2)蛤蟆是怎么说的? 我们用好听的声音也来说一说。

(3)猜一猜:蛤蟆会不会也行动起来去种瓜?

小结:又大又圆的西瓜真让人喜爱,我们要付出行动才能有所收获。

(二)出示场景二:蛤蟆尝试种瓜。

关键提问:

(1)蛤蟆有没有种瓜? 它是怎么种的?

(2)蛤蟆趴在地上对种子说了什么? 我们来听一听蛤蟆是怎么说的。

(3)当蛤蟆对种子大声喊叫时,种子会有怎样的感觉?

小结:蛤蟆对种子大声喊叫并不能帮助种子生长,反而可能会让种子感到害怕。我们在生活中也常常会遇到让我们非常着急的事情,但是我们不能因为自己很着急就大喊大叫,应该用耐心和努力去解决问题。

(三)出示场景三:青蛙热情支招。

关键提问:蛤蟆着急地对着种子大声喊叫,种子有没有长出来？青蛙听见了蛤蟆的喊叫声,他怎么告诉蛤蟆的？青蛙告诉蛤蟆:"种子睡在地里,阳光照着它们,小雨浇着它们,慢慢就会长出来了。"我们一起学说这段话,并配上相应的动作。

小结:种子的发芽需要阳光的照耀、小雨的滋润,我们要尊重自然规律,学会耐心等待。

(四)出示场景四:蛤蟆悉心照料。

关键提问:

(1)听了青蛙的建议,蛤蟆为种子做了哪些事情?(夜晚……白天……)蛤蟆唱着歌,讲着故事,不知不觉中发生了什么事情?

(2)在他睡着的时候,种子发生了什么变化?

(3)看见这些苗苗长出来了,猜猜蛤蟆会说什么。你觉得蛤蟆最后有没有成功种出又大又圆的西瓜？为什么？

小结:蛤蟆种瓜的过程并不顺利,但他没有放弃,在青蛙的帮助下,蛤蟆通过自己的精心照顾和耐心等待,最终他收获了又大又圆的西瓜。

三、集体讨论,回归生活

将故事联系幼儿的生活实际,升华劳动的意义。

关键提问:

(1)蛤蟆为什么说种瓜是一件不容易的事？你们认为种瓜容易吗？为什么？

(2)小朋友们,你们在生活中有没有遇到过同样的困难？你们是怎样解决的?

小结:我们也要像蛤蟆一样,遇到困难不轻易放弃,同时也要学着尽自己最大的努力去帮助别人,同伴之间互相帮助才能取得又快又好的成果。种植是一件很漫长的事情,它需要我们每天耐心地照顾和陪伴,所以我们要珍惜别人的劳动成果,懂得粒粒皆辛苦的道理。

活动延伸

家园共育:学习了《蛤蟆种瓜》的故事,你们已经知道了如何让一粒种子结出大西瓜。和爸爸妈妈一起尝试播种,把学习到的劳动本领运用到生活中,感受劳动的辛苦和收获的快乐。

附：

蛤蟆种瓜（节选）

蛤蟆想要种瓜，他刚把种子种在地里，就着急地对种子大声喊："种子，种子，快快长出来吧！"

青蛙听见了，跑过来说："你喊得太响，会把种子吓坏的。种子睡在地里，阳光照着它们，小雨浇着它们，慢慢就会长出来了。"

到了晚上，蛤蟆又着急了。他说："种子大概怕黑吧？我来讲故事、唱歌。"蛤蟆点上蜡烛，给种子讲了很长很长的故事，唱了好多好多的歌。

白天，蛤蟆怕种子孤单，又在瓜地里为种子吹口琴，可是种子还是没有长出来。

蛤蟆累极了，趴在地上睡着了，睡了很久很久……

"蛤蟆，蛤蟆，快起来，快来看你种的瓜。"青蛙叫醒了蛤蟆。蛤蟆往地上一瞧，哇，长出了许多青青的小苗。

青蛙说："青青的小苗会慢慢长大，以后会结出许多许多的瓜。"蛤蟆打了个哈欠，说："种瓜真不容易啊！"

第二节　幼儿园中班语言领域园本课程思政教育教学活动设计

活动一

劳动最光荣[①]

设计意图

"勤劳朴实"是中华民族的传统美德，从事各种职业的劳动者，为我们提供了各种生活所需和帮助。我们开展"劳动最光荣"课程活动，旨在教育幼儿从小热爱劳动，让他们学会感激和尊重那些辛勤工作的人。同时，鼓励他们从自己开始，从小事做起，为他人和集体提供服务，培养他们的责任感和社会适应能力。

[①] 本书作者指导蒋建萍老师设计与撰写。

活动目标

1. 理解身边不同职业的劳动者的辛苦。
2. 尝试自己的事自己做,并能够主动帮助他人。
3. 萌发对劳动者的感激之情,珍惜劳动成果。

活动重难点

1. 重点:了解劳动的意义,能够流畅地朗读诗歌。
2. 难点:理解身边不同职业的劳动者的辛苦,尊重劳动者。

活动准备

1. 经验准备:知道不同职业的劳动者劳动的内容不同。
2. 物质准备:歌曲《劳动最光荣》、不同职业劳动者的图片和视频、诗歌图片。
3. 环境准备:在教室内准备手套、夹子、围裙、扫把、垃圾桶等劳动工具。

活动过程

一、以歌为序,开启劳动之章

教师播放歌曲《劳动最光荣》,幼儿初步了解劳动的光荣。

引导语:大家一起来欣赏这首歌曲,注意听歌词的内容,听出来的小朋友请告诉大家。

小结:雄鸡一早就来唱歌,他特别勤劳。小喜鹊在造新房,小蜜蜂在采蜜糖,他们都很勤劳,每天都在辛勤劳动,大家要向他们学习啊!

二、初次欣赏,理解劳动内涵

引导语:除了这首歌曲,还有一首诗也是描述劳动的,请小朋友们和我一起来欣赏这首诗。

关键提问:

(1)诗歌里讲了哪些劳动者?

(2)这些劳动者为我们做出了哪些贡献?

小结:诗歌里的劳动者都在勤勤恳恳地工作,他们用自己的辛勤劳动让我们的世界变得越来越好,为我们的生活保驾护航。

三、朗读诗篇,体会劳动的意义

(一)教师播放诗歌图片,根据图片内容朗诵诗歌。

1.出示警察图片。

关键提问:这是谁?他在干什么?用诗歌里的话怎么来表达呢?

引导语:我们大家一起来朗诵这句诗。

2.出示农民图片。

关键提问:这是谁?他在干什么?用诗歌怎么表达呢?

引导语:把这两句诗连在一起读一读。

3.出示环卫工人图片。

关键提问:这是谁?他在干什么?用诗歌怎么表达呢?

引导语:我们一起来把这首诗歌完整地读一遍。

(二)学完了这首关于劳动的诗歌,请幼儿说一说"劳动"对我们的生活都有哪些作用。

关键提问:在生活中,我们可以做哪些力所能及的事?

小结:劳动能够建设我们居住的环境,改变我们出行的方式,创造出我们需要的东西,为我们的生活带来无数便利,我们要尊重不同职业的劳动者。

四、播放视频,点燃劳动敬意

播放其他劳动者劳动时的视频及图片,激发幼儿对劳动者的崇敬之情。

关键提问:

(1)视频里的人是什么职业?他在干什么?他辛苦吗?

(2)请大家思考:如果没有他们的辛勤付出,我们的生活会是怎样的呢?

小结:如果没有他们的辛苦付出,我们将无法得到美好的生活环境,也没有良好的医疗条件。正是这些劳动者保障了我们日常生活的正常运转。

活动延伸

1.区域活动:在区角为幼儿提供多种劳动道具,让幼儿扮演不同的劳动者,从中感受劳动的不易,懂得感恩。

2.家园共育:家长带幼儿参与一些简单的劳动活动,如浇树、捡垃圾等,让幼儿体会劳动的辛苦与快乐。

附：

致敬劳动者

警察守护平安城，
农民耕耘种希望。
环卫工人洁美街，
辛勤付出谱诗篇。

活动二

我爱我的家乡万州[①]

设计意图

《3—6岁儿童学习与发展指南》指出："幼儿社会领域的学习与发展过程是其社会性不断完善并奠定健全人格基础的过程。人际交往和社会适应是幼儿社会学习的主要内容，也是其社会性发展的基本途径。"我们应充分利用社会资源，让幼儿在良好的社会环境里学会遵循规则，从而形成基本的认同感和归属感。引导幼儿去体验和理解家乡的变迁与成长，可以激发他们对祖国和家乡的深厚情感。我们开展了以"我爱我的家乡万州"为内容的课程学习活动，旨在通过各种途径促进幼儿健康和谐地成长。

活动目标

1. 了解万州的历史文化、名胜古迹、美食特产等。
2. 能够自己设计万州的宣传画，说出赞美家乡的话。
3. 感受家乡的美丽和独特，萌发热爱家乡的自豪感。

活动重难点

1. 重点：了解万州的历史文化、名胜古迹、美食特产等。
2. 难点：能够自己设计万州的宣传画，说出赞美家乡的话。

[①] 本书作者指导蒋建萍老师设计与撰写。

🌱 活动准备

1. 经验准备：了解万州的历史文化、名胜古迹、美食特产等知识。
2. 物质准备：节奏轻快的背景音乐、有关万州文化的图片。
3. 环境准备：教室里贴上万州著名景点的图片，模拟万州的旅游路线。

🌱 活动过程

一、以游戏为引，探寻万州的诗意天地

教师让幼儿加入"我是小导游"的游戏，带领"游客"们游览万州美景。

关键提问：

(1)小朋友们，现在有一队从外地来的游客，他们想在万州游玩。有没有哪位小朋友自告奋勇，来当小导游，带这些外地来的客人好好玩一玩呢？

(2)有这么多的小朋友都想来当小导游，那我要来考考你们了，你们知道万州都有哪些好吃的、好玩的吗？

小结：万州历史悠久，不仅有名胜古迹，还有很多优美的自然风光。有西山钟楼、万州大瀑布群旅游区、太安凤凰花果山景区等好玩好看的地方。除了这些，还有不少好吃的，比如万州烤鱼、万州红橘、万州玫瑰香橙、万州炸酱面等，数不胜数，这里简直是旅游人的胜地，吃货们的天堂。

引导语：看来我们班的小朋友都很适合当万州的小导游，把万州的美食美景都介绍完了，相信这些外地的朋友听了你们的介绍都会喜欢万州这座城市。为了让大家对万州有更深入的了解，我们一起来学一首关于万州的诗歌吧！

二、以诗歌为韵，倾诉对万州的热爱之情

教师在欢快流畅的背景音乐中朗读诗歌《万州之美》，并结合诗歌图片，对幼儿进行提问。

关键提问：诗歌里讲了什么呢？

小结：这首诗歌向我们介绍了万州的美食和美景，请你们跟着老师一起用自豪的情感将这首诗读一读。

引导语：学了这首诗歌，大家对我们的家乡万州是不是有了更深入的了解呢？一起来用自己的话赞美一下我们美丽的家乡——万州！

小结：万州的文化博大精深，历史源远流长。有清新脱俗的自然风光，也有独特深厚的

风土人情,更有无数色香味俱佳的美食。非常幸运这里是我们的家乡,我们要热爱我们的家乡——万州。下面,让我们向更多人介绍我们的家乡吧!

三、以丹青为景,传递万州的家乡之美

引导语:大家最喜欢的万州的美景或美食是什么?把它们画下来,作为万州的宣传画,让更多的人看到我们的家乡!

关键提问:如果让你当小导游,你会怎么介绍它们呢?

小结:万州美丽的地方还有很多很多,美味的食物也有很多很多,我们每一位小朋友都应该热爱自己的家乡,并努力了解更多万州文化,将我们的家乡介绍给更多的人!

活动延伸

1.区域活动:区角开展"我是小导游"活动,让小小导游介绍万州的美食美景。

2.家园共育:家长带孩子游玩万州的一处美景,或品尝一道本地的美食,拍照留念。

附:

万州之美

万州美景醉心弦,碧波荡漾映蓝天。

太白岩上观日出,青龙瀑布挂前川。

烤鱼香飘满街巷,杂酱面味暖心田。

夜游长江灯璀璨,魅力万州谱新篇。

活动三

独一无二的你[①]

设计意图

在幼儿成长过程中,自我意识的建立和培养至关重要,但自我意识并不仅仅意味着让幼儿认识到自己的特别和独一无二,也意味着让幼儿在接受自身特点的同时也能够学会看到和欣赏别人的特别之处,并且懂得与人分享的快乐和意义。

---

① 本书作者指导黄美玲老师设计与撰写。

🏁 活动目标

1. 理解生活中每个人都是不同的,感受自己的独一无二。
2. 能清楚地表达自己的本领,知道同伴的特别之处。
3. 愿意大胆地在集体面前表现自己,与同伴交流表达自己的想法。

🏁 活动重难点

1. 重点:知道每个人都是不同的,感受自己的独一无二。
2. 难点:能清楚地表达自己的本领,知道同伴的特别之处。

🏁 活动准备

1. 经验准备:认识班级的小伙伴,知道自己的本领。
2. 物质准备:绘本《独一无二的你》。

🏁 活动过程

一、观察绘本封面,引发幼儿兴趣

关键提问:

(1)你看到了什么?

(2)它们都一样吗?哪里不一样?

小结:海里有好多五颜六色的石头小鱼,每条鱼的形状、大小、身上的花纹都各不相同,每一条小鱼都是独一无二的。

二、完整欣赏故事,理解故事内容

(一)教师完整讲述绘本,感受故事内容。

教师有情感地完整讲述一遍故事,帮助幼儿初步了解故事内容。

(二)逐页观察绘本,初步了解故事。

关键提问:

(1)这是哪里?都有谁?

(2)小鱼丹尼要出去学本领了,临走的时候爸爸妈妈对丹尼说了什么?

小结:爸爸妈妈告诉丹尼要学会认识新朋友,要安静倾听,要大胆表达自己,要相信自己是独一无二的。

(三)深入讲述故事内容,了解独一无二。

关键提问:妈妈为什么说丹尼是独一无二的?

小结:世界上的每个人都是不同的,就好像我们班级里的小朋友,大家都不一样。

三、幼儿趣玩游戏,巩固故事经验。

(一)听声音,猜同伴。

关键提问:这是谁在说话呀?他们说话的声音一样吗?

小结:原来我们每个人都有不同的模样、不同的名字、不同的声音。

(二)说说独一无二的自己。

关键提问:你喜欢吃什么?你喜欢什么玩具?你的好朋友是谁?你有什么本领?

小结:每个小朋友都是特别的,爸爸妈妈、老师都很喜欢你。

活动延伸

家园共育:请幼儿放学回家后观察一下自己和家人不一样的地方。

活动四

过春节[①]

设计意图

《3—6岁儿童学习与发展指南》指出,幼儿的语言学习需要相应的社会经验支持,应通过多种活动扩展幼儿的生活经验,丰富语言的内容,增强理解和表达能力。本次活动通过儿歌《过春节》,引导幼儿感受中国传统节日的习俗和文化。儿歌内容生动有趣,富有表演性,通过儿歌的学习,幼儿在活动中丰富语言词汇,发展语言表达能力。

活动目标

1.理解儿歌内容,知道春节的各种传统习俗。

[①] 本书作者指导刘宗利老师设计与撰写。

2.能根据图片大胆表述,自主选择角色演绎儿歌。

3.感受春节喜气洋洋的节日氛围,喜欢祖国传统节日文化。

活动重难点

1.重点:感受春节喜气洋洋的节日氛围,知道春节的各种传统习俗。

2.难点:根据图片大胆表述,理解儿歌内容,自主选择角色演绎儿歌。

活动准备

1.经验准备:有过春节的经验,了解一些春节的传统习俗。

2.物质准备:儿歌内容图片、儿歌音频、春节气氛音频、小动物角色头饰、表演道具。

活动过程

一、音频导入,年味浓又浓

播放春节气氛音频,导入春节主题。

关键提问:

(1)这是什么声音?这么热闹,什么时候能听到这种声音?

(2)过春节的时候你们都会做什么?你们的心情是怎样的?

(3)春节和平时有什么区别?

小结:春节快到了,家家户户团团圆圆,处处都热闹非凡,和平常的日子比起来,在春节我们能吃上许多美食,穿上新衣服,还有红包可以收,这是许多小朋友都十分盼望的节日。今天有一群小动物们也在过春节,我们一起去看看。

二、儿歌欣赏,春节初体验

(一)播放音频,儿歌欣赏。

关键提问:小动物们是怎么过年的,它们都做了些什么事?

(二)师幼互动,内容回顾。

关键提问:有哪些小动物在迎接春节?它们是怎样迎接春节的?

小结:春节是我们中国人最重要的传统节日,每到春节处处张灯结彩,喜气洋洋。伴随春节的到来,家家户户都会做很多庆祝春节的事情,我们把这些行动称为"年俗",我们一起跟着小动物们去认识"年俗"。

三、看看说说，年俗我知道

（一）出示图片，学习理解儿歌，认识春节习俗。

关键提问：

（1）你看到了哪个小动物，它在干什么？

（2）这张图片对应的是儿歌里的哪一句？

（二）结合图片，完整朗诵儿歌，感受传统文化

小结：年俗承载着中华民族丰富多彩的节日文化底蕴，我们要争做一个知年俗、懂文化的中国娃。

四、情境表演，春节真热闹

教师完整出示儿歌图片，请幼儿自主选择角色并在活动区选择合适的道具，鼓励幼儿加上动作，分组表演儿歌。

小结：小朋友们今天认识了很多春节的习俗，春节期间请你们仔细寻找身边的"年俗"，去感受中华优秀传统文化的魅力。

活动延伸

1.区域活动：美工区——"红红中国年"。

2.家园共育：请幼儿春节期间寻找身边的年俗，家长帮忙拍照记录。

附：

过春节

春节到，真热闹，家家户户哈哈笑。

黄狗贴春联，山羊把地扫，猴子买糖果，花猫蒸年糕。

松鼠宝宝剥花生，母鸡大婶搓元宵，三个小猪来拜年，

穿着新衣戴新帽，你来舞龙灯，我来踩高跷，

放起爆竹噼啪响，恭喜恭喜春节好。

活动五

秋的画报[①]

🔖 设计意图

中班幼儿对大自然有着很强的探索欲望,果园里沉甸甸的果子让幼儿感到快乐也产生好奇,基于幼儿的兴趣,我们设计"秋的画报"活动,旨在让幼儿跟着诗歌一起去感受秋的色彩,同时懂得劳动的辛苦。

🔖 活动目标

1.理解诗歌内容,学习诗歌中的叠词。
2.感知秋天的多姿多彩,尝试运用已有经验进行简单的仿编。
3.体验丰收的喜悦,知道丰收离不开农民伯伯的辛勤劳动,对身边的劳动者持有崇敬之情。

🔖 活动重难点

1.重点:学习诗歌中的叠词,明白叠词的含义。
2.难点:尝试运用已有经验进行简单的仿编。

🔖 活动准备

物质准备:《秋日》视频、果园丰收场景图、《秋的画报》PPT。

🔖 活动过程

一、视频赏秋,经验唤醒

观看《秋日》视频,调动幼儿已有经验,回忆秋天的自然现象,感知秋天的多姿多彩。
关键提问:
(1)老师给大家带来了一段好看的视频,安静欣赏后,告诉我,你们看到了什么?枯黄的树叶从树上飘落下来,说明什么季节到了?

[①] 本书作者指导丁一老师设计与撰写。

(2)除了有落叶,你们看到的秋天还有哪些特别的地方?

小结:秋天真是特别,风儿一吹,便让山林穿上了黄色的、红色的衣裳!悄悄告诉你们,除了山林,秋天的果园也美得像一幅画报,一起来看一看。

二、画报看秋,感恩丰收

(一)教师出示《果园丰收》场景图,感受丰收的喜悦和忙碌。

关键提问:

(1)图中的农民伯伯正在干什么?

(2)他们的脸上挂着什么?(汗珠)

(3)他们的表情怎么样?

小结:在美丽的秋天,农民伯伯们会收获很多果实,丰收虽然很值得高兴,但是劳动是一件很辛苦的事情,我们应该珍惜劳动果实,尊重农民伯伯的劳动成果,感谢大自然的恩赐,珍惜每一粒粮食。

(二)展示PPT图片,让幼儿通过多种感官欣赏并感知诗歌的内容。

引导语:老师把农民伯伯采摘的水果,都画在了一本美丽的画报里,并编成了一首美丽的诗歌,下面就让我们一起来欣赏这首诗歌吧,诗歌的名字叫作《秋的画报》。

1.教师有感情地完整朗诵诗歌,营造优美的意境,引导幼儿理解诗歌内容。

关键提问:

(1)在《秋的画报》里都藏着哪些水果?它们是什么颜色的?诗歌用了什么好听的词语去形容它们?(逐一理解词语"黄澄澄、红彤彤、金灿灿、亮晶晶")

(2)为什么说果园是一本彩色的画报?

(3)是谁钻进了果园?为什么说风娃娃在翻着彩色的画报?(秋风轻轻地吹,就像是翻着彩色的画报)

2.教师再次有感情地朗诵诗歌,幼儿欣赏,进一步体会秋天的多姿多彩。

3.教师带领幼儿完整地朗诵诗歌2—3遍。

三、拓展延伸,品德塑造

(一)拓展谈话,引导幼儿根据诗歌的结构,仿编诗歌。

小结:秋天的美不只美在果实,更美在丰收,让我们把农民伯伯收获的劳动场景也写进《秋的画报》中。

(二)启发幼儿抓住农民伯伯的劳动动作、神态仿编诗歌。

小结:在你们的仿编诗歌中,老师感受到了丰收的喜悦和劳作的辛苦。我们中国有几千年的农耕历史,老师希望你们也能用双手去劳动,用智慧去创造更美好的未来。同时,我们也要爱护环境,不乱扔垃圾,让美丽的秋天一直陪伴着我们。

活动延伸

家园共育:趁着秋光正好,和爸爸妈妈一起去果园体验采摘活动,感受丰收的喜悦和劳动的辛苦。

附:

秋的画报

黄澄澄的梨,红彤彤的枣,金灿灿的苹果,亮晶晶的葡萄。
风娃娃钻进果林,在翻着——彩色画报。

活动六

春姑娘[①]

设计意图

春回大地,万象更新,春天的大自然里发生了很多变化,这正是带领幼儿走进春天,去探索周围景象变化的好时机。《春姑娘》这首诗歌韵律简单、节奏欢快,幼儿能通过朗朗上口的语言去感受春天的美丽变化。我们设计本次活动,旨在让幼儿感受初春的到来,了解春天的基本特征,进而培养幼儿保护环境、热爱大自然的美好情感。

活动目标

1.理解诗歌内容,了解春天的典型季节特征。
2.尝试根据诗歌的句式进行仿编。
3.热爱大自然,有爱护花草树木的意识,知道保护环境人人有责的道理。

[①] 本书作者指导丁一老师设计与撰写。

活动重难点

1.重点:理解诗歌所描写的内容,学会有表情地朗诵诗歌。

2.难点:能根据已有经验进行仿编。

活动准备

1.经验准备:在大自然中寻找过春天,观察过春天的景色特点。

2.物质准备:春天景色的图片一套、诗歌《春姑娘》图片、歌曲。

活动过程

一、乐响寻春,兴致盎然

谈话引入主题,激发幼儿对春天的探究兴趣。

关键提问:

(1)春天到了,周围的环境发生了什么变化?

(2)好看的春景藏在什么地方?我把答案藏在了一首歌里,一起来听一听。

小结:山林里、草地上、湖水里都藏着春天的痕迹。只要善于观察、用心感受,就会发现春天的痕迹无处不在,请珍惜大自然赋予我们的美好。

二、诗韵迎春,巧思创编

(一)经验回忆,帮助幼儿回忆春天的景物特征。

1.播放歌曲。

关键提问:

(1)春天的美好除了藏在刚才的歌曲里,在生活中你还见过哪些不一样的春天景象呢?

(2)春天的主要特征有哪些?

2.出示图片。

关键提问:

(1)这幅图上有哪些春天的痕迹?

(2)请你们用自己的语言描述,春风徐徐吹来,小草、柳树、桃花发生了哪些变化?

小结:春天是万物复苏的季节,草绿了,花开了,许多小动物也都醒了,春天就像一个魔法师,带给了我们勃勃生机。但是美好的大自然也需要我们一起去守护,比如爱护花草树木、不随意伤害小动物等。

(二)分句理解,感知诗歌的意境美。

1.教师朗诵诗歌——春天有颜色:草儿青青的,杨柳绿绿的,花儿红红的。

关键提问:

(1)春天有颜色,它让草儿、杨柳、花儿分别穿上了怎样的衣裳?

(2)春天还会让大自然穿上什么颜色的衣裳?

2.教师朗诵诗歌——春天有气味:花儿香香的,蜂蜜甜甜的,土地润润的。

关键提问:

(1)春天不但有颜色,还有气味呢!春天有什么气味?

(2)这些好看的颜色和好闻的气味是谁带来的?

3.教师朗诵诗歌——春天的颜色,春天的气味,这都是春姑娘,给我们带来的。

小结:多姿多彩的颜色,沁人心脾的气味,这都是春姑娘给我们带来的美好礼物,我们要爱护春天送给我们的礼物,就像爱护自己的玩具一样。

4.引导幼儿学说本首诗歌的语句,感受诗歌表现的语言美和意境美。

5.学习诗歌《春姑娘》。幼儿听音频完整欣赏一遍并小声跟读诗歌。

6.幼儿有表情地朗诵诗歌并配上自己创编的动作。

(三)理解创作,分享快乐。

引导语:刚刚我们一起认识了春天好看的颜色、好闻的味道,颜色是我们用眼睛看到的,气味是我们用鼻子闻到的,春天还有动听的声音呢!春天有什么声音呢?(引导幼儿大胆想象)

1.教师引导幼儿梳理"春天的声音",并加进诗歌里。

2.教师引导幼儿分组朗诵自己编的诗歌、诗句,并组织他们学习优秀诗句,进一步调动幼儿情绪。

三、守护自然,童心同行

关键提问:春姑娘来了,你们喜欢她吗?为什么?

教师组织幼儿讨论:怎样才能让春天更美丽?让我们的大自然永远美丽呢?

小结:大自然很奇妙,一年四季都有不同的风景,我们应该保护环境。例如,不乱丢乱扔、垃圾要分类、节约用纸不随便砍伐树木……只有我们热爱大自然,大自然才会给我们带来更多美丽的风景。

活动延伸

区域活动：今天，我们来当小小设计师，设计出一份独一无二的宣传手册来提醒大家保护环境，热爱自然。

附：

春姑娘

春天有颜色：草儿青青的，杨柳绿绿的，花儿红红的。
春天有气味：花儿香香的，蜂蜜甜甜的，土地润润的。
春天的颜色，春天的气味，这都是春姑娘，给我们带来的。

第三节 幼儿园大班语言领域园本课程思政教育教学活动设计

活动一

春天，你好[①]

设计意图

春天是万物复苏的季节，红红的花、绿绿的草、枝头的嫩芽、飞舞的蝴蝶，还有暖暖的阳光和柔柔的春风。《3—6岁儿童学习与发展指南》指出："经常带幼儿接触大自然，激发其好奇心与探究欲望。"因此，我们顺应幼儿兴趣和发展需要，设计本次课程活动，用诗词帮助幼儿感受春天、感知春天，激发他们感知美、发现美的情趣。

活动目标

1. 感知古诗中描绘的春天美景，感受中华传统诗词的魅力。
2. 能有感情地诵唱古诗，加深对古诗的理解。
3. 萌发对中华传统诗词的浓厚兴趣。

[①] 本书作者指导蒋建萍老师设计与撰写。

🔖 活动重难点

1.重点:进一步了解春天来临时的变化,加深对古诗的理解。

2.难点:感受古诗优美的韵律,感知古诗中描绘的春天美景,感受中华传统诗词的魅力。

🔖 活动准备

1.经验准备:幼儿有观察过春天美景的经验,能回顾春鸟啼鸣、春风春雨、春花谢落等声音和景象。

2.物质准备:画有古诗中的景象的图片一幅、节奏舒缓的背景音乐。

3.环境准备:教室里布置关于春天的环创。

🔖 活动过程

一、忆春色、话美景,探寻古诗之境

(一)教师出示春天树木发芽、小草冒出头、花朵开放的图片,引导幼儿观察图片,说说这是什么季节。

关键提问:

(1)你从这几张图中看到了什么?

(2)你从这几张图片可以看出这是什么季节吗?

小结:是的,现在春天来了,万物复苏,草绿了,花开了,树叶也长出来了。

(二)结合幼儿生活经验,表达对春天景象的感受。

关键提问:春天里还有哪些美丽的景色?春天里你会有怎样的感觉?请把你看到的美景用自己的话说一说。

小结:春,无疑是一个充满魅力的时节。鸟儿在树梢上发出"啾啾"的叫声,花儿被春季的风雨吹打到地面,孩子们在春季的夜晚睡得很舒适,早上都不愿意醒来。

二、赏诗画、找诗意,开启诗韵之美

引导语:古代有一位名为孟浩然的诗人,他非常喜欢春天,并创作了一首名为《春晓》的诗,他把春天比作一个美丽而又充满生机的世界。我们一起来听听这首诗吧!

关键提问:

(1)在春季的清晨,诗人醒来后发现了什么?

(2)诗歌里讲了什么？请大家用自己的语言描述一下这首诗描绘的场景。

三、诵诗韵、入诗境，浅尝诗海之味

（一）第一句：春眠不觉晓。

关键提问：请小朋友们思考一下，"春眠不觉晓"是什么意思？

小结："春眠不觉晓"的意思是"在春天里睡着了，却不知道什么时候天已经亮了"。

（二）第二句：处处闻啼鸟。

关键提问：从这句可以知道诗人听到了什么声音？

小结：诗人到处都能听到鸟儿"啾啾"的鸣叫声。

（三）第三、四句：夜来风雨声，花落知多少。

关键提问：早晨醒来，诗人看到满地的落花，他会想到什么呢？"夜来风雨声，花落知多少"又是什么意思呢？

小结：诗人看到满地落花，就会想到"夜里传来刮风下雨的声音，不知道吹落了多少花朵呢！"

四、配乐诵、感声律，领略诗意魅力

教师放背景音乐，以抑扬顿挫的声音朗诵诗歌，表达出对春天景色的喜爱之情。

关键提问：听了这首诗，大家有什么感觉？

幼儿采用多种形式朗诵古诗。

活动延伸

1.区域活动：区角开展"小小诗会"活动。

2.家园共育：亲子踏青活动，在春天的节假日里家长带着幼儿去踏青，进一步感受、体验春天。

附：

春晓

春眠不觉晓，
处处闻啼鸟。
夜来风雨声，
花落知多少？

> 活动二

丰收的秋天①

🍀 设计意图

秋天是一个绚丽多彩、丰收喜悦的季节。大自然仿佛是一位神奇的画家,用丰富的色彩和丰硕的果实装点着秋的世界。对于大班的幼儿来说,此时正是他们感知自然、拓展认知的绝佳时机。了解秋季农作物的丰收和成熟,不仅能激发他们对大自然的深深热爱,还能萌发他们对劳动人民的尊重与感恩之情。

🍀 活动目标

1. 了解农民伯伯种粮食的艰辛过程,懂得珍惜粮食。
2. 能用清晰、连贯的语言描述秋季的丰收景象。
3. 萌发对秋天的喜爱之情,体验田间劳动和收获的快乐。

🍀 活动重难点

1. 重点:能用清晰、连贯的语言描述秋季的丰收景象。
2. 难点:萌发对秋天的喜爱之情,体验田间劳动和收获的快乐。

🍀 活动准备

1. 物质准备:有关秋季丰收的图片、视频资料,农作物实物(如玉米、稻谷、南瓜等),充足的绘画工具和材料。
2. 环境准备:教室里布置关于秋天的主题环创。

🍀 活动过程

一、秋景如画,引入佳境

教师播放秋天丰收的视频,画面中呈现金黄的稻田、挂满枝头的果实等,引导幼儿观察。
关键提问:小朋友们,在刚刚的视频里,你们的小眼睛都发现了哪些有趣的东西?

---

① 本书作者指导蒋建萍老师设计与撰写。

小结:秋天就像一个装满宝贝的大口袋,给我们带来了数不清的惊喜。瞧,那一片片金黄的稻田,那满树红彤彤的果子,都在告诉我们,这是一个充满收获的美好季节。

二、秋实累累,认识作物

教师将准备好的农作物实物一一展示在幼儿面前,让幼儿近距离观察并轻轻触摸。

关键提问:

(1)小朋友们,快来看看这些宝贝,你们都认识吗?

(2)能告诉老师它们叫什么名字吗?

(3)它们摸起来有什么样的感觉呢?谁愿意上来摸一摸?(先让幼儿自由讨论,然后再邀请幼儿分享自己的观察和感受)

小结:哇,小朋友们观察得真仔细!金黄的玉米像一个个胖娃娃,饱满的稻谷笑弯了腰,大大的南瓜圆滚滚的,秋天可真是个慷慨的季节,给我们送来了这么多的好东西。

三、农耕故事,体会辛苦

教师播放农民伯伯辛勤劳作的相关视频。

关键提问:

(1)小朋友们,视频里农民伯伯在做什么?

(2)你们看到的农民伯伯劳动时的表情是怎样的?

(3)视频中,农民伯伯在什么时候就要开始一天的劳动?

(4)小朋友们,根据这个视频,你们觉得农民伯伯劳动最辛苦的地方在哪里?

(5)农民伯伯种粮食是不是一件特别不容易的事?能和老师说说为什么吗?

小结:农民伯伯为了让我们能吃上香喷喷的饭菜,每天都在田地里辛勤劳作,不管是炎炎烈日还是刮风下雨,他们从不停歇。他们的汗水换来了我们餐桌上的美味,所以我们一定要珍惜每一粒粮食,不能浪费!

四、体验秋收,感受快乐

教师组织幼儿去农耕基地,模拟农民伯伯在田地里收获农作物。

关键提问:

(1)小朋友们,来到农耕基地,你们最先看到的是什么农作物?

(2)大家想一想,要把这些成熟的农作物收下来,第一步应该做什么?

(3)收获的时候,怎样做才能不伤害到这些农作物呢?

(4)在这次小小的收获体验中,小朋友们心里有什么样的感觉呢?

小结:收获虽然会让我们感到有些累,但是当我们看到满满的成果时,心里那种快乐是无法用言语表达的。这也让我们更加明白,只有付出努力,才能迎来甜蜜的收获。

五、秋彩缤纷,绘梦丰境

(一)为幼儿提供丰富的绘画工具,鼓励他们画出自己心中独一无二的丰收景象。

(二)教师巡回指导,轻声询问并鼓励幼儿大胆发挥想象。

(三)展示幼儿作品,让幼儿互相欣赏和交流。

小结:小朋友们的画笔就像有魔法一样,画出了一幅幅充满童趣和想象力的丰收画面。每一幅画都像是一个小小的故事,讲述着你们对秋天的喜爱和对丰收的赞美。

活动延伸

1.区域活动:将幼儿的绘画作品精心布置在教室的主题墙上,营造出浓厚的丰收氛围。

2.实践活动:鼓励幼儿在家中主动帮助父母参与一些简单的劳动,如帮忙择菜、收拾碗筷等,亲身体验劳动的乐趣,并与小伙伴们分享自己的劳动心得。

活动三

夏天的太阳真顽皮[①]

设计意图

对于幼儿来说,夏天是一个充满活力的季节,夏天的天气和环境都会带来许多新鲜感和启发性。因此,在幼儿园中,我们可以结合夏天的特点,开展一系列充满趣味和教育意义的综合活动,激发幼儿的学习热情和创造力。针对大班幼儿的年龄特点和发展需求,本教学设计结合夏天主题,从多个方面展开教学活动,以提高幼儿的多方面能力。

活动目标

1.理解儿歌内容,根据儿歌句型,仿编句式"刷刷……的人"。

---

① 本书作者指导黄美玲老师设计与撰写。

2.能够有感情地完整朗诵儿歌,并清楚地讲述仿编内容。

3.感受夏天炎热的氛围,乐于参与游戏活动。

活动重难点

1.重点:理解儿歌内容,仿编儿歌句式"刷刷……的人"。

2.难点:能够有感情地朗诵儿歌《夏天的太阳真顽皮》,并清楚地讲述仿编内容。

活动准备

1.物质准备:红色太阳图片和头饰,刷子,红色颜料,游泳、爬山、骑车、卖瓜、踢球的图片。

2.经验准备:知道夏天的太阳很大,天气很炎热。

活动过程

一、出示范例和图片,初步了解画面的内容

关键提问:

(1)谁来了?它的手上有什么?

(2)图上有什么?人们在干什么?

小结:原来是火红的太阳来了啊,它的手上拿了把红刷子,图片上还有好多好多人在做不同的事情。

二、演示并朗诵儿歌,知道诗歌的主要内容

(一)教师根据儿歌的内容朗读儿歌。拿一把红刷子,在图片上刷,给图片涂上红红的色彩。

关键提问:儿歌里面说什么?太阳用红刷子刷了哪些人呢?

小结:调皮的太阳用红刷子刷了好多好多人,有游泳的人、骑车的人等。

(二)边操作太阳图片边念儿歌,在"刷刷……"的地方慢下来,等待幼儿参与朗诵,让幼儿更熟悉儿歌。

关键提问:顽皮的太阳刷在外面的人身上,他们的感觉是怎样的呢?

小结:火红的太阳太烦人了,晒到人们的身上把他们都晒得火辣辣的。

(三)教师带领幼儿一起看图片念儿歌2—3遍。

（四）幼儿进行儿歌仿编活动。

关键提问：夏天的太阳拿把红刷子，早起刷外面的人。想一想，除了儿歌里的这些人，还有什么人呢？

1.幼儿使用句型"刷刷……的人"，仿编新的儿歌，教师带领幼儿重复仿编的句子。

2.教师通过绘画的方式记录小朋友的叙述内容，然后带领大家连贯完整地朗读仿编内容。

三、通过儿歌玩游戏，巩固诗歌的主要内容

（一）游戏规则：教师戴上太阳头饰，讲解游戏的玩法，师生一起念儿歌的前面几句和后面三句话。

（二）第一遍游戏，熟悉游戏规则。

引导语：做完第一遍游戏的时候，小朋友们就都熟悉了游戏规则啦。接下来，我们连贯完整地再来一次游戏吧。

（三）理解规则，进行第二、三遍游戏。

活动延伸

家园共育：跟家长一起了解夏天防晒有哪些方法。

附：

夏天的太阳很顽皮

夏天的太阳很顽皮，
拿把红刷子，
到处找人刷。
刷刷游泳的人，
刷刷爬山的人，
刷刷骑车的人，
刷刷卖瓜的人，
刷刷踢球的人。
夏天的太阳很顽皮，
把屋子外的人，
都刷的火辣辣。

活动四

第一次上街买东西[1]

设计意图

《幼儿园教育指导纲要(试行)》指出,要鼓励幼儿大胆、清楚地表达自己的想法和感受,尝试说明、描述简单的事物或过程,发展语言表达能力和思维能力。大班幼儿在语言学习方面有一定的综合能力,语言发展的同时又是一个循序渐进、日积月累的学习过程。在讲述绘本的语言活动中,幼儿通过理解故事内容,在尝试讲述故事的过程中积累语言词汇,发展语言表达能力。绘本《第一次上街买东西》讲述了小女孩美伊第一次独自出门帮妈妈买东西的经历,通过故事引导幼儿感受在劳动中难免会遇到困难,但只要敢于迈出第一步,克服困难,就能得到进步和成长。

活动目标

1. 能根据绘本图画,理解故事内容,知道遇到困难要勇敢面对。
2. 感受美伊热爱劳动,遇到困难能勇敢面对、不轻易放弃的精神。
3. 能根据故事情节的发展展开想象并大胆地表达。

活动重难点

1. 重点:感受美伊热爱劳动,遇到困难能勇敢面对,不轻易放弃的精神。
2. 难点:观察图书,能根据故事情节的发展展开想象,并能大胆地表达出来。

活动准备

1. 经验准备:有过上街买东西的经历。
2. 物质准备:《第一次上街买东西》绘本PPT,小本书人手一份。

---

[1] 本书作者指导刘宗利老师设计与撰写。

🏠 活动过程

一、初谈购物，回顾经验

关键提问：小朋友们，你们有上街去买过东西吗，能说说你们买东西的经历吗？

小结：今天，我们要认识一位爱劳动的小女孩，她的名字叫美伊，跟你们差不多大。今天，她第一次上街帮妈妈买东西，我们一起去看看会发生什么样的故事。

二、问题指引，师幼共读

(一)教师讲述绘本第1—2页。

关键提问：

(1)妈妈叫美伊买什么，她愿意吗？从哪儿可以看出来？

(2)你觉得美伊是一个怎样的小朋友，你觉得她拥有哪些良好的品德？（热爱劳动——帮妈妈做事情，勇敢）

(二)出示绘本第3—4页，幼儿观察画面，大胆表述。

关键提问：

(1)买牛奶的路上，美伊看见了什么？她为什么要躲在墙角？

(2)看了美伊的经历，你觉得她还会坚持去买牛奶吗？

三、自由阅读，理解内容

关键提问：美伊买到牛奶了吗？接下来她还遇到了什么事儿？请在绘本里找找答案。（要求：安静地看绘本第5—13页，仔细看每一页讲的内容）

小结：美伊来到商店后，遇到了黑眼睛叔叔和一位胖太太，尽管过程不太顺利，但她遇到问题勇敢面对，不轻易放弃，最后她还是买到了牛奶。

四、完整阅读，感悟品质

关键提问：

(1)美伊第一次为什么没买到牛奶呢？

(2)买牛奶的过程中美伊和老板娘说了些什么，两次交谈有何不同？

(3)买完牛奶，美伊的心情又是如何呢？

小结：孩子们，今后你们也会遇到很多的第一次。请记住，只要我们像美伊小朋友一样，遇到问题时勇敢面对、不轻易放弃，就一定能收获进步和成长。

五、劳动体验,经验内化

幼儿分组前往幼儿园不同班级借东西,体验劳动过程。

引导语:明天我们就要去农家小院开展种植活动了,但我们班还缺少一些工具。接下来请你们分组去幼儿园其他班级帮忙借一借!

小结:刚刚你们也像美伊一样,和同伴一起去完成了一次劳动,同时也遇到了一些困难,有人不知道其他班级在哪里,有人不知道怎么跟其他班的老师表达自己的需求,但你们遇到困难都没有放弃,能主动思考,最终都把工具借了回来。这是一次难忘的体验,希望你们能够保持这些良好的品质,在以后的生活中勇于劳动、热爱劳动。

活动延伸

1.游戏活动:情景游戏——"逛超市"。
2.家园共育:请父母为孩子布置一些力所能及的劳动,鼓励孩子尝试独自完成。

活动五

年兽来了[1]

设计意图

过年为什么要穿红衣服?为什么要放鞭炮?为什么要贴春联?对于中国年,幼儿总有许多为什么。而这些答案就藏在我们祖祖辈辈流传下来的故事里。在新年来临之际,我们设计"年兽来了"教学活动,带领幼儿走进中国年的传说故事,和幼儿一起在光怪陆离的故事情节中,在动脑动手中,寻找中国过年习俗的答案。

活动目标

1.理解故事内容,知道部分过年习俗的由来。
2.能够通过观察画面中角色的表情和动作,推测角色的心理。
3.感受中国传统节日的文化习俗和喜庆的节日氛围。

---

[1] 本书作者指导黄美玲老师设计与撰写。

🔺 活动重难点

1.重点:理解故事内容,知道部分过年习俗的由来与年兽有关。

2.难点:能通过观察画面中角色的表情和动作,推测角色的心理。

🔺 活动准备

1.经验准备:幼儿有过年的经历,对过年习俗有一定的了解。

2.课件准备:《年兽来了》故事、《年来了》组图、《白胡子爷爷的法宝》组图、《过年》组图。

🔺 活动过程

一、组织班级谈话,唤起已有经验

关键提问:

(1)恭喜恭喜,新年快乐! 新年又要到啦,小朋友们,你们喜欢过年吗?

(2)你和爸爸妈妈是怎么过年的? 过年的时候会做些什么?

小结:过新年的时候我们会贴春联、穿漂亮的红衣服、吃饺子、放鞭炮、挂灯笼等。

二、分段讲述故事,理解故事内容

(一)提问导入,引出故事《年兽来了》。

关键提问:过年有这么多有趣的事情,你们知道过年的时候为什么要放鞭炮、贴春联吗?

小结:这些都和一个故事有关,我们一起去故事《年兽来了》里面看看吧。

(二)播放故事《年兽来了》视频1—2部分,引导幼儿观察人们的表情和动作,推测其心理活动。

1.播放故事《年兽来了》视频1。

关键提问:每到除夕,"年"都会从海里来到陆地上来找吃的,人们欢迎"年"吗?

小结:人们都非常害怕,有的瞪大眼睛,有的抱紧了孩子,有的眼泪都流出来了,还有的都被吓跑了,他们一点儿也不欢迎"年"。

2.播放故事《年兽来了》视频2。

关键提问:人们到底喜不喜欢"年"呢? 一起去故事里找答案吧。

小结:故事里的阿姨、叔叔不喜欢年,每年除夕,"年"都会从海里爬到陆地上吃人,害怕被"年"吃掉的人们,每年除夕夜里都逃到山里。可是,有个外村来的白胡子老爷爷却说不用逃,因为他有办法打败"年",我们一起来看一看他有什么办法。

(三)播放故事《年兽来了》视频3—4部分,引导幼儿观察年兽的表情和动作,理解故事内容。

1.播放故事《年兽来了》视频3,了解故事发展。

关键提问:为了打败"年",白胡子老爷爷做了哪些准备?他向老婆婆要了什么?

小结:老爷爷向老婆婆要了红纸、红布,还在灶旁边把竹子点燃了。

2.播放故事《年兽来了》视频4,感知"年"对红色、火光、吵闹声的恐惧,理解故事结局。

关键提问:

(1)"年"看到红纸、红布,它觉得怎么样?

(2)"年"说了什么?请你演一演。

(3)"年"看到竹棍的火光、听到竹棍噼里啪啦的声音,它觉得怎么样?

小结:原来"年"天不怕、地不怕,最怕的三样东西就是红色、火光、吵闹声。以后每年除夕人们都不用去山里避难了,贴红纸、穿红衣、点烛火、燃放爆竹可以使人们安然地度过新年。

三、完整讲述故事,增进对年的理解

小结:为了打败年兽,人们贴红纸、点烛火、放爆竹,这些事情后来慢慢变成了我们现在的过年习俗——贴春联、穿红衣、点灯笼、放鞭炮。

活动延伸

区域活动:将知道的新年习俗用画笔描绘在画纸上。

活动六

推磨歌[1]

设计意图

《幼儿园教育指导纲要(试行)》指出,要引导幼儿实际感受祖国文化的丰富与优秀,感受家乡的变化和发展,激发幼儿爱家乡、爱祖国的情感。语言发展是一个循序渐进、不断积累的学习过程。大班幼儿能独立探索应用日常语言的规律,并能在好奇心及表现欲的驱使下

---

[1] 本书作者指导刘宗利老师设计与撰写。

不断积累语言词汇,并在不同的情境下表现出来。万州民间儿歌因其特殊的地理环境及经济文化状况,呈现出自身的特色,凸显了传统文化的生命力。民间儿歌的吟诵使儿童有很强的参与感,配合游戏,能较好地实现寓教于乐,同时引导幼儿感受家乡具有时代特色的民间文化,激发幼儿爱家乡、爱祖国的情感。

活动目标

1.知道万州方言在普通话中的意思,学念民间儿歌。
2.在说说、玩玩中体会民间儿歌的趣味性,感受万州方言文化的魅力。
3.能用图文结合的方式区分方言与普通话。

活动重难点

1.重点:在活动中体会民间儿歌的趣味性,感受万州方言文化的魅力。
2.难点:理解万州方言在普通话中的意思,并能用图文结合的方式区分方言与普通话。

活动准备

1.经验准备:在日常生活中听过并熟悉万州方言词汇。
2.物质准备:小黑板、奖牌若干、石磨、饼子、老婆婆、枕头、老鼠、猫咪、灶头、麻雀等图片及方言与普通话词条。

活动过程

一、初谈"粑粑",激发兴趣

出示饼子图片,初步感受方言与普通话的区别,激发幼儿兴趣。

关键提问:这是什么,我们通常用方言管它叫什么?换成普通话该怎么说呢?

引导语:今天,老师带来了一首关于"粑粑"的儿歌,我们一起听一听,看看你们能不能听懂。

二、趣味童谣,初步感受

教师用方言完整演绎儿歌,幼儿初步感受并讨论。

关键提问:你们在刚刚的儿歌中听到了什么,它是什么意思?

小结:这首儿歌听起来十分有趣,讲述了一个小朋友和一位老婆婆之间发生的一件有趣的事,充分体现了我们万州的方言特色。

三、图文并茂,方言转换

(一)利用图片引导幼儿将方言转换为普通话。

关键提问:

(1)你们能找出刚刚这首儿歌中属于万州方言的词汇吗?(教师根据幼儿回答呈现图片及其方言词条并粘贴在黑板上)

(2)你们觉得这些图片中的东西用普通话应该怎么说呢?

粑粑——饼子;老孃——婆婆;老须子——老鼠;鸦雀——小鸟;树颠——树梢(树端)

(二)普通话完整演绎童谣。

教师将儿歌内容图片按照顺序依次摆好。图文结合,引导幼儿用普通话完整演绎儿歌。

小结:每一个方言词语几乎都有对应的普通话词语,方言具有地方特色,有着独特的魅力,在会说方言的同时一定要学会讲好普通话。

四、"方普PK",谁与争锋

本游戏共分为三轮,总共分为两队(方言队与普通话队),引导幼儿自主选择队伍。方言队比赛时使用方言回答,普通话队则采用普通话回答。

(一)词汇对对碰——方言词汇对普通话词汇。

教师出示儿歌词语单个图片,两队采取快问快答的方式,答对各积1分。

粑粑——饼子;

老孃——婆婆;

老须子——老鼠;

鸦雀——小鸟;

树颠——树梢(树端)

(二)句子大比拼——方言句子对普通话句子。

教师出示儿歌整句图片,两队采取抢答的方式,抢答正确各积1分。

推磨压磨,推个粑儿甜不过——推磨压磨,做个饼子甜又甜;

隔壁那个老孃来烤火——隔壁的婆婆来烤火;

给她给个酸粑粑——给她一个酸饼子;

回去放到枕头边——回去放在枕头边;

老须子含了大半边——老鼠吃了一大半;

猫儿含到灶门口——猫咪叼到灶门边;

鸦雀含到树颠颠——小鸟叼到大树端。

（三）方言普通话大风暴。

本轮采取车轮战术，两队根据日常生活经验轮流说出生活中的常见词语，挑战者则转换为对应的方言词语或普通话词语，答对各积1分。

（词汇预设："hai子"——鞋子；"困瞌睡"——睡觉；"ki饭"——吃饭；"罕见"——调皮；"锭子"——拳头）

教师根据最终积分情况为幼儿颁发"方言小能手"与"推普小达人"奖牌。

小结：方言是彰显一个地区的文化与特色的名片，但同时也要讲好普通话，因为有句话说"讲好普通话，走遍全天下"，希望在以后的日子里你们既能做"方言小能手"，又能当好"推普小达人"。

活动延伸

1.游戏活动：随着普通话的普及程度越来越广，许多地方特色方言都已逐渐消失，通过语言游戏"方言保卫战"，引导幼儿了解本地特色方言文化，初步形成爱家乡、爱祖国的情感。

2.家园共育：引导幼儿与家长一起去探索更多具有特色的方言词汇并尝试将它转换为普通话。

附1：

推磨歌（方言版）

推磨压磨，推个粑儿甜不过，
隔壁那个老孃来烤火，
给她给个酸粑粑，
回去放到枕头边，
老须子含了大半边，
猫儿含到灶门口，
鸦雀含到树颠颠。

推磨歌（普通话版）

推磨压磨，做个饼子甜又甜，
隔壁的婆婆来烤火，
给她一个酸饼子，

回去放在枕头边，
老鼠吃了一大半，
猫咪叼到灶门边，
小鸟叼到大树端。

附2：

积分表

方言队	普通话队

活动七

微笑的力量[①]

设计意图

　　微笑会带给人无限的力量和美好，微笑是世界上最美的语言，更是一种文明有礼的显性表现。它在人与人之间，表达着愉悦、欢乐、幸福。在幼儿的交往过程中，都需要对别人微笑。为了让幼儿感受微笑、理解微笑进而传递微笑，我们选择了《微笑》这个故事，让幼儿在生动的故事中感受其语言的丰富和优美，并从中感悟用微笑去传递快乐，是一件很有价值的事情。

活动目标

　　1.了解微笑的力量和意义，学会通过微笑传递积极感情。
　　2.能围绕故事大胆地表达自己的理解和想法。
　　3.懂得只要有爱心，不管能力大小都能给别人带去快乐，培养积极乐观的心态。

活动准备

　　物质准备：一封信、《微笑》故事图片、幼儿微笑及不同人微笑的图片。

---

① 本书作者指导丁一老师设计与撰写。

活动重难点

1.重点:能体会小蜗牛通过微笑传递快乐的行为,培养关心他人的意识。

2.难点:能理解每个人都有自己的价值,即使看似弱小也能给他人带来快乐。

活动过程

一、来信导入,引出主题

关键提问:

(1)今天老师收到一封信,你们知道什么是信吗?

(2)我们一起来看一看,今天收到的这封信是谁写的?写给谁的?信里说了什么?为什么要寄信来?(引出《微笑》)

小结:在很久以前,那时候没有手机也没有电话,人们就会写信来传递自己的心意、关怀和思念。

二、探索微笑,拥抱快乐

(一)分段欣赏故事。

片段一:

森林里住着许多动物,有鼻子长长的大象、爱劳动的小蚂蚁、爱爬树的小猴子……他们都是好朋友,都非常愿意帮助别人。小鸟喜欢为朋友们唱歌,大象能为朋友们盖房子,小兔愿意为朋友送信……只有小蜗牛很着急,他只能在地上,慢慢慢慢地爬,别的什么也干不了。

关键提问:

(1)故事中的小动物们是如何互相帮助的?

(2)小蜗牛为什么着急?

小结:在故事中,小动物们展现了不同方式的互帮互助。在生活中,我们也应该学习小动物们的团结协作精神,发挥自己的优势,为他人提供帮助,共同创造更美好的生活。

片段二:

一群小蚂蚁抬着西瓜走过小蜗牛的身边,小蜗牛抬起头向着小蚂蚁们甜甜地微笑。小蚂蚁们也对小蜗牛微笑,并说:"小蜗牛,你的微笑真甜呀,看到你的微笑,我们真快乐。"

关键提问:

(1)小蜗牛的微笑真甜啊!你们觉得甜甜的微笑像什么?

(2)小蚂蚁们看到了小蜗牛的微笑,心情怎么样?

小结：甜甜的微笑就像生活中的一道光，它能照亮周围的人。小蜗牛的微笑，虽然看似微小，却能给人带来温暖和力量。我们每个人都可以像小蜗牛一样，用自己的微笑去感染他人。

片段三：

小蜗牛听了，想："对呀，我可以对朋友们微笑，把我的快乐传递给他们。"可是，小蜗牛又为难了："怎么样让朋友们看到我的微笑呢？"

关键提问：如果你是小蜗牛，你会用怎样的方式让朋友们看到自己的微笑呢？

片段四：

小蜗牛想啊想啊，想了一整个晚上，终于想出了一个好办法。第二天，他把很多封信交给小兔子。小兔子把信送给了森林里的朋友们。朋友们拆开信，信里是一张画。画上的小蜗牛正在甜甜地微笑。森林里的朋友们也都微笑起来，他们说："小蜗牛真了不起！他把微笑送给了大家，看到了他的信，我们真快乐！"

关键提问：

(1)小蜗牛是用什么办法把他的微笑送出去的？

(2)朋友们看到了小蜗牛的微笑，心情会怎么样？

小结：微笑真是一件好事情，小蜗牛用自己的微笑向朋友们传递了快乐。我们在生活中，要学会像小蜗牛一样，用微笑去面对他人。一个甜甜的微笑，不仅能让自己更加快乐，也能让身边的人感受到温暖。

(二)完整欣赏故事。

关键提问：

(1)小蜗牛为什么会给我们寄来这封信？

(2)你看到小蜗牛的微笑的时候，心情怎么样？

小结：虽然小蜗牛很小，爬得又很慢，但是他也能为大家做一些力所能及的事情，哪怕只是一个小小的微笑，也能为大家带来无限的快乐，小蜗牛很了不起。虽然我们小朋友像小蜗牛一样弱小，但是我们也能做一些力所能及的事情，给别人带去快乐。

三、深化主题，传递微笑

关键提问：

(1)你在幼儿园里见过谁的微笑？他为什么微笑？

(2)在生活中你还看过谁的微笑？看到清洁工人、交警叔叔、超市售货员等人的微笑时，你的心情怎么样？

(3)老师刚刚播放了公益广告片《微笑的力量》,小朋友们,你们认为微笑重要吗？它会给我们带来什么好处？

教师引导幼儿分小组传递微笑,在实践中深化"微笑"的含义。

第一组:为微笑的食堂叔叔阿姨送上微笑勋章。

第二组:在小班部寻找最美微笑天使,并留下打卡记录。

第三组:在社区讲述《微笑》的故事,让更多的人感受到微笑的力量。

第四组:为始终对自己保持微笑的家人,说句甜甜话,画张微笑图。

小结:生活中到处可以看到人们的微笑,微笑是人与人之间的一种尊重,它能在人们之间传递一种快乐的情绪,也是一种表达友好的形式,希望你们能微笑对人,让文明之花开遍角落。

活动延伸

区域活动:生活中处处都有微笑,我们不仅要有一双善于发现的眼睛,还要学会传递我们的微笑。让我们拿起画笔,画出自己最美的微笑。

附:

微笑

森林里住着许多动物,有鼻子长长的大象、爱劳动的小蚂蚁、爱爬树的小猴子……他们都是好朋友,都非常愿意帮助别人。小鸟喜欢为朋友们唱歌,大象能为朋友们盖房子,小兔愿意为朋友送信……只有小蜗牛很着急,他只能在地上,慢慢慢慢地爬,别的什么也干不了。

一群小蚂蚁抬着西瓜走过小蜗牛的身边,小蜗牛抬起头向着小蚂蚁们甜甜地微笑。小蚂蚁们也对小蜗牛微笑,并说:"小蜗牛,你的微笑真甜呀,看到你的微笑,我们真快乐。"

小蜗牛听了,想:"对呀,我可以对朋友们微笑,把我的快乐传递给他们。"可是,小蜗牛又为难了:"怎么样让朋友们看到我的微笑呢？"

小蜗牛想啊想啊,想了一整个晚上,终于想出了一个好办法。第二天,他把很多封信交给小兔子。小兔子把信送给了森林里的朋友们。朋友们拆开信,信里是一张画。画上的小蜗牛正在甜甜地微笑。森林里的朋友们也都微笑起来,他们说:"小蜗牛真了不起！他把微笑送给了大家,看到了他的信,我们真快乐！"

活动八

我的姓氏我的名[①]

🔺 设计意图

每个人的姓名都是一张独特的名片,承载着深厚的家族传统、父母的祝福和无尽的期望,也传承着博大精深的中华文化。升入大班后,幼儿对姓名背后的故事以及书写表现出更加强烈的兴趣。认可并欣赏自己的姓名是幼儿形成良好自我意识的重要因素,《幼儿园教育指导纲要(试行)》也指出,教育活动内容的选择应体现"既贴近幼儿的生活来选择幼儿感兴趣的事物和问题,又有助于拓展幼儿的经验和视野"的原则。因此,在幼儿期,围绕他们的兴趣和疑问,以"中华优秀传统文化教育"为思政要点,我们展开了一场关于姓名的探究之旅。

🔺 活动目标

1. 了解自己姓名的独特性和含义,知道中国姓氏的组成。
2. 能大胆讲述自己的取名小故事。
3. 喜欢并认同自己的姓名,体会父母对自己的爱和期望,萌发民族自豪感。

🔺 活动重难点

1. 重点:了解自己姓名的独特性和含义。
2. 难点:大胆讲述自己的取名小故事。

🔺 活动准备

1. 经验准备:提前了解自己姓名的写法、含义以及取名小故事。
2. 物质准备:皮球、"百家姓"视频资料、签名墙、笔。

🔺 活动过程

一、报一报:我的名字很响亮

幼儿围坐成圈,用滚球游戏的方式介绍自己:我叫×××,我喜欢……。进一步感知和

[①] 本书作者指导丁一老师设计与撰写。

体验姓名的专属性。

小结:姓名不仅是我们区别于其他人的标志,更是我们独特的身份符号,每个人都有一个属于自己的姓名。在幼儿园这个大家庭里,我们要学会接受和尊重每个人的姓名。

二、讲一讲:名字背后小秘密

分享自己姓名的独特性和含义,体会父母对自己的爱和期望。

关键提问:

(1)你的姓名背后藏着怎样的小秘密?

(2)你喜欢自己的姓名吗?为什么?

小结:姓名背后藏着各种各样的小秘密。无论我们叫什么,也不管姓名是长还是短,我们都很喜欢自己的姓名,因为每一个姓名都是独一无二的,都饱含了爸爸妈妈对我们的爱、美好祝福和无尽期望。

三、听一听:赵钱孙李百家姓

(一)小组展开讨论,了解中国姓氏的组成。

关键提问:

(1)姓名中的第一个字,是我们的什么?它是怎么来的?

(2)姓名中剩下的字是什么?

小结:我们的姓名包含"姓"和"名"两个部分。姓名中的第一个字是我们的"姓",它来源于爸爸或妈妈,我们大多跟爸爸姓,不过也有人是跟妈妈姓。姓名中剩下的字就是我们的"名",是爱我们的家人精心取出来的。你们能说出你们姓什么叫什么名吗?让我们一起来试一试。

(二)观看视频资料,感知中国姓氏的丰富。

关键提问:

(1)姓氏有什么重要的作用呢?

(2)除了大家说到的这些姓氏,你还知道哪些独特的姓氏?

小结:姓氏是一个人家族血缘关系的标志和符号,中国是第一个拥有姓氏的国家,在我们中国十几亿人口中,有很多不同的姓,俗称"百家姓"。

四、试一试:我给娃娃取个名

幼儿两两一组,扮演"爸爸""妈妈"为娃娃取名,体验取名字的乐趣。

关键提问：

(1)如果你是"爸爸""妈妈",你会给娃娃取个什么名字？为什么？

(2)你在名字里藏了怎样的期望和祝福？

活动延伸

1.区域活动:在涂鸦区设置一块白板,幼儿用画笔一起玩签名游戏。

2.家园共育:和爸爸妈妈一起共读绘本《我的名字克丽桑丝美美菊花》。

第三章　幼儿园社会领域园本课程思政

习近平总书记在2016年全国高校思想政治工作会议中明确提出："其他各门课都要守好一段渠、种好责任田，使各类课程与思想政治理论课同向同行，形成协同效应。"学前教育作为基础教育，也要把思想政治工作贯穿教育教学全过程，实现全员育人、全程育人、全方位育人，这对孩子的成长和个性发展具有深远影响。《3—6岁儿童学习与发展指南》指出，幼儿社会领域的学习与发展过程是其社会性不断完善并奠定健全人格基础的过程。在社会领域课程思政教育教学活动设计中，我园根据幼儿的年龄特点和兴趣，将生活教育理念融入其中，注重挖掘彰显本地文化特色及幼儿所熟悉的教育资源，最大限度地支持和满足幼儿通过直接感知、实际操作、亲身体验等多元化的方式获取经验的需要，以传统节日为抓手，让幼儿理解其中所包含的深层次含义与精神价值，萌发幼儿爱祖国、爱家乡、爱集体、爱劳动的情感；以实践活动为支架，本着"环境会说话"的原则，将思政教育融入幼儿社会性交往与发展的生活点滴，对幼儿进行潜移默化的熏陶，培养诚实、自信、友爱、勇敢、勤学、好问等良好的品德行为和习惯。

第一节　幼儿园小班社会领域园本课程思政教育教学活动设计

活动一

诚实的孩子[①]

设计意图

诚实是中华民族的传统美德，是立身之本，做人之道。《幼儿园教育指导纲要（试行）》指出，在共同的生活和活动中，以多种方式引导幼儿认识、体验并理解基本的社会行为规则，学习自律和尊重他人。向幼儿进行社会道德教育可以培养他们诚实、勇敢、守纪律等优良品质，以及文明行为和可爱的性格。目前幼儿园的大部分幼儿是独生子女，他们受到的家庭教

[①] 本书作者指导周垚岑老师设计与撰写。

育及影响各不相同,我们根据幼儿的年龄特点,设计了此次活动,帮助幼儿形成良好的行为习惯。

活动目标

1. 了解"诚实"的含义,知道诚实是一种好的品质。
2. 能够大胆讲解图片内容,做讲真话、诚实的孩子。
3. 愿意与同伴、老师互动并表达自己的想法。

活动重难点

1. 重点:知道诚实是一种好的品质。
2. 难点:愿意与同伴、老师互动并表达自己的想法。

活动准备

物质准备:《狼来了》故事、图片、PPT,《好孩子要诚实》音频。

活动过程

一、知品格,讲诚实

教师播放《狼来了》绘本图片,并讲述故事内容。

关键提问:你们喜欢放羊的孩子吗?为什么不喜欢他?放羊的孩子说谎造成了哪些不好的后果?

小结:由于放羊的小孩说谎,羊全部被狼咬死了,他自己也差点儿被狼吃掉。所以,我们不能说谎,要做一个诚实的孩子。

二、润品格,铸诚实

(一)讨论诚实的行为。

关键提问:

(1)平时生活中我们应该怎样做才是诚实的好孩子?做了错事应该怎么办?

(2)不是自己的东西能不能拿?能不能说谎?

(二)说一说自己诚实的表现。

关键提问:你是个诚实的孩子吗?请跟旁边的小朋友说一说自己诚实的表现,如果有不诚实的表现也可以说一说。

小结：当你做错事情时应主动承认并及时改正，这样大家仍然会认为你是个诚实的孩子。

三、育品格，践诚实

(一)出示图片，判断对或错，讲述解决办法，明确诚实是好品质。

1.介绍图片：花花将哥哥的画带给老师看，说是她画的，希望得到老师的夸奖。

讨论：花花这样做，对吗？为什么？这样做了以后会怎样呢？她应该怎么做？

2.介绍图片：明明将花瓶打碎了，妈妈问他时，他说不是他打碎的。

讨论：明明这样做，对吗？如果你是明明，应该怎么做？

3.介绍图片：幼儿园里有新玩具，可可很喜欢，将它悄悄地带回了家，他对妈妈说，这是老师送给他的。

讨论：可可这样做，对吗？为什么？他应该怎么做？

(二)根据图片，进行小结。

小结：诚实是美德，不诚实的小朋友是不会受到人们的欢迎和喜欢的，所以我们都要做一个诚实的孩子，长大以后更要做一个对社会有用的人。

活动延伸

区域活动：

(1)表演区——欣赏歌曲《好孩子要诚实》。

(2)语言区——绘本故事。

活动二

夏蛋宝宝[①]

设计意图

《3—6岁儿童学习与发展指南》指出，应主动亲近和关心幼儿，经常和他们一起游戏或

[①] 本书作者指导钟晓宇老师设计与撰写。

活动,创造交往的机会,让幼儿体会交往的乐趣。立夏是夏季的第一个充满生机与活力的节气。立夏标志着温度明显升高,炎暑将临,雷雨增多。无论是从农业生产还是文化习俗来看,立夏都预示着一个全新的季节到来。对于小班幼儿来说,他们比较难以直接通过图片、视频来了解立夏的特征。对此,我们以立夏的习俗为教育契机,结合立夏有吃立夏蛋的风俗文化,设计了"夏蛋宝宝"这个活动。通过活动,幼儿对立夏既能形成感性认识,又能感受到与成人交往的快乐,建立亲密的亲子关系和师生关系。

活动目标

1. 知道中国传统节日"立夏"的来历和习俗。
2. 能在看一看、说一说、玩一玩中了解立夏的来历。
3. 愿意与熟悉的小伙伴一起参加游戏活动,对传统文化和家乡充满热爱之情。

活动重难点

1. 重点:感受与成人交往的快乐,建立亲密的亲子关系和师生关系。
2. 难点:通过看一看、说一说、玩一玩,加深对中国传统节日"立夏"的来历的认识和了解。

活动准备

1. 经验准备:看过有关立夏的一些图片、视频、绘本。
2. 物质准备:渣盘、煮熟的鸡蛋。

活动过程

一、导入——趣议立夏

关键提问:你们知道立夏的来历吗?

小结:立夏是人们进行农事生产的一个时间节点,标志着春季作物的收获和夏季作物的种植,同时也预示着接下来的天气将会有高温和暑湿等特征。立夏时节,天气开始变热,气温逐渐升高,而且气压偏低,湿度较大,雨水增多。

二、展开——俗议立夏

(一)探知立夏习俗。

关键提问:小朋友们知道什么叫习俗吗?

小结:习俗就是中秋节要吃月饼,过年长辈要给小朋友红包,春节要吃饺子,等等。

关键提问:小朋友们知道立夏的习俗吗?

小结:不同的地方有不同的立夏习俗。有的地方会祭祀祖先,有的地方会吃香菇,有的地方会挂艾草,还有的地方会放龙舟,等等。立蛋就是我们本地立夏过节的习俗之一。

(二)探索立夏密码。

关键提问:小朋友们,立夏斗蛋的活动,你们想玩吗?在视频里哥哥、姐姐们是怎样斗蛋的?

小结:斗蛋是用蛋的"小头"碰撞,注意不要用大力,只需要适度用力就可以。煮熟的蛋宝宝都可以用来与小伙伴斗蛋,试着从中挑选硬一点儿的蛋宝宝。

(三)探玩夏蛋宝宝。

幼儿按照自己的座位,两两进行淘汰制比赛,推出最硬的蛋宝宝。

小结:斗蛋比赛中,硬一些的蛋宝宝胜利了。软软的蛋宝宝就输掉了,不过没关系,在下次斗蛋比赛中,我们把蛋宝宝的烹煮时间调一下,蛋宝宝就会变硬了。

三、结束——"碰撞"立夏

剥夏蛋宝宝游戏:每个幼儿一个蛋,自己动手将蛋壳和蛋白剥离,蛋壳不乱扔,放在桌子上的渣盘里,然后品尝夏蛋宝宝。

活动延伸

1.生活活动:班级里吃蛋宝宝时,幼儿再次动手剥蛋壳,并品尝自己的蛋宝宝。

2.游戏活动:顽皮的蛋宝宝。两名幼儿装成蛋宝宝,相互在音乐的节奏下进行轻轻碰一碰的游戏。

3.区域活动:提供硬质的鸡蛋模型玩具、软质的鸡蛋模型玩具,供小朋友进行斗蛋后续游戏。

4.家园共育:家庭煮鸡蛋时,在安全的情况下请幼儿观看煮鸡蛋的过程。

活动三

懂礼貌的好宝宝[1]

🔖 设计意图

《幼儿园教育指导纲要(试行)》指出,社会学习是一个漫长的积累过程,在幼儿园教育中要将对幼儿的社会态度和社会情感的培养渗透在多种活动和一日生活的各个环节之中,要创设一个能使幼儿感受到接纳、关爱和支持的良好环境。进入幼儿园后,每名幼儿都需要与老师和其他幼儿相处,因此,学习基本的礼貌用语十分重要。小班的幼儿进入幼儿园的时间较短,他们不知道如何向老师问好,对如何与同伴相处还没有很好的认知。为帮助幼儿更好地了解在集体生活中的相处方式,做到知礼貌、懂礼貌、有礼貌,我们创设了此次活动。

🔖 活动目标

1.初步理解常用礼貌用语,尝试正确使用礼貌用语交往。
2.能够大胆说出礼貌用语,知道懂礼貌在生活中的重要性。
3.愿意在生活中使用礼貌用语,争做讲文明懂礼貌的好宝宝。

🔖 活动重难点

1.重点:理解常用礼貌用语,正确使用礼貌用语交往。
2.难点:能够大胆地说出礼貌用语,愿意做有礼貌的好宝宝。

🔖 活动准备

1.经验准备:了解一些常用的礼貌用语。
2.物质准备:《小熊学礼貌》的音频、视频及图片,《懂礼貌》歌曲。
3.环境准备:创建"讲礼貌"环创及教玩具。

---

[1] 本书作者指导瞿尧老师设计与撰写。

活动过程

一、初探礼仪,趣谈礼貌

关键提问:早上到幼儿园见到老师时你会说什么?

小结:"早上好"是用于早上见面时的问候语,但也可以简称,对老师说"早"。

二、故事大会,细听礼貌

(一)播放《小熊学礼貌》音频,了解小熊没有好朋友的原因。

关键提问:为什么小熊没有朋友?说一说原因。

小结:因为他没礼貌,所以小动物们都不喜欢他,不愿意跟他交朋友。

(二)播放《小熊学礼貌》视频及图片,感知礼貌用语在交往中的重要性。

1.播放《小熊学礼貌》视频1—4段。

关键提问:小熊为什么没有朋友?如果你是小熊,你会怎么做?

小结:小熊早晨上学时,不懂得向老师和其他小朋友问好,小伙伴帮他拿水杯,小熊也没有说"谢谢"。大家觉得他没礼貌,所以大家不想和他做朋友。

2.播放《小熊学礼貌》视频5—8段。

关键提问:

(1)早上入园时,小动物们说了什么?

(2)小兔帮忙拿水杯时,小松鼠说了什么?

(3)小熊后来交到朋友了吗?为什么?

小结:了解"您好"和"谢谢"的含义,知道这些礼貌用语的使用场景,懂得礼貌用语在生活中的重要性,学会正确使用礼貌用语。

三、趣味歌曲,熟知礼貌

(一)播放歌曲《懂礼貌》,知道礼貌用语的正确使用场合。

关键提问:

(1)你在歌曲中听到了哪些礼貌用语?

(2)都是在什么时候说的?

(3)你还知道哪些礼貌用语?

小结:见面时说"你好",分别时说"再见"。做错事时说"对不起",得到帮助时说"谢谢"。

四、实践体验,运用礼貌

在一日生活中尝试用礼貌用语进行交往,会说"谢谢""对不起""你好""再见"等常用礼貌用语。

活动延伸

1.区域活动:我是礼貌宝宝,角色游戏中做到懂礼貌。
2.家园共育:和父母一起拍有关讲礼貌的亲子视频,记录使用礼貌用语的瞬间。

第二节　幼儿园中班社会领域园本课程思政教育教学活动设计

活动一

会说话的标志[①]

设计意图

《3—6岁儿童学习与发展指南》指出,幼儿要具备基本的安全知识和自我保护能力,认识常见的安全标志,能遵守安全规则。中班幼儿处于规则意识萌芽期,对事物的理解能力逐渐增强,在日常生活中能自觉遵守基本的行为规则,但中班幼儿安全意识薄弱,没有较强的自我保护意识,所以增强其安全意识是必要的。我们设计"会说话的标志"教学活动,目的是帮助幼儿熟悉一些交通标志,加强自我保护能力,养成规则意识。

活动目标

1.认识常见的交通标志,知道交通标志是社会生活中不可缺少的一种符号。
2.初步掌握指示标志与禁令标志的不同,能尝试运用到实际生活中。
3.懂得遵守交通规则的重要性。

活动重难点

1.重点:认识常见的交通标志,知道交通标志是社会生活中不可缺少的一种符号。

---

① 本书作者指导陈天娇老师设计与撰写。

2.难点:将交通标志与实际生活相联系,懂得遵守交通规则的重要性。

活动准备

1.经验准备:有一定的交通常识。
2.物质准备:PPT、指示标志与禁令标志、小信封礼物、相关图片等。

活动过程

一、游戏情景,导入活动

"没有困难的任务,只有聪明的宝宝!"汪汪队的队员们,你们好!我是莱德队长。今天我接到市民的求助电话,城市里的交通标志神秘地消失了,甚至连城市里非常重要的交通信号灯——红绿灯也不亮了。

没有了交通标志的指引,整个城市的交通陷入了混乱。今天,我们接到的任务就是寻找消失的交通标志,并且让红绿灯再次亮起来。要想点亮红绿灯,我们必须集合三种太阳的力量:

红色太阳——具有让跑的物体停下来的力量;
黄色太阳——具有让跑的物体减慢速度的力量;
绿色太阳——具有让物体跑起来的力量。

汪汪队队员们,你们有信心收集到三种太阳的力量吗?有信心让城市的交通恢复正常吗?

二、认识标志,收获新知

(一)第一关:看一看,认一认。

认识人行横道标志、停车场标志、直行标志。
关键提问:
(1)收集到一种太阳的力量就能得到一颗星星。要想收集到三颗星星,汪汪队的队员们需要通过三道关卡。你们准备好了吗?
(2)图中的标志你们见过吗?在哪见过的?它可能是什么含义?
小结:这种以蓝色和白色为主要颜色的标志,叫指示标志。指示标志用于指引、指示车辆和行人的通行。通关完成后收获第一颗星星。

(二)第二关:比一比,想一想。

认识禁止行人通行、禁止机动车通行、禁止鸣笛标志。

关键提问:这个标志和之前的有什么不同?

小结:这种红色边框,并且画有一根斜杠的标志是禁行标志。看到它就代表车辆不能往这个方向走。

(三)第三关:找一找,送一送。

认识相关图片的内容,并找到对应的交通标志,进行设计。

三、复习巩固,判断正误

关键提问:小队员们已经认识了交通标志,这几位小朋友做得对不对?通关完成后收获第二颗星星。

四、场景还原,经验迁移

实物操作,教师出示活动中出现的交通标志图卡。

(一)交通标志归类。

关键提问:这里散落了很多交通标志,你们能将它们分成指示标志和禁令标志两类吗?

(二)推理新标志的含义。

找出禁止停车和左转两个新标志。

关键提问:它们中间还藏着两位新朋友,你们能猜出它们是什么意思吗?

(三)交通标志去帮忙

教师出示交通标志场景图,请幼儿观察判断此处缺少什么交通标志,并请幼儿实物操作。幼儿通关完成后颁发第三颗星星。

小结:现在,我们终于集齐了三颗星星,红绿灯会不会亮呢?我们一起数三个数看一下,1,2,3,合体!红绿灯亮起来了,交通标志都回到了城市,城市的交通恢复了正常。小朋友们,你们在生活中也要遵守交通规则,按照交通标志的指示去行动,做光荣的交通小卫士,好不好?

活动延伸

1.游戏活动:红绿灯。

2.区域活动:请幼儿画一画自己喜欢的交通标志。

3.家园共育:家长带幼儿外出游玩时,有意识地引导幼儿观察常见的交通标志,培养规则意识。

活动二

鱼泉榨菜[①]

设计意图

《幼儿园教育指导纲要(试行)》中指出:"充分利用社会资源,引导幼儿实际感受祖国文化的丰富与优秀,感受家乡的变化和发展,激发幼儿爱家乡、爱祖国的情感。"鱼泉榨菜作为我们万州的特产之一,蕴含了万州人的智慧和勤劳,承载着万州的传统文化。通过本次活动,幼儿对万州特产鱼泉榨菜有了更深入的了解,不仅增进了他们对家乡特产的兴趣和自豪感,还锻炼了他们的观察能力、语言表达能力和动手能力。同时,通过制作和品尝榨菜,幼儿也体验到了劳动的乐趣。

---

① 本书作者指导陈天娇老师设计与撰写。

🏷 活动目标

1.知道鱼泉榨菜是家乡的土特产,深受万州人民的喜爱。
2.了解制作榨菜的基本流程,并尝试制作各种榨菜。
3.为家乡的榨菜文化感到自豪,增进爱家乡的情感。

🏷 活动重难点

1.重点:知道鱼泉榨菜是家乡的特产,深受万州人民的喜爱。
2.难点:了解制作榨菜的基本流程,并尝试制作各种榨菜。

🏷 活动准备

1.经验准备:已经品尝过鱼泉榨菜。
2.物质准备:各种榨菜食品、制作榨菜的流程视频、干净的碟子若干、包装袋、刀具、抹布每组一块等。

🏷 活动过程

一、品尝榨菜,唤醒经验

引导语:听说美食展开始了,你们想去吗？今天老师带你们去看看。我们出发吧。美食展上有许多好吃的食品,请你们先尝一尝,然后说说自己吃了什么,味道怎样。(选一种品尝)

(一)幼儿品尝榨菜。

关键提问:你刚才吃了什么？味道怎样？(交流自己吃的感觉)

小结:榨菜条辣乎乎、榨菜片甜津津、榨菜丁微辣稍甜,吃起来香香脆脆的,味道真好。

关键提问:

(1)你们知道这些是哪里生产的吗？
(2)你们喜欢吃这些榨菜吗？

小结:这些榨菜真好吃,不仅我们爱吃,就连外国人都很喜欢吃。

(二)观看榨菜制作视频。

关键提问:我们万州人真了不起,作为万州人你们自豪吗？

小结:鱼泉榨菜那独特的风味,不仅满足了人们的味蕾,还成为万州的一张亮丽名片。它代表着万州人的智慧和勤劳,身为万州人,我们感到高兴和自豪。

二、制作榨菜,乐享劳动

关键提问:品尝了美味的榨菜,该来学做美味的榨菜了。展区已经准备了腌制好的榨菜和包装袋,谁来说说该怎么做?

老师讲解并提出要求。

(1)想好做什么榨菜;

(2)切榨菜:可以切成片,可以切成条,还可以切成丁,切时小心,注意安全;

(3)包装:打开包装袋,将切好的榨菜放入袋中;

(4)封口:用毛巾擦干后粘住;

(5)做好一种后可选择再做一种;

(6)做好后将桌上的东西收拾好。

小结:大家通过辛勤劳动,做出了美味的榨菜,我们学会了一步步地完成任务。生活中的很多事情,只要有计划、有耐心,就能做得很好。以后我们还可以尝试用自己做的榨菜做出更多美味的食物。

三、分享榨菜,传递美味

(一)说说自己做了什么榨菜。

(二)将自己制作好的榨菜放入相应的筐内,让客人品尝。

小结:现在我们去把这个好消息告诉其他的朋友,让他们也来尝一尝我们万州的榨菜,学一学制作美味的万州榨菜,让更多的人知道我们的万州榨菜。

活动延伸

1.区域活动:美食区投放制作榨菜的食材和佐料供幼儿使用。

2.家园共育:在甘宁镇"希望的田野"耕读基地开展亲子种植菜头的活动,收获后可一起制作榨菜。

活动三

勤劳的小蜜蜂[1]

设计意图

勤劳朴实是中华民族的传统美德。教导孩子从小热爱劳动,是培养幼儿健全人格的必要条件。当今社会,大多数幼儿是独生子女,一些家长对孩子百般宠爱,幼儿平时很少会主动进行劳动,没有形成良好的劳动习惯和劳动观念。我们设计"勤劳的小蜜蜂"教学活动,目的是让幼儿萌发知劳动、会劳动、爱劳动的劳动意识,融合幼儿合作意识的培养,促进幼儿全面发展。

活动目标

1. 初步认识勤劳的小蜜蜂,知道团结合作的重要性。
2. 能够根据故事内容,积极参与同伴合作游戏。
3. 萌发合作意识,懂得同伴互助和关爱他人。

活动重难点

1. 重点:萌发团结合作的意识,愿意与同伴合作完成任务。
2. 难点:学会关心他人,懂得团结合作。

活动准备

1. 经验准备:认识小蜜蜂,具有和同伴友好交往的能力。
2. 物质准备:谜语(小蜜蜂)、《蜜蜂嗡嗡和小熊哈哈》的故事、课件、游戏"小蜜蜂采蜜"。
3. 环境准备:户外公共场所参与活动。

活动过程

一、勤劳谜语大探秘——初识勤劳小榜样

讲述谜语,猜想勤劳小榜样。

---

[1] 本书作者指导瞿尧老师设计与撰写。

谜语:"飞在花丛中,忙碌又勤劳,采蜜花香香,结蜜丰收好。"

关键提问:

(1)这是一种什么昆虫?

(2)它能做什么?

小结:这是小蜜蜂,它很勤劳,能够酿出非常醇香甜美的蜂蜜。

二、合作故事初体验——萌发合作新意识

(一)听故事《蜜蜂嗡嗡和小熊哈哈》,知道合作互助的重要性。

关键提问:

(1)嗡嗡被大雨淋湿之后,谁救了它?

(2)你从故事中知道了什么?

小结:哈哈救了被大雨淋湿的嗡嗡,然后嗡嗡和哈哈一起互帮互助,最后都收获满满。哈哈的果树因为嗡嗡帮助其采蜜最后结出了红彤彤的果子,而嗡嗡也酿出了甜甜的蜂蜜。

(二)观看图片,嗡嗡酿蜜大揭秘。

关键提问:大家都知道小蜜蜂会酿蜂蜜,可是它们是怎样酿的呢?

小结:蜜蜂就是这样酿蜂蜜的,酿出蜂蜜需要耗费很长时间。但并不是所有的蜜蜂都会酿蜂蜜,它们内部都是有分工合作的,蜜蜂分为蜂王和工蜂,蜂王负责产卵(蜜蜂的小宝宝),工蜂负责酿蜜,蜜蜂们分工合作互助,才能酿造出甜甜的蜂蜜。

三、合作游戏再升级——懂得关心与合作

(一)游戏"小蜜蜂采蜜忙",在表演蜜蜂采蜜的过程中,做到合作互助。

(二)同伴讨论,学会关心他人,合作互助。

关键提问:

(1)生活中,我们可以怎样帮助他人?

(2)你和别人合作过吗?是怎样做的?

(3)帮助别人后,你感觉有什么不一样?

小结:帮助别人会让我们感觉到快乐,合作能让我们更有效率地完成任务,帮助别人的同时也是在帮助我们自己。孩子们,老师希望你们在生活中学会关心他人,合作互助。

🔖 活动延伸

1. 区域活动:我是勤劳小蜜蜂。
2. 家园共育:我会合作。

活动四

夏日奇妙游[①]

🔖 设计意图

《3—6岁儿童学习与发展指南》指出,应引导幼儿参加各种集体活动,让幼儿体验与教师、同伴等共同生活的乐趣,萌发集体意识。正确认识"自己"和"他人",学习初步的人际交往技能。中班幼儿爱玩会玩,本次活动,以游戏情景的方式让幼儿体验游戏的乐趣,在活动中尝试和同伴合作配合接受任务、完成任务,在活动过程中学会遵守游戏规则。

🔖 活动目标

1. 了解游戏规则,按照游戏规则完成游戏任务。
2. 能和同伴合作完成闯关内容,做到共同完成游戏任务。
3. 感受合作带来的快乐,愿意与同伴合作。

🔖 活动重难点

1. 重点:了解游戏规则并遵守。
2. 难点:愿意与同伴合作完成任务。

🔖 活动准备

1. 经验准备:了解闯关游戏的含义,知道有关夏天的物品。
2. 物质准备:气球若干,通关卡片若干,大纸箱做的城门,指引脚印贴纸若干,西瓜若干块,荷花若干(花骨朵)。
3. 环境准备:"王国"游戏场景。

---

① 本书作者指导瞿尧老师设计与撰写。

活动过程

一、角色讲述"身"临其境

公主角色讲述故事情景。

关键提问：

(1)你们知道现在是什么季节吗？

(2)夏季里很重要的标志物不见了，小朋友们能帮忙把这个标志物找回来吗？

小结：现在是夏季。夏季的标志性物品有西瓜、冰棍、石榴花、荷花和凉席等。

二、游戏体验，夏日探秘

（一）请开门。

教师站在城门前（用大纸箱做的城门），每次只能通过一个小朋友。通过城门时，小朋友们需要用礼貌用语"请老师开门"，让教师把门打开，然后回答教师提出的有关夏季的问题，答对的小朋友可以带领自己的同伴排队通过城门，并获得第1关的游戏通关卡。

（二）背对背拥抱。

游戏需要4名幼儿组队两两合作，每组运送一个气球到对面的游戏框中，要求两个幼儿背对背，手拉起来用背一起合作运送气球。

运送完成后，需要集合一组4人来到教师这里，说出第2关的通关语，"××小队已完成任务，请老师发通关卡"，获得卡片后即可开启下一关游戏。

（三）我请伙伴吃西瓜。

教师给每组幼儿一块西瓜，让幼儿自己思考如何分才能让同组的每一个幼儿都能吃到西瓜，想好后可以请教师帮忙分西瓜，吃完西瓜后找老师说出通关语，拿到第3张通关卡。

集齐三张通关卡，即可召唤出夏季标志物——荷花。

三、找回物品，合作共赢

小结：小朋友们都通过了今天的所有闯关游戏，拿到了夏天标志物——荷花。在玩游戏的时候，小朋友们互相帮助、相互配合、遵守规则，你们真是太棒了！共同完成了这次夏日奇妙游，得到了这么漂亮的荷花。

活动延伸

1.游戏活动：

(1)合作游戏：桃花朵朵开，体验合作的快乐。

(2)生活游戏：帮小动物找家，知道合作的重要性。

2.家园共育：和爸爸妈妈一起合作完成一件事情。

活动五

文明小乘客[1]

设计意图

公共汽车是我们生活中常见的交通工具。结合中班幼儿的年龄特点，他们对乘车过程中的许多行为是否文明，还不能进行正确的判断。为了让幼儿更好地了解乘车礼仪，增强文明乘车意识，做到文明出行，我们设计了"文明小乘客"活动。本活动主要采用观看乘车动画—欣赏乘车图片—趣做乘车游戏—体验乘车出行等方式，多元化发挥幼儿在活动中的主体性，让幼儿在情境中逐步感知、了解乘车的基本礼仪，体验文明乘车的乐趣，激发幼儿在生活中争做文明小乘客的意识和行为。

活动目标

1.了解正确的乘车方法和文明乘车礼仪，有文明乘车意识。

2.能分辨出正确的乘车行为，在生活中做到文明乘车。

3.体验乘车游戏带来的乐趣，争做"文明小乘客"。

活动重难点

1.重点：了解正确的乘车方法，知道文明乘车，萌发文明乘车意识。

2.难点：能积极主动地寻找生活中的文明乘车行为并学习其方法。

活动准备

1.经验准备：有乘坐交通工具出行的经历。

---

[1] 本书作者指导瞿尧老师设计与撰写。

2.材料准备:"乘车行为规范"视频、轻松的乘车音乐、角色扮演人物道具、大拇指贴纸、小红花贴纸。

3.环境准备:甘宁镇耕读教育基地,邀请家长共同参与。

活动过程

一、回顾经验,大胆表达——交通工具大盘点

关键提问:

(1)你乘坐过哪些交通工具?

(2)乘车时需要注意哪些安全事项?

小结:在陆地上出行可以坐小汽车、公共汽车,在海上出行可以坐轮船,在空中出行可以坐飞机。乘坐交通工具时应该系好安全带,不乱跑等。

二、观看视频,判断对错——乘车行为大PK

(一)观看"乘车行为规范"小视频,了解文明乘车方法。

关键提问:视频中的小动物在乘车时干了什么?有哪些不文明乘车行为?

小结:不文明的乘车行为有不系安全带,公交车上追逐打闹,往窗外扔垃圾,在车门口拥堵,乘车中途离开座位等。

(二)再看视频,讨论怎样才是文明小乘客。

关键提问:

(1)哪些小动物在乘车时的行为是文明行为?

(2)怎样做才是安全文明小乘客?

小结:乘车时要排队有序,前门上车,后门下车;乘车时要坐好系上安全带或站稳扶好,不把头探出窗外,不在车上打闹,不乱扔垃圾,不大声喧哗;知道乘车时应该给老人、孕妇、残疾人等有需要的乘客让座,做一名安全文明的小乘客。

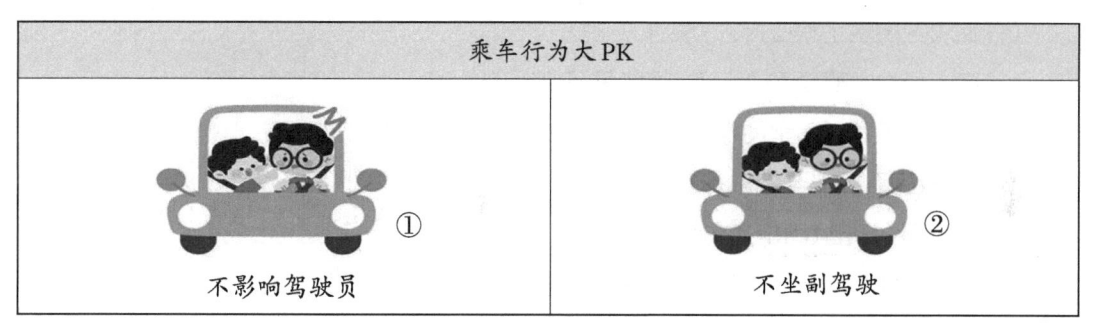

乘车行为大PK	
① 不影响驾驶员	② 不坐副驾驶

续表

乘车行为大PK

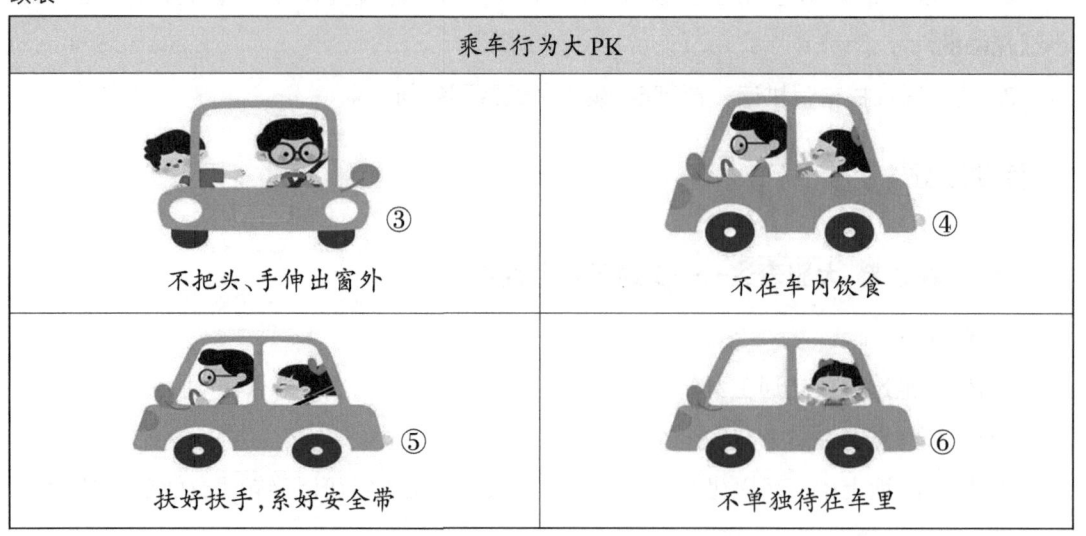

③ 不把头、手伸出窗外	④ 不在车内饮食
⑤ 扶好扶手,系好安全带	⑥ 不单独待在车里

(三)出示不同乘车图片,判断对错。

关键提问:图片④和⑤中的行为对吗?为什么?

小结:(示例)图片④中的行为不对,因为图中的小朋友在车内吃东西,容易把自己噎到,很危险;图片⑤中的行为对,因为她乘车的时候系好了安全带……

三、角色扮演,文明乘车——乘车规则再体验

(一)教师扮演司机,三名幼儿扮演观察员,其余幼儿扮演乘客,模拟乘车情景,学做文明小乘客。

小结:提醒幼儿结合文明乘车行为进行情境创设,当幼儿做出不文明行为时其他幼儿可提醒其改正。

(二)结合情景,评选"文明小乘客"。

1.教师初评乘车文明行为。

关键提问:

(1)游戏中出现了哪些行为?

(2)这些行为中哪些是文明的,哪些是不文明的?

小结:出现了先下后上的行为,乘客在上车途中发生了拥堵的情况,但是在上车后,所有的乘客都能做到系好安全带出行。

2.幼儿互评,选出心中的"文明小乘客"。

(1)观察员推选自己心中的文明小乘客,作为"文明小乘客"候选人。

(2)幼儿用小红花贴纸代表自己的票,将小红花贴在他支持的候选人的对应照片下面。

组别	第一组	第二组	第三组	第四组
人选				
投票区				
计票				

3.发放礼品大拇指贴纸,争做文明小使者。

四、实际感知,深入文明——乘车出行我最棒

(一)生活实践,争当"文明小乘客"。

放学后同父母乘坐公共汽车回家,并做到文明乘车。

(二)文明传播,宣传文明乘车。

告诉身边人如何文明乘车,宣传乘车礼仪。

活动延伸

1.游戏活动:文明乘车我最行,深度体验乘车礼仪。

2.区域活动:投入礼仪绘本,深入了解更多文明礼仪。

3.家园共育:参观博物馆,做到文明参观。

活动六

劳动好开心[①]

设计意图

在掌握了"五一"国际劳动节的相关知识后,幼儿对简单的劳动行为十分感兴趣:抹桌子、擦窗户、整理自己的抽屉、扫地、照顾植物角里的花草等,他们都是争先恐后地参与,并在劳动过程中享受着劳动带来的快乐感。《3—6岁儿童学习与发展指南》里提到,"鼓励幼儿做力所能及的事情,对幼儿的尝试与努力给予肯定,不因做不好或做得慢而包办代替"。因此,在幼儿劳动活动时,教师应对幼儿与别人分享自己的劳动经验、互相调换劳动工具等行为给

① 本书作者指导钟晓宇老师设计与撰写。

予肯定,让他们对自己的劳动表现感到高兴和对自己的劳动成果有满足感。

活动目标

1.按自己的想法进行劳动活动,体验集体劳动的乐趣。
2.敢于尝试有一定难度的活动和任务,做力所能及的劳动。
3.大胆讨论在劳动中遇到的困难及解决方法。

活动重难点

1.重点:敢于尝试有一定难度的活动和任务,做力所能及的劳动。
2.难点:大胆讨论在劳动中遇到的困难及解决方法。

活动准备

1.经验准备:小朋友们在家里有做简单的劳动活动的经验。
2.物质准备:小水桶、干净抹布、洒水壶、小扫把、小簸箕等适合幼儿身高和年龄特点的劳动工具,劳动组别提示卡。
3.环境准备:设置班级劳动区域。

活动过程

一、谈话激发活动兴趣

关键提问:小朋友们,你们在家里劳动过吗?

二、师幼协商劳动分工

(一)师幼讨论需要打扫、整理的地方。

关键提问:小朋友们,请你们讲一讲教室里有哪些地方需要打扫、整理?你们自己可以做哪些劳动活动?

小结:在我们的教室里有很多地方需要我们打扫,我们可以扫地、拖地、擦桌子。

引导语:小朋友们,你们刚刚都知道了教室里可以打扫的地方。接下来请你们自己选择一处开展劳动。在劳动活动过程中,要注意安全,不能完成的劳动请及时向老师求助。

(二)师幼协商分工劳动内容。

关键提问:在你选择的劳动地点,需要用到劳动工具吗?你选择的劳动工具适合你的劳动活动吗?

小结:刚刚老师看见落落选择的劳动地点是植物角,劳动方式是照顾花花草草。可是落落在选择劳动工具时,拿的是一块抹布。跟之前预期的劳动工具不一样。怎么办呢?我们要将我们的劳动地点和需要用到的劳动工具相匹配,要选择适合这个劳动地点的劳动工具。

三、师幼探讨劳动心得

关键提问:

(1)劳动之前,你们是怎么知道劳动区材料要根据标记放对位置、摆放整齐的?图书角的书应该怎样摆放整齐?大家的抽屉需要怎样摆放才没有空隙?

(2)你们在劳动活动中遇到了什么困难?

小结:图书角的图书可以按大小、数字摆放整齐;劳动工具在使用之前请记住它们的位置,使用后及时送劳动工具回家;小朋友的抽屉需要小朋友双手抱起抽屉,一个一个挨在一起就不会有空隙了。在劳动活动时果果、嘻嘻没有注意安全,一边打闹,一边玩水;早早把抹布甩向其他小朋友……老师希望下次劳动活动时,你们能改掉这些不好的习惯,积极参加劳动,做力所能及的劳动。

活动延伸

1.生活活动:把使用过的劳动工具收拾整理放回指定位置。教师在展示区展示扫地、擦桌子等劳动步骤图,帮助幼儿学会劳动的方法。

2.家园共育:在家做一些收拾碗筷、擦桌子、洗抹布等力所能及的简单轻松的家务劳动。

活动七

这样交朋友[1]

设计意图

人际交往和社会适应是幼儿社会学习的主要内容,也是其社会性发展的基本途径。《3—6岁儿童学习与发展指南》明确指出,幼儿在与成人和同伴交往的过程中,要学习如何与人友好相处,如何看待自己、对待他人,不断发展适应社会生活的能力。根据幼儿在班级的表

---

[1] 本书作者指导钟晓宇老师设计与撰写。

现,我们发现,有的幼儿胆子很小,跟隔壁班级的幼儿相处快一年了,也不是很熟悉。他们假期结束就升大班了,与同伴交往的能力还需要提升,需要体会同伴友好交往的快乐,所以我们设计了本次"这样交朋友"社会活动。通过此次活动,幼儿能大胆交往、快乐交友。

活动目标

1. 知道朋友之间应友好相处,喜欢交朋友。
2. 学会询问、记录并获取好朋友的信息。
3. 体验同伴友好交往的快乐。

活动重难点

1. 重点:能用礼貌用语和正确的肢体动作与小朋友交往。
2. 难点:喜欢交朋友,体验同伴之间友好交往的快乐。

活动准备

1. 经验准备:幼儿已有交朋友的相关经验。
2. 物质准备:狮子手偶、记录表、记号笔、手偶戏《狮子聪聪找朋友》。

活动过程

一、欣赏剧情,探知交友方法

关键提问:谁喜欢狮子聪聪?为什么狮子聪聪没有交到朋友?

小结:狮子聪聪在和别人交往时没有使用礼貌用语,不会友好地与伙伴交往,狮子聪聪更没有耐心,不会等待,导致狮子聪聪一直都没有交到好朋友。

二、回想经验,激发交友意愿

关键提问:

(1)孩子们,你们有好朋友吗?

(2)你们是用什么方法知道你们好朋友的名字的?

小结:大家都有好朋友,只要我们勇敢地和他人交流,主动介绍自己,有礼貌地询问别人,就会知道别人的名字。

三、收集信息,学用礼貌用语

(一)学习礼貌用语和文明的肢体动作。

关键提问:

(1)我们应该怎样交朋友?

(2)我们可以怎么做?

(3)你会用哪种正确的方式询问好朋友呢?

小结:两位小朋友在刚刚的表演中,有微笑、点头、友好地牵手等肢体动作。佳佳小朋友用了伸出双手牵好朋友的动作,佳佳的这个动作让老师看上去很舒服,能感受到佳佳对朋友十分友好,这样的话我就非常愿意和佳佳做朋友。大家一起来学习"请""你愿意吗"等礼貌用语以及礼貌的肢体动作交朋友。

(二)用询问记录的方法记住好朋友的信息。

引导语:现在,我们用刚刚练习的这些友好的方法来交朋友。请看,老师准备了一支笔和表格(讲解表格的内容让幼儿熟悉)。请小朋友带上你的表格和笔去交朋友吧,需要把好朋友的信息记录在表格里。

小结:老师看到倾倾跟其他大班的小朋友做了好朋友,洛洛主动去找大班的小朋友交流。康康小朋友也大胆地交到了好朋友,你们的交往能力真强!

(三)大胆交流介绍好朋友的信息。

关键提问:请小朋友来讲一讲,你交了几位好朋友? 请你到前面来介绍一下你的好朋友。

小结:刚刚,小朋友们都介绍了自己好朋友的名字,在哪个班级,也知道了用礼貌的语言、文明的动作跟同伴友好相处。

活动延伸

1.游戏活动:快乐圈。

2.家园共育:我的好朋友。

活动八

珍惜粮食[1]

设计意图

民以食为天,食以俭养德。现在生活条件比较好,幼儿不明白每一粒粮食都是农民伯伯用辛勤劳动换来的,我们设计"珍惜粮食"活动,旨在让幼儿了解粮食来之不易,体验农民伯伯劳动的艰辛,养成不挑食、不浪费、爱惜每一粒粮食的良好习惯。

活动目标

1.知道大米的来之不易和珍惜粮食的意义。
2.能主动珍惜粮食,学会爱惜他人的劳动成果。
3.体验节约粮食的乐趣,养成节约粮食的好习惯。

活动重难点

1.重点:了解农民伯伯是干什么的,知道农民伯伯种粮食的辛苦。
2.难点:体会农民伯伯种粮食的辛苦,学会珍惜他人的劳动成果。

活动准备

1.经验准备:幼儿对农民伯伯的工作和粮食的来历有相关的知识经验。
2.物质准备:一些小朋友吃剩的米饭、农民伯伯种粮食的图片、《米是怎样来的?》视频、《悯农》诗歌音频。
3.环境准备:区角投放稻谷等。

活动过程

一、珍惜粮食,感恩自然

(一)谈话导入,激发幼儿兴趣。

关键提问:小朋友们,今天吃午饭的时候,你们把碗里的饭吃完了吗?

---

[1] 本书作者指导周垚岑老师、卢柳静老师设计与撰写。

引导语:小朋友们,你们都很棒! 但是,仍然有一些小朋友没有把米饭吃干净,你们看老师把这些剩饭都拿来了。

(二)教师拿出吃剩的米饭,引导幼儿思考。

关键提问:你们知道这些米饭是怎么来的吗? 是谁辛苦种出来的?

二、珍惜粮食,你我同行

(一)教师讲述米饭的来历,让幼儿了解农民伯伯是怎么辛苦种粮食的。

播放视频《米是怎样来的?》。

关键提问:

(1)小朋友们,你们看农民伯伯在干什么?

(2)为了让粮食长得更加茁壮,农民伯伯要做什么?

(3)经过长时间的辛勤劳作,粮食成熟了,农民伯伯要做什么?

小结:一粒粒小小的水稻种子,慢慢长出秧苗,然后在农民伯伯的辛勤劳作和精心呵护下成长为水稻,经过机器的加工打磨变成了白花花的大米,大米用电饭煲一蒸就变成了我们吃的米饭了。农民伯伯种粮食很辛苦,我们应该感谢他们,珍惜他们的劳动成果。

(二)出示农民伯伯辛苦种粮食的图片。

关键提问:

(1)小朋友们,图片上的农民伯伯在干什么? 他们辛不辛苦啊?

(2)你们有什么话想对他们说?

(3)请小朋友们讲一讲,你们以后应该怎样对待粮食呢?

小结:小朋友们,农民伯伯种粮食非常辛苦,从播种到锄草、施肥、收割,不知洒下了多少汗水。他们晒黑了脸,累弯了腰,两手磨出了厚厚的老茧,才能收获粮食,我们要做珍惜粮食的好孩子,不能浪费。

(三)光盘倡议书。

1.绘画"光盘倡议书"。

2.社区广宣传,在社区发放"光盘倡议书",宣传光盘行动。

三、珍惜粮食,舞动未来

跳歌曲《悯农》送给农民伯伯。

活动延伸

家园共育：体验农民伯伯的辛苦。

(1)参观甘宁耕读基地。

(2)观察农民伯伯们收获水稻的场景。

(3)在水稻田里体验收割水稻。

活动九

家乡的美食[①]

设计意图

伴随着我园劳动体验课程的开展，幼儿对食物的来源已经有了一定的了解，并对制作美食非常感兴趣。随着活动的深入，幼儿对美食充满了好奇，家乡的美食有哪些？它们的味道怎么样？一系列问题接踵而至，幼儿对家乡的美食还没有较为系统的认知，因此，根据中班幼儿的兴趣指向，我们设计了本次活动。

活动目标

1. 认识三种家乡万州的特色美食：火锅、烤鱼、凉面。
2. 能运用较连贯的语言逻辑清晰地向他人介绍家乡的美食。
3. 体验为别人介绍家乡美食的自豪感，萌发对万州的归属感。

活动重难点

1. 重点：认识家乡万州的特色美食。
2. 难点：能用较连贯的语言逻辑清晰地向他人介绍家乡的美食。

活动准备

物质准备：小话筒、三张万州美食图片、外地小游客卡片道具、小导游头饰。

[①] 本书作者指导周小艳老师设计与撰写。

活动过程

一、情境导入话美食

引导语:今天,有一位外地小游客来到万州旅游,他非常喜欢美食,希望有人可以帮助他认识万州的特色美食。让我们一起当小小导游为外地小游客介绍家乡的美食吧!

二、师幼共同论美食

(一)师幼共同讨论,回忆万州的美食。

关键提问:

1.你们品尝过哪些美食?

2.这些美食吃起来是什么味道的?

3.特色美食中特色的含义是什么?

4.哪些美食是万州的特色美食?

小结:特色美食是指独具特色、味道独特,且由于地域或文化因素而形成的风味独特的菜肴和食品。每个地区都有其独特的饮食文化和食材资源,这些因素共同造就了不同的特色美食。

(二)教师播放万州美食图片。

关键提问:

(1)看看图片,你们吃过这些美食吗?

(2)它们有什么特点?你们喜欢吃吗?为什么?

小结:麻辣鲜香,各种口味俱全,食材鲜嫩,风味独特。

(三)请幼儿介绍这三种万州美食。

引导语:请你来当小小导游,为小游客介绍这三种万州美食吧,说出美食的名称、它的特点以及你推荐它的原因。如:我推荐的是万州特色美食万州烤鱼,烤鱼肉质鲜嫩,麻辣鲜香,是不容错过的美食。

小结:在介绍美食时要说清楚美食的名称,以及它的味道怎样。

三、小小导游说美食

(一)情境创设,大胆交流。

邀请一名幼儿戴上小话筒和小导游头饰扮演小导游,再请另一名幼儿当小游客,请他们模仿外地游客和小导游进行交流,导游热情地向游客介绍自己家乡万州的美食。

(二)引导幼儿发散思维,介绍万州还有什么好吃的食物和有趣的地方或者自己眼中的美丽家乡万州。

小结:用完整的句子介绍万州的美食,说清楚美食的名称和味道,让游客能清楚了解万州美食。

活动延伸

1.区域活动:将道具投放到角色区,引导幼儿自主进行角色扮演,让幼儿了解和介绍其他的地方或者其他地方的美食文化等。

2.家园共育:家长多带领幼儿,去发现更多的万州美食,还有美丽风景,发展幼儿对家乡的热爱。

活动十

热热闹闹过元宵[①]

设计意图

《3—6岁儿童学习与发展指南》指出,幼儿应在良好的社会环境及文化的熏陶中学会遵守规则,形成基本的认同感和归属感。元宵节是我国传统的重要节日之一。民间正月十五闹元宵已有悠久的历史,但是幼儿对中国的传统文化了解甚少。元宵节人们都干什么?元宵节是怎样来的?元宵节人们都吃什么?一系列关于元宵节的疑问在幼儿脑海中出现。因此,我们设计"热热闹闹过元宵"活动,引导幼儿尽早接触祖国传统文化并对其有粗浅的了解,使他们从小热爱祖国的传统文化,了解祖国的传统节日。

活动目标

1.知道正月十五是我国传统节日。
2.认真倾听并了解故事内容,大胆表达自己的想法。
3.体验元宵节的快乐,并对中国传统节日感兴趣。

---

① 本书作者指导周垚岑老师设计与撰写。

活动重难点

1.重点:了解元宵节的由来及习俗。

2.难点:热爱祖国的传统文化,了解更多祖国的传统节日。

活动准备

1.经验准备:收集过元宵节的相关资料,有与家人一起过元宵节的经验。

2.材料准备:视频、PPT、一次性桌布、糯米面、水、糖、芝麻馅。

3.环境准备:教室布置出元宵节氛围。

活动过程

一、忆元宵,知多少

(一)通过幼儿收集的资料,丰富对元宵节的认知。

关键提问:

(1)你们认识这些东西吗?

(2)它们会出现在哪个节日里?

教师根据幼儿的回答,引出传统节日元宵节。

小结:元宵节在每一年的农历正月十五日,是我国的传统节日之一。元宵节又叫上元节、元夕或灯节。

二、知民俗,话元宵

(一)观看视频,初步了解元宵节的来历。

引导语:元宵节有热闹又有趣的习俗,元宵节是怎么来的? 一起看看视频了解一下吧。

关键提问:

(1)玉帝为什么要在正月十五这天火烧人间呢?(人们误杀了神鸟)

(2)为什么在正月十五这天家家户户都要挂上各式各样的灯笼,并放鞭炮、放烟花呢?(让玉帝以为人间已经着火了)

(3)玉帝下令放火了吗?(没有)

(4)为了纪念这次胜利,人们做了什么事?(将每年的正月十五定为元宵节)

小结:很久以前,因为人们误杀了一只天鸟,玉帝决定在正月十五放火烧人间。一位善良的神仙告诉了人们一个办法,于是在正月十四、十五、十六这三天,家家户户都挂上了各种各样的灯笼、燃放烟花爆竹。玉帝以为人间已经陷入火海,便没有下令放火。为了纪念这次胜利,人们就把每年的正月十五定为元宵节。

(二)深入了解元宵节的习俗。

引导语:听完元宵节的故事,我们也知道了一些关于元宵节的习俗,让我们一起来回顾一下吧!

关键提问:

(1)元宵节是每年的什么时候?

(2)元宵节大家会吃什么?

(3)元宵节人们还会做什么?

小结:每年的正月十五是元宵节,每逢元宵节人们会用吃汤圆、赏花灯、猜灯谜、踩高跷、舞龙舞狮等方式来庆祝元宵节。

三、迎元宵,乐开怀

(一)趣味谜语猜猜猜。

引导语:元宵节有一项有趣的活动,就是猜灯谜。我们一起来玩猜谜语的游戏吧!

(1)教师说谜语,幼儿猜:远看似筷子,小小线头嵌,用火一点燃,瞬间星满天。(烟花)

(2)幼儿说谜语,老师猜:外面软软糯糯,里面香香甜甜。(汤圆或元宵)

(3)幼儿说谜语,大家猜:红红的、厚厚的,放在手里沉沉的,心里却是甜甜的。(红包)

(二)热热闹闹包汤圆。

1.观察制作材料,了解包汤圆的方法。

关键提问:怎么制作汤圆呢?

小结:汤圆是圆圆的,可以用糯米面加水搅拌成薄薄的皮,再把皮压一压,把芝麻馅放在里面,最后搓成圆球状。汤圆是我们中国传统节日元宵节的必吃品,也是我国的传统美食,具有象征全家人团团圆圆的美好寓意。

2.观看视频,了解汤圆和元宵的区别,汤圆是用"包"的方式制作的,元宵是用"滚"的方式制作的。让幼儿尝试以在盘中"滚一滚"的方式做元宵。

(三)甜甜蜜蜜吃汤圆。

品尝汤圆,感受浓浓团圆之情。

（四）团圆照片大放送。

幼儿拍照记录精彩瞬间（做汤圆、吃汤圆……）。

活动延伸

1. 区域活动：美工区投放花灯制作材料，体验更多元宵节的习俗。
2. 家园共育：观看元宵节晚会，亲子共同查阅资料，了解更多中国传统文化。

第三节　幼儿园大班社会领域园本课程思政教育教学活动设计

活动一

我的祖国[①]

设计意图

假期里，小朋友和家长一起外出旅游。家长帮助幼儿收集了很多在旅游地拍的风景图片，以及特色小吃、有名的特产。没有外出旅游的家庭，在家通过看绘本、听故事、在电脑和平板上观看全国各地的风景视频，欣赏有关自己家乡、祖国各地的风景名胜、著名建筑、独特物产的图片和视频等。在观看和欣赏的过程中，幼儿对自己家乡以及对祖国的自豪感和热爱之情被激发出来。《3—6岁儿童学习与发展指南》提到，运用幼儿喜闻乐见和能够理解的方式激发幼儿爱家乡、爱祖国的情感。借此契机，我们设计"我的祖国"的教育教学活动，以此帮助幼儿认识自己的祖国，了解自己的家乡，喜欢做一个中国人，喜欢做一个万州小市民。

活动目标

1. 为自己是中国人感到自豪。
2. 知道祖国地域辽阔、风景秀丽。
3. 能积极地参与活动，大胆地说出自己的想法。

[①] 本书作者指导钟晓宇老师设计与撰写。

活动重难点

1.重点：知道祖国地域辽阔、风景秀丽，为自己是中国人感到自豪。

2.难点：能积极地参与活动，大胆地说出自己的看法，萌发对祖国的热爱之情。

活动准备

1.经验准备：小朋友们有在假期里跟随家长外出旅游的实践经验和旅游感知体验。

2.物质准备：旅游地拍的照片、风景图片、特色小吃、有名的特产。

3.环境准备：教室里用电视播放万州的景点，有名的小吃，地标建筑钟楼、三峡移民纪念馆。

活动过程

一、导入唤醒幼儿记忆

关键提问：

(1)你们知道我们的国家叫什么吗？中国的首都在哪里？

(2)你的家乡在哪里？你觉得自己的家乡哪里最漂亮？

(3)请小朋友以自己的座位分组别，大胆讲一讲自己曾经去过哪些地方，看到了什么风景、小吃、建筑，领略了哪些风土人情。

小结：小朋友们刚刚都讲述了自己的家乡——万州，有万州大瀑布，还有万州美食：格格、凉面、冰粉、凉虾……，以及享誉全国的西山钟楼等建筑。

二、展开话说祖国风景

(一)赏中国，知道祖国河山壮丽和地域环境。

关键提问：

(1)小朋友，你知道中国最北端的城市是哪里吗？

(2)中国最南端的城市是哪里？最西端的城市是哪里？

(3)最东端的城市是哪里？

小结：中国最北端的城市是黑龙江省的漠河市，最南端的城市是海南省的三沙市，最西端的城市是新疆维吾尔自治区的喀什市，最东端的城市是黑龙江省的抚远市。小朋友们在图片的指引下，成功找到了祖国最东、西、南、北端的城市，也知道了祖国地广物博、风景秀美。下次放假,小朋友们可以在家长陪同下外出去欣赏祖国的美景,品尝舌尖美味,收集新奇物件。

(二)知中国,了解祖国山脉和知名地标建筑。

关键提问:

(1)有小朋友知道中国最高的山叫什么名字吗?

(2)中国有很多的森林,最出名的森林在哪里?

(3)中国最著名的河流有哪些?

小结:中国最高的山——喜马拉雅山。中国最出名的森林在东北。中国最著名的河流有两条:长江和黄河。

(三)尝中国,舌尖感受不同风味小吃与风土人情。

关键提问:你们知道祖国有哪些好吃的美食?

小结:小朋友们假期跟随家长游历了祖国的大好河山,尝遍了万州、重庆、北京、西安、上海、广州等地的美食。希望你们下次跟随家长能去更多不同的地方,继续看遍祖国的风景,品尝风味小吃,感受风土人情。

三、深入了解世界之最

关键提问:

(1)中国的长城在哪里?观看了《长城》影视片段,你们知道中国长城有多长吗?

(2)故宫在中国的什么地方?观看了《故宫》影视片段,你们知道故宫以前是谁的家吗?

小结:我们今天看到的长城,大部分是经过明代大规模整修后保存下来的,明长城西起甘肃嘉峪关,东到辽宁虎山;历代长城的总长度为21196.18千米,称得上是万里长城。故宫是中国明清两代的皇家宫殿,故宫里面有接近一万间房屋。房顶是金黄的琉璃瓦,房顶四周装饰着各色的图案,雕刻着龙、凤等吉祥的动物。目前故宫里珍藏着大量的文物,这些都是古代劳动人民创造出来的。

活动延伸

1.生活活动:请小朋友观看美丽的祖国图片,在图片上找到不同的地方,讲一讲自己来到了祖国的什么地方,看到了什么。

2.游戏活动:飞行棋——飞机飞到哪里去?飞机飞到上海去。上海哪里最好玩?上海东方明珠最好玩。

活动二

会说甜甜话的小嘴巴[1]

🔖 设计意图

《3—6岁儿童学习与发展指南》要求,幼儿要能有礼貌地与人交往。比如,到别人家里做客时主动跟主人有礼貌地打招呼,帮主人收拾整理用过的餐具。回家时要有礼貌地与主人道别。引导小朋友从小关心同伴和身边的人。结合具体情境,引导幼儿换位思考,学习理解别人。如:幼儿有争抢玩具等不友好行为时,引导他们想想"假如你是那个小朋友,你有什么感受?"让幼儿学习理解别人的想法和感受。幼儿在积极健康的人际关系中能获得安全感和信任感,从而发展自信和自尊。

🔖 活动目标

1.理解故事内容,学说礼貌用语。
2.知道有礼貌、嘴巴说甜甜话的小朋友受欢迎,愿意做有礼貌的小朋友。
3.喜欢和小朋友一起游戏,跟小朋友游戏和日常交流时会主动用到"请""谢谢""您好""再见"等简单的礼貌用语。

🔖 活动重难点

1.重点:知道做有礼貌的小朋友受欢迎,愿意做有礼貌的小朋友。
2.难点:跟小朋友游戏和日常交流时会主动用到请"谢谢""您好""再见"等简单的礼貌用语。

🔖 活动准备

1.经验准备:会说"请""谢谢""您好""再见"等基本的礼貌用语。
2.物质准备:《会说甜甜话的小嘴巴》纸质图片,《会说甜甜话的小嘴巴》PPT动画,老虎、熊猫、小羊、兔子玩具模型,操作单,水彩笔。
3.环境准备:老虎家里请客,款待客人的场景布置。

---

[1] 本书作者指导钟晓宇老师设计与撰写。

🔻 活动过程

一、谈话导入，以谈促验

教师与幼儿谈话，激发幼儿已有的经验。

关键提问：你们知道什么是甜甜话吗？你们会说甜甜话吗？今天，老师给小朋友们带来一个故事，一起来听听故事中的甜嘴巴说了哪些甜甜话。

二、情境体验，以验促学

(一)播放《会说甜甜话的小嘴巴》PPT动画，帮助小朋友们理解故事内容。

关键提问：
(1)老虎是怎样款待伙伴们的？
(2)吃完水果后，熊猫、小羊、兔子是怎么说的？
(3)兔子跟小羊说了什么？
(4)老虎听到这些话以后说了什么？老虎的表情怎么样？

小结：小羊说老虎款待大家的水果没有自己家里的水果味道好，小羊说出来的话让老虎感到很伤心。受到别人的款待，做客的人应该说"谢谢"。如果食物不合自己的胃口，应该委婉地表述。不能说让主人不开心的话，要做个有礼貌的小朋友。

(二)引导小朋友在特别的场景时要说"谢谢"，鼓励小朋友要懂得感恩。

关键提问：在哪些特别的场景需要对别人说感谢的话？

小结：当别人帮助了我们，热情款待了我们，或过生日收到别人送来的礼物时，我们应该说一声"谢谢"，做一个有礼貌并且知道感恩的小朋友。

(三)拿出纸质图片《会说甜甜话的小嘴巴》，鼓励小朋友们学习简单的、常用的礼貌用语。

关键提问：图里都有哪些情况？根据图里的内容应该说哪些好听的甜甜话？

小结：早晨到幼儿园，看见晨检医生需要说"早上好"；下午放学离开幼儿园需要跟小朋友和老师说"再见"；在小区，看到熟悉的人要打招呼说"你好"；遇到困难和麻烦需要请求别人帮助时要说"请"；得到别人帮助后要说"谢谢"……这些都是好听的甜甜话。

🔻 活动延伸

1.生活活动：班级开展劳动服务活动时，幼儿相互交换整理抽屉、擦桌子、擦椅子；收拾区角的玩具、益智的材料。

2.区域活动:班级幼儿在建构区与同伴一起协作完成"我们的幼儿园"拼搭活动。在此建构活动中,幼儿熟练地运用"请""谢谢"等礼貌用语与同伴交流。

3.家园共育:利用走亲戚、到朋友家做客或有客人来访的时机,鼓励幼儿与他人接触和交谈。

活动三

炸酱面[①]

设计意图

《幼儿园教育指导纲要(试行)》中指出:"充分利用社会资源,引导幼儿实际感受祖国文化的丰富与优秀,感受家乡的变化和发展,激发幼儿爱家乡、爱祖国的情感。"面食作为中国传统美食文化中不可或缺的组成部分,历史悠久且深受中国人民的喜爱。众所周知,万州是一座以美食闻名的城市,作为万州美食三绝之一的炸酱面受到众人喜爱。所以我们将万州本地特有的面食文化——炸酱面作为一种教育资源,融入幼儿园活动中。通过"初遇炸酱面""探秘炸酱面""品尝炸酱面""宣传小能手"等活动,幼儿在探索万州传统美食的过程中,更深刻地了解万州,萌发对家乡美食的认同感及热爱家乡的情感。

活动目标

1.知道万州炸酱面是家乡的特色美食,了解它独特的制作方式。

2.能用简单的语言向他人介绍万州炸酱面。

3.通过绘画宣传万州的美食美景,萌发热爱家乡的情感。

活动重难点

1.重点:知道炸酱面是家乡的特色美食,了解它独特的制作方式。

2.难点:大胆交流自己对万州面食文化的发现。

---

① 本书作者指导陈天娇老师设计与撰写。

活动准备

1. 经验准备：已经品尝过炸酱面。
2. 物质准备：炸酱面视频、万州宣传视频、笔、纸。
3. 环境准备：面馆、邀请家长共同参与活动。

活动过程

一、初遇炸酱面

教师播放舌尖上的美食之炸酱面相关视频，引导幼儿讨论"炸酱面"，引出活动主题。

关键提问：

(1)小朋友们，你们知道刚刚视频里播放的美食是什么吗？

(2)你们吃过炸酱面吗？

(3)万州炸酱面有哪些特点？

小结：原来大家都吃过炸酱面！万州炸酱面是我们万州有名的美食。万州炸酱面之所以备受人们喜爱，是因为它有诸多独特之处。面条一根根劲道十足，爽滑顺口，与浓郁的炸酱相互交融，一口下去那醇厚的香味瞬间在口腔中弥漫开来。如此美味的面是怎么做出来的？我们一起去看看吧。

二、探秘炸酱面

(一)了解访谈礼仪、讨论观访内容。

关键提问：

(1)参观面馆要注意哪些问题？

(2)关于炸酱面，你想了解什么？

(二)安全观访。

关键提问：我们观看厨师制作炸酱面时需要注意什么？

小结：我们要做到文明访谈，使用礼貌用语，更要做到安全观察，注意保持安全距离，避免被水蒸气和面汤烫伤。同时采用多种方式记录访谈内容，我们可以围绕炸酱面的品种和制作方式及发展史进行访谈。

（三）小组自由访问，分享记录结果。

关键提问：
（1）你发现了关于炸酱面的哪些秘密？
（2）你是怎么发现的？

小结：通过此次实地探访炸酱面的制作，我们深入了解了其制作工艺的精细。从食材的精心挑选，到炸酱时火候与调料的精准把控，再到煮面的恰当时间，每一步都决定着最终的口感。厨师的熟练技艺令人赞叹，也让我们明白一碗美味炸酱面背后的用心。这次探访不仅满足了味蕾，更让我们对传统美食制作有了新的认识和尊重。

三、品尝炸酱面

（一）小小美食家。

幼儿选择自己喜欢的口味的炸酱面，进行品尝。

（二）品尝分享会。

幼儿分享感受。

小结：万州炸酱面不仅在味觉上让我们获得享受，更体现出我们万州人民对生活的热爱。

四、宣传小能手

引导语：万州炸酱面作为万州的美食名片之一，深受大众喜爱。全国各地的人们来到万州，都会去尝尝我们的炸酱面。除了炸酱面，你们知道万州还有哪些美食、美景和特产吗？

（一）童眼看万州，认识万州的景点和特产。

关键提问：看完这个视频，你有什么感觉？

小结：我们万州不仅有美味的小吃，美丽的风景，还有好玩的地方。作为万州人，我们可以向更多的人介绍我们的炸酱面，介绍我们的城市。让他们爱上万州美食，爱上万州。

（二）童手绘万州，我是万州宣传小能手。

关键提问：如何设计制作名片可以更好地展示万州的魅力，让更多的人爱上万州，想来万州做客呢？

教师引导幼儿根据万州的特色美食、美景文化等进行创作构思。

活动延伸

家园共育：

(1)巧手做美食。向家人拜师学艺,学习炸酱面的制作方法。在幼儿园开展"美食小能手"比赛。

(2)巧嘴推美食。利用手抄报、网络等方式开展"美食推广"活动,征集优秀广告词,评选美食推广大使,将我们家乡的地方特色美食炸酱面发扬光大。

探秘万州美食之炸酱面调查表

姓名：	日期：	观察地点：
1.炸酱面有几种不同的种类？ 2.炸酱面是怎么制作出来的？	我的发现：	

活动四

我是文明借书人[1]

设计意图

《幼儿园教育指导纲要(试行)》指出,要培养幼儿"理解并遵守日常生活中基本的社会行为规则"。大班幼儿了解图书馆的功能,但对借阅图书的规则了解不够。为让幼儿了解借阅图书的规则,我们设计"我是文明借书人"教学活动,通过观看视频、讨论、分析等方式调动幼儿的已有经验,同时,在活动中通过观察讨论、交流分享、判断对错、游戏比拼等多样化、趣味化的形式,引导幼儿养成喜欢阅读、爱护图书的好习惯。

---

[1] 本书作者指导陈天娇老师设计与撰写。

活动目标

1.知道图书馆借阅图书的流程,了解借阅图书的基本规则。
2.在游戏中能遵守借阅图书的基本规则,做到正确借阅图书。
3.体验借阅图书的乐趣,养成爱看书、爱护书的好习惯。

活动重难点

1.重点:知道图书馆借阅图书的流程,了解借阅图书的基本规则。
2.难点:体验借阅图书的乐趣,养成爱看书、爱护书的好习惯。

活动准备

1.经验准备:幼儿了解过图书馆的功能,进行过角色游戏。
2.物质准备:《正确借书规则》组图、幼儿自带喜欢的一本图书、若干借阅登记表。
3.环境准备:教室创设"小小图书馆"环境,利于幼儿开展角色游戏。

活动过程

一、图片导入,激发幼儿的兴趣

教师出示图书馆图片。

关键提问:

(1)小朋友们,这是什么地方?你们去过吗?

(2)图书馆是用来干什么的呢?

(3)你们知道怎样借阅图书吗?

小结:在图书馆里我们能学到很多的知识,但是我们借阅图书时要遵守一定的规则。

二、观看视频,知晓借阅图书流程

(一)自由讨论,调动幼儿的已有经验

关键提问:如果你在图书馆里,你会怎样借阅图书呢?

(二)出示视频,学习借阅图书的流程

图书精灵给小朋友们带来了一个视频,我们一起看一看视频中的小朋友是怎样做的。

(播放视频)

关键提问：

(1)视频中的小朋友是怎么借书的？

(2)先做了什么？后做了什么？

小结：我们进入图书馆后，可以通过电脑检索系统或者书架标识，找到自己感兴趣的图书区域，然后选择自己想要阅读的书，再借书，然后看书，最后归还图书。

三、分析组图，学习借阅图书规则

(一)看图察意，分析图片中的行为。

教师出示《正确借书规则》组图，幼儿判断并分析。

关键提问：图片上这些行为是正确的吗？为什么？

(二)师幼交流，了解借阅图书的规则。

关键提问：

(1)如果你在图书馆看书，应该注意什么？

(2)哪些事可以做？哪些事不可以做？

小结：我们在图书馆时要爱护图书、安静阅读。在借阅图书时要排队登记、出示借书卡，让管理员登记书名、日期。

四、角色游戏，体验借阅图书规则

引导语：小朋友们已经学习了借阅图书的规则，图书精灵邀请我们来玩"小小图书馆"的角色游戏！

游戏规则：幼儿5人一组，1人为图书登记员，教师为图书登记员分发借阅表进行记录，幼儿在规定时间内借阅自己喜欢的图书，并能遵守借阅图书的规则。

小结：我们不仅要在图书馆中遵守借阅图书的规则，在幼儿园中也要遵守图书区的规则，并且爱护我们的图书。当我们在朋友家里或在社区图书馆借阅图书时，同样要遵守规则，按时归还，保护每一本图书。只有在任何阅读场景中都做到这些，才能真正展现我们对知识的尊重和对阅读的热爱。

活动延伸

1.区域活动：在图书区投放绘本，幼儿自主阅读，巩固借阅图书的规则。

2.家园共育：家长带领孩子去图书馆和孩子一起借阅图书。

活动五

春姑娘的项链[①]

🌱 设计意图

《幼儿园教育指导纲要(试行)》指出,幼儿要乐意与人交往,学习互助、合作和分享,有同情心;能努力做好力所能及的事,不怕困难,有初步的责任感。大班孩子在社会交往能力方面有了很大的提高,掌握了简单的合作交往技能。在无意识中进行了合作,产生了积极的情感体验,但他们并不知道这种行为就是"合作",更理解不了合作的意义与重要性。于是,我们创设了本次活动。此次活动以"春姑娘的项链"为载体,让幼儿懂得合作的重要性,提高自己的合作意识和能力。

🌱 活动目标

1. 认识春天常见的花朵,了解项链的制作过程。
2. 掌握项链的制作方法,与同伴合作完成作品。
3. 愿意与人交往,体验团队合作的乐趣。

🌱 活动重难点

1. 重点:掌握项链制作方法,合作完成作品。
2. 难点:感受团队合作的力量以及在生活中会主动与同伴合作完成任务。

🌱 活动准备

1. 经验准备:正确使用剪刀,认识常见花朵。
2. 材料准备:长线、花朵卡片、剪刀。
3. 环境准备:创造需要合作的环创与幼儿教具或玩具。

[①] 本书作者指导瞿尧老师设计与撰写。

🔅 活动过程

一、花朵项链初登场,思考制作时间

(一)教师展示花朵项链,幼儿根据已有经验比较不同之处。

关键提问:

(1)这个花朵项链与我们平时看到的项链有什么不同?

(2)花朵项链制作完成需要多久呢?

(3)如何快速制作花朵项链?

小结:这个花朵项链比我们平时见到的项链大得多,你们猜测制作出一条漂亮的花朵项链可能需要两三天的时间,我们现在就通过制作来验证一下你们的猜测。

(二)小组制作花朵项链,体验团队合作的乐趣。

将班级幼儿分为5个小组,每小组6名幼儿。

分工内容:两名幼儿负责剪纸、两名幼儿负责穿花朵、两名幼儿负责拉长线。

二、花朵项链共探究,认识常见花朵

(一)了解自己在小组中的职责。

剪纸:将图片上的花朵图案剪下来并在花朵中间打一个小孔。

穿花朵:将长线穿进花朵中心的小孔里面。

拉长线:把长线拉直,方便幼儿更快速地穿花朵,完成花朵项链。

(二)团结合作共制花朵项链。

教师巡回指导,观察幼儿完成情况,有问题时及时进行鼓励以及疏导。

三、花朵项链大展示,畅谈合作感想

(一)花朵项链展示,同伴分享自己在制作过程中的感想。

关键提问:

(1)哪个是你们组完成的花朵项链?

(2)在制作过程中发生了什么有趣的事情吗?

(3)你合作完成一件事情后的感受如何?

小结:制作花朵项链会让我们沉浸在一件事情里面,我们很认真也很快乐。我们发现和

自己的好朋友一起完成一件事,会比自己一个人完成要快得多。

(二)花朵项链大合影,感受合作完成作品带来的成就感。

活动延伸

1.阅读活动:《助人为乐的小松鼠》绘本阅读。
2.区域活动:团结合作棒棒棒。
3.家园共育:我是爸爸妈妈的小帮手。

活动六

万州凉面[①]

设计意图

家乡对于每个人来说,都有着浓厚的情感。在一次谈话活动中,有一位小朋友感叹:"哇!万州凉面可真好吃!"《幼儿园教育指导纲要(试行)》提出,充分利用社会资源,引导幼儿实际感受祖国文化的丰富与优秀,感受家乡的变化和发展,激发幼儿爱家乡、爱祖国的情感。万州凉面,传承已有上百年历史,从当初走街串巷的担担凉面演变成为今日的万州特色美食。为了满足幼儿兴趣,了解更多家乡文化,我们开展社会领域活动"万州凉面"。

活动目标

1.知道万州凉面是万州的特色美食,初步了解中国美食文化。
2.能用简单的语言介绍万州凉面,掌握制作凉面的办法。
3.学习制作万州凉面,愿意与同伴分享合作。

活动重难点

1.重点:掌握制作凉面的办法。
2.难点:了解更多的面食文化。

---

① 本书作者指导周垚岑老师设计与撰写。

活动准备

1. 经验准备:吃过万州凉面,共同讨论凉面所需要的佐料和配菜。

2. 物质准备:PPT、手套、黄瓜、海带丝、碱水面条、擦丝器、筷子若干、盘子若干及各种调料。

3. 环境准备:创设情境将区角布置成美食场。

活动过程

一、以"图"导入,凉面知多少

关键提问:图片上这份美食的名字叫什么?

小结:这是万州凉面,已有上百年历史,当初那走街串巷的担担凉面现如今已成为万州的特色美食,其独特的美味之处在于大胆地在凉面中创新技艺,一碗凉面里拌上数十道调料,"酸、甜、麻、辣、香"五味俱全。

二、以"视"获知,舌尖的美食

关键提问:万州凉面的特别之处是什么?

小结:在其他地区,没有发现过芥末凉面这个美食。但是在万州主城,以及周边乡镇,几乎所有卖凉面的地方,无论是小店,还是小摊,都会在给你的那一碗凉面里,舀上一勺黄黄软软的芥末膏。除了这勺芥末,其余的凉面佐料,和重庆其他地区别无二致。但是,当这一勺芥末放进凉面,这碗凉面的性质就变了,这也是万州凉面的特别之处,所以它不仅叫万州凉面,也叫万州芥末凉面。

关键提问:观看视频后,你知道凉面的制作过程是什么吗?第一步、第二步、第三步……

小结:第一步,洗,洗干净双手戴好手套;第二步,擦,将胡萝卜和黄瓜擦成丝装入盘中;第三步,拌,将碱水面条、黄瓜丝、胡萝卜丝、醋、盐、糖、芥末、酱油、海带丝装入盘拌匀。

三、创设情境,食材大揭秘

(一)初识调料。

醋、盐、糖、芥末、酱油。

(二)品尝调料。

(三)感受食材。

看一看、摸一摸、闻一闻黄瓜、胡萝卜、海带丝。

四、以"做"促感,小小美食家

(一)热火朝天做凉面。

1.教师演示用擦丝器将黄瓜和胡萝卜擦成丝。

2.幼儿观察教师现场制作过程,并积极讨论。

3.幼儿分组开始制作万州凉面。

(二)幼师厨神大比拼。

1.每组自由讨论选一名幼儿当评委。

2.每组把制作的凉面端到评委面前一一品尝。

3.评委评价并选出今日"厨神"。

小结:万州凉面的配料放得不一样,做出来的凉面味道就有差异。有的会酸些,有的会辣些,有的会呛一些……这就是我们的中国味道,根据不同人的需求,会找到不一样的味道,中国的美食文化真是太奇妙了!

(三)美味凉面吃起来。

1.小朋友之间相互分享。

2.美味凉面"赞"起来。

活动延伸

家园共育:回家制作万州凉面,亲子共同查阅资料,了解更多中国美食文化。

活动七

花生芽与火锅[①]

设计意图

《3—6岁儿童学习与发展指南》中指出:"幼儿园应多为幼儿提供需要大家齐心协力才

[①] 本书作者指导周小艳老师设计与撰写。

能完成的活动,让幼儿在具体活动中体会合作的重要性,学习分工合作。"随着劳动课程的开展,幼儿通过合作育花生芽,获得了成功。在观察花生芽的过程中,讨论花生芽的作用时,幼儿只能说出花生芽可以吃,但怎么吃却成了一个难题。因此,结合幼儿的年龄特点和现有经验,我们组织了此次活动。

活动目标

1.回顾花生芽的生长过程,知道花生芽可以煮火锅。
2.能尝试用小电煮锅煮花生芽,能掌握合适的蒸煮时间。
3.感受品尝到自己亲手培育的花生芽时的满足感。

活动重难点

1.重点:知道花生芽可以煮火锅,尝试用小电煮锅煮花生芽。
2.难点:掌握合适的时间煮花生芽。

活动准备

1.经验准备:提前带领幼儿培育花生芽。
2.物质准备:花生芽生长过程记录本、花生芽生长过程图片、小电煮锅(安全)、计时器。

活动过程

一、畅谈万州美食,故事导入主题

(一)教师引导幼儿回忆万州的美食。

教师展示火锅图片,引导幼儿观察图片中的食材种类。

关键提问:这是什么?

(二)教师讲述故事:今天小熊的妈妈准备了一桌子食材准备一起煮家庭火锅。小熊非常开心,可是看着花生芽小熊陷入了疑惑。

关键提问:

(1)花生芽可以用来煮火锅吗?
(2)花生芽是怎么生长起来的?

小结:火锅可以煮很多食材,小熊妈妈准备的花生芽是可以用来煮火锅的。

二、展示培育成果，回顾生长历程

(一)教师展示容器中培育的花生芽。

关键提问：

(1)花生发芽之前，最开始培育的花生芽是什么样子的？

(2)花生芽的生长需要些什么？(水、阳光、空气、温度适宜)

(3)你能简述花生芽的生长过程吗？

教师播放花生芽的生长过程图片以及幼儿制作的记录本。

小结：花生芽是将花生放在容器中培养出来的。需要先将花生泡水静置一天。培育过程中要保证容器中有足够的水，温度适宜。经过一段时间，花生发芽，花生芽越来越长。

(二)续讲故事。

小熊问妈妈花生芽要煮多久才能吃，妈妈让他自己尝试一下。第一次，小熊在火锅中只煮了1分钟，放到嘴巴里发现花生芽竟然是生的；第二次，小熊觉得可能需要煮久一点儿，他煮了10分钟，但是花生芽太软了，快烂掉了；第三次，小熊选择不长不短的时间5分钟，这一次品尝的花生芽特别美味。

三、趣制美食火锅，乐享劳动果实

将小火锅搬到教室，让幼儿尝试自己煮自己培养的花生芽，控制煮花生芽的时间。

关键提问：3—5分钟之后煮出来的花生芽味道如何？你品尝到自己培育的花生芽时是什么心情？请分享此刻的感受。

小结：你们吃到了自己培育的花生芽，真开心！花生芽煮火锅口感清脆，有一股清香，很美味，注意花生芽要煮5分钟左右才可以吃。从花生到花生芽，再到火锅美食，每一个环节你们都有参与，也体会到从种子到美食有多么的不容易，相信你们会更加珍惜劳动成果，爱惜粮食。

活动延伸

1.区域活动：投放关于花生芽和火锅食材、饮食文化的绘本到阅读区，引导幼儿阅读。

2.家园共育：在家人的带领下品尝火锅，认识更多的火锅食材和不同食材需要煮的时间。

> 活动八

特别的我①

🔸 设计意图

　　大班的幼儿不仅会关注外貌特征,还会发现自己的兴趣、爱好、特长等与他人的差异。《幼儿园教育指导纲要(试行)》指出,要引导幼儿参加各种集体活动,体验与教师、同伴等共同生活的乐趣,帮助他们正确认识自己和他人,为每个幼儿提供表现自己长处和获得成功的机会,增强其自尊心和自信心。我们设计"特别的我"教学活动,旨在通过本次活动,引导幼儿认识自己的特征,增进对自己的认识和了解。

🔸 活动目标

1. 了解自己的特征,知道每一个人都是不一样的。
2. 能够运用语言、动作等多种方式积极自信地表现自己。
3. 敢于大胆地在集体面前展示自己的本领,增强自信心。

🔸 活动重难点

1. 重点:知道自己的特征。
2. 难点:大胆展示自己的本领。

🔸 活动准备

1. 经验准备:认识自己的五官、对自己有基本的认识。
2. 物质准备:PPT课件、镜子若干、音频《碰一碰》、视频《勇敢的小鹰》。
3. 环境准备:多媒体教室。

---

① 本书作者指导周垚岑老师设计与撰写。

活动过程

一、音乐导入，遇见特别的我

(一)通过音乐游戏"碰一碰"导入，激发幼儿的学习兴趣。

引导语：找一个朋友碰一碰，握握手、抱一抱、脚碰脚、衣服颜色一样的碰一碰、扎辫子的碰一碰……

(二)观察有相同特征的小朋友。

(比如：短头发的男孩、扎辫子的女孩子、穿粉色衣服的孩子……)

二、游戏获知，细说特别的我

(一)照镜子，从上到下观察镜中自己的外貌特征。

(如眼睛、嘴巴、耳朵、肤色、发型……是什么样的)

关键提问：

(1)看一看，大家的外貌一样吗？

(2)你们观察到自己的眉毛、眼睛、鼻子、嘴巴、耳朵有什么特点？

(3)你能夸一夸自己和其他小朋友吗？

小结：我们每个人长得都不一样，不管你长得是高是矮、是胖是瘦，眼睛是大是小，皮肤是黑还是白，在大家眼中你永远都是最与众不同的！

(二)做"击鼓传花"游戏，大胆说出自己的本领。

(三)幼儿大胆在集体面前展示自己的本领。

小结：小朋友们可真是多才多艺，每个人都有自己的本领，每个小朋友都是最独特的，太棒了！

三、视频促感，梳理特别的我

(一)观看《勇敢的小鹰》第一段视频。

关键提问：

(1)鹰爸爸在教小鹰做什么？

(2)小鹰为什么要学飞？

(3)小鹰为什么没学会飞？

小结:学习飞翔是小鹰生存的本领。

(二)观看《勇敢的小鹰》第二段视频。

关键提问:

(1)鹰爸爸对小鹰做了什么?

(2)为什么要把小鹰推下悬崖?

小结:鹰爸爸把小鹰推下悬崖是为了逼着他学本领,这是鹰爸爸对小鹰的严格要求,也是对小鹰的爱,这种爱需要我们用心去体会。

(三)观看《勇敢的小鹰》第三段视频。

关键提问:

(1)小鹰是怎样学会飞翔的?

(2)鹰爸爸为什么这样做?

小结:经过努力练习,在鹰爸爸的帮助下,小鹰终于学会了飞翔的本领。

(四)讨论自己的本领和自己的独一无二。

关键提问:

1.你在家会什么?

2.你在学校会什么?

小结:在老师心中,你们都是独一无二的,老师喜欢你们每一个人,你们每个人在自己爸爸妈妈的心中也都是最棒的!

活动延伸

1.区域活动:

(1)表演区:展示自己的优点。

(2)语言区:绘本故事。

2.家园共育:观察自己和父母,说说自己和父母的不同之处。

第四章　幼儿园科学领域园本课程思政

在幼儿教育的广袤天地中，科学教育宛如一颗璀璨的明星，照亮着孩子探索未知的道路。而课程思政，则如同一股温暖的春风，轻柔地吹拂着孩子们心灵的田野，播撒下真善美的种子。幼儿园科学领域课程思政，并非生硬地叠加，而是一场充满智慧与关爱的融合之旅。它旨在让孩子们在充满好奇与惊喜的科学探索中收获知识和技能，并在他们的心灵深处种下正义、友善、责任和爱国的幼苗。当孩子们用明亮的眼睛观察自然现象，用稚嫩的双手尝试科学实验时，他们体验到的是科学的神奇与美妙。而在这个过程中，我们适时地引导他们尊重生命、爱护环境，让他们明白大自然的恩赐需要我们共同珍惜和守护，这便是思政教育的悄然渗透。我们鼓励孩子们在小组合作中共同解决科学难题，培养他们的团队协作精神和互助友爱品质。让他们懂得在集体中分享智慧、共同进步，从而明白个人的成长离不开集体的支持，这是对社会责任感的初步启蒙。通过讲述科学家们追求真理、不懈努力的故事，激发他们对科学的敬仰和对梦想的追求。让他们从小就懂得，为了国家的繁荣和人类的进步，应当勇敢地去探索、去创新。科学领域渗透课程思政，是为孩子们打造的一座知识与品德的双重宝库。我们期待每一个孩子都能在这里开启智慧之门，培育美好心灵，为未来的成长之路奠定坚实的基础，成为有知识、有情怀、有担当的新一代。

第一节　幼儿园小班科学领域园本课程思政教育教学活动设计

活动一

橘子红了[①]

设计意图

万州红橘，古称丹橘，是重庆市万州区的著名特产，也是世界栽培历史最悠久的古农作物良种之一。万州生态条件得天独厚，非常适合红橘的种植。万州红橘色泽鲜红、果大、易

[①] 本书作者指导邓亚男老师设计与撰写。

剥皮,酸甜可口、细嫩化渣、爽口多汁,品质极优,是最先走出国门的中国柑橘。橘子是秋天的时令水果,在生活中幼儿经常吃到橘子,是幼儿熟悉和喜爱的食物。

活动目标

1.运用多种感官感知橘子的主要特征和橘子酸酸甜甜的味道。
2.自主探索,体验剥橘子和吃橘子的快乐。
3.认识家乡的特产万州红橘,激发幼儿爱家乡的情感。

活动重难点

1.重点:学习运用多种感官感知橘子的主要特征。
2.难点:能用简单语言讲述自己的发现。

活动准备

1.经验准备:有吃橘子的经历。
2.物质准备:每组一个小碟子,碟内装与本组幼儿人数相等的橘子。口袋1个,橘子若干。

活动过程

一、红橘初印象

教师出示一个布袋,让幼儿摸一摸,猜一猜里面是什么。

引导语:小朋友们好,今天老师带来了一个神奇的布袋,里面装了什么呢?我请小朋友来摸一摸,猜猜看。

关键提问:你摸到的东西是什么形状的?

小结:是圆圆的。

教师出示橘子,揭晓谜底。

二、橘子再感知

(一)看一看。

关键提问:现在我们来看一看橘子长什么样子,穿什么颜色的衣服?

小结:橘子长得圆圆的、扁扁的,是红色的。

(二)摸一摸。

关键提问:橘子摸起来是什么感觉?

小结:摸起来有点儿滑滑的、硬硬的。

(三)闻一闻。

关键提问:橘子闻起来是什么味道的?

小结:闻起来有点儿香香的味道。

(四)找一找。

关键提问:橘子有没有凸凸和凹凹的地方,是什么?

小结:橘子上面是凸凸的,有小柄,下面是凹凹的,像小朋友的肚脐。

教师再次展示橘子并进行小结。

小结:橘子是圆圆的、扁扁的,穿着红色衣服,摸起来硬硬的、滑滑的,闻起来香香的,凸出来的是橘子的小柄,凹进去的是橘子的脐。

三、橘子大解剖

(一)鼓励幼儿自己剥橘子,尝试探索剥橘子的方法并说说自己是怎么剥橘子的。

引导语:橘子里面是什么样的?我们把它剥开看看吧!

(二)帮橘子脱衣服。

关键提问:把橘子翻个身,找到凹进去的地方,伸出手指挖进去,帮橘子脱衣服。剥开皮的橘子是什么样子的?尝一尝,橘子是什么味道的?

幼:剥开皮的橘子是一瓣一瓣的,像弯弯的月亮,又像小船。吃起来酸酸的,又有点儿甜。

小结:橘子的果肉是橘黄色的,一瓣一瓣的,像月亮,水分多,有点儿酸,还有点儿甜,橘子还有一颗颗白色的珠子是它的种子。

四、橘子大变身

关键提问:小朋友们,你们还吃过哪些用橘子做的东西?

幼:橘子罐头、橘子糖、橘子汁、橘子味的果冻、橘子味的棒冰等。

小结:橘子可以做出这么多好吃的,我们的橘子皮也是有用的哦!它可以用来泡茶,还可以放在冰箱里面除异味,或者预防晕车、治咳嗽,更可以用来做菜、煲汤。

活动延伸

1.生活活动:小朋友们可以课后想想橘子皮还能做什么,下次我们一起分享。
2.游戏活动:游戏剥橘子,每组一筐小橘子,比一比哪组小朋友最先剥完。

活动二

春姑娘的花环[①]

设计意图

《3—6岁儿童学习与发展指南》提出,要"引导幼儿观察发现按照一定规律排列的事物,体会其中的排列特点与规律,并尝试自己创造出新的排列规律"。在我们的生活中有很多的数学可以用来学习,春天到了,花朵是我们生活中常看见的事物,花朵的颜色、数量、种类都可以成为幼儿学习的契机。我们设计"春姑娘的花环"教学活动,旨在引导幼儿观察并发现排列规律,尝试按一定规律排序。

活动目标

1.观察并初步感知ABAB、ABB排序规律。
2.寻找不同的排序规律,尝试用完整的语言表达自己排序的方法,并能够有序排序。
3.乐于参加数学活动,体验分享的乐趣。

活动重难点

1.重点:观察并初步感知ABAB、ABB排序规律。
2.难点:寻找不同的排序规律,尝试用完整的语言表达自己排序的方法,并能有序排序。

活动准备

1.经验准备:幼儿认识生活中常见的颜色,已有ABAB的排序经验。
2.物质准备:PPT课件,花环涂色卡,花环材料(花朵、圆圈)。

[①] 本书作者指导王泽江老师设计与撰写。

活动过程

一、观察花环,感知排序

出示花环,引导幼儿观察并描述花的排序规律。

关键提问:

(1)花环上的花有几种颜色?它们是什么颜色?

(2)这几种不同颜色的花是怎样排序的?

小结:你们观察得真仔细。花环上的花是按红、黄两朵花为一组重复排序的,每组中红、黄花都只有一朵。(ABAB)

二、设计花环,尝试排序

(一)出示其他花环图片,观察排序规律。

关键提问:

(1)春姑娘还有一个漂亮的花环,这个花环上的花有几种颜色?

(2)它们是什么颜色?怎样排列的?

小结:这个花环的颜色也是由红色和黄色组成,但跟刚才的排序规律不一样,这个花环是以一朵红花和两朵黄花为一组。(ABB)

(二)出示纸质教具,排序规律涂色。

1.用不同的排序规律设计一个花环。

2.幼儿操作,教师鼓励和指导。

3.引导幼儿大胆分享自己的排序顺序。

三、制作花环,体验排序

教师提供材料,幼儿选择花朵,并根据设计图进行粘贴制作,完成后可送给好朋友。

小结:今天,我们发现很多东西可以按颜色排得整齐又漂亮。其实,在我们的幼儿园、班级、家里,还有更多的东西也可以像这样排序,一起去找找看吧!

活动延伸

家园共育:亲子踏春,运用排序规律制作树叶门帘。

> 活动三

多样的石头[1]

🔖 设计意图

《幼儿园教育指导纲要（试行）》中明确指出："科学教育应密切联系幼儿的实际生活进行，利用身边的事物与现象作为科学探索的对象。"石头的应用广泛，如石板路、石凳等，是幼儿周围世界中常见的事物。本活动"多样的石头"，引导幼儿运用多种感官和方式探索石头的特性，体验科学探究的乐趣，从而使他们亲近自然，喜欢探究。

🔖 活动目标

1. 观察、讨论、发现石头的用途及它们和人们生活的关系。
2. 能正确使用工具进行游戏。
3. 喜欢参与游戏，感受大自然的神奇和玩石的乐趣。

🔖 活动重难点

1. 重点：发现石头的用途及它们和人们生活的关系。
2. 难点：能正确使用工具进行游戏。

🔖 活动准备

1. 经验准备：教师在之前的课堂里渗透过有关矿工和矿场的知识。
2. 物质准备：矿场场景、课件、筛网、小铲子、放大镜、矿工帽、手电筒、各种石头、纸箱纸盒。

🔖 活动过程

一、快乐游戏，激发幼儿探究兴趣

关键提问：矿场里有许多不一样的石头，它们都藏在了泥土里，我们怎样才可以找到它们？可以使用哪些工具呢？

---

[1] 本书作者指导陈秋明老师设计与撰写。

小结：我们在寻找石头时，可以利用筛网和铲子来帮助我们找到石头。筛网可以把石头从泥土里筛选出来，铲子可以帮助我们把石头挖出来。

二、感官体验，感知石头的外部特征

(一)多感官初步探索石头的特征。

1.用眼睛观察石头。

关键提问：石头是什么形状的？

2.用手感知石头的表面特征。

关键提问：一起摸一摸石头，石头摸起来是什么感觉？

小结：石头有的是尖尖的，有的是圆圆的，有的表面光滑，有的表面粗糙。每一块石头都不一样。

(二)借助工具仔细观察石头的不同之处。

关键提问：

(1)除了用眼睛看、用手摸，我们还能怎样更仔细地去感受石头呢？

(2)用放大镜观察，石头表面有什么形状的纹路？画一画。

(3)用手电筒照一照，石头是否透光？记录一下。

三、交流体验，了解石头的具体作用

出示具有万州标志性的建筑(万州西游洞石柱、万州青龙石)、雕塑("九五"惨案纪念碑)、道路(万达江边的石头路)的图片，引出石头的用途。

关键提问：

(1)石头在我们的生活中有哪些用处？

(2)石头可以用来做什么？

小结：石头的用途可真多，可以刻雕塑、砌成墙、铺成路，在石头上画画也很有意思。

活动延伸

区域活动(美工区)：引导幼儿用各种方法给石头涂色画画、大胆进行石头拼贴画并展示在文化墙上。

活动四

认识我的小脸蛋[①]

设计意图

《3—6岁儿童学习与发展指南》指出:"幼儿阶段是儿童身体发育和机能发展极为迅速的时期,也是形成安全感和乐观态度的重要阶段。"认识自己是人最基本的需求,对于小班幼儿来说,认识自己便是从了解自己的身体开始,五官是幼儿身上的重要器官,他们无时无刻不在感受它们的存在,并萌生许多问题:为什么我的眼睛这么大?为什么他的鼻子这么长?我们从幼儿兴趣需要出发,以"心理健康教育"为思政要点,设计"认识我的小脸蛋"教学活动,让幼儿在体验中感知它们的重要,学会喜爱和保护自己的身体。

活动目标

1. 认识自己的五官,感知五官的特点。
2. 能在游戏中了解自己的五官。
3. 喜欢并爱护自己。

活动重难点

1. 重点:认识自己的五官,感知五官的特点。
2. 难点:知道保护五官的方法。

活动准备

1. 经验准备:对五官有初步的知识经验。
2. 物质准备:洋娃娃、望远镜、鲜花、甜品、铃鼓、眼罩、耳塞、鼻夹。

活动过程

一、情境导入,话说五官

出示洋娃娃,引导幼儿讨论洋娃娃的脸部特征。

[①] 本书作者指导赵艳红老师设计与撰写。

关键提问:洋娃娃的五官有哪些?分别在什么地方?

小结:洋娃娃的脸上有眉毛、眼睛、鼻子、嘴巴,耳朵长在洋娃娃的两侧,洋娃娃的五官和我们的五官是一样的。

二、感官探索,感知作用

准备物品:望远镜、鲜花、甜品、铃鼓。幼儿自主选择物品进行感官探索体验。

关键提问:

(1)请你选择一种物品进行感官探索体验,你选择的是什么?通过什么方式使用物品?

(2)你认为五官的作用大吗?

小结:小眼睛能看望远镜里的东西,小鼻子能闻鲜花的味道,小耳朵能听铃鼓的声音,小嘴巴能吃甜品,它们的本领可真大。

三、深入探究,强化意识

准备物品:眼罩、耳塞、鼻夹,幼儿再次选择物品进行感官探索体验。

关键提问:

(1)请你换一种物品进行感官探索体验,如果没有了眼睛、鼻子、嘴巴、耳朵会怎么样呢?

(2)为什么会这样?我们应怎样保护它们?

小结:在平时看绘本的时候,书本与眼睛的距离保持在30—35厘米;鼻腔发痒的时候,不能用手指去抠,应在家长或老师帮助下用棉签轻轻地转动;嘴唇干的时候,多喝白开水;不要用尖锐的物品去钻耳洞,因为耳洞里的耳骨十分柔软,我们要保护好它们。

活动延伸

1.游戏活动:让幼儿做身体律动《我的身体都会响》,锻炼好自己的身体。

2.家园共育:亲子共读绘本《我的身体》,了解身体其他部位的特点,知道保护其他部位的方法。

活动五

小猫钓鱼[①]

设计意图

《3—6岁儿童学习与发展指南》中明确提出，幼儿在对自然事物的探究和运用数学解决实际生活问题的过程中，不仅获得丰富的感性经验，充分发展形象思维，而且初步尝试归类、排序、判断、推理，逐步发展逻辑思维能力，为其他领域的深入学习奠定基础。"小猫钓鱼"活动的开展旨在借助夏天独有的魅力，通过各种体验、探究活动支持孩子接触自然、探索自然，感知自然的多样性及夏季的独特性，从而积累更多有益的直接经验和感性认识。

活动目标

1.将物品按从小到大或从大到小的顺序进行排序。
2.能用语言表达自己的想法，大胆在同伴面前表现自己。
3.体验数学排序活动的乐趣。

活动重难点

1.重点：将物品按从小到大或从大到小的顺序进行排序。
2.难点：能用语言表达自己的排序方法，养成良好的操作习惯。

活动准备

1.经验准备：幼儿能进行5以内的点数，有一定的排序经验。
2.物质准备：小猫钓鱼的视频和图片，5条大小不一样的小鱼图片2套，2张有小红旗标志的操作卡；每个幼儿一套操作材料：乌龟、贝壳、螃蟹、海星大中小图片成套若干。

活动过程

一、精彩视频：小猫钓鱼

出示视频，幼儿联系经验，分享感受。

[①] 本书作者指导何真真老师设计与撰写。

二、游戏探秘:快乐比拼

(一)第一轮:大小不一。

1.分别请3位幼儿钓鱼,比较鱼的大小。

引导语:我们来比一比哪只小猫钓的鱼最大,哪只小猫钓的鱼最小。

2.将3条鱼从小到大进行排序。

3.将3条鱼从大到小进行排序。

小结:你们的动手能力真强!表扬爱动脑筋的你们能按照从小到大、从大到小的顺序进行排序。

(二)第二轮:经验比拼。

1.教师钓两条鱼,3位幼儿各钓一条鱼,比一比谁钓的鱼最大,谁钓的鱼最小。

2.将5条鱼从小到大进行排序,将5条鱼从大到小进行排序。

总结:我们一共钓了5条鱼。通过排序,我们发现它们大小不一,有小的、有大的、有中等的。

三、第三轮:最终排序

(一)教师示范,将小鱼从小到大排序。

引导语:小猫钓了很多小鱼,要回家啦!小鱼要顺着小红旗排排队,老师先把最小的鱼排在第一位,接下来请你们来操作吧!

(二)幼儿操作,将小鱼从大到小排序。

1.自主探索将小鱼从大到小排序。

2.请1—2名幼儿上来展示和说说自己的排序方法。

总结:你们帮助小猫将5条鱼按照从小到大、从大到小的顺序排队回家,知道了排序的小方法,真棒!

四、游戏巩固:送货

(一)开小火车送蔬菜。

送蔬菜前选好自己要送的水产品,再按照从小到大或者从大到小的顺序来排队,开着小火车将蔬菜送到超市。

(二)自由找水果,相互比较并协商按一定顺序排队送水果到超市。

活动延伸

区域游戏:在区域活动中给玩具宝宝按大小顺序排队。

活动六

认识颜色[①]

设计意图

《3—6岁儿童学习与发展指南》指出:"支持幼儿在接触自然、生活事物和现象中积累有益的直接经验和感性认识。"小班幼儿喜欢观察生活中的事物,易于对各种事物产生好奇。但是,小班幼儿正处于直觉行动思维阶段,对事物的认知能力较为浅显,没有很好地观察能力。认识颜色的活动,可以促进幼儿的视觉感知能力、观察力和注意力的发展,为他们的后续学习和生活打下基础。

活动目标

1.认识颜色:红色、黄色。
2.能把红色、黄色的游泳装备分类送给小猫、小狗。
3.学习冬泳健儿们勇敢无畏、坚持不懈的精神。

活动准备

1.经验准备:知道万州冬季横渡长江邀请赛项目,知道游泳需要的装备。
2.物品准备:一只穿红裙子的小狗的图片、一只穿黄裙子的小猫的图片;幼儿人手一份操作卡(红、黄两种颜色的泳帽、泳镜、泳衣、游泳圈各一份;红、黄两种颜色的卡片各一份)。
3.环境准备:在幼儿园的不同地方投放红、黄两种颜色的卡片、雪花片、玩具等。

活动重难点

1.重点:认识红色、黄色。
2.难点:根据红色、黄色分类。

[①] 本书作者指导冉思老师设计与撰写。

🕊 活动过程

一、了解冬泳，学习精神

引导语：孩子们，我们万州是滨江之城。上周万州开展了"重庆万州冬季横渡长江邀请赛"，爸爸妈妈带你们去看了吗？你们看到了哪些比赛项目？

关键提问：你们愿意冬天去游泳吗？为什么？

小结：刚刚小朋友们都说出了冬泳的不易。虽然我们不能像叔叔阿姨、爷爷奶奶那样去冬泳。但是，我们可以学习他们勇敢无畏、坚持不懈的精神。

二、认识红、黄，快乐分类

（一）认识红、黄。

引导语：今天小狗和小猫来到了我们教室，我们一起认识一下它们吧！

出示图片（小狗穿红裙子，小猫穿黄裙子）。

关键提问：它们穿的是什么颜色的裙子？

小结：穿红裙子的小狗，它喜欢红色的东西。穿黄裙子的小猫，它喜欢黄色的东西。

关键提问：小狗和小猫也想参加游泳比赛，它们决定去泳池练习游泳，请你们帮它们想一想，它们需要准备哪些装备？

小结：它们需要泳帽、泳镜、泳衣，还有游泳圈。

（二）红、黄分类。

1.集中讲解。

关键提问：小狗喜欢红色的物品，小猫喜欢黄色的物品，老师这里有红色、黄色两顶泳帽，分别给谁呢？

小结：红色的泳帽送给喜欢红色的小狗，黄色的泳帽送给喜欢黄色的小猫。

引导语：老师这里还有红色、黄色的泳镜、泳衣、救生圈，请小朋友们帮帮忙，把红色的游泳装备贴到小狗的下面，把黄色的游泳装备贴在小猫的下面。

2.幼儿操作。

小结：红色的泳帽、泳镜、游泳圈送给喜欢红色的小狗，黄色的泳帽、泳镜、游泳圈送给喜欢黄色的小猫。

三、红、黄排队,仔细搜寻

游戏规则:小朋友拿红、黄两种卡片之中的一个,然后按照颜色分队站。

小结:小朋友们,你们的桌子上有红、黄两种颜色的卡片,你们喜欢什么颜色呢?请你们拿出自己喜欢的颜色的卡片,拿红色卡片的小朋友排成一队,拿黄色卡片的小朋友排成一队,我们一起开火车去教室外面找找红色、黄色的物品吧!

活动延伸

家园共育:孩子们可以回家找出家里红色、黄色的物品。

第二节 幼儿园中班科学领域园本课程思政教育教学活动设计

活动一

年娃娃的超市[①]

设计意图

春节,是我国的传统节日,在这个节日里,不同地方的人们有不同的庆祝春节的习俗。拜年是传统习俗之一,是人们辞旧迎新、相互表达美好祝愿的一种方式。《幼儿园教育指导纲要(试行)》指出,幼儿园教学教育要"引导幼儿对周围环境中的数、量、形、时间和空间等现象产生兴趣,建构初步的数概念,并学习用简单的数学方法解决生活和游戏中某些简单的问题"。我们根据中班幼儿的年龄特点,设计"年娃娃的超市"活动,旨在通过操作活动、游戏活动,引导幼儿积极主动地去探索各种事物,理解抽象的数的概念,学习5的分合。

活动目标

1. 学习5的分合,了解整体与部分、部分与部分之间的关系。
2. 能用数字和符号表示数的分解、组合。
3. 愿意动手探索并表达自己的操作结果。

[①] 本书作者指导何真真老师设计与撰写。

🔺 活动重难点

1.重点:学习5的分合,初步了解整体与部分、部分与部分之间的关系。
2.难点:能用数字和符号表示数的分解、组合。

🔺 活动准备

1.经验准备:幼儿已有春节拜年的体验,已有分糖果等经验。
2.物质准备:实物米花糖5块;人手一张5元代金券。

🔺 活动过程

一、探访年娃娃家,激发幼儿兴趣

引导语:春节到了,年娃娃邀请了两位小客人来家里做客,我们一起看一看,年娃娃邀请她的小客人吃了什么东西。

二、巧分米花糖,掌握数与数的关系

(一)美味米花糖,数一数。

春节是我国的传统节日,年娃娃邀请了十二生肖中的老鼠和龙来做客。热情好客的年娃娃用米花糖来招待客人们。

关键提问:年娃娃拿出了几块米花糖?

小结:你们真是一群善于发现的小朋友!年娃娃乐于分享,拿出了5块米花糖招待客人。

(二)我是小帮手,分一分。

引导语:年娃娃一共拿了5块米花糖招待客人们。可是,年娃娃不知道应该怎么把这些米花糖分给小客人,乐于助人的宝贝们一起来帮帮她吧!

关键提问:

(1)5块米花糖可以分几块给老鼠?

(2)可以分几块给龙?还可以怎么分?

小结:我们可以将5块米花糖分成3块和2块去分给老鼠和龙,也可以分成1块和4块。所以数字5可以分为3和2,也可以分为2和3,还可以分为1和4或者是4和1。

(三)集体共梳理,记一记。

引导语:经过你们的不懈帮忙,年娃娃已经知道应该怎么分米花糖啦!可是她害怕自己忘记,我们再告诉年娃娃一遍,可以怎么分吧!

小结:我们的5块米花糖可以分为3和2,也可以分为2和3。2和3这两个数字组合等于5。5块米花糖还可以分为1和4,也可以分为4和1,1和4组合等于5。

三、趣玩游戏,巩固5的分合

(一)教师讲解规则。

引导语:老鼠和龙为了感谢年娃娃的招待,想去超市买礼物送给她。请你们用5元代金券购买两种礼物,买到的商品价格合起来要正好是5元。

(二)玩游戏。

幼儿尝试用5元代金券购买两种礼物,探索5可以分成多个部分。

活动延伸

角色扮演区:邀请幼儿扮演收银员,进一步感知数字的分解与组合。

活动二

分了又分[①]

设计意图

中班幼儿正处于具体形象思维向抽象逻辑思维过渡的阶段,他们开始对数量、形状、空间等数学概念产生更浓厚的兴趣,并能初步理解数的实际意义。然而,他们对抽象的数学概念和关系的理解仍需要借助具体的实物和操作活动。《3—6岁儿童学习与发展指南》指出,中班幼儿应能通过实际操作理解数与数之间的关系。本次"分了又分"活动旨在让幼儿通过多次的分类和分组操作,感知和理解物体的不同属性,培养他们的分类能力和逻辑思维。在"分了又分"的活动中,幼儿将根据物体的颜色、形状、大小等不同特征进行多次分类,从而深入理解分类的标准和方法,以及同一组物体可以按照不同标准进行分类的多样性。

活动目标

1.知道物品可以按多种特征分类。

[①] 本书作者指导冉思老师设计与撰写。

2.尝试根据萝卜的外形特征的多重性,进行层次分类。

3.体验收获的喜悦,感受农民伯伯的辛苦。

活动重难点

1.重点:根据萝卜的外形特征进行分类。

2.难点:根据萝卜的外形特征进行层次分类。

活动准备

1.经验准备:能按一种特征进行分类。

2.物质准备:大小、形状不同的红萝卜、白萝卜各8个;幼儿人手一份操作材料(大小、颜色、花形不同的四瓣花和五瓣花各16朵)。

3.环境准备:幼儿园"希望的田野"耕读基地。

活动过程

一、回忆过程,感受来之不易

引导语:孩子们,今天我们来到基地,收获了种植的各种萝卜。

关键提问:在萝卜的生长过程中,我们需要做什么来帮助萝卜更好地生长?

小结:为了萝卜能够长得更好。我们要除草、施肥、捉虫……很辛苦。农民伯伯为了粮食、蔬菜有个好收获,比我们辛苦很多。所以,我们应该在生活中节约粮食,不浪费。

关键提问:我们收获的萝卜有什么不同?

小结:我们收获的萝卜的颜色、大小、形状不一样。

二、体验探究,萝卜分了又分

引导语:我们知道了农民伯伯很辛苦,那么,今天我们就帮农民伯伯把收获的萝卜分类放好,为农民伯伯做点儿小事吧!

关键提问:把收获的萝卜放进两个筐里,可以怎么分?

小结:刚刚我们根据萝卜的颜色把萝卜分到了两个筐里。

关键提问:这筐分过一次的萝卜还能不能再分?可以怎么分?请小朋友们分一分。

小结:我们刚刚把分过的萝卜按照萝卜的形状再分了一次。

关键提问:我们已经分过两次的萝卜还能不能再分?可以怎么分?

小结:这次,我们又把萝卜按照萝卜的大小又分了一次。

关键提问:我们一共把萝卜分了几次？第一次是怎么分的？第二次是怎么分的？第三次又是怎么分的？

小结:我们一共把萝卜分了3次,第一次是根据萝卜的颜色分类,第二次是根据萝卜的形状分类,第三次是根据萝卜的大小分类。原来,我们可以根据颜色、形状、大小对萝卜进行分类。

引导语:请小朋友们把另一个篮子里的萝卜也像第一个篮子里的萝卜那样分了再分,直到不能再分为止。

三、大胆尝试,熟练掌握方法

引导语:我们在基地还看到了很多花(教师出示操作卡),请小朋友们像刚刚分萝卜那样将花朵分了再分,看谁分得又对又快。

关键提问:你们刚刚是怎样分的？第一次是怎么分的？第二次是怎么分的？第三次又是怎么分的？

小结:刚刚小朋友们完成得又快又好,分别根据花朵的颜色、大小及花瓣的数量对花朵分了又分。

活动延伸

1.游戏活动:整理玩具。请幼儿将混合在一起的玩具先按类别分开,再按颜色或形状分开。如:把雪花片和搭建积木分开,再分别把这两类按颜色或形状分开。每次正确完成的小朋友可以获得"小能手"小印章。

2.家园共育:请家长准备不同的水果,让幼儿进行层次分类。完成的小朋友,家长在班级群打卡,获得"小小智慧星"小印章。

活动三

祖国妈妈过生日[①]

设计意图

金秋十月,我们再一次迎来了祖国妈妈的生日。《幼儿园教育指导纲要(试行)》中明确指

[①] 本书作者指导范迎川老师设计与撰写。

出,幼儿不仅要爱父母长辈、老师同伴,更要学会爱集体、爱家乡、爱祖国。正值国庆节这一重大节日,孩子们发现大街小巷有了节日的气氛,各种各样的彩旗,各种样式的灯笼……更有细心的孩子发现,这些灯笼、彩旗在按照一定的规律摆放。借此契机,我们开展了一次数学活动,让孩子们通过真实情境感知数字并加深对排序的认知,探索和发现物品按照不同特征进行排序的规律,学会多角度思考问题。

活动目标

1.通过观察、分析,能发现物品按照不同特征排序的规律。
2.能根据操作材料按规律排序,并尝试创新排序。
3.感受节日的欢乐气氛,萌发爱祖国的美好情感。

活动重难点

1.重点:知道按照特征排序时,物品特征不同,排序的结果也不同。
2.难点:用操作材料进行创新排序。

活动准备

1.经验准备:能区分物品的大小、颜色、形状。
2.物质准备:课件、串珠、干花、绳结。
3.环境准备:区域材料的提供和支持。

活动过程

一、图片导入,初步感知排序

打开课件,播放天安门城楼街道图片,引出排序的概念。

关键提问:

(1)图片上的建筑叫什么名字?为什么会插满彩旗?

(2)街道两旁的彩旗是怎么排列的?它们是按照什么规律排列的?

小结:

(1)国庆期间,为了庆祝祖国妈妈的生日,天安门城楼的道路两旁插上了彩旗,第一条道路的彩旗是按照颜色排列的,排列顺序是红蓝红蓝红蓝,是"ABAB"的排列顺序。

(2)第二条道路的彩旗也是按照颜色排列的,排列顺序是红蓝蓝红蓝蓝红蓝蓝,是"ABBABB"的排列顺序。

(3)第三条道路的彩旗同样是按照颜色排列的,排列顺序是红红蓝蓝红红蓝蓝红红蓝蓝,是"AABBAABB"的排列顺序。

结论:排序就是把物品按照一定的规律进行排列。

二、共同探索,深入学习排序

播放课件,展示长城图片,出示按照不同特征排序的灯笼图片,补充缺失的灯笼。

关键提问:图片上的建筑叫什么?图片上的灯笼是按照什么规律进行排序的?找出缺失的灯笼。

小结:图片上的建筑叫长城,灯笼按照颜色、大小、形状的不同进行排序(AABAAB),同一物品按照不同特征进行排序得到的结果也不同。

三、材料操作,尝试创新排序

关键提问:在国庆期间,每个人都在庆祝祖国妈妈的生日,你们想送给祖国妈妈什么生日礼物?老师想送给祖国妈妈一条项链,请你们按照一定规律利用手中的操作材料为祖国妈妈送上生日礼物。

幼儿制作项链,并说一说按照不同特征排序的规律。

活动延伸

共同为祖国妈妈送生日祝福,观察国庆节期间城市的装扮,在父母的陪伴下找一找按照一定规律排序的物品和图案,并记录下来。

活动四

中国茶[①]

设计意图

《3—6岁儿童学习与发展指南》指出,要"给幼儿提供丰富的材料和适宜的工具,支持幼儿在游戏过程中探索并感知常见物质、材料的特性和物体的结构特点"。茶,是一种古老而神奇的植物,拥有悠久的历史和文化。茶叶不仅可以用来饮用,还具有一定的医疗功能。但

---

① 本书作者指导陈秋明老师设计与撰写。

是幼儿对茶的认识不多,无法畅谈对茶的认知。因此,我们设计"中国茶"活动,旨在让幼儿通过感知真实的赏茶、沏茶、品茶全过程,直观了解并欣赏、感受和传承中国的茶文化。

活动目标

1. 初步了解茶叶的基本特征,知道中国茶的六大类。
2. 尝试品茶,能大胆表达茶叶的独特味道,知道喝茶的好处。
3. 感受中国的茶文化,萌发对茶的喜爱。

活动重难点

1. 重点:观察茶叶的特征变化,了解中国茶的历史来源,学习弘扬中国的茶文化。
2. 难点:知道喝茶的好处。

活动准备

1. 经验准备:对茶有基本的认识,有和父母在家品茶的经历,感受过茶的味道。
2. 物质准备:小盒子、茶叶若干、茶杯、泡茶水、记录表、PPT。

活动过程

一、茶香入课堂

教师出示神秘的黑盒子,邀请幼儿通过感官猜测盒子里的东西,激发幼儿兴趣。

引导语:百宝袋里今天藏了一种物品,请闻闻它有什么味道?它是什么?你还认识哪些茶?茶可以分成哪几类?

小结:茶叶有独特的香味,可以分成六大类,分别是:绿茶、白茶、黄茶、青茶、红茶、黑茶。

二、茶色润童心

(一)观察六类茶的外形特征,通过感官感知并记录茶的形状、香气。

关键提问:

(1)请小朋友仔细观察一下,这些茶叶分别是什么样子的?

(2)谁来分享一下你最喜欢哪类茶,为什么?

小结:茶叶是细细的、干干的,有的是直直的,有的是卷曲的。每种茶叶喝起来、看起来都有自己的典型特征。

(二)冲泡广为流传的绿茶,观察茶叶遇水前后的变化并记录。

关键提问:

(1)细细的茶叶遇到水,发生了什么神奇变化?

(2)你们观察到了什么? 猜猜其他茶遇水后会不会发生同样的神奇变化。

总结:其实,茶叶是一种植物的叶子。遇水后,瘦瘦小小的茶叶会慢慢舒展开来,变成一片片绿绿的叶片,有的叶子会变大变宽,杯中的水也产生相应的变化,茶水呈现出青而绿的色彩,如果是红茶,茶水则会呈现出红而亮的色彩。

三、茶道远流长

(一)欣赏茶的制作流程图。

关键提问:

(1)一片叶子怎么会这么神奇,它是怎么变成茶叶的?

(2)你在图片里面发现了什么? 你记住了哪些步骤?

小结:茶叶的制作流程很复杂,需要经过采摘、晒青、晾青、碰青、杀青、揉捻、烘焙等步骤。原来,茶叶的制作需要这么多的工序,这可真不容易。

(二)了解茶的饮用功能和礼仪等。

(三)分小组选择茶类,冲泡、品尝,分享泡茶经验,大胆表达感受,分享味道。

关键提问:喝茶会给我们的身体带来怎样的好处?

小结:喝茶可以消除我们的疲劳,减少疾病的发生,还可以帮助我们消化,夏天喝茶还能起到防暑降温的作用。

活动延伸

家园共育:调查家里面谁最喜欢喝茶,学习茶文化,知茶、泡茶、品茶。

活动五

垃圾分类[①]

🔖 设计意图

　　大自然是人类赖以生存的环境。《幼儿园教育指导纲要（试行）》指出："在幼儿生活经验的基础上，帮助幼儿了解自然、环境与人类生活的关系。"从身边的小事入手，养成初步的环保意识和行为。随着"环保小卫士"主题课程的开展，孩子们时常讨论：我们要保持教室和幼儿园环境的整洁、不乱扔垃圾、不乱摘花草树木……幼儿时期是习惯养成的重要时期，时逢"世界环境日"，我们以"环保教育"为切入点，帮助幼儿了解垃圾与人类生活的关系，懂得垃圾分类的基本常识，养成垃圾分类的良好习惯。

🔖 活动目标

　　1.认识有害垃圾、餐厨垃圾、可回收垃圾和其他垃圾。
　　2.尝试按照垃圾箱上的图片提示进行垃圾分类。
　　3.懂得垃圾分类的方法，有环保意识。

🔖 活动重难点

　　1.重点：认识有害垃圾、餐厨垃圾、可回收垃圾和其他垃圾。
　　2.难点：尝试按照垃圾箱上的图片提示进行垃圾分类。

🔖 活动准备

　　1.经验准备：幼儿有分类扔垃圾的经验。
　　2.物质准备：垃圾分类箱、废弃物品。

[①] 本书作者指导赵艳红老师设计与撰写。

🔺 活动过程

一、出示图片,抛出主题

(一)出示垃圾杂乱的图片。

关键提问:

(1)你们看到了什么?

(2)看到这样的图片,你们有什么样的感觉?

小结:图片上到处都是垃圾,树木干枯了,河水变浑浊了,显得非常脏乱。乱丢垃圾会破坏我们的生活环境,把我们的城市变得又脏又臭,给环卫工人带来很大的负担。

(二)激发垃圾分类的兴趣。

关键提问:

(1)你们喜欢这样的环境吗?我们可以怎么做呢?

(2)垃圾分类时要注意什么?

小结:这样的环境大家都不喜欢,我们可以不乱扔垃圾,扔垃圾时要进行垃圾分类,即同一类的废弃物放在一起,正确的垃圾分类关系到整个地球的环境,可以让我们生活的地方变得更美好。

二、辨认垃圾,讨论获知

(一)认识不同类别的垃圾。

关键提问:

(1)电池、油漆桶是什么垃圾?

(2)剩饭、果皮是什么垃圾?

(3)废纸、塑料是什么垃圾?

(4)砖瓦、陶瓷是什么垃圾?

小结:有害垃圾,是指含有对人体健康有害的重金属、有毒的物质或者会对环境造成现实危害或者潜在危害的废弃物,包括电池、荧光灯管、油漆桶等;餐厨垃圾包括剩菜、剩饭、果皮等食品类废弃物;可回收垃圾主要包括废纸、塑料、金属等;其他垃圾是指除上述几类垃圾之外的砖瓦陶瓷、渣土、纸巾等废弃物及尘土等。垃圾分类可以减少对环境的污染和对生态系统的破坏,可以实现资源的再利用和循环经济的发展。

(二)出示垃圾箱引发讨论。

关键提问:

(1)你们知道这是什么垃圾箱吗?

(2)怎样进行垃圾分类?

小结:垃圾箱分为有害垃圾箱、餐厨垃圾箱、可回收垃圾箱、其他垃圾箱,我们要提高环保意识,依据垃圾的不同分类将垃圾放进对应的垃圾箱里,让生态环境变得更好。

三、回归情景,行动提升

(一)分小组进行垃圾分类。

幼儿再次进行垃圾分类。将垃圾再次细致分类,对比发现:通过再次分类后,各种垃圾的种类更加明确。

(二)集中交流。

同伴间相互交流在垃圾分类过程中遇到的问题,提升垃圾分类的经验。

小结:有些垃圾是不可回收的,比如,果皮、树叶、废电池……这些垃圾如果没有放进对应的垃圾桶,会破坏我们居住和生活的美丽而干净的环境。要爱护我们周围的环境,不乱扔垃圾,爱护大自然,减少资源浪费。

活动延伸

1.生活活动:班级放置可回收垃圾箱、其他垃圾箱等,幼儿分类扔垃圾,树立生态保护意识。

2.家园共育:在家里和社区生活中坚持进行垃圾分类,对不明确的垃圾进行及时查找和确认,养成不乱扔垃圾的好习惯。

活动六

优优超市[①]

设计意图

《幼儿园教育指导纲要（试行）》指出，要引导幼儿对周围环境中的数、量、形、时间和空间等现象产生兴趣，建构初步的数概念，并学习用简单的数学方法解决生活和游戏中某些简单的问题。超市，是幼儿熟知的生活场所，超市里各种各样的物品、形形色色的工作人员都对他们有着很强的吸引力。因此，我们设计"优优超市"活动，将幼儿带到社会情境中，使幼儿进一步了解购物的相关礼仪，巧妙地把幼儿中班阶段的分类知识结合到活动中，发展幼儿数学思辨能力。

活动目标

1.初步感知标识与商品的关系，体验超市给人们生活带来的便利。
2.能根据物品的用途正确地进行分类，感受用数学方法解决问题的快乐。
3.尊重超市工作人员的劳动，学习文明交流、服务礼仪。

活动重难点

1.重点：初步感知标识与商品的关系，体验超市给人们生活带来的便利。
2.难点：能根据物品的用途正确地进行分类，感受用数学方法解决问题的快乐。

活动准备

1.经验准备：有超市购物的经验，会用"请、谢谢、不客气"等文明用语。
2.物质准备：PPT课件，纸面教具（超市、各类物品及标识）。
3.环境准备：创设"超市"场景，在柜子上分别贴上食品、衣物、玩具的标识，并准备相对应的生活物品。

[①] 本书作者指导王泽江老师设计与撰写。

活动过程

一、趣逛超市,感知商品

体验超市采购,初步感知超市里商品的种类。

关键提问:请小朋友们认真观察,能说一说超市里都有哪些商品吗?

小结:有很多不同种类的商品,有食物、衣物和玩具等。

二、整理达人,学习分类

(一)情景导入,知道分类的重要性。

引导语:优优超市两个货架(整理和没整理),刚进了一批新的物品,我们一起看看都有些什么。

关键提问:真真想买1辆汽车,1盒饼干,1顶帽子,比一比,在哪个货架上购买最方便,为什么?

小结:分类清楚的货架更方便我们购买,因为货架上的物品都分类整理好了,一眼就能看清楚。

(二)出示纸质教具,尝试分类整理。

引导语:优优超市仓库里还有好多物品,请你们来帮忙整理。

1.认识标识(食品、衣物、玩具)。

2.分组进行分类整理,共同验证猜想。

三、疯狂购物,体验乐趣

幼儿进行角色游戏,体验购物的乐趣。

1.观看视频,了解超市工作人员,获取购物经验。

2.幼儿分角色进行购物:A组整理货物,B组扮演导购人员,C组设计清单,D组进行购物。

小结:超市里的物品多种多样,为了大家购物更方便,辛勤的超市工作人员对物品进行了分类整理,并贴好各类标识。生活中还有很多物品也需要分类,比如:文具、洗漱用品、清洁工具等,只要会分类整理,找到这些物品就会很方便。

活动延伸

1.区域活动：

（1）表演区——热闹的购物中心。

（2）益智区——归类整理物品。

2.家园共育：整理家里的生活物品。

活动七

"纸"想遇见你①

设计意图

纸张是一种古老而重要的媒介，在现代生活中仍然有着不可替代的作用。在"小问号"主题活动中，幼儿对四大发明里的造纸术表现出浓厚兴趣。《3—6岁儿童学习与发展指南》指出，要善于发现和保护幼儿的好奇心，充分利用自然和实际生活机会，引导幼儿通过观察、比较、操作、实验等方法，学习发现问题、分析问题和解决问题。时逢"节能宣传周"，我们从幼儿的兴趣出发，将生活中常见的纸作为学习素材，以"爱国主义教育"和"环保教育"为思政要点，设计"'纸'想遇见你"教学活动，支持他们开启一场纸的奇趣之旅。在亲身体验、直接感知和实际操作中，幼儿可以获得关于纸的关键经验并树立节约用纸的意识，同时感受古人的造纸智慧，萌发身为中国人的自豪感。

活动目标

1.了解纸的演变过程，知道中国是世界上最早发明造纸术的国家。

2.尝试小组合作制作再生纸。

3.萌发身为中国人的自豪感，感受造纸的不易，懂得节约用纸。

活动重难点

1.重点：了解纸的演变过程，知道中国是世界上最早发明造纸术的国家。

2.难点：小组合作尝试制作再生纸。

---

① 本书作者指导邓亚男老师设计与撰写。

活动准备

1.经验准备:活动前已接触和了解生活中各种各样的纸,已开展亲子阅读,阅读了水墨中国绘本系列《造纸术》。

2.物质准备:记录板、笔若干;水墨中国绘本系列《造纸术》PPT;《再生纸制作》小视频及图谱。

3.环境准备:放有各种纸制品以及再生纸制作工具的"小小科技室"。

活动过程

一、"寻纸"大发现

寻找身边的纸,引出活动主题,唤起已有经验。

引导语:纸无处不在!让我们一起来找一找、记一记、说一说,用自己喜欢的方式来分享我们的发现吧。

关键提问:你发现了什么纸?它们各有什么用处呢?

小结:皱纹纸、牛皮纸、书写纸、卫生纸……原来我们身边有这么多各种各样的纸,纸的种类真多呀!写字、画画、包装等都需要纸,我们学习、生活和工作都离不开它,纸的用处很大。

二、"话说"演变史

回顾水墨中国绘本《造纸术》,重温纸的演变历程。

关键提问:

(1)还没有发明纸的时候,人们把字写哪里?

(2)造纸术是谁发明的?

小结:最开始,人们把字"写"在龟壳上,后来把字写在竹片上做成竹简,再后来把字写在轻便的布帛上。古人很聪明,想出的办法一个比一个好,可还是不能完全解决不方便、笨重和昂贵等问题,于是,纸就被制作出来了。中国是世界上最早发明造纸术的国家,我们的造纸技术还传到了朝鲜、越南、日本等许多国家,作为中国人,我们无比的自豪。

三、"造纸"真神奇

(一)观看视频,感受造纸不易。

关键提问:

(1)纸是怎么来的?

(2)造纸需要用到哪些材料?具体流程是什么?

(3)你有什么样的感受?

小结:造纸需要用到很多材料,制作过程很辛苦,而且纸张也脆弱易损坏,造纸真不容易啊!我们要尊重工人叔叔和阿姨的劳动成果,学会节约用纸。

(二)借助图谱,梳理制作流程。

附"制作流程":

(1)将若干废纸撕碎放入水桶,加水浸泡一晚。

(2)待废纸浸泡变软后倒掉多余的水,放入电动搅拌器内,加入少许清水,搅混使之成为糊状纸浆。

(3)在纸浆中加入少许淀粉或面粉搅匀,倒入大塑料盆内。

(4)双手握住造纸框在水中向前推动,从盆中水平提出纸纱网。在清洁的平面上放一块干布,翻转造纸框,使扁平的纸浆倒在干布上,再在纸浆上放一块干布,用试管或擀面杖轻轻擀压以挤去纸浆中的水分。

(5)约五分钟后从角边撕起干布,将纸放在光滑的平面上待它完全干透。

四、我是"造纸师"

(一)任务驱动,小组合作,体验造纸操作流程,感受古人的造纸智慧。

引导语:"节能宣传周"到了,让我们一起利用废纸制作再生纸,做个节约环保的好宝宝吧。

(二)幼儿操作,教师指导。

活动延伸

1.区域活动:阅读区——绘本《有用的再生纸》《哭泣的纸宝宝》《洛阳纸贵》。

2.家园共育:"节约一张纸"实践活动。

第三节　幼儿园大班科学领域园本课程思政教育教学活动设计

活动一

我的太空初体验[①]

🔽 设计意图

航天事业一直备受人们关注,其对于人类社会的发展与进步起着至关重要的作用。在幼儿阶段,以航天为主题的教学能激发幼儿的好奇心和兴趣,培养幼儿的科学素养与创新精神。

🔽 活动目标

1.初步了解火箭升空的原理,为我国的航天科学感到自豪。
2.通过制作火箭,养成动手动脑能力。
3.探索太空空间站的奥秘,萌发科学探究精神。

🔽 活动重难点

1.重点:探索太空空间站的奥秘,萌发科学探究精神。
2.难点:利用各种材料进行火箭制作。

🔽 活动准备

1.经验准备:活动前一周询问幼儿想了解的、感兴趣的太空知识,让幼儿根据自己的兴趣自由结合为兴趣小组,去搜集相关资料。
2.物质准备:幼儿搜集的各种废旧材料,瓶子、卡纸、画纸、彩色笔、剪刀、胶水、双面胶等。

[①] 本书作者指导邓亚男老师设计与撰写。

活动过程

一、初探太空，了解火箭升空

师幼共同观看神舟十五号飞船发射成功的视频。

关键提问：

（1）太空是一个令人好奇和憧憬的地方，你知道宇航员是怎么从地球飞到太空的吗？（坐火箭、飞船等）

（2）火箭发射升空后，火箭助推器发生了什么现象？（火箭的助推器一节一节地脱落）

小结：宇航员乘坐的载人飞船是通过火箭发射到太空中的。火箭由多节组成，当燃料用完后，会一节节脱落，最后，载人飞船便载着宇航员脱离地球引力飞向太空了。

关键提问：看了这段视频，我们都感到非常自豪，更羡慕宇航员们能飞上太空，你们知道他们为什么能去太空吗？

小结：自1956年中国成立第一个火箭研究机构以来，中国航天人一直在为实现中华民族伟大复兴而努力奋斗。一位航天员要经历严格的选拔与刻苦的训练，才能以最好的状态，飞向浩瀚的宇宙。他们不仅需要拥有超凡的体能和心理素质，还需接受长期且严格的训练，以应对太空探索中的各种挑战。（激励幼儿向航天工作者学习，培养幼儿的科学精神和爱国主义精神，立志为祖国的繁荣富强做贡献）

二、初识空间站，探秘太空生活

（一）观看太空空间站的图片。

关键提问：

（1）宇航员进入太空以后会去到哪里呢？（太空空间站）

（2）关于太空空间站你知道什么？（空间站是宇航员在太空中工作和生活的"家"）

小结：宇航员进入太空以后会前往空间站，这些空间站是宇航员进行科学实验和日常工作的主要场所。

（二）根据兴趣分小组，了解航天员在太空的生活。

活动前，分成四个兴趣小组，搜集航天员在太空生活的相关资料。

关键提问：宇航员在太空中的生活方式与其在地球上的生活方式有哪些不同？

1.第一兴趣小组介绍宇航员如何在太空空间站睡觉。

幼儿：宇航员会钻进专用睡袋中，睡袋外用袋子或拉锁与舱体结构连接，将睡袋固定在一定区域内，类似于我们拽着一个氢气球的样子。这么做不仅能保障宇航员的睡眠，而且还能保护宇航员的安全。

2.第二兴趣小组介绍宇航员如何在太空空间站吃饭。

幼儿：宇航员在吃饭时，会先把脚固定在地板上，把身体固定在座椅上，以免飘动。面对摆在餐桌上的饭菜，还要注意端碗、夹饭、张嘴、咀嚼等一连串动作的协调。

3.第三兴趣小组介绍宇航员如何在太空空间站喝水。

幼儿：宇航员在太空喝水跟我们平时喝水大不一样，因为在太空的微重力作用下，即使把杯子倒转，水也不会自动流进宇航员的嘴里。因此，宇航员在太空空间站都是用吸管喝水，装饮料的容器一端有一个注水孔，宇航员用塑料吸管插入注水孔饮水。

4.第四兴趣小组介绍宇航员如何在太空空间站上厕所。

幼儿：在太空失重环境下，宇航员上厕所没办法像在地球上那样自如，想要熟练地用太空马桶如厕，就要接受专门训练。如厕时，他们的屁股要紧贴坐垫边缘，让马桶内保持一个密封的状态。

小结：太空空间站也是一种航天器，它就像太空中的房子，是宇航员在太空中工作和生活的"家"。虽然太空的环境和地球不一样，但是聪明的科学家们为宇航员想出了各种办法，因此宇航员在太空中也能正常生活。在空间站内生活和工作是非常不易的。但是，这些宇航员通过自己的努力和团队的合作，克服了各种困难，完成了任务。他们是国家的骄傲，也是全人类的英雄。

三、筑梦太空，礼赞航天英雄

观看杨利伟飞天视频。

关键提问：

(1)你们知道我们国家第一位去太空的宇航员是谁吗？(杨利伟)

(2)你们还知道哪些航天英雄？(费俊龙、聂海胜、景海鹏、翟志刚、王亚平)

小结：为了去太空，宇航员们不仅要进行严格的训练，还要忍受寂寞、冒着生命危险，在太空中收集资料、做实验。正是他们的付出，我们国家的航天事业才能迅速地发展，在全世界内有着领先的航天技术。

四、童心童趣，火箭升空游戏

(一)观看火箭发射升空的视频，了解火箭发射后的几个变化步骤。

(二)请幼儿进行火箭升空模拟游戏：穿上宇航服→进入火箭→火箭发射→助推器分离→一级分离→二级分离→火箭第三次脱节→飞船脱离火箭→发射成功。

活动延伸：

1.区域活动：

（1）手工区：运用手工区的材料，充当一回小小航天科学家，自己动手做一个航天火箭。

（2）表演区：听音乐自由表演遨游太空的舞蹈动作，体验宇航员的自豪感。

2.家园共育：参观万州三峡航天科技馆，学习航天知识，了解航天发展历程，感受国家的科技发展和强大。

活动二

有趣的桥[①]

设计意图

万州又称"桥都"，每一座桥都有独特的历史、搭建风格、文化底蕴。为让幼儿更好地了解家乡、热爱家乡，我们设计"有趣的桥"教学活动，旨在通过活动，师幼共同讨论桥的构成，探寻桥的稳定原理，尝试通过材料搭建出最稳固的桥，激发幼儿的认识兴趣和探究欲望。

活动目标

1.了解万州桥的历史，知道改变纸的形状可以使纸桥的承受能力发生变化。

2.能够运用观察、比较、试错等方法进行探究，大胆尝试桥的不同搭建方法。

3.热爱家乡的文化建筑，为自己的家乡感到自豪。

活动重难点

1.重点：了解物体放置方法、改变纸桥桥面形状与承重力的关系。

2.难点：运用观察、比较、试错等方法进行探究，尝试桥的不同搭建方法。

活动准备

1.经验准备：有和父母一起对万州桥进行调查的经历。

2.物质准备：PPT、纸盒、卡纸、瓦楞纸、积木块、记录表。

[①] 本书作者指导陈秋明老师设计与撰写。

活动过程

一、经验导入，桥的初见闻

师幼共同梳理幼儿与父母一起对万州桥进行调查的记录，并逐步出示桥的图片。

引导语：在和父母体验桥的过程中，你了解到的万州桥有哪些？叫什么名字？

小结：我们的家乡有许许多多的桥，有万州长江大桥、万州长江二桥、牌楼长江大桥等等，每一座桥的外貌和历史各不相同。

二、尝试操作，建桥初体验

（一）结合图片进行观察，了解桥的构成及作用。

关键提问：

(1)这些桥有什么特点？分别是用什么材料建成的？

(2)桥在我们的生活中有哪些用处？

小结：万州长江大桥又为钢铁桥，钢铁桥是以钢铁为主要建造材料的桥梁，具有强度高的特点。牌楼长江大桥是悬索式桥梁，有"悬挂的桥梁"之意，又名吊桥，是以承受拉力的主缆为主要承重构件的桥梁，其主要材料包括钢缆、支架、面板等。其他，诸如五间桥又为三孔石拱桥，桥面呈弧形，桥栏呈梯形，以石头为建筑材料，因其取材方便、造型优美、耐久性强等特点，在整个桥梁结构中占有重要地位。桥的存在使车辆、行人、货物等能顺利地在不同地区之间流通，对于经济发展和社会交流起到了至关重要的作用。

（二）介绍材料，提出要求，鼓励幼儿初次尝试制作纸桥。

引导语：平常我们见过的桥都是用水泥钢筋或者木头做成的，很牢固，方便行人和汽车通过。请你们尝试用纸来做桥面，桥墩可以自主选择材料辅助，比比谁的更牢固。

1.经验积累，第一次尝试。

关键提问：你成功了吗？遇到了什么问题？

小结：有的小朋友选择了吊桥，但支撑点不够牢固，还有的小朋友大胆想象，制作出长的桥、短的桥等。我们对比成功的桥，发现拱形桥的成功率较高，除了万州的五间桥，常见的拱形桥还有赵州桥，圆弧形的桥梁凝聚着中国古人的智慧。仔细想想我们还可以怎么做。

2.个体操作，进一步承重。

关键提问：你采用了什么方法？你的桥发生了什么变化？（提出要求：搭建成功后的桥面能承受一个积木块的重量）

小结：当纸弯曲成圆弧形之后能承受的重量变大，纸张弯曲的次数越多，弧度越大，承受的重量也就越大，纸桥也就越牢固。

3.小组合作，最牢固的桥。

游戏：谁是最强搭建师。

引导语：经过两次实践操作，我们发现了如何使桥更牢固的方法，做出的纸桥都能放一个积木块。现在，大家一起来比一比，看看谁做的纸桥最牢固。一起评选出我们班的最强搭建师。（要求：小组合作，可以用大家一起讨论的"拱形桥"方法，看看谁的"多拱"桥更牢固并记录每次尝试的承重积木块）

小组展示：请小组上台挑战承重积木块，决出承重量最大的纸桥。

关键提问：这座纸桥承重量最大的原因是什么？

小结：这组小朋友选择的纸张硬度高，桥柱的摆放也很整齐，采取拱形桥的方式仔细搭建，正如我们的工匠精神：执着专注、精益求精、一丝不苟、追求卓越。

三、分组合作，建桥大比拼

集体合作，将每组的小桥用弯曲折叠的方法相互搭建起来变成长长的大桥，在动手操作的过程中获得成功的喜悦，进一步深入了解古人的建桥智慧，萌发文化自豪。

活动延伸

1.区域活动：（美术）为自己的家乡设计一座喜欢的桥。

2.家园共育：和父母一起阅读有关的书籍绘本。

活动三

黄豆变形记[①]

设计意图

豆腐是日常生活中常见的菜品之一，深受人们喜爱，餐桌上时常会出现麻婆豆腐、青菜豆腐汤……幼儿进餐时看着盘子里白白嫩嫩的豆腐会好奇地问：豆腐是怎么做成的？为什么大家喜欢吃豆腐？根据幼儿的兴趣需要出发，让幼儿在探索、操作、实践中获取经验，感受

---

① 本书作者指导赵艳红老师设计与撰写。

传统美食文化的熏陶,体会劳动人民创新、勤奋的精神。

活动目标

1.了解豆腐脑的制作过程。

2.敢于尝试,制作豆腐脑。

3.感受粮食获得的不易,懂得珍惜粮食。

活动重难点

1.重点:知道豆腐脑的制作过程。

2.难点:尝试制作豆腐脑。

活动准备

1.经验准备:了解豆腐的相关文化、制作过程(选豆—泡豆—磨豆—滤浆—煮浆—点浆—压制成型—切块)。

2.物质准备:豆浆、石膏粉、量杯、量勺、筷子、容器。

活动过程

一、豆腐初印象

(一)话说豆腐,引发探究。

关键提问:

(1)你们知道豆腐是怎样制作而成的吗?

(2)有哪些关于豆腐的美食?

小结:豆腐是由大豆经过复杂的工艺制作而成的,可以制作很多美食,比如麻婆豆腐、青菜豆腐汤、豆腐干等。

(二)观看豆腐制作工艺。

关键提问:

(1)制作豆腐有哪些过程?

(2)你们觉得做豆腐最难的一步是什么?点浆是怎么做的?

小结:豆腐的制作过程有选豆—泡豆—磨豆—滤浆—煮浆—点浆—压制成型—切块。

其中,点浆非常重要,它能把液体的豆浆凝结起来形成豆腐脑,其方法是在热豆浆中加入适量石膏粉均匀搅拌。

二、尝试点浆

引导语:接下来我们就来点浆,尝试制作豆腐脑。

(一)冷与热。

关键提问:你们觉得制作豆腐脑需要冷的豆浆还是热的豆浆?

教师请幼儿代表分别在冷、热豆浆里加入石膏粉,搅拌均匀,然后请全班幼儿观察。

小结:经过刚刚的实验,我们知道制作豆腐脑需要在热的豆浆里加入石膏粉并均匀搅拌。

(二)多与少。

引导语:接下来,我们就一起来试试点浆。

操作要点:幼儿按照自己的想法用勺子加入石膏粉,并填好记录表,记录好加入的量。然后搅拌均匀,等待。

关键提问:

(1)你的豆浆发生了什么样的变化?

(2)你加入了几勺石膏粉发生的这种变化?

小结:在你们的操作过程中,老师发现了很多小朋友都因为石膏粉用量不当而没有成功,可见石膏粉的用量很重要,搅拌均匀也很重要。当豆浆凝固成胶质状的样子,豆腐脑就成功了。豆腐的制作过程非常讲究,是一代又一代劳动人民辛辛苦苦积累经验的成果。

三、豆腐大创想

发放计划表和记录表,幼儿提前计划,将凝固的豆腐脑带回家与父母一起按压成豆腐并观察记录其中的变化,最后和家人共同制作一道美食并一起分享。

活动延伸

1.区域活动:阅读区放置《豆腐店》等绘本,学习豆腐的制作方法,懂得劳动人民的辛苦,养成珍惜粮食的好习惯。

2.家园共育:亲子翻阅与豆腐相关的万州美食资料,加深对家乡美食的印象,热爱自己的家乡。

活动四

奇遇蚂蚁[①]

设计意图

《3—6岁儿童学习与发展指南》中指出:"支持幼儿在接触自然、生活事物和现象中积累有益的直接经验和感性认识。"蚂蚁是幼儿日常生活中比较熟悉的昆虫,他们对那些小小的生命充满好奇:蚂蚁住在哪里?它们吃什么?它们怎样长大?……大班幼儿对蚂蚁有一定的观察经验,教师可以从身边最常见的昆虫入手引导幼儿了解它们的外形特征和生活场所等知识。我们设计"奇遇蚂蚁"活动,以"自然环境教育"为思政要点,让幼儿在大自然中综合运用所学知识对蚂蚁进行探秘,在实际观察与接触中获得对生命的特别感悟。

活动目标

1.了解蚂蚁的生活环境、外形特征及生活习性。
2.能在观察活动中探索工具的合理运用。
3.体验探秘蚂蚁的乐趣,有热爱自然、探索自然的兴趣。

活动重难点

1.重点:了解蚂蚁的生活环境、外形特征及生活习性。
2.难点:探索观察活动中工具的合理运用。

活动准备

1.经验准备:了解蚂蚁的外形特征及生活环境。
2.物质准备:蚂蚁,透明小瓶,放大镜,蚂蚁爱吃的食物若干(面包、蛋糕、苹果、奶油、果汁、蜂蜜、吸管等),有关蚂蚁的DV片,《蚂蚁搬豆》音频。
3.环境准备:户外草坪。

[①] 本书作者指导赵艳红老师设计与撰写。

活动过程

一、导入活动——话说蚂蚁

引导幼儿讨论蚂蚁,引出活动主题,唤起已有经验。

关键提问:关于蚂蚁,你们知道些什么?

小结:蚂蚁种类繁多,体型很小,颜色不一,它们会相互合作照顾幼蚁,有明确的劳动分工,是一种集群昆虫。

二、观察活动——认识蚂蚁

教师指导幼儿用放大镜观察蚂蚁的身体结构。

关键提问:

(1)你观察到的蚂蚁是什么样子的?

(2)蚂蚁生活在哪里?

小结:蚂蚁形体小,身体由头、胸、腹三个部分组成,具有一对复眼和长触角,身上有六只脚;大多数蚂蚁的家在地面以下,它们通过一粒一粒搬运沙土建造它们的蚁穴,拥有惊人的力量和团结精神。

三、探索活动——寻找蚂蚁

教师引导幼儿通过观察、讨论等方式探寻蚂蚁。

(一)初次探索,教师指导。

教师鼓励幼儿独立观察和思考,对幼儿的疑问、困难进行回应和引导。

关键提问:怎么样才能找到蚂蚁?

小结:蚂蚁活动范围广泛,树上、花坛、田野都有它的踪迹,发现它时可以用蛋糕、果汁等食物吸引它。

(二)教师提供材料支撑,幼儿选择适宜的材料操作。

教师准备材料(空的小瓶、面包、蛋糕、苹果、奶油、果汁、蜂蜜、吸管等),幼儿自主选择材料探寻蚂蚁。

关键提问:

(1)你使用了什么材料探寻蚂蚁?

(2)探寻蚂蚁时应注意什么?

小结：要找到蚂蚁首先要知道蚂蚁通常会在哪些地方出入，还要知道蚂蚁喜欢吃些什么，在蚂蚁居住的地方投放一些适合蚂蚁食用的东西就会把蚂蚁引诱出来，还可以选择适宜探寻蚂蚁的材料及工具探寻蚂蚁。蚂蚁是土地的清洁工，还是控制害虫的小能手，大自然离不开蚂蚁，不要伤害它。

四、拓展活动——了解蚂蚁

引导语：蚂蚁不会讲话，它怎样请同伴一起去搬东西呢？蚂蚁宝宝生出来是怎样的？一起来看视频，了解一下神奇的"蚂蚁王国"。

小结：母蚁是蚂蚁家族中体型最大的，工蚁负责找寻食物，兵蚁负责保护蚂蚁的家，蚂蚁的家是一个大家庭，人们都喜欢叫它蚂蚁王国。

活动延伸

1. 游戏活动：开展"蚂蚁搬豆""蚂蚁运粮"等游戏活动，让幼儿体验同伴间互帮互助、团结一致。
2. 区域活动：投放《蚂蚁和西瓜》《蚂蚁的日记》等绘本，让幼儿体会生命的奇妙和自然的神奇。
3. 家园共育：父母带领幼儿到户外或野外探寻其他昆虫，学会尊重生命，提升幼儿的环保意识。

活动五

影子真奇妙[①]

设计意图

《幼儿园教育指导纲要（试行）》指出，要积极引导幼儿对身边常见事物和现象的特点、变化规律产生兴趣和探究的欲望。幼儿是学习的主体，作为教师要尽量为幼儿的探究活动创造宽松的环境，让每个幼儿都有机会参与尝试，从而培养幼儿对科学的兴趣，激发他们的探究欲望，并培养幼儿运用科学的态度、方法去发现问题、解决问题的能力。日常生活中的各种现象对幼儿来说都具有一定的科学探索意义，科学教育的内容应从幼儿的身边取材。影

---

① 本书作者指导付晓莉老师设计与撰写。

子是日常生活中比较常见的科学现象,"影子真奇妙"活动的选材来源于生活,幼儿容易接受和掌握,易于激发幼儿的学习兴趣和探索欲望。它不仅能满足幼儿的好奇心,而且在幼儿探索的过程中能锻炼幼儿的动手动脑和语言表达能力。

活动目标

1. 在实际感知、亲身体验中,对影子的形成产生浓厚的兴趣。
2. 观察、发现、探索、了解影子形成的原理并大胆表达。
3. 喜欢影子游戏,并从中感受探究的乐趣。

活动重难点

1. 重点:在实际感知、亲身体验中,对影子的形成产生浓厚的兴趣。
2. 难点:观察、发现、探索、了解影子形成的原理并大胆表达。

活动准备

1. 经验准备:了解生活中的影子。
2. 物质准备:皮影戏材料、儿童记录表、笔等。
3. 环境准备:材料区投放各种光影材料。

活动过程

一、皮影故事趣导入

引导语:小朋友们,老师告诉你们一个好消息,咱们期待已久的皮影戏剧场正式开幕了,今天上演的是你们非常喜欢的故事《龟兔赛跑》,请大家欣赏。(表演皮影戏)

关键提问:刚才我们看到的皮影戏《龟兔赛跑》和以前看到的、听到的《龟兔赛跑》有什么不一样呢?(有灯光、有影子、有幕布……)

小结:对,有灯光、有影子、有幕布就是今天这个皮影戏的特点。皮影戏是我国传统的一种民间戏剧,是人们根据动物或人物特征制作剪影后,用光照射透明或不透明的剪影,剪影的影子投放到幕布上,再配上音乐和声音,就呈现出我们今天看到的这些精彩的画面了,这就是皮影戏的奇妙之处。

二、多元方式去探索

(一)初步了解影子。

关键提问:小朋友们,除了刚才在皮影戏中我们看到的这些影子,你们在生活中的其他地方还看见过影子吗?它是什么样子的?

小结:在阳光下、灯光下、水面上、月光下等这些地方都能看到各种各样的影子。影子很多时候都和我们在一起,我们看到的影子大小不一、形状各异、千奇百怪。

(二)与影子交朋友。

1.聚焦问题,激发探究意识。

引导语:影子究竟是怎么来的?它有哪些秘密呢?老师在活动室准备了很多可以操作的材料,如,电筒、镜子、动物卡片、幕布等,你们可以关上窗帘和打开窗帘看看有什么不一样。请大家带上记录表,一起来玩一玩,看看能不能解答刚才提出的问题。如果有新的发现,也请及时记录下来。记录过程中如有困惑请及时与老师交流。

请个别有新发现的幼儿大胆上台讲述观点。

小结:在刚才小朋友的讲述和记录表中,我们发现了影子有的长有的短、有的大有的小,有的粗有的细;有的却没有影子,为什么?原来影子是由于物体遮住了光的传播而产生的较暗的区域。因为光是直射的,不会转弯,所以只要有光和遮挡物我们就能发现影子。小朋友们还发现了光在物体的上面,影子就在物体的下面;光在物体的左边,影子就在物体的右边;光在物体的前面,影子就在物体的后面;光离我们越远,影子就会越小。

2.趣味游戏,实际感知体验。

在户外和同伴趣玩踩影子的游戏。

关键提问:咱们到户外和同伴们玩踩影子的游戏,你们有什么新发现?

小结:通过刚才的游戏,小朋友们发现了影子是可以移动的,你们不动影子就不动,你们一跑影子也跟着你们跑。你们一跑到黑暗处,影子就不见了。

3.师幼对话,提升已有经验。

小结:影子是我们的好朋友,它经常和我们形影不离,光线越强,影子就越明显;光线越弱,影子就越模糊。今天我们通过各种游戏找到了影子,知道了它是怎么形成的,接下来的几天我们会继续与影子交朋友,探究影子的更多秘密。老师希望你们能大胆探索、积极尝试、踊跃与同伴分享你们的想法,我们要像科学家钱学森、袁隆平爷爷一样,做不怕困难、善于观察、善于发现、大胆表达的孩子。

活动延伸

1.区域活动:在区域投放多元光影材料,幼儿自主探究皮影游戏。
2.家园共育:鼓励幼儿回家后继续探究有关影子的有趣游戏,入园后再与大家交流、分享。

附:

龟兔赛跑

有一天,兔子和乌龟比赛跑步。兔子嘲笑乌龟爬得慢,乌龟说:"总有一天我会赢的。"兔子就轻蔑地说:"我们现在就开始比赛。"乌龟答应了。兔子大声喊道:"比赛开始!"兔子飞快地跑着,乌龟拼命地爬着。不一会儿,兔子与乌龟已经离得有很大一段距离了。兔子认为比赛太轻松了,它要先睡一会儿,并且自以为是地说即使自己睡醒了乌龟也不一定能追上它。而乌龟呢,它马不停蹄地爬着,爬呀,爬呀,到兔子那里的时候,它已经累得不行了,但乌龟想,如果这时和兔子一样去休息,比赛就不会赢了,所以乌龟继续地爬呀爬。黄昏,兔子醒来,乌龟已经到达终点了。

活动六

新年派对[①]

设计意图

《3—6岁儿童学习与发展指南》指出,要让幼儿初步感知生活中数学的有用和有趣,感知理解数、量以及数量关系。大班幼儿正处于具体形象思维为主、抽象逻辑思维开始萌芽的阶段,我们设计"新年派对"活动,旨在引导幼儿在传统节日的真实情景中,通过多次操作来体验和感悟,建构早期的等分概念,并在实际生活中尝试运用等分的方法解决生活中的相关问题。

活动目标

1.初步感知、理解等分,感受生活中的数学。
2.尝试将一定的数量等分,运用等分的方法解决生活中的问题。

[①] 本书作者指导王泽江老师设计与撰写。

3.喜欢等分物体的活动,体验成功的喜悦和新年的氛围,有分享的意识。

活动重难点

1.重点:初步感知、理解等分,感受生活中的数学。
2.难点:尝试将一定的数量等分,运用等分的方法解决生活中的问题。

活动准备

1.经验准备:在日常生活中有将图形、长度等分的初步经验。
2.物质准备:PPT课件、记录表、笔、人物卡片、蛋糕卡片、巧克力糖、玉米糖。

活动过程

一、新年派对——感知等分,初步尝试

创设过年情境,引发幼儿活动兴趣。

关键提问:

(1)过年啦,妈妈做了6块蛋糕,要分给两个朋友吃,你们觉得可以怎样分呢?

(2)妈妈想让两个朋友分到同等数量的蛋糕,又该怎么分呢?

小结:将6块蛋糕分成两份有很多种分法。但将6块蛋糕等分分给两人,只有每人分3块这一种方法。

二、趣分蛋糕——学习等分,操作记录

(一)教师运用情节引导幼儿操作。

关键提问:妈妈又做了6块蛋糕,准备邀请朋友来品尝,要想每个朋友分到数量相等的蛋糕,可以请几个朋友呢?

(二)幼儿在操作中学习6的等分。

1.请个别幼儿尝试用不同方法等分6块蛋糕。

2.幼儿分组操作,教师巡回指导。

3.交流分享,集体验证。

关键提问:谁来分享你的方法?

小结:将6块蛋糕等分给朋友有3种分法——6块蛋糕分给2个朋友,每个朋友吃3块蛋糕;6块蛋糕分给3个朋友,每个朋友吃2块蛋糕;6块蛋糕分给6个朋友,每个朋友吃1块蛋糕。

三、品尝美味——运用等分,提升经验

(一)分享糖果,学习运用等分解决生活中的问题。

引导语:老师这里有8颗水果糖和4颗牛奶糖,要想每个好朋友吃得一样多,该怎么分呢?一起去分享并记录下来吧!

(二)教师提问,幼儿分享交流。

关键提问:你分享给了几个小朋友,每个小朋友分到了几颗水果糖和牛奶糖?

小结:8颗水果糖和4颗牛奶糖同时分给好朋友,有2种分法——可以分给2个好朋友,每个好朋友吃4颗水果糖和2颗牛奶糖;或者分给4个好朋友,每个好朋友吃2颗水果糖和1颗牛奶糖。

🌸 活动延伸

益智区:美食分享会——将区域内的美食运用等分的方式进行分享。

活动七

夏日"云游"[①]

🌸 设计意图

《3—6岁儿童学习与发展指南》指出:"丰富幼儿空间方位识别的经验,引导幼儿运用空间方位经验解决问题。"大班幼儿具备一定的空间概念,能以自我为中心辨别上下左右。在"我的万州我的家"主题活动中,基于幼儿已有生活经验与学习特点,我们以"爱家乡"为抓手,创设"云游"万州的情境,通过在方格里用方位箭头设计导航路线,支持幼儿体验导航路线图与现实生活的密切联系及其重要作用,体会数学在生活中的运用,同时增强幼儿对家乡的认同感和归属感,萌发对家乡的热爱之情。

🌸 活动目标

1.知道不同方向箭头的含义,理解箭头、步数和路线图的作用。

2.尝试设计简单的导航图和路线图,能根据导航图辨别行走的方向和路线。

---

① 本书作者指导王泽江老师设计与撰写。

3.增强对家乡的认同感和归属感,萌发对家乡的热爱之情。

🔺 活动重难点

1.重点:理解箭头、步数和路线图的作用。
2.难点:小组合作设计简单的导航图和路线图。

🔺 活动准备

1.经验准备:对万州的特色景点熟悉,知道导航的作用。
2.物质准备:PPT课件;每组提供导航图、方格地图、笔。

🔺 活动过程

一、趣玩跑酷,体验乐趣

(一)体验3D跑酷游戏,激发活动兴趣。

教师出示PPT课件,讲解游戏玩法:请根据视频中的"↑:跳;↓:蹲;←→:左右移动"箭头提示趣玩跑酷。

(二)分享万州特色景点,导入活动主题。

关键提问:万州有哪些特色景点?

小结:万州有花香四溢的太白岩公园,古色古香的天生天城,江风习习的南滨公园,气势壮观的万州大瀑布,蕴含历史人文的三峡移民纪念馆……我们的家乡有这么多的美景,真想一起去游玩啊!

二、初设路线,感知方位

(一)观察导航图,理解箭头和数字的作用。

关键提问:

(1)图上有什么?它们组合在一起有什么作用?

(2)你知道这张图叫什么名字吗?

小结:这张图上有箭头和数字。箭头代表"上、下、左、右"四个不同的方向,它们和数字组合在一起表示每次行动的方向和步数,比如"→2"表示"向右移动两步",这种引导我们行进的示意图叫作"导航图"。

(二)参照导航图,初步尝试绘制路线。

引导语:我们外地的好朋友小宇刚刚抵达万州北站,他在网上搜索了一个导航图,想请你为他绘制一张"云游"路线图。

教师引导幼儿根据箭头的方向和步数在方格地图上绘制路线图并进行介绍。

小结:按照箭头的不同方向,可以画出小宇的"云游"路线图(万州北站—天生天城—安澜谷—万州大瀑布)。根据路线,小宇顺利完成了"云游",看来导航真重要呀。

三、优化路线,绘制图示

(一)创设情境,优化"云游"路线。

引导语:我们的家乡万州太美了,小宇准备邀请他的好朋友来万州旅游,请帮助他设计更多的导航图和路线图。

关键提问:

(1)你觉得他们可以去哪些地方游玩?

(2)从哪儿出发?应该怎么走?

小结:可以乘坐高铁到万州北站,先去天生天城,再到太白岩,然后去万达广场。也可以乘坐飞机到五桥机场,先去三峡移民纪念馆,再到樱花渡公园,最后去天生天城……你们很用心地进行路线设计,还对家乡的特色景点进行了推荐,真棒!

(二)小组合作,绘制"云游"路线。

1.幼儿分组操作,教师巡回指导。

2.幼儿分享"云游"路线图。

小结:××组很暖心,考虑到天气太热的因素,他们绘制了一条"凉爽"路线;××组为了帮助朋友节约时间,绘制了一条最快捷的路线;××组的路线看起来很有趣,很好玩儿——只要是好的想法,都是好的路线和导航图。相信在你们的帮助下,小宇和朋友们一定会玩得很开心!

活动延伸

家园共育:与父母共同调查从家到幼儿园上学的路线,制作上学路线图。

活动八

种子旅行记[①]

🔺 设计意图

《幼儿园教育指导纲要(试行)》中提出,教育活动内容的原则,应体现"既贴近幼儿的生活来选择幼儿感兴趣的事物和问题,又有助于拓展幼儿的经验和视野"的原则。植物,是大自然教育的一部分,我们设计"种子旅行记"活动,旨在通过活动,激发幼儿对植物及其种子传播的奥秘产生兴趣,幼儿能初步了解几种常见种子的类型,探索种子的外部形态与传播方式,培养他们的观察能力和分类能力。

🔺 活动目标

1. 初步了解各类种子的形态和传播方式。
2. 能对已有种子进行简单分类。
3. 体验探索植物种子奥秘的乐趣。

🔺 活动重难点

1. 重点:了解种子的形态和传播方式并能进行简单分类。
2. 难点:学习并区分种子传播方式。

🔺 活动准备

1. 知识准备:提前了解种子的基本类型。
2. 活动准备:《种子旅行记》PPT、各种种子、种植图片、分类表。

[①] 本书作者指导陈秋明老师设计与撰写。

🏹 活动过程

一、借助媒介，初步了解

（一）实物导入，师幼共同讨论种子的用途。

关键提问：

(1)这里有小朋友收集来的种子图片，图片中都有哪些种子？

(2)这些种子有什么用途？

小结：有西瓜籽，有大豆种子、玉米种子、小麦种子等，都是日常生活中常见的。种子不仅可以吃，还可以用来播种，把种子种到泥土或者水里，精心养护，它就可以慢慢长大、自由生长。

（二）图片展示，引发幼儿思考种子的传播方式。

关键提问：

(1)播种的方式有很多，除了人工方式，你们还了解哪些方式？谁也能播种种子？

(2)猜一猜，它们是用怎样的方式去播种的？

小结：风爷爷、雨宝宝，大自然中的千千万万事物都有可能用特殊的方式去播种种子，一起去故事当中找找答案。

二、故事解惑，获取经验

（一）播放PPT，讲述故事第一段。

关键提问：

(1)小蚂蚁都遇到了谁，是谁帮助这些种子去旅行的？

(2)风是怎么帮助蒲公英种子去旅行的？

(3)为什么水能帮助莲子去旅行？

(4)什么小动物能帮助苍耳去旅行？

小结：风帮助蒲公英种子旅行。蒲公英的种子很轻，并且有绒毛，形状像一个个小降落伞，风一吹蒲公英就可以飘到它们想去的地方。莲子掉到水里，水姑娘推着它到别处去旅行，所以水能帮助莲子去旅行。苍耳浑身长刺，喜欢沾到动物的皮毛上，动物们甩都甩不下来。动物走到哪儿，就能把它带到哪儿，所以动物能帮助苍耳去旅行。

(二)视频感知,区分植物传播。

风帮助蒲公英(风力传播),水帮助莲子(水力传播),动物帮助苍耳(动物传播)。还有一颗种子没有好朋友帮忙。

关键提问:凤仙花种子最终也成功去旅行,它是怎么做到的?

小结:凤仙花宝宝一生下来就特别有力量。成熟后,果壳裂开就可以把自己的种子弹出去。这下小种子们都成功旅行啦,蒲公英可以靠风,莲子可以依靠水流,苍耳可以跟着小动物们,而我们最厉害的凤仙花种子可以靠自己去旅行。

三、游戏支持,分类巩固

引导语:我们听了种子宝宝们神奇的旅行故事,老师这里有好多没有去旅行的种子宝宝,我们来给它们配对,帮助它们去旅行吧。我们分组合作,将表中的种子宝宝和它们的好朋友一起配对吧。

(一)开展活动,分为风力、水力、动物和自身能力弹射传播四种方式。

(二)幼儿大胆尝试,猜想种子传播方式及途径。

(三)教师公布答案,了解几种传播方式的特点。

四、播放视频,拓展经验

引导语:看了这么多配对成功去旅行的好朋友,我们又多认识了几对。这个世界上还真是有很多植物的奥秘呢,小朋友们跟着老师继续去探索吧。

谈话活动,分享自己生活中的种子故事。

关键提问:你还知道哪些植物可以传播种子?它们有什么传播的好办法?

小结:牵牛花可以通过花粉吸引蜜蜂和蝴蝶,从而将自己的种子传播到很远的地方去。在大自然中,植物可以通过风力、水力、动物和自身能力弹射传播种子。

活动延伸

区域活动:自制一张种子传播方式调查表,采访其他小朋友。

活动九

"明海卤业"探植物[①]

🏹 设计意图

《3—6岁儿童学习与发展指南》指出：应引导幼儿具有初步的归属感，为家乡的发展感到高兴，充分利用自然和实际生活，引导幼儿通过观察、比较、操作等多种方法，积累经验。"明海卤业"是万州的本土产业，它的食品非常美味，深受人们喜爱。"明海卤业"的卤料包包含了几十种植物的果实、果皮、根、茎等，我们设计"'明海卤业'探植物"活动，旨在引导幼儿了解植物的分类，了解家乡的特产，并为明海卤业坚持做公益活动喝彩，为家乡有这样的良心企业感到骄傲。

🏹 活动目标

1. 知道明海卤业发源于我们的家乡万州。
2. 初步辨别木本植物、草本植物、藤本植物。
3. 萌发热爱家乡、为家乡感到骄傲的情感。

🏹 活动重难点

重点：知道植物按照形态特征有木本植物、草本植物和藤本植物三种分类。

难点：按照植物形态初步辨别木本植物、草本植物、藤本植物。

🏹 活动准备

1. 经验准备：认识肉桂、茶枝柑、紫苏、薄荷、胡椒、鸡血藤等植物，完成植物的分类亲子调查表。
2. 物质准备：明海卤业的食品，明海卤业门店图片，卤料包（包含桂皮、陈皮、紫苏、薄荷、胡椒、鸡血藤等），肉桂、茶枝柑、紫苏、薄荷、胡椒、鸡血藤等植物的图片。

[①] 本书作者指导周小丽老师设计与撰写。

活动过程

一、品尝家乡美食，引起浓厚兴趣

创设情境，请幼儿品尝从明海卤业购买回来的卤制品，引出主题。

关键提问：

（1）你们刚才吃的这些食物好吃吗？知道这些食物是从哪里来的吗？

（2）你们在哪些地方见过明海卤业？

（3）你们知道明海卤业做了哪些公益活动吗？（下乡慰问孤寡老人、汶川地震捐赠活动……）

小结：明海卤业是我们万州的产业，很多人都喜欢吃明海卤业的食品，因为它的食品香香的，很美味，明海卤业拥有多家连锁店并热衷公益事业。

二、探索植物来源，辨别植物分类

（一）探秘卤物美味。

关键提问：明海卤业的食品为什么非常美味？

教师引导幼儿认识其中的三种卤料（陈皮、紫苏、胡椒），通过看、摸、闻等多种途径进行了解，识别其外观、气味及在卤料中的用途，并记住它们的名字。

小结：卤料中的陈皮有香味，起增香除腥的作用；卤料中的紫苏有香味，起增香抗菌的作用；卤料中的胡椒有淡淡的香味，起促进食欲的作用。

（二）探索卤料来源。

教师引导幼儿观察思索：出示陈皮—茶枝柑、紫苏叶—紫苏植物、胡椒—胡椒植物组图。

关键提问：

（1）陈皮来源于什么植物？是植物的哪一部分？

（2）紫苏叶来源于什么植物？是植物的哪一部分？

（3）胡椒来源于什么植物？是植物的哪一部分？

小结：陈皮来源于各种柑橘树，常见的有茶枝柑，是果实的果皮；紫苏叶来源于紫苏植物，是植物的叶；胡椒来源于胡椒植物，是植物的果实。

（三）探讨植物分类

1.认识植物的茎，根据茎的不同初步认识木本植物、草本植物、藤本植物。

关键提问:

(1)什么是植物的茎?植物的茎是什么样的?

(2)这三种植物的茎在哪里?请找出来。

(3)它们的茎有什么不一样?

小结:茎是植物体的一部分,由胚芽发展而成,下部和根连接,上部一般都生有叶、花和果实。植物的茎非常硬,通常长得比较高大,是木本植物;植物的茎比较柔软,通常身体比较矮小,是草本植物;植物的茎自己不能直立,要攀爬依附在其他物体才能生长,是藤本植物。

2.进一步认识三类植物的分类,完成分类表。

(1)出示卤料实物桂皮、薄荷叶、鸡血藤。

关键提问:它们分别是植物的什么?来源于什么植物?

小结:桂皮来源于肉桂树,薄荷叶来源于薄荷植物,鸡血藤来源于鸡血藤植物。

(2)出示桂皮—肉桂树、薄荷叶—薄荷植物、鸡血藤—鸡血藤植物组图。

关键提问:它们植物的分类分别是什么?

小结:它们植物的分类分别是木本植物、草本植物和藤本植物。

将下面的图片按照表格要求粘贴,植物分类栏用自己的符号进行标注。

植物分类统计表

卤料	植物	茎	植物分类

三、园内找寻植物,加深分类印象。

走出教室到幼儿园找一找认一认哪些是木本植物、草本植物、藤本植物。

活动延伸

1.区域活动:

科学区:设置植物分类的专栏,投放若干植物的图片,让幼儿把植物图片按照分类粘贴。

美术区:开展植物的主题绘画活动,请幼儿在画纸上画出自己喜欢的植物,互相交流分享。

2.家园合作:

(1)家长与孩子共同寻找木本植物、草本植物、藤本植物,在日常生活中接触到植物时,家长鼓励幼儿说一说这种植物是按什么分类的。

(2)明海卤业的食物是非常美味的,它的卤料多达几十种,还有些什么植物可以用作卤料呢?一起做一个亲子调查。

活动十

糯米醪糟变变变[①]

🔔 设计意图

今天的点心是醪糟小汤圆,有一个小朋友在说:"这里面是加了米饭吗?"另一个小朋友说:"那可不是米饭,那是醪糟,酸酸甜甜的。"其他小朋友也纷纷加入了讨论中。《3—6岁儿童学习与发展指南》指出:"成人要善于发现和保护幼儿的好奇心,充分利用自然和实际生活机会,引导幼儿通过观察、比较、操作、实验等方法,学习发现问题、分析问题和解决问题……""糯米醪糟变变变"活动基于幼儿对醪糟的兴趣,将醪糟这一美食作为探究点,和幼儿共同探究其制作过程,让幼儿在观察、比较、操作的过程中积累有益的直接经验和感性认识。与此同时,醪糟又是中国特有的传统美食,将其作为探究点有利于传承和弘扬中国文化,将爱家乡爱祖国的情感融于这一教学活动中。

🔔 活动目标

1. 知道醪糟的主要材料是糯米并能初步辨识糯米和大米。
2. 和成人一起制作醪糟,体验劳动的乐趣。
3. 知道醪糟是中国特有的食品,萌发对祖国的热爱和自豪之情。

🔔 活动重难点

1. 重点:能辨识糯米和大米。
2. 难点:体验制作醪糟的流程环节。

🔔 活动准备

1. 经验准备:认识大米,知道用大米和糯米做美食时的不同做法。
2. 物质准备:一瓶醪糟,每个小朋友一小份醪糟汤圆,每组一份生大米、一份生糯米,一份熟大米饭,一份熟糯米饭,制作醪糟的视频,各个步骤的图片,甜酒曲。

[①] 本书作者指导周小丽老师设计与撰写。

活动过程

一、品尝醪糟见面会

关键提问：

(1)今天我们吃的什么？(醪糟汤圆)

(2)里面那个白白的、像米粒一样的东西是什么？(醪糟)

(3)醪糟吃起来是什么味道？(酸酸甜甜)

小结：白白的像米粒一样的东西是醪糟，味道酸酸甜甜的。

二、醪糟奥秘初探寻

在讨论中知道醪糟的主要成分是糯米，醪糟是中国特有的美食。

播放视频——中国历史悠久的民间风味醪糟。

关键提问：

(1)醪糟发源于哪个国家？

(2)醪糟是用什么做的？

小结：醪糟是中国特有的民间风味美食，是由糯米做成的。

三、糯米变形魔法棒

(一)辨识大米、糯米的不同。

1.外形不同：观察比较大米和糯米的不同。

小结：糯米白白的，大米白色偏黄；糯米不透明，大米半透明。

2.口感不同：摸摸、尝尝熟大米和熟糯米，比较不同。

小结：糯米更黏、更软；大米较硬，容易搅散。

3.其他不同：(回家和爸爸妈妈一起探讨、查询，除了外形、口感不同外，还有什么不同？)

小结：做美食时糯米要提前用水泡，大米不用提前用水泡；糯米做小吃，大米做主食……

(二)探秘醪糟制作过程。

1.看看制作醪糟的环节。

关键提问：大米是怎么做成醪糟的？

(1)说一说，小组讨论。

(2)看一看，看制作醪糟的视频。

小结：视频中的阿姨熟练地把糯米变成美味可口的醪糟，这是中国劳动人民的智慧结晶。

2.说说制作醪糟的环节。

关键提问：制作醪糟需要做些什么？

(1)说出制作醪糟的环节，教师出示对应的制作图片。

(2)这些环节有没有先后顺序？

小结：制作醪糟有很多环节，要按正确的顺序才能做出美味的醪糟。

3.梳理制作醪糟的环节。

关键提问：先做什么，再做什么？

小结：糯米要先浸泡8小时以上，然后沥干水分，上锅蒸30分钟，摊开放凉后放入容器，加入凉白开、甜酒曲搅拌均匀，密封容器，用棉被盖住，放置两三天就可以食用了。

四、制作醪糟趣体验

引导幼儿按照制作醪糟的步骤，小组合作一起动手制作醪糟，并填写记录表，静静等待两三天后的美味醪糟。

	我的发现	我的心情
糯米的样子		
甜酒曲的颜色		
浸泡糯米时的变化		
蒸煮糯米的气味		
封装后的期待		

活动延伸

1.区域活动：醪糟做好后，在美工区引导幼儿利用橡皮泥、折纸、剪纸等手工材料，手工制作"中国制造""中国·重庆"等体现中国文化、带有中国元素的自制标签，贴在醪糟瓶上。

2.家园共育：

(1)和家人一起制作醪糟，贴上标签，班级一起组织跳蚤市场，向幼儿园其他小朋友、向社会人士宣传我们的中国美食。

(2)和家人一起探讨、查询，除了外形、口感不同外，大米和糯米还有什么不同，用绘画的方式记录并带入幼儿园和小朋友们分享。

活动十一

万州格格[①]

🔖 设计意图

"格格"（万州格格以芋头、土豆、红薯为底，上面铺上拌好调料的肥肠、排骨和羊肉，装进一个个圆形桶状的竹器里，重叠蒸熟）是重庆市万州区的一种传统小吃，久负盛名。万州格格色、香、味俱全，麻和辣的口味特色尤其让人流连忘返，生活中幼儿对"格格"非常了解。《3—6岁儿童学习与发展指南》提出，幼儿教育要让幼儿"初步感知生活中数学的有用和有趣"。因此，我们设计"万州格格"主题活动，旨在引导幼儿学习多角度地思考问题，探索和发现不同的顺序规律，促进幼儿观察、比较以及创造能力的发展。

🔖 活动目标

1.观察并发现物体排列的纵向规律。
2.能运用操作材料按规律排列，并尝试创造新的排列规律。
3.结合情景游戏中的实物操作，体验按不同规律排列的乐趣。

🔖 活动重难点

1.重点：观察并发现物体简单的纵向规律。
2.难点：能运用操作材料进行按规律排序，并尝试创造新的排列规律。

🔖 活动准备

1.经验准备：幼儿已有排序经验。
2.物质准备：羊肉格格、排骨格格、肥肠格格的实物美食；游戏"格格"卡片（幼儿人手一份）。

🔖 活动过程

一、相遇"格格"

出示"格格"图片，幼儿观察，引出主题。

[①] 本书作者指导何真真老师设计与撰写。

关键提问:

(1)厨房阿姨今天做了一道美食,你们见过这些美食吗?

(2)不同味道的万州美食"格格",是怎么摆放的?

小结:"格格"是重庆万州的传统特色美食,色香味俱全,营养价值高,荤素搭配合理,能补充我们身体中的蛋白质和膳食纤维。"格格"美食还有不同的味道哦,有羊肉格格、排骨格格、肥肠格格,这些"格格"可不是乱摆乱放的,瞧一瞧,它们排着队呢!

二、探索"格格"

(一)观察"格格"的摆放顺序,讨论其中的规律。

关键提问:

(1)你发现了什么?

(2)"格格"是怎么排队的?

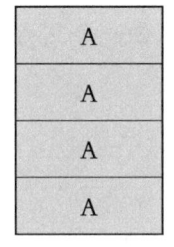

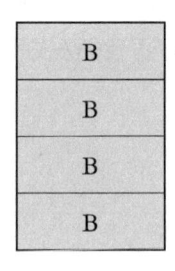

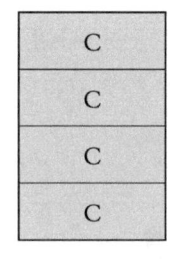

A	B	C
A	B	C
A	B	C
A	B	C

小结:我们发现"格格"是按照从下往上的规律堆放的,一竖列全是羊肉格格(A),一竖列全是排骨格格(B),把手上系有一根红绳;一竖列全是肥肠格格(C),把手上系有一根蓝绳。观察"格格"把手上是否有绳子以及绳子的颜色就可以判断它是什么味道的"格格"。

(二)共同探索不同排队方式。

关键提问:以下"格格"排队的方式与刚才的排队方式有什么不一样?哪里不一样?

B	A	C	B
A	B	B	C
B	A	C	C
A	B	C	C
B	A	C	B
A	B	B	C

小结:你们是一群大胆探索、敢于发现规律的小朋友,发现了第一竖列是按照一层羊肉格格一层排骨格格(ABAB),这样从下往上一层挨着一层很有规律地堆放的……

(三)探索第三种"格格"的排队方式。

关键提问:

(1)现在"格格"又是怎么排的?

(2)你觉得后面应该排什么?

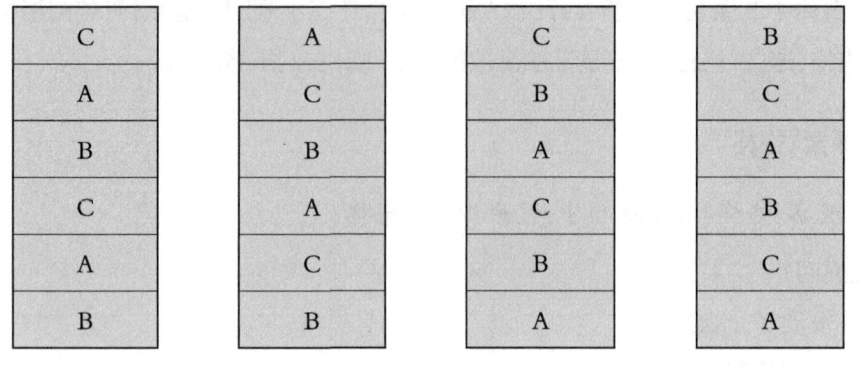

C	A	C	B
A	C	B	C
B	B	A	A
C	A	C	B
A	C	B	C
B	B	A	A

总结:通过你们的认真思考、共同合作,发现"格格"在有序地排队呢!就像在生活中,在超市付款、等公交车、上公共厕所时都需要我们友好地排队,做一个文明礼貌的好孩子,这样才不会发生拥挤哦!

三、戏玩"格格"

(一)认识游戏牌。

引导语:厨房阿姨想请我们当小小厨师,一起设计不同层次的"格格"。这里有四种不同味道的"格格",它们的容器上都有不同的图案,请你们动脑思考,把这些"格格"从下往上排列,看谁的"格格"排得最有序。

(二)趣味游戏。

游戏规则:按规律从下往上排队。

按游戏卡上的数字规律排队(123123)、按游戏卡颜色规律排队(红黄蓝绿红黄蓝绿)、按游戏卡图形规律排队(○□△□○□△□),每轮游戏幼儿需重新组合,在起点标志处按要求排队(排除各种颜色、数字、大小干扰)。

四、整理小当家

教师带领幼儿前往生活区,按照一定规律整理鞋柜。例:

小结:聪明的你们在游戏里有着敏锐的观察力和思考能力,遇到问题时能积极寻找答案解决问题。生活中的许多东西的摆放都是很有规律的,当然规律排列的方法还有很多,你们还知道哪些排列方法呢,让我们一起把记录表带回家,和爸爸妈妈一起讨论并记录下来。

活动延伸

1. 生活区:探索摆放规律。
2. 家园共育:教师出示记录表,请幼儿带回家完成相关调查。

附

幼儿姓名	物品种类	摆放规律	家长评价

活动十二

"优优"整理小能手[①]

🔹 设计意图

为进一步贯彻落实《3—6岁儿童学习与发展指南》及《幼儿园教育指导纲要（试行）》的精神,培养幼儿良好的生活习惯,切实提高幼儿自我服务能力。我们设计在大班开展"'优优'整理小能手"主题活动,旨在通过游戏—分类—整理三个步骤,启发幼儿在实际的动手操作过程中,逐步明白如何把物品按共同的用途进行分类、并说出给物品分类的依据。生活是教育的源泉,游戏是快乐的学习方式,将教育回归生活,把游戏还给孩子。

🔹 活动目标

1. 在游戏的情境中,按要求进行多角度分类。
2. 能在与同伴互动中迅速作出验证判断。
3. 与同伴积极游戏,体验游戏的快乐。

🔹 活动重难点

1. 重点:在游戏的情境中,按要求进行多角度分类。
2. 难点:能在与同伴的互动中验证判断,提高思维的逻辑性和敏捷性。

🔹 活动准备

1. 经验准备:幼儿已有"优优睡觉醒不了"的游戏经验。
2. 物质准备:装扮卡、帽子、背包、项链等若干,在活动室地面贴好一条横线标记(可用即时贴),PPT图片。

🔹 活动过程

一、童心游戏,趣味不停

(一)师幼合作玩"优优睡觉醒不了"游戏。

引导语:老师扮演"优优妈妈",你们来扮演"优优",请仔细观察,你们这些"优优"有什么

[①] 本书作者指导何真真老师设计与撰写。

不一样。

按一个特征进行游戏,如,当"优优妈妈"说出"优优"的样子(短发),符合条件的"优优"就赶紧站起来,不符合条件的"优优"坐在位置上。

(二)游戏升级,动脑思考。

引导语:玩法升级,按两个特征进行游戏,如,"优优"是扎辫子的女孩子("优优"是穿牛仔裤的男孩子),符合条件的"优优"就赶紧站起来,不符合条件的"优优"坐在位置上。

(三)"装扮优优"游戏,在游戏互动中积累多角度分类的经验。

教师出示装扮卡、帽子、背包、项链等,带领幼儿玩"装扮优优"游戏,"优优"要按照装扮卡装扮。

关键提问:你变成了什么样的"优优",我们一起来试一试。

指令(一个要求):如戴眼镜。

指令(两个要求):如戴眼镜、女孩子。

指令(三个要求):如戴眼镜、女孩子、黄衣服。

小结:游戏中你们认真听,反应迅速,能够快速地按照指令完成游戏,给你们点赞。

二、勇敢探索,动手起航

(一)幼儿个别化操作,拥有从多个角度进行分类的经验。

引导语:优优的帽子各式各样,放得乱七八糟,让我们一起把帽子分别找出来排好队放在两边的桌子上,每轮结束后将所有帽子放在一起按另外的特征进行分类。

1.按照帽子大小特征进行分类。

2.按照帽子颜色(红、黄、蓝)特征进行分类。

3.按照帽檐高矮特征进行分类。

(二)幼儿操作,教师分别指导。

小结:爱动脑筋、遵守规则的你们大胆地进行操作,找到了形状、大小、颜色、款式等特征不同的帽子,并按照这些特征进行了准确的分类。

(三)交流与分享。

关键提问:还有不一样的分法吗?

小结:你们自信有思想,语言组织能力强,在小伙伴面前敢于大胆表达自己的想法,懂得团结合作。为你们点赞!在刚刚的游戏中,我们发现帽子有很多种不同的分类方法,可以按照形状、大小、颜色、款式等不同的特征来整理它。

活动延伸

家园共育:鼓励幼儿回家整理自己的衣柜,将衣柜里的衣服、裤子、裙子等物品进行分类整理。

附:

情景剧表演

教师:优优妈妈睡觉醒不了,优优偷偷往外跑。(教师边念儿歌边表演睡觉)

幼儿:优优优优爱游戏,悄悄走到外面去。(幼儿边念儿歌边绕到椅子背后蹲下)

教师:呼噜噜……

幼儿念:一。

教师:呼噜噜……

幼儿:二。

教师:呼噜噜……

幼儿:三。

教师:我的优优在哪呢?(教师表演睡醒)

幼儿:你的优优长啥样?

教师:我的优优是长发,优优在哪儿呢?

符合特征的幼儿:优优,在这呢!(符合长发特征的幼儿站在椅子前)

活动十三

美食之旅[①]

设计意图

《幼儿园教育指导纲要(试行)》指出,要引导幼儿对周围环境中的数、量、形、时间和空间等现象产生兴趣,建构初步的数概念。"美食之旅"活动以品味中国各地美食为故事情境,带领幼儿领略各地美食,同时选择不同形状的美食,启发幼儿通过观察、操作、比较,探索不同形状等分的方法。在操作中遵循由易到难的原则,让幼儿充分操作、自主探索、互动交流,感

---

① 本书作者指导范迎川老师设计与撰写。

知整体与部分的关系,探究等分的方法和在现实生活中的运用,感受祖国美食文化的博大精深。

活动目标

1.理解四等分的含义,知道四等分后每份的大小、形状一致,理解整体与部分的关系。
2.探索图形四等分的方法,能表述自己的操作过程。
3.愿意思考、探究、反思活动中的问题,体验解决问题的喜悦之情。

活动重难点

1.重点:理解四等分的含义,知道等分后会变成四个一样大的图形,理解整体与部分的关系。
2.难点:探索图形四等分的方法并表述操作过程。

活动准备

1.经验准备:幼儿已经学习并掌握简单图形二等分的方法。
2.物质准备:美食地图图片、纸面教具、剪刀、胶棒。
3.环境准备:创设美食区域。

活动过程

一、出示图片,激发幼儿兴趣。

(一)出示图片《美食地图》,激发幼儿兴趣。

优优得到了一张中国美食地图,他和朋友决定按照地图上的路线去旅行,我们也跟着他们一起出发吧。

(二)播放音频及图片《第一站,台湾蚵仔煎》,引导幼儿回顾二等分的方法。

关键提问:

(1)第一站,优优来到了哪里?
(2)他品尝了什么美食?这份美食是什么形状的?
(3)你还记得把图形二等分的方法吗?如何将这份美食二等分呢?

小结:这是中国宝岛台湾的美食蚵仔煎,像这样把图形分成形状、大小一样的两份就是二等分。优优成功地把这份圆形的蚵仔煎二等分了。

二、初步尝试,体验四等分

(一)发放操作材料,鼓励幼儿初步尝试四等分。

引导语:瞧,壮壮和闹闹也来旅行了,四位小伙伴决定一起分享美味的蚵仔煎。你觉得可以怎么分?老师准备了二等分后的蚵仔煎图片和剪刀,我们也来试着分分看吧!

(二)播放音频及图片《一起分享》,引导幼儿初步了解四等分。

关键提问:

(1)优优的办法是什么?他是怎么分的?你和优优分得一样吗?

(2)圆形的蚵仔煎被分成四份,怎样才能知道它们是不是一样大呢?

小结:将四份分好的蚵仔煎全部重叠在一起,如果能完全重合,就证明它们是四等分的。像这样把一个图形分成大小、形状一样的四份,就是四等分。

三、再次尝试,梳理等分经验

(一)播放音频及图片《第二站,香港鸡蛋仔》,鼓励幼儿思考正方形四等分的方法。

关键提问:

(1)美食之旅第二站是哪里?这是什么美食?

(2)请你看一看,这份美食是什么形状的?怎么把它四等分呢?

小结:这是中国香港,这道美食是鸡蛋仔。

(二)分发操作材料《香港鸡蛋仔·正方形》《美食记录单·正方形》和剪刀、胶棒,鼓励幼儿探究正方形四等分的方法。

引导语:老师准备了一些正方形的鸡蛋仔图片,还有操作记录单、剪刀和胶棒,请你们试着分一分,并将分好的结果贴在框中。

关键提问:分完的小朋友继续动动脑筋,还有什么其他的分法吗?

小结:角对角、边对边进行等分操作,即可进行正方形四等分。

(三)师幼讨论并操作课件,展示正方形四等分的多种方法。

关键提问:

(1)你们是怎么分的?谁愿意分享一下自己的分法?

(2)老师也试着将正方形的鸡蛋仔四等分了,一起来看看老师的分法和你想到的一样吗?

小结:将图形四等分时,我们可以将图形对折,沿着折线先二等分,再将二等分后的图形分别用相同的方法再次对折,沿着折线继续分成两部分;我们也可以将图形连续对折两次,再展开,沿着折痕进行分割。按照这样的方法进行正方形四等分,我们会得出很多不同的结果。

四、再次尝试,探索等分方法

(一)播放音频及图片《第三站,新疆切糕》,引导幼儿尝试对长方形进行四等分。

关键提问:
(1)美食之旅的第三站是哪里?这是什么美食?
(2)请你看一看,这份美食是什么形状的?怎么把它四等分?
小结:这是美丽的中国新疆,图片上是新疆美食切糕,它是长方形的。

(二)操作材料《新疆切糕·长方形》《美食记录单·长方形》和剪刀、胶棒,鼓励幼儿探究长方形四等分的方法。

五、探知中国各地美食

引导语:今天,我们用四等分的方法帮助四位小伙伴分享了好多美食,我们祖国的每个地方都有代表性美食,我们再一起去探索新的美食之旅吧!

活动延伸

1.区域活动:在数学区,投放教具《奇妙美食》,请幼儿继续练习不同图形四等分的方法。
2.家园共育:请幼儿回家后和家长一起找一找家里可以被四等分的物品。

第五章　幼儿园艺术领域园本课程思政

每个幼儿心里都有一颗美的种子,艺术是幼儿感受美、表现美和创造美的重要形式,也是幼儿认知世界、表达世界的另一种"语言"。为深入贯彻落实中共中央办公厅、国务院办公厅印发的《关于深化新时代学校思想政治理论课改革创新的若干意见》和教育部发布的《关于全面实施学校美育浸润行动的通知》的相关精神,探究幼儿园艺术领域和课程思政的融合教育,本章以《3—6岁儿童学习与发展指南》艺术领域中的子目标:"感受与欣赏""表现与创造"为立足点,梳理幼儿教育的思政元素,将家国情怀、人文素养和科学精神等思政理念融入我们的艺术活动设计中,构建促进幼儿审美感知、审美想象和审美情感发展的内容体系,为系好童年的"第一颗扣子",促进幼儿身心全面和谐发展做好准备。

第一节　幼儿园小班艺术领域园本课程思政教育教学活动设计

活动一

咿呀咿呀哟[1]

设计意图

我班一个小朋友过生日,大家都来为他表演节目。有个小朋友演唱了一首《王老先生有块地》,其他小朋友非常喜欢,都不由自主地跟着哼了起来。小班的幼儿特别喜欢重复的歌词,对固定乐句有浓厚的兴趣。《王老先生有块地》是一首旋律生动活泼、节奏感强的幼儿歌曲,深受全世界小朋友的喜欢。同时,这首歌曲中王老先生养殖牲畜,体现了劳动的精神,是一首具有思政价值的歌曲。因此,我们生成了"咿呀咿呀哟"音乐活动。考虑到幼儿的年龄特点,我们对这首歌曲进行了修改,把歌曲中最具感染力和表现力的音乐元素挖掘出来进行提炼,通过各种各样的方法去帮助幼儿充分地体验、感受,充分地表达、表现。

---

[1] 本书作者指导罗海燕老师设计与撰写。

🚩 活动目标

1.知道劳动是一件光荣且幸福的事情。
2.探索歌曲的内在结构,能用多种肢体动作感知、表现歌曲的固定乐句。
3.感受歌曲的优美,体验随音乐表演角色情景的乐趣,喜欢参加音乐活动。

🚩 活动重难点

1.重点:能用多种肢体动作感知、表现歌曲的固定乐句,体验释放自己愉快的情绪。
2.难点:探索歌曲的内在结构,准确、适时地表现歌曲的固定乐句。

🚩 活动准备

1.经验准备:幼儿接触过音乐活动,有一定的经验。
2.物质准备:音乐图谱、丝巾若干、音乐。

🚩 活动过程

一、歌曲初感知

引导语:今天,老师给你们带来了一首好听的歌曲,其中有一句非常有趣的歌词,我们一起来听一听,找一找。

幼儿第一遍欣赏歌曲。

关键提问:歌曲中有一句非常有趣的歌词是什么?

请幼儿第二遍欣赏歌曲,听到"咿呀咿呀哟"就挥动小手示意。

二、歌曲新探索

关键提问:歌曲有的地方是一会儿就听到"咿呀咿呀哟",有的地方要时间长一点儿才能听到"咿呀咿呀哟"。你们知道什么地方会出现"咿呀咿呀哟"吗?

1.幼儿一边第三遍欣赏歌曲,一边看教师操作图谱,感知歌曲内在结构。
2.幼儿第四遍欣赏歌曲,用自己喜欢的肢体动作表示听到的固定乐句。

引导语:你们见过劳动的农民伯伯吗? 不管风吹日晒,农民伯伯都要去地里干活,太阳晒得农民伯伯汗水直冒,我们也可以做一做农民伯伯擦汗的动作。

小结:农民伯伯不辞辛苦,辛勤劳作,他们是勤劳的人,孩子们也要向农民伯伯学习,自己的事情自己做。

三、肢体初呈现

(一)创设游戏情境。

引导语:森林里住着一位农民伯伯,他家里养了好多小动物,都快住不下了,需要锯木头来盖房子。于是,他邀请了我们能干的小木匠来盖房子。我们一起去帮助他,好吗?

(二)教师与几个幼儿示范锯木头游戏。

教师把丝巾顶在头上,双手张开扮大树,请部分幼儿听到"咿呀咿呀哟"就锯木头,大树要慢慢变矮,最后倒掉。

引导语:一定要听清楚歌词,当唱到"咿呀咿呀哟"的时候,我们再开始锯木头。锯木头时,要坚持不懈,一直锯到这首歌曲结束,这样才能帮助农民伯伯把用来盖房子的木头集齐。锯木头时,我们可以边唱边做动作。

(三)将幼儿分成两组,分别扮演大树和小木匠,随音乐玩锯木头游戏,表现固定乐句。

(四)两组幼儿交换角色随音乐玩锯木头游戏,表现固定乐句。

(五)启发幼儿用劳动的方式表现固定乐句。

小结:虽然农民伯伯劳动很辛苦,但是他认为劳动是一件很光荣很幸福的事情,劳动可以创造幸福的生活,所以农民伯伯边锯木头边唱起了快乐的歌曲"咿呀咿呀哟"。

四、动作再创造

启发幼儿创造想象,用各种肢体动作表现固定乐句。

活动延伸

家园共育:我们帮农民伯伯把大房子盖好了,我们也回家帮妈妈擦擦桌子,用"咿呀咿呀哟"变出桌布,东擦擦,西擦擦,上擦擦,下擦擦,把桌子擦得亮亮的。

附:

咿呀咿呀哟

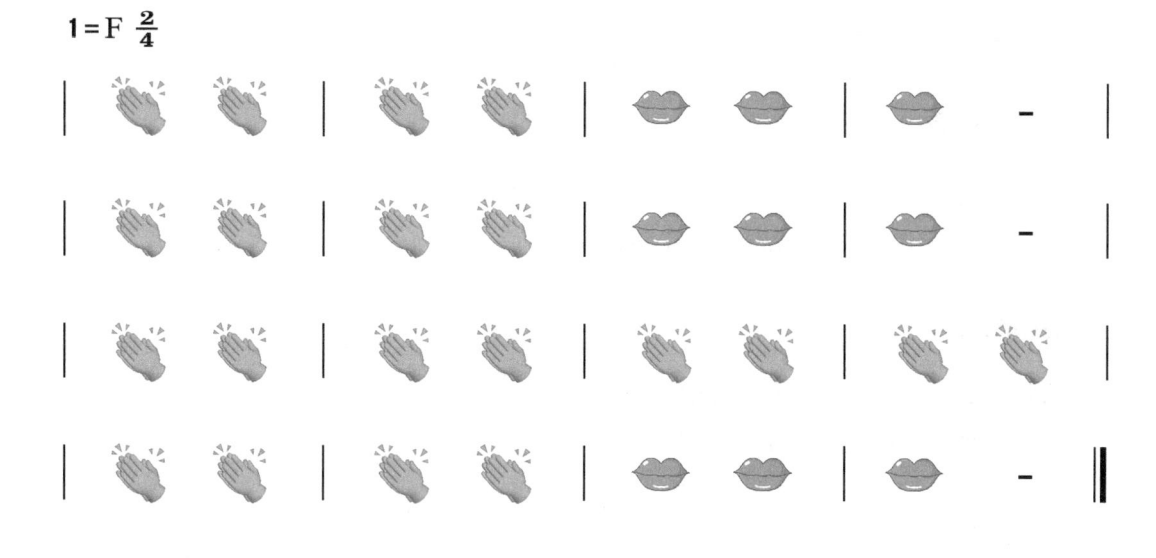

$1=F \dfrac{2}{4}$

活动二

幼师幼儿园之歌[①]

设计意图

　　太白岩下,长江水畔,坐落着一个歌声飘扬、笑声欢畅,流淌着游戏文化的童年小园。在这小园里,有着一株株欢乐盛开的"金色花"。园歌《幼师幼儿园之歌》将"一个孩子,一个世界"的办园理念与歌词巧妙融合,以幼儿为主体,用清纯悦耳、欢快有趣的声音,讲述着"金色花"在"美丽的家"里发生的点滴快乐、幸福的事……歌词朗朗上口,旋律温暖优美,唱出了幼儿园师生对幼儿园的深深喜爱,彰显了幼师幼儿园独特的气质,让大家看到了一个怀揣共同愿景和独一无二的幼师幼儿园;希望我们的孩子,能在属于自己的"家"里,"慧"玩无限的游戏,旋转幼年的乐趣,谱写属于自己生命的歌曲!

---

① 本书作者指导蒋锡燕设计与撰写。

🌱 活动目标

1. 理解园歌里有关四季的音乐的不同特性。
2. 能根据季节唱出歌词并配以相应的动作。
3. 愿意参与音乐活动,萌发热爱幼儿园的感情。

🌱 活动重难点

1. 重点:感知园歌里有关四季的音乐的不同特性。
2. 难点:能根据季节唱出歌词并配以相应的动作。

🌱 活动准备

1. 物质准备:《幼师幼儿园之歌》音乐。
2. 经验准备:幼儿对四季的季节特征有基本认识。

🌱 活动过程

一、导入舞蹈环节,巩固已有经验

引导语:孩子们,让我们听着四季的音乐一起舞蹈吧。

小结:春天似充满活力的音乐,让我们感受到了大地回春、一派生机的景象;夏天似热情奔放的音乐,让我们感受到了夏天是多姿多彩的,是热情火热的;秋天似轻松欢快的音乐,让我们感受到了柔和宁静,喜悦丰收;冬天似清寒静谧的音乐,让我们感受到了雪花飘落,让人心生宁静,甚是喜欢。

二、欣赏四季歌曲,感知不同特性

(一)感知歌曲开始部分,知道幼儿园的位置。

关键提问:我们的幼儿园是位于哪个地方?

小结:幼师幼儿园坐落在太白岩下,长江上游。

(二)感知音乐四季——冬天、春天。

关键提问:下面我们一起来听听冬天、春天的音乐,里面唱到了什么?

小结:冬天有雪娃娃,春天开满花。最后一句唱到了我爱我的幼儿园,幼儿园是温暖的家。

关键提问：我们可以怎样做动作呢？做一做自己喜欢的动作。

小结："冬天蹦出雪娃娃"，我们可以把双手举过头顶，慢慢滑下来。"大大的眼睛眨啊眨"，双手就在眼睛旁边张开合拢。"春天满园迎春花"，我们可以做花朵的姿势。最后一句"我爱我的幼儿园，温暖的家"，我们可以用双手"盖房子"的动作来表现。

（三）感知音乐四季——夏天、秋天。

关键提问：下面我们一起听听夏天、秋天的音乐，里面唱到了什么？

小结：夏天牵牛花开了，秋天桂花香。最后一句唱到我爱我的大中华，我们是幸福的一家人。

关键提问：你们想用什么肢体动作来表现歌词内容？试一试。

小结：夏天、秋天都是美丽的季节，我发现你们都能用自己喜欢的动作来表现歌词内容，做得非常棒。"夏天遍地牵牛花，整天吹着大喇叭"，我们可以用双手握拳，做一个喇叭的样子。"秋天来了桂花香，满园老师把我夸"，我们可以用大拇指点赞的动作，给自己点点赞。最后一句"我爱我的大中华，幸福是一家"，双手胸前比爱心。

三、幼儿完整演唱，教师提出要求

（一）教师有感情、口齿清楚地完整唱一遍园歌。

（二）幼儿和教师一起演唱。

（三）鼓励幼儿积极大胆地进行表演。

活动延伸

区域活动：在美工区，利用绘画材料画出自己心目中的幼儿园。

家园共育：幼儿回家后和爸爸妈妈分享自己喜欢的季节，并让爸爸妈妈带着去大自然中感受四季的美。

附：

幼师幼儿园之歌

巍巍太白迎朝霞，我家就在山岩下

长江爬到梦里来，山下开满金色花

冬天蹦出雪娃娃，大大的眼睛眨啊眨

我爱幼师幼儿园，这是我的家

春天满园迎春花,朵朵嘟着小嘴巴
妈妈我要上学啦,那儿是我家
啦啦啦 啦啦啦啦啦
啦啦啦 啦啦啦啦啦
我爱我的幼儿园,温暖的家
夏天遍地牵牛花,整天吹着大喇叭
我们全都笑哈哈,老师像妈妈
秋天来了桂花香,满园老师把我夸
我爱我的两个家,我爱大中华
啦啦啦 啦啦啦啦啦
啦啦啦 啦啦啦啦啦
我爱我的大中华,幸福是一家
我爱我的大中华,幸福是一家

活动三

头发肩膀膝盖脚[①]

设计意图

《头发肩膀膝盖脚》节奏鲜明、歌词简单,歌词内容具有直观性、形象性,符合小班幼儿的接受水平,且这首歌是一首旋律生动活泼、节奏感强,能激发幼儿表现自我,适合幼儿演唱并与身体各部位进行互动游戏的歌曲。《3—6岁儿童学习与发展指南》艺术领域中指出,小班的幼儿要"能跟随熟悉的音乐做身体动作"。我们设计"头发肩膀膝盖脚"活动,旨在通过本次教学,培养幼儿的韵律和节奏感,同时引导幼儿在愉悦的氛围中、在快乐的游戏中感知身体各部分的作用、特征。

活动目标

1. 认识身体的各个器官。
2. 能随乐曲的歌词内容,边唱边进行简单的韵律活动。

---

① 本书作者指导蒋锡燕老师设计与撰写。

3.愿意参与到音乐活动当中,乐于和同伴一起体验音乐乐趣。

活动重难点

1.重点:感知歌曲的节奏和旋律,乐于与同伴参与音乐活动。
2.难点:能唱出完整的歌曲并且配上简单的韵律。

活动准备

1.物质准备:钢琴、《头发肩膀膝盖脚》音乐。
2.经验准备:幼儿有过音乐活动的经验。

活动过程

一、玩游戏,知身体

引导语:今天,老师要和小朋友们一起玩个游戏,游戏的名字叫"我说你们做"。请小朋友们听指令,用手去摸一摸、指一指自己身体的各个部位,看谁指得又快又准。

小结:我们的身体有很多部位,每个部位都有非常重要的作用,所以我们既要保护自己身体的各个部分,也要爱护同伴的身体。

二、初感知,配韵律

(一)第一遍播放歌曲,鼓励幼儿说说歌曲内容。

关键提问:

(1)刚刚我们玩了认识身体的游戏,这个游戏还可以通过歌曲唱出来,我们一起来听听,告诉老师你们听到了什么。

(2)歌曲中唱到了哪些部位?请在身上找一找这些部位。

(二)第二遍播放歌曲,带领幼儿学唱歌曲。

(三)播放歌曲伴奏,鼓励幼儿边唱边根据歌词触碰对应的身体部位。

引导语:我们一起来边唱歌边做动作,唱到哪个身体部位,就用手碰碰它吧。注意,每一次的动作都要有节奏,一拍一个动作,也就是一拍指一次自己的身体部位。

(四)教师清唱歌曲,幼儿随歌曲做动作,节奏由慢到快,训练幼儿的反应能力。

三、唱曲目，乐表演

(一)教师有感情、口齿清楚地完整地唱一遍歌曲。

(二)幼儿和教师一起演唱。

(三)鼓励幼儿积极大胆地进行表演。

四、齐总结，爱身体

(一)小结幼儿活动情况，教育幼儿注意保护身体的各部分，欣赏欢快活泼的律动，进一步激发探索的欲望。

(二)表扬节奏准确的幼儿，奖励小红花贴纸。

活动延伸

区域活动：在日常生活中引导幼儿认识更多身体部位(肚子、腰、大腿、屁股等)的名称。

活动四

春节到[①]

设计意图

春节是我们中华民族的一个重大传统节日，对每一位中国人来说都具有重要意义。春节期间，举国上下，喜气洋洋，热闹非凡。为了落实立德树人根本任务，将思政教育活动渗透到幼儿教育中，充分发挥传统节日在弘扬中华优秀传统文化中的积极作用，传承中华美德，结合小班幼儿对看得见、摸得着的东西最感兴趣，对过年满怀憧憬的教育契机，我们设计了"春节到"活动，旨在让幼儿在音乐中感受我国传统文化和民间习俗，体验浓浓年味。

活动目标

1.初步了解春节的传统习俗，学唱歌曲。

2.理解歌词内容，并尝试边唱边做动作。

[①] 本书作者指导蒋锡燕老师设计与撰写。

3.感受春节的欢乐氛围,萌发对祖国传统文化的热爱。

活动重难点

1.重点:理解歌词内容,初步了解春节的传统习俗。
2.难点:学唱歌曲,并尝试边唱边做动作。

活动准备

1.经验准备:积累过有关过新年的知识经验。
2.物质准备:春节习俗PPT、《春节到》歌曲、图谱。

活动过程

一、图片入题——激发美好向往并链接经验

关键提问:快要过年啦,喵喵和欢欢,还有他们的好朋友们在做什么呢? 我们一起来看看吧!猫爸爸和猫妈妈在做什么?(放鞭炮)喵喵和欢欢,还有小企鹅在贴什么?(贴春联)看看喵喵和欢欢的手,你觉得他们在做什么?(拜年)

小结:新年有很多习俗,过年的节日氛围是红色喜庆的,我们可以穿新衣、放鞭炮、贴春联,还可以给家人和好朋友拜年,新年多么热闹!

二、歌曲趣赏——感知歌曲内容并随乐歌唱

(一)完整欣赏歌曲,熟悉歌曲。

关键提问:喵喵和欢欢拜年的时候,还唱了一首美妙的歌曲,我们一起来听听吧! 这首歌你们听起来有什么感觉?(热闹、喜庆)

(二)播放第二遍歌曲,理解歌曲。

关键提问:歌曲中唱了什么? 过年时大家在做什么事情?(贴春联、放鞭炮、蒸年糕、踩高跷等)

(三)逐句播放歌曲,随乐歌唱。

引导语:这一次我们跟随音乐一句一句地来学唱,让我听到你们好听的声音。

(四)根据图谱,深层理解歌曲并大胆唱响。

1.教师根据图谱示范歌曲唱法,引导幼儿感知歌词与图谱的关系。

引导语:新年即将到来,老师也来贺新年啦,我想为小朋友们送上这首歌。

2.幼儿根据图谱演唱。

引导语:现在换小朋友们来给老师拜年啦,让我感受到你们的祝福吧。

小结:在结合图谱唱歌的时候,注意节奏的快慢,前两句要唱得慢一点儿,后两句要唱得快一点儿,唱出新年欢快的感觉。

三、视频深入——自由创玩歌曲并做动作

(一)播放视频,让幼儿感知手势舞动作。

关键提问:新年快到了,孩子们,我们来学学怎么拜年吧!看看视频里面做了哪些动作?我们来学一学。

(二)教师自唱歌曲,带领幼儿逐句学习动作。

引导语:春节到,真热闹,贴春联,放鞭炮……视频里是怎么做的?我们一起试着把这些动作连起来做一做。

(三)教师带领幼儿边唱边做动作。

(四)教师带领幼儿一起去给其他班的小朋友拜早年。

小结:老师和小朋友都收到了你们的新年祝福,你们唱得真好听!回家后我们也把这首歌分享给家人,让他们也感受到我们浓浓的美好祝愿吧!

活动延伸

区域活动:在音乐区角中,引导幼儿用歌曲《春节到》模仿拜年的情境。

附歌词:

春节到

春节到　真热闹

贴春联　放鞭炮

妈妈忙着蒸年糕

饭菜丰盛味道好

穿新衣　戴新帽

除夕夜　大团圆

敲锣打鼓踩高跷

家家户户乐陶陶

活动五

颜色变变变[①]

设计意图

幼儿是在游戏中培养创新能力的,《3—6岁儿童学习与发展指南》指出,幼儿的思维特点是以具体形象思维为主,应注重引导幼儿通过直接感知、亲身体验和实际操作进行科学学习,不应为追求知识和技能的掌握,对幼儿进行灌输和强化训练。《变色鸟》是一个短小精悍且富有教育价值的绘本故事,通过绘本中白鸟吃果子这个情境,我们带领幼儿一起在情境性的实际体验中感知颜色、趣玩颜色,让幼儿大胆想象,大胆创造。

活动目标

1. 理解绘本中白鸟变化的过程。
2. 能用红、黄、蓝三种颜料感受颜色的变化。
3. 乐于探索颜色变化的神奇。

活动重难点

1. 重点:感受绘本中白鸟的变化过程。
2. 难点:感知多种颜色混合后产生的不是彩虹色而是黑色。

活动准备

1. 经验准备:幼儿已有相关颜色的经验。
2. 物质准备:红、黄、蓝三种颜色的颜料,排笔若干,白鸟涂色图若干。

[①] 本书作者指导崔卓琳老师设计与撰写。

🏠 活动过程

一、欣赏绘本——引发想象,初步感受颜色的变化

(一)教师出示绘本封面,引发幼儿想象。

关键问题:

(1)你看到了什么?它在干什么?

(2)有几个果子?果子上有几种颜色?

(3)为什么果子相交的地方会出现不一样的颜色?

小结:封面上有一只白鸟,它正在吃果子。果子上有七种颜色,因为果子相交的地方为两种颜色混合的地方,所以会出现不一样的颜色。

(二)幼儿阅读绘本,了解故事情节。

关键问题:

(1)你的感受是什么?

(2)你最喜欢绘本中的哪个部分?

小结:小朋友们都根据自己阅读绘本的感受进行了大胆表达。有的喜欢白鸟变化的部分,有的喜欢白鸟吃果子的部分,还有的喜欢绘本中果子的颜色,每个人都有自己的感受。

(三)师幼精读绘本,初步感受颜色的奥妙。

关键提问:

(1)白鸟吃了一颗什么颜色的果子?

(2)白鸟的身体发生了什么变化?

(3)为什么白鸟的身体会出现橘色、绿色和紫色?

小结:原来啊,这是一颗神奇的果子。白鸟吃了什么颜色的果子,白鸟的身体就会出现什么颜色。不同颜色之间也会有神奇的变化,比如红色和黄色混在一起就会变成橘色,黄色和蓝色混在一起就会变成绿色,红色和黄色混合在一起就会变成紫色。

二、乐玩色彩——操作体验,感知颜色相混的变化

(一)动画操作演示模拟绘本内容,感受颜色变化的神奇。

情境创设:请白鸟吃果子。

1.请一个幼儿选择一个果子颜色,然后动画显示白鸟变成了什么颜色。

2.请一个幼儿选择两个果子颜色,然后动画显示白鸟变成了什么颜色。

小结:原来啊,这是一个神奇的果子,吃什么颜色的果子,白鸟的身体的某个部分就会变成什么。

(二)幼儿动手操作,体验感知颜色的变化。

情境创设:请白鸟吃果子,给白鸟涂上颜色。

1.教师操作示范。

引导语:我想给白鸟吃一个红色的果子(用笔勾红色颜料),是红色,我要给白鸟的羽毛涂上红色;我想给白鸟吃一个红色和黄色的果子(以笔勾红色和黄色的颜料,和一和),是橙色,我要给白鸟的脚涂上橙色。

2.幼儿操作体验。

(三)幼儿分享作品,大胆表达。

关键提问:

(1)你的白鸟吃了什么颜色的果子?

(2)它的哪里发生了变化?

小结:原来啊,颜色真的会变魔术,不一样的颜色和在一起,就会变成不一样的色彩。小朋友们只要大胆想象,就一定能创作出美丽的作品。

三、延伸拓展——引发思考,提升幼儿的色彩认知

教师讲解故事最后部分,引发幼儿思考。

关键提问:为什么白鸟吃很多颜色的果子,不是变成彩虹色,而是变成黑色呢?

小结:色彩是十分神奇的,如果多种颜色混在一起,就会变成黑色。明天我们到美工区共同去探索颜色的奥秘吧。

活动延伸

区域活动:

(1)美工区:进一步探索颜色的奥妙。

(2)语言区:续编故事《变色鸟》。

第二节 幼儿园中班艺术领域园本课程思政教育教学活动设计

活动一

粒粒皆辛苦[①]

设计意图

每个幼儿心里都有一颗美的种子。《3—6岁儿童学习与发展指南》指出,要为幼儿提供审美感受与欣赏的机会,尊重幼儿的兴趣和独特感受,创设让幼儿自主表达与表现的机会和条件。随着年龄的增长,中班幼儿能欣赏形式多样的美的事物并分析出一些美的本质。在"世界勤俭日"到来之际,我们以国画名作《粒粒皆辛苦》为素材,以"勤俭"这一中华民族传统美德为思政要点,基于幼儿兴趣和发展需要,聚焦经典,设计"粒粒皆辛苦"活动,引导他们在观察、赏谈、创作中与大师直接对话,感受劳动人民吃苦耐劳的精神和粮食的珍贵,同时通过亲身体验和实践,让勤俭节约蔚然成风。

活动目标

1.观察、比较画面,了解近大远小的绘画技法,知道"粒粒皆辛苦"的深刻内涵。
2.能运用已有经验、联想和实际行动表达自己对画面的理解和感受。
3.体会劳动人民吃苦耐劳的精神,萌发勤俭节约的意识。

活动重难点

1.重点:了解近大远小的绘画技法,知道"粒粒皆辛苦"的深刻内涵。
2.难点:运用已有经验、联想和实际行动表达自己对画面的理解和感受。

活动准备

1.经验准备:已亲子学诵古诗《悯农》,已在幼儿园"基地耕读教育体验活动"中获得耕种体验。
2.物质准备:方增先的中国画《粒粒皆辛苦》、PPT。

[①] 本书作者指导崔卓琳老师设计与撰写。

活动过程

一、古诗入画

师幼齐诵古诗《悯农》,引出作品主题。

引导语:古诗最后一句是什么?(粒粒皆辛苦)。有一位很出名的画家爷爷叫方增先,他画了一幅画,也叫《粒粒皆辛苦》,一起来看看。

二、初赏识画

(一)初步欣赏作品,了解画面内容。

关键提问:

(1)你看到了什么?

(2)他是谁?他在干什么?

小结:画中有一位农民伯伯,头戴白色头巾,身穿青白色棉布袄和黑色长裤。他蹲下身子,伸长手臂,全神贯注地准备去捡掉落在地上的麦穗。在远处,还有一辆一辆满载麦子的驴车,以及车轮压过路面留下的痕迹。

(二)观察比较画面,感受绘画技法。

关键提问:

(1)仔细观察画中的农民伯伯和驴车,你发现了什么?

(2)为什么会这样?

小结:农民伯伯离我们近,所以画得大,驴和车离我们远,所以画得小。这种绘画技法,叫"近大远小"。

教师指导幼儿做影子游戏,感知近大远小。

三、再赏知画

(一)局部欣赏作品细节。

关键提问:

(1)农民伯伯的穿着和我们一样吗?有哪里不一样?为什么?

(2)驴车上有那么多麦子,他为什么还要捡起掉落在地上的麦穗呢?

小结:农民伯伯的衣服皱皱的,在田间地里劳作经常需要擦汗,所以他肩上还搭着一块汗巾;因为常年劳作,他的皮肤黑黑的,手也非常粗糙。劳作很辛苦,农民伯伯非常珍惜自己的劳动成果,一颗也不想浪费,所以他要把掉落在地上的麦穗都捡起来。

(二)理解作品的深刻内涵。

关键提问:看了这幅画,你有怎样的感受?

小结:我们幼儿园有耕读教育基地,我们在那儿已经体验过播种、翻地、插秧、浇水、除草……但是,收获却需要很长时间不间断的护理。劳动是一件辛苦又光荣的事,珍惜粮食是美德,我们应该倍加珍惜每一粒粮食。

四、联想创画

(一)观看国外战乱地区幼儿吃不上饭的视频。

(二)幼儿联想创作指示牌。

引导语:除了珍惜粮食,生活中还有很多地方需要我们厉行节约。在世界的各个地方,还有一些小朋友没有吃的,就像我们刚才看到的那样。"世界勤俭日"就要到了,让我们一起绘制提示牌,号召大家都做勤俭节约的好孩子!

活动延伸

1. 区域活动:创设"勤俭节约"记录墙,践行"光盘行动"。
2. 家园共育:亲子阅读绘本《一粒米的奇幻旅程》。

活动二

奇妙的小手[①]

设计意图

《幼儿园教育指导纲要(试行)》指出,要"引导幼儿接触周围环境和生活中美好的人、事、物,丰富他们的感性经验和审美情趣"。中班幼儿自我意识已经初步形成,开始对自己身体的各个器官及其身边的事物逐步产生探索兴趣。手作为幼儿身体的一部分,是幼儿最常用的,也是最熟悉的。我们设计本次活动,旨在让幼儿大胆想象,在艺术创作的过程中感受美、欣赏美和创造美。

---

① 本书作者指导崔卓琳老师设计与撰写。

🔻 活动目标

1.知道小手可以作画,不同的方向可以印出不一样的图案。

2.能用手掌进行印画并大胆想象。

3.喜欢手印画,乐于参与活动。

🔻 活动重难点

1.重点:知道小手可以作画,不同方向可以印出不一样的图案。

2.难点:对手掌印画进行大胆想象。

🔻 活动准备

1.经验准备:幼儿已有用手指作画的相关经验。

2.物质准备:各色丙烯颜料、盘子若干、白纸若干、勾线笔若干、彩色笔若干、PPT。

🔻 活动过程

一、绘本导入,引出主题手印画

(一)教师引导幼儿欣赏绘本《我有一双神奇的手》。

关键提问:

(1)你看到了什么?

(2)小手为什么有魔法?

(3)小手变成了什么?

小结:我们的小手很神奇,可以变成孔雀、毛毛虫、城堡等有趣的事物,这种用手印出来的图画,我们称为"手印画"。

二、欣赏作品,感受多样手印画

(一)教师出示优秀作品(创意手印画),引导幼儿欣赏。

关键提问:

(1)小手变成了什么?

(2)它是怎么变的? 用到了什么颜色?

小结:手张开、手合拢;手向上,手向下;不同的方向印出的图案不一样。小手的印记可以变成很多好玩的东西,比如:小怪兽、大螃蟹、小老虎……只要我们敢于想象,就会产生很多有意思的创意。

(二)教师引导幼儿创作手印画。

关键提问:

(1)你想用小手变成什么?

(2)怎么变?

小结:我们的小手可以变成这么多的东西,只要大胆想象,就可以创作出属于我们自己的手印画。

三、激发想象,大胆创作手印画

(一)教师示范。

小结:手印画分为两个大的步骤,第一个步骤是印,第二个步骤是画,小朋友们可以依据自己的手印,印出你们想象的事物。

(二)幼儿操作。

四、作品展示,大胆表达创意由来

(一)幼儿介绍自己的作品。

(二)幼儿互评。

(三)拓展延伸。

关键提问:你们的小手还可以做些什么事?

小结:你们的作品真好看,其实,你们的小手除了可以变成美丽的图案,还能做很多的事情,比如,可以帮爸爸妈妈做做家务,可以和其他小朋友合作做游戏……

活动延伸

1.区域活动:

(1)美工区:投放各种美术材料,探索小手的奥妙。

(2)阅读区:投放《神奇的小手》,了解手的结构和用途。

2.家园共育:用自己的小手做一些力所能及的家务,感恩自己的父母。

活动三

珍惜水资源[①]

🔖 设计意图

《3—6岁儿童学习与发展指南》指出,幼儿要"初步了解人们的生活与自然环境的密切关系,知道尊重和珍惜生命,保护环境"。水是生命之源,也是人类赖以生存的重要保障。我国虽然水系发达,但由于人口众多,可供利用的淡水资源非常有限,深入开展节水型城市建设已成为城市发展的必然。而在幼儿的实际生活中,大多数幼儿没有过缺水的体验,也不知道节约用水。我们设计"珍惜水资源"活动,旨在引导幼儿认识水资源、珍惜水资源,养成良好的用水习惯。

🔖 活动目标

1. 珍惜水资源,有保护水资源的意识。
2. 知道水资源的重要性,并懂得保护水资源。
3. 能用绘画的方式制作宣传画。

🔖 活动重难点

1. 重点:知道水资源的重要性。
2. 难点:能有创造性地进行绘画宣传。

🔖 活动准备

1. 经验准备:幼儿有关于节约用水的前期经验。
2. 物质准备:画笔若干、画纸若干、PPT。

[①] 本书作者指导崔卓琳老师设计与撰写。

活动过程

一、以"话"入题——初步感知水资源的重要

(一)谜语导入,引出主题"水"。

谜语:用手拿不起,用刀劈不开,煮饭和洗衣,都得请它来。

(二)师幼共同讨论水的重要性。

关键提问:

(1)你今天用水了吗?

(2)水可以用来做些什么?

(3)什么时候我们需要用到水?

小结:水在我们的日常生活中是非常重要的,很多时候我们都会用到水。如,漱口、洗脸、刷牙等,我们的生活离不开水。

二、以"图"启思——初步感知水资源的污染

(一)幼儿观看图片一:被污染的河流。

关键提问:

(1)你看到了什么?

(2)河里面的水怎么啦?这些被污染的水还能使用吗?

(3)为什么会这样?

小结:工业、农业,还有生活中的垃圾,都有可能使我们的水资源受到污染,造成鱼儿没有家,河水浑浊。

(二)师幼讨论并观看没有水的自然环境和人类生活。

关键提问:如果没有水,我们生活的世界会怎么样?

小结:如果没有水,植物会因为缺水而死亡,土地会因为缺水而干旱,在我们的生活中,处处都需要用到水,如果没有水,我们也不能生活,所以我们要保护我们的水资源。

三、以"画"为宣,创作保护水资源宣传画

(一)师幼共同讨论保护水资源的办法。

关键提问:我们应该怎么保护我们的水资源?

小结：不乱丢垃圾、植树护林、节约用水等方法都能保护我们的水资源。可是，还是有很多人不知道，让我们一起用画笔记录下来，呼吁大家共同保护我们的水资源吧！

（二）教师引导幼儿绘制宣传画。

1.教师出示多样的宣传图画引导幼儿欣赏。

关键提问：

（1）你看到了什么？

（2）你觉得它哪里画得好？为什么？

2.幼儿绘制宣传画。

关键提问：你想怎么画？你准备画些什么？

3.幼儿展示作品。

小结：小朋友们刚才画的宣传画都非常棒，每一笔都能看出小朋友们的用心，希望小朋友们从现在起，大家一起行动起来，共同保护我们的水资源。

活动延伸

家园共育：和自己的爸爸妈妈一起去社区宣传保护水资源，并将自己的宣传画进行展示。

活动四

小手变变变[①]

设计意图

《3—6岁儿童学习与发展指南》提出："每个幼儿心里都有一颗美的种子。幼儿艺术领域学习的关键在于充分创造条件和机会，在大自然和社会文化生活中萌发幼儿对美的感受和体验，丰富其想象力和创造力，引导幼儿学会用心灵去感受和发现美，用自己的方式去表现和创造美。"手是幼儿最熟悉的身体部位，如果你问幼儿："手有什么用？"他们肯定会自信满满地告诉你："手会画画、手会穿衣服、手能帮助我们做事情、手会擦桌子……"是的，我们的手灵巧又能干，但是手除了能做这些，还能不能做其他的事？还有没有其他的作用？关于"手"还有没有值得我们去开发，去引导孩子来探索、发现的地方？回答是肯定的。利用手进

[①] 本书作者指导彭红媛老师设计与撰写。

行借形想象就非常适合运用到幼儿美术教育中,并且能最大限度地促进幼儿想象力的发展。我们设计中班美术活动"小手变变变",旨在让幼儿用绘画的形式来表现他们熟悉的手型画,激发幼儿想象、创作的兴趣。幼儿根据自己的体验和感受,创造美、表现美,在表现时可以不受限制,从而体现了个性,提高了兴趣,在美术活动中达到了益智、育德、培美的目的。

活动目标

1. 能根据手形的变换联想各种事物。
2. 大胆想象,尝试用自己的小手变出各种生动的图案。
3. 体验手形画带来的乐趣。

活动重难点

1. 重点:能根据手形的变换联想各种事物,并将它变成生动的图案。
2. 难点:通过想象,在手的造型上进行添画,创造出不同形态的物体。

活动准备

1. 经验准备:幼儿已经感知认识了"能干的小手"。
2. 物质准备:手形图片、手影图片、手绘图片、播放器、音乐、卡纸、记号笔。
3. 环境准备:幼儿园大操场。

活动过程

一、游戏导入,引出主题

教师带领幼儿一起做"手指变变变"的游戏。

引导语:小朋友们,让我们一起向老师挥一挥手,打招呼吧。我们的小手除了会打招呼还会做游戏呢!现在我们一起来做手指游戏——"手指变变变"。在游戏里,我们的小手都变成什么啦?我们的小手真能干,都变成了有趣的动物朋友。我的手除了会变动物,还会变成其他的手形哦。你们想看吗?看,我要变了,我变,我变,我变变变。

二、细致观察,大胆创作

(一)出示手型图片,幼儿观察并展开联想。

1. 出示("耶"手型图片)。

关键提问:看看我的手,变成什么啦?(耶,胜利的手势、拍照的手势,像螃蟹的大钳子、小

兔子、剪刀等)还像什么呢?(鼓励幼儿大胆想象)

2.出示("真棒"手型图片)。

关键提问:我的手又要变了,我变,我变,我变变变!变成什么啦?(表扬的手势、像刀、锤子、打火机、易拉罐等)

3.出示("我爱你"手型图片)。

关键提问:我变,我变,我变变变!看看我的手,变成什么啦?(我爱你的手势,能表示宝贝我爱你。)

小结:小朋友们的想象力真丰富,把我的手想象成了许多有趣的事物,不仅我们小朋友会想象,我们的手影爱好者也会想象。他们会做手影游戏,我们一起来看看吧!

(二)教师出示手影图片,引导幼儿观察并提问。

关键提问:看看,这些手影像什么?请小朋友到前边来说,好吗?(像天鹅张开翅膀跳起优美的舞蹈。像袋鼠站着在眺望。像鸽子在空中飞翔……)

引导语:手影爱好者们不仅爱做手影游戏,他们也喜欢画手形画呢,我们一起来看看吧!

(三)幼儿观看手形画:鸭、狗、马。

关键提问:看看这是什么?(鸭)是怎么做的?先把手拱起来,手指并拢。再在手形上添画上什么就变成鸭了。鸭子嘎嘎嘎……

(四)播放视频,幼儿观察。

关键提问:这些画漂亮吗?看到这么多漂亮的画我也想画啦!怎样把手变到纸上去呢?我们一起来看一看视频里面是怎么画的。

引导语:把手放在纸上,然后用笔描线,从纸的边缘画进来,把手臂也画进去,给我的手穿一件紧身的衣裳。现在,我想把我的手形变一变,看我变哦!我会72变!添画上眼睛、嘴巴、羊角、毛,变成了羊先生。光有羊先生好像画面太单调了。我再来画一个,画什么呢?我想想。啊,有啦,我变,我变,我变变变!看看,我变成什么啦?好啦,我变成了山羊先生和孔雀小姐。它们打扮得漂漂亮亮的,要去参加舞会呢。小朋友们,你们也想来画一画吗?你们想做什么手形,把它们变成什么?

(五)幼儿利用小手的变化创作意愿画,教师巡回指导。

1.教师交代要求,鼓励幼儿大胆想象,创作手形画。

引导语:老师为你们准备了卡纸和记号笔,4个小朋友一组,坐到桌子旁边去,先摆好手形,用笔描线,再把小手变一变,变成其他的东西,好吗?好,开始吧!

2.在幼儿绘画的过程中,教师巡回观察指导。

引导语:画的时候要从纸的边缘画进来,给手穿一件紧身的衣裳,再画到纸的边上去。把线宝宝连起来。我发现越来越多的小朋友变得非常非常认真。好的,画了一个手形,还可以画第2个、3个、4个,要把画面画得非常丰富。我们要养成好的习惯,线宝宝和线宝宝之间要连接起来哦!这是什么?(长颈鹿吗?我看出来了)

有的小朋友已经开始想象了。把手形变成了有趣的动物朋友。是在做鬼脸,一个眼睛睁,一个眼睛闭,对吧?我们小朋友想象的翅膀已经打开了。哦、太棒了!我们不仅要会说、会想,还要会画。

抓紧时间,把小眼睛、小鼻子都画上去。用动脑筋的办法可以画花纹、花边、画点点、波点、画线进行装饰。不要担心自己画得不像,敢画的宝贝就是最棒的宝贝!

三、展示作品,体验快乐

(一)展示幼儿作品,体验成功的喜悦。

教师鼓励幼儿发现同伴的优点,表扬与众不同的想法,培养审美能力。

引导语:孩子们,你们想看自己的作品吗?请动作快一点儿。画好的小朋友,先把你的作品贴到黑板上来。

(二)请幼儿介绍作品,老师小结,提炼。

1.幼儿介绍:我把手变成了……它们在帮小兔拔萝卜。

小结:别人遇到困难了,我们要帮助他们。好朋友之间要互相帮助。

2.幼儿介绍:我把手变成了……它们是一家人,在一起玩。

小结:它们是相亲相爱的一家人,大家在一起玩得真开心。我们小朋友和爸爸妈妈也是相亲相爱的一家人,爸爸妈妈爱我们,我们也要爱自己的爸爸妈妈,为他们做一些力所能及的事情。

3.幼儿介绍:它们在浇花。

小结:真是一群爱劳动的动物宝宝啊。我们小朋友也爱劳动吗?你在家会做哪些事情?希望我们每个小朋友都爱劳动,都能做一些力所能及的事情。因为呀,劳动最光荣!

4.幼儿介绍:他们一起出去玩。

小结:小朋友们,出去玩开心吗?我们在玩的时候要开心,要随时保持好心情。这样你们才快乐,只有你们快乐了,你们也才可以把你们的快乐传递给别人,让别人也快乐起来。

5.幼儿介绍:它们在做游戏。

小结:我们小朋友也经常做游戏,做游戏的时候,我们要团结合作,这样才能交到更多的朋友。

6.分享交流。

小结:我们小朋友非常具有想象力和创造力,把手变成了有趣的动物。我们的手不仅可以变成动物,还可以变成植物、花卉和其他的物品呢。下一次我们再一起来画一画、变一变吧!

把幼儿的作品布置在幼儿园,让幼儿和家长共同参观。

活动延伸

1.游戏活动:继续玩"小手变变变"的游戏,并可编成儿歌让幼儿表演。
2.区域活动:在美工区用手借形想象创作出更多有趣的作品。

活动五

橘子变变变[①]

设计意图

《幼儿园教育指导纲要(试行)》指出:"幼儿的创作过程和作品是他们表达自己的认识和情感的重要方式,应支持幼儿富有个性和创造性的表达,克服过分强调技能技巧和标准化要求的偏向。"幼儿美术创意活动的目的并不是强调让幼儿机械地习得某种美术技能,而是把重点落在"创意"二字上,即在幼儿已有经验的基础上,为幼儿提供全方位的支持,鼓励幼儿充分发挥想象、联想、幻想,重点关注幼儿参与美术活动的过程以及通过活动提高幼儿创造性思维能力。

中班的幼儿正处于一个对各种事物充满好奇并具有丰富想象力的阶段,在日常美术教学活动中,我们比较注重培养幼儿的创造性思维能力,不过度要求他们一笔一画、一板一眼地跟着老师或范例画画,而是放手让他们凭自己的经验将事物描绘出来,并通过联想添加成为新的事物和主题,构成有趣的情节,这符合幼儿的心理特征,幼儿的绘画兴趣自然而然地被激发出来了。

---

① 本书作者指导彭红媛老师设计与撰写。

🔰 活动目标

1. 能从不同的切面观察橘子,并大胆想象。
2. 用自己喜欢的线条,大胆创作。

🔰 活动重难点

1. 重点:能根据橘子的横切面和竖切面联想出多种物体。
2. 难点:能用添画的方式表现其横切面和竖切面的主要特征。

🔰 活动准备

物质准备:《橘子的联想》PPT、橘子若干、每人一支记号笔、卡纸若干。

🔰 活动过程

一、游戏导入,引出主题

引导语:今天我们来玩一个游戏——我画你猜。

教师在纸上画一个圆,让幼儿猜测它是什么,然后在圆上加一点,再让幼儿猜测这是什么。

引导语:这个谜底就藏在我的口袋里面。请一个小朋友上来摸一摸,并说出答案。

小结:老师用一个圆加上一点变成了橘子。

二、认真观察,大胆创作

(一)认识橘子的蒂,并对橘子进行添画。

关键提问:我们一眼就看到橘子的表面有一个圆圆的点,这个点叫什么名字?(小朋友知道的话请小朋友说出,小朋友不知道就由老师介绍)

小结:这个部位叫蒂,树妈妈通过这个蒂将营养输送给橘子,橘子就慢慢长大了。

关键提问:这个蒂是什么形状? 它是由什么图形组成的? 它像什么?

老师让幼儿近距离观察橘子,请幼儿回答,然后出示图片。

幼儿回答。

引导语:我也来变一变。老师先在图形上添画眉毛、眼睛,它像什么? 然后再添画鼻子、嘴巴,它又像什么? 最后添画胡须,它是什么?(狮子)

请幼儿添画狮子的身体。

(二)观察橘子的竖切面,并进行想象。

引导语:现在,我将橘子竖着掰开,小朋友猜猜变成了什么形状。我们一起来看看橘子的竖切面是什么形状。

幼儿边猜,老师边出示图片。

关键提问:橘子的竖切面是一个大圆里面有2个半圆。小朋友,请发挥想象,你能把这个图形变成什么?

幼儿想象、联想。

引导语:你们的想象真丰富!老师也来变一变。

老师开始在图形上添画,变成乌龟、交通标志。请幼儿添画,把图形变成其他的物体。

(三)观察橘子的横切面,并进行想象。

关键提问:现在我将橘子横着切一刀,我们一起来看看,它是什么形状?

幼儿观看后说出,老师出示图片。

关键提问:它像什么?

小朋友联想并说出来。

老师将图形添画成洗衣机、雨伞。请幼儿添画,把图形变成其他的物体。

小结:橘子不光是一种非常好吃、非常有营养的水果,也是一种非常有趣的水果,它像一个会变的小精灵一样。我们从它身上找到了很多有趣的小秘密。

(四)找出图中橘子的变形画。

引导语:会变的小精灵还想和我们玩"捉迷藏",他们变成了各种各样的东西,躲在这幅画里面,我们一起把它们找出来吧!

这是一个漂亮有趣的游乐场。小朋友,请看看会变的小精灵躲在什么地方了。

师幼一起找出来。

引导语:现在也请小朋友将橘子这个小精灵变一变,变成一幅美丽的图画吧。

(五)幼儿绘画,教师巡回指导。

三、展示作品,体验快乐

幼儿展示作品并进行交流。

关键提问:你画的是什么?它的什么地方是橘子变的?

引导语:橘子的横切面变洗衣机,真能干,把衣服洗得真干净!橘子的横切面变电风扇,小海豹吹电风扇,再热也不怕了!橘子横切面变自行车,小狗骑着橘子变的自行车在草地上快乐地玩！橘子横切面变雨伞,小朋友撑着橘子变的雨伞,下再大的雨也不怕!

小结:小小的橘子可以变成那么多的东西,真好玩。我们下次再去观察一下其他的水果,也来变一变。

活动延伸

1.游戏活动:继续玩"橘子变变变"的游戏,并编成儿歌让幼儿表演。

2.区域活动:在美工区用橘子横/竖切面借形想象,创作出更多有趣作品。

活动六

新年好[1]

设计意图

《幼儿园教育指导纲要(试行)》指出:"提供自由表现的机会,鼓励幼儿用不同艺术形式大胆地表达自己的情感、理解和想象,尊重每个幼儿的想法和创造,肯定和接纳他们独特的审美感受和表现方式,分享他们创造的快乐。"我们要创造机会和条件,支持幼儿自发的艺术表现和创造。春节将近,本班幼儿表现出对春节的极度向往,近期我们班开展了"过春节"主题活动。此前已开展了"新年好"歌唱活动,幼儿已对歌曲有所掌握,并已根据歌曲创编了动作,为加深幼儿对歌曲节奏和旋律有更深刻的感受与体验,特开展本次音乐活动。

活动目标

1.理解3/4拍的节奏,学习用节拍表现歌曲的强-弱-弱变化。

2.积极参与音乐活动,乐于与同伴合作。

活动重难点

1.重点:感受节奏的强-弱-弱。

2.难点:用节拍表现歌曲的强-弱-弱变化。

---

[1] 本书作者指导陈枭老师设计与撰写。

🔖 活动准备

1. 经验准备：已经学会《新年好》并能根据歌曲做动作。
2. 物质准备：《新年好》音频、春节相关图片。

🔖 活动过程

一、师幼谈话，回忆过新年场景

关键提问：

(1)小朋友们，你们看，图片上的人们在干吗？(出示图片)

(2)什么时候会贴春联、放鞭炮？

小结：春节是我们中国的传统节日，大家会把家里打扫得干干净净，还会买很多好吃的、好玩的，还要贴对联、窗花，放鞭炮等。

二、复习歌曲，感受音乐的强弱变化

关键提问：你们知道这首歌是几拍吗？

小结：对，这首歌是3/4拍的。

教师和幼儿边唱歌边拍手，拍出强–弱–弱。

三、利用图谱，引导幼儿看谱演奏

(一)师幼看图，幼儿表达图谱的具体含义。

(二)师幼尝试，用拍手掌和手心的方式表达强–弱–弱的节奏。

关键提问：你们还喜欢用什么动作来表现歌曲的强–弱–弱？

小结：你们真会动脑筋！我们还可以用叉腰、跺脚、拍肩膀等来表现。

四、幼儿讨论，分工合作登台演奏

(一)幼儿讨论演奏会的分工(指挥、拍照、演奏队形)。

(二)开始演奏，教师支持。

(三)师幼多维评价。

小结：你们的音乐素养真厉害，准确拍出了强–弱–弱的节奏，演奏的时候大家也要积极合作，以后一定能演奏出更多的作品给更多的人听。

活动延伸

1. 游戏活动：户外体育游戏《噼里啪啦鞭炮响》。
2. 区域活动：绘画区提供画笔、画纸，让幼儿绘画欢乐中国年。
3. 家园共育：和爸爸妈妈一起完成新年对联。

附：

新年好

$1=C \quad \dfrac{3}{4}$

活动七

烤鱼大王PK大赛[①]

设计意图

《幼儿园教育指导纲要（试行）》指出，要"鼓励幼儿用不同艺术形式大胆地表达自己的情感、理解和想象"。幼儿的一大特点就是容易被新颖有趣的材料所吸引，材料本身也是激发

---

① 本书作者指导卓睿老师设计与撰写。

幼儿进行创作活动的载体,儿童的游戏能充分与家国情怀产生联结。于是,我们巧思妙想,收集多种材料进行烤鱼的"制作",以家乡美食为出发点,设计"烤鱼大王PK大赛"活动,引发幼儿产生对家乡特色的自豪,萌发对祖国的热爱。

活动目标

1. 了解烤鱼的制作过程,对烤鱼的制作感兴趣。
2. 尝试运用撕撕粘粘等技能,制作一盘好吃的鱼。
3. 感受美术活动带来的乐趣,体验当小厨师的快乐。

活动重难点

1. 重点:运用撕撕粘粘等技能,制作好吃的鱼。
2. 难点:能独立动手制作一盘好吃的烤鱼。

活动准备

1. 经验准备:有吃烤鱼的经验。
2. 物质准备:红、黄、绿、白手工纸,鱼儿轮廓、胶水、锅、抹布、围裙、背景音乐。
3. 环境准备:参观万州天生天城烤鱼美食城。

活动过程

一、"鱼"我同行,厨师入场——设置情境,引起幼儿制作兴趣

引导语:烤鱼粉丝们,早上好!我是本届"万州烤鱼节"的总冠军小卓子厨师。知道这是什么吗?这是我的金牌,我就是做的麻辣鱼和泡椒鱼荣获了这个金牌。你们想要得到金牌吗?今天我就把这两道菜的做法教给你们。我们首先做麻辣鱼,然后再做泡椒鱼。你们要认真学,仔细看哦!

二、"鱼"乐无限,厨师制作——充分了解制作步骤

引导语:现在,我要拿出锅,锅里面放入一点点色拉油,用食指蘸点儿油然后从上往下抹一抹,从左往右抹一抹。一点儿一点儿地涂满整个锅底(要涂满整个锅底哦,涂得不均匀的话,鱼儿放入锅中的时候就会粘锅)。放了油,我的手指好滑呀,得用手帕擦一擦。然后把鱼

儿放入锅中,用手把鱼儿压一压,不然鱼儿就从锅里跳出来了。我要在鱼儿的身体上面再抹一层油(给鱼儿抹油的时候要从上往下、从左往右一点儿一点儿地抹),这样鱼儿才不会干干的。现在,我要表演魔术了——那就是手撕佐料,小朋友们仔细看哦。

我的小手真灵巧,撕呀撕,撕呀撕(连续说几遍,幼儿一起做),现在拿出大块的佐料,我的小手真灵巧,撕呀撕,撕呀撕,撕出一颗大蒜来,把其他的大蒜送回去。大蒜、姜、葱下锅了。好了,一盘美味的麻辣鱼就做好了。嗯,好香哦。接下来你们和我一起来做泡椒鱼,你们说做鱼的步骤我来做,好不好?

幼儿说,教师边做动作边出声引导。

引导语:好了,一盘美味的泡椒鱼就做好了,好香呀!现在该你们了。小厨师们要认真做鱼哟,小卓子厨师看看谁做的鱼最美味,做得最美味的小厨师将拥有和小卓子厨师一样的金牌,所以要加油哦!

三、"鱼"乐相绘,幼儿制作——幼儿操作,教师巡回指导

引导语:小厨师们做好了没有?做好了的小厨师端着你们做的鱼给老师闻一闻、看一看。

四、"鱼"乐无限,评价作品——展示作品,大胆评价

幼儿展示作品。

小结:我觉得每个小厨师做的鱼都很香,真是色香味俱全。你们都可以和小卓子厨师一样拥有一枚金牌。

活动延伸

区域活动:将制作材料以及孩子们的作品投放到美工区、表演区。

第三节　幼儿园大班艺术领域园本课程思政教育教学活动设计

> 活动一

毕业歌[1]

🔖 设计意图

《3—6岁儿童学习与发展指南》指出:"幼儿艺术领域学习的关键在于充分创造条件和机会,在大自然和社会文化生活中萌发幼儿对美的感受和体验,丰富其想象力和创造力,引导幼儿学会用心灵去感受和发现美,用自己的方式去表现和创造美。"我们要创造机会和条件,支持幼儿自发的艺术表现和创造。于是,我们开展了《毕业歌》的歌唱活动,但通过观察发现,幼儿对歌曲节奏掌握还尚有欠缺,特开展此次"毕业歌"音乐活动,利用打击乐的方式让幼儿更加熟悉并能运用打击乐。

🔖 活动目标

1. 理解2/4拍的节奏,感受歌曲情景。
2. 尝试模仿和创编打击乐的动作。
3. 积极参与音乐活动,体验与同伴合作的乐趣。

🔖 活动重难点

1. 重点:感受节奏的长短。
2. 难点:能创编打击乐的动作。

🔖 活动准备

1. 经验准备:已经学会《毕业歌》并能根据歌曲做动作。
2. 物质准备:《毕业歌》音频文件,学士帽、画纸、画笔若干。

---

[1] 本书作者指导陈枭老师设计与撰写。

活动过程

一、出示教具,引出主题

教师出示教具"学士帽",引出毕业的主题。

关键提问:

(1)小朋友们,你们看看老师今天带来了什么东西?(出示学士帽)

(2)什么时候才会用上它呢?

小结:毕业的时候会用上学士帽,戴上学士帽就表示咱们长大了,要从幼儿园毕业啦。

二、师幼回顾,复习儿歌

引导语:上节课我们学习了一首关于毕业的儿歌,还创编了好看的动作,我们一起回忆一下吧!

师幼共唱"时间,时间,像飞鸟……"

三、教师示范,幼儿模仿

(一)播放音频《毕业歌》,教师进行示范。

关键提问:小朋友们,刚刚老师拍打了身体的哪些部位?

小结:刚刚我分别拍了手、腿、肩膀、膝盖。

关键提问:每个动作做了几次?

小结:对了,每个部位都拍了两次。

(二)师幼共同讨论并探索双人身体打击乐的方式。

关键提问:小朋友们,两个人怎样进行身体打击乐呢?

幼儿讨论:还可以击掌、拍大腿……

小结:现在把动作变一下,我们把拍胸脯的动作变成击掌动作。

(三)师幼再次尝试不同动作。

四、小组合作,绘画创编

(一)分发材料画纸和笔,5人一组。

关键提问:多人又怎样做呢?小朋友们一起合作,把自己想到的方法画下来。

(二)请小朋友说一说,用的什么方法打击。

(三)播放音乐,小组展示。

引导语:小朋友们,请将自己的方法和小组同伴一起展现出来。

小结:我们可以将拍胸脯的动作改成同时向两边小朋友击掌,也可以把两次拍胸脯的动作改成先左手拍左边小伙伴,后右手拍右边小伙伴……

活动延伸

1.游戏活动:小手拍拍。

2.区域活动:美工区——提供橡皮、卡纸、剪刀、布等手工材料,做一个属于自己的毕业帽。

3.家园共育:和爸爸妈妈一起准备一个毕业节目。

附:

幼儿园毕业歌

佚名 词曲

$1=\flat B$ $\frac{2}{4}$

3. 4 5 | 3. 4 5 | 5 i | 2 - | 3. 2 | i i 7 6 |

5 5 6 7 | i - | 3. 4 5 | 3. 4 5 | 5 3 | i - |
　　　　　　　　　时　间　　时　间　像　飞　鸟,

i 5 | i 5 | 5 4 3 2 | 3 - | 3. 4 5 | 3. 4 5 | 5 i |
嘀 嗒 嘀 嗒 向 前 跑。　今 天 我 们 毕 业

2 - | 3. 2 | i 6 | 5 2 | i - | 3. 3 | 3 - |
了,　　明 天 就 要 上 学 校。　忘 不 了,

6 i 6 5 | 3 5 | 6 - | 6 - | 6. 6 6 - | 2 3 2 i |
幼儿园的 愉 快 欢 笑,　　忘 不 了　老师们的

亲切教导。老师，老师，再见了，幼儿园，幼儿园，再见了，等我戴上红领巾，再向你们来问好。

活动二

先有啥[①]

设计意图

《幼儿园教育指导纲要(试行)》指出："艺术是实施美育的主要途径,应充分发挥艺术的情感教育功能,促进幼儿健全人格的形成。"大班幼儿在音乐活动中学唱的能力已经有了很大提高,他们能根据图片或图谱来记忆歌词,所以本次活动主要引导幼儿在游戏中通过多种感受感知歌曲的旋律,理解歌词内容学唱歌曲。

活动目标

1.聆听歌曲《先有啥》,用自然的声音集体演唱歌曲。
2.结合图谱及游戏,尝试完整唱出歌曲。
3.在活动中锻炼合作能力及遵守规则的能力。

活动重难点

1.重点:通过图谱及游戏,尝试完整唱出歌曲。
2.难点:完整唱出歌曲。

---

① 本书作者指导陈枭老师设计与撰写。

🚀 活动准备

物质准备：歌曲图谱、12个蛋、《先有啥》音乐。

🚀 活动过程

一、话导入，引出蛋

关键提问：蛋是怎么来的？

小结：刚刚小朋友们讲了很多关于蛋的来历。老师告诉你们，鸡蛋是鸡妈妈生的。

关键提问：你们能模仿母鸡下蛋时候的动作和声音吗？

二、趣展开，学歌曲

(一)初步感知歌曲，引导幼儿感知歌词固定句式。

1.第一遍欣赏歌曲。

关键提问：啥是什么意思？

小结：啥就是什么的意思。

2.师幼游戏(找鸡蛋)，引导幼儿观察纸条。

小结：每个鸡蛋里面都有一张小纸条，小纸条上面有各种符号。

3.出示拼图，引导幼儿观察。

引导语：接下来，请手里拿着三角形符号的小朋友，根据你手里的纸条找到相对应的拼图，找对了的小朋友请把纸条放到篮子里。圆形、正方形、小花方法同上。

4.引导幼儿按照拼图上的图形将其放到相对应的位置。

5.第二遍欣赏歌曲，引导幼儿按照歌词完成拼图。

6.引导幼儿按照符号顺序，根据歌词提示拼图。

(二)尝试多种方式演唱歌曲。

1.全体小朋友根据完整拼图演唱。

2.分组演唱。

3.加动作演唱。

三、讨论蛋，好处多

师幼互动讨论吃蛋的好处。

小结：吃蛋可以让咱们的皮肤变得很漂亮，还可以改善记忆，对我们的身体发育有很大的帮助。现在咱们一起到厨房煮蛋吃吧。

活动延伸

1. 生活活动：吃点心时幼儿先介绍鸡蛋的营养价值。
2. 游戏活动：老鹰捉小鸡。
3. 区域活动：音乐区表演《先有啥》歌曲活动。
4. 家园共育：和家人一起演奏歌曲。

附：先有啥

先有啥

陈蓉　词曲

$1=^\flat B$　$\frac{2}{4}$

| 5 3 | 5 0 3 | 5 5 6 6 | 5 0 | 5 3 |
|先 有| 啥？ 是 小 |鸡 还 是 蛋？| 先 有|

| 5 0 5 | 3 2 2 | 1 1 X | 1 1 1 1 | 1 0 |
| 啥？ 是 蛋 | 还 是 小 鸡？ 哦 | 母 鸡 生 下 蛋，|

| 3 3 2 1 | 3 5 0 | 5 3 | 5 0 5 | 3 3 2 2 | 1 0 ‖
| 蛋 又 孵 出 小 鸡，| 先 有 啥？ 是 小 鸡 还 是 蛋？|

活动三

福袋里的中国年[①]

设计意图

福袋，作为中国的传统吉祥物之一，有着吉祥好运、招财纳福的美好寓意。"福"代表着福

---

① 本书作者指导刘聪老师设计与撰写。

气和福运,"袋"谐音"代",有代代有福、福延后代之意。《幼儿园教育指导纲要(试行)》指出:"艺术是实施美育的主要途径,应充分发挥艺术的情感教育功能,促进幼儿健全人格的形成。"为充分发扬中华优秀传统文化的魅力,结合大班幼儿的年龄特点,我们设计了"福袋里的中国年"活动,旨在使幼儿在活动中,通过欣赏福袋的图案美,感受福袋的美好寓意,萌发对新年与传统文化的热爱。

活动目标

1. 了解福袋的含义与构图,感受中华优秀传统文化的魅力。
2. 能够运用线描的方式大胆创作出福袋的造型特点。
3. 欣赏福袋的图案美,感受福袋的美好寓意,萌发对新年与传统文化的热爱。

活动重难点

1. 重点:了解福袋的含义与构图,感受福袋的美好寓意,萌发对新年与传统文化的热爱。
2. 难点:通过观察了解福袋的造型,并运用线描的方式大胆创作出福袋的造型特点。

活动准备

1. 经验准备:知道并见过福袋,对新年习俗有初步的了解。
2. 物质准备:PPT,每人准备一个福袋、彩色笔、白色卡纸。
3. 环境准备:《新年》主题环创、背景音乐《过年了》。

活动过程

一、识福袋——引出主题"福袋里的中国年"

(一)故事情景导入,激发幼儿对新年的兴趣与猜想。

引导语:新年到,放鞭炮,家家户户开颜笑。住在麦田里的小熊也想热热闹闹地与家人一起过新年,可他的记性不太好,忘了过新年有哪些习俗?你们能帮帮他吗?

关键提问:

(1)你们知道新年有哪些习俗吗?

(2)这些习俗有哪些含义?寄托着人们怎样的美好祝愿?

小结:新年又叫春节,是中国民间最隆重最富有特色的传统节日之一。新年的习俗丰富多彩,如穿新衣、放鞭炮、拜年、贴对联、发压岁钱、贴窗花、守岁等都是春节的重要元素,它们承载着人们对新的一年的美好祝福与期待。

(二)引出主题——"福袋里的中国年"。了解福袋的含义,加深对新年的印象。

引导语:除了刚刚你们所讲到的新年习俗,福袋也是新年里一个重要的元素。

关键提问:

(1)你们知道什么是福袋吗?

(2)你们觉得福袋有哪些含义?

小结:福袋是一种传统吉祥物,通常指装满福气和吉祥物的袋子,在春节期间,家人或者亲朋好友间会互赠福袋,所以有着"福袋里的中国年"这一美好寓意。

二、赏福袋——欣赏福袋的图案美,了解福袋造型

(一)出示各种福袋图片,欣赏福袋的造型特征。

关键提问:

(1)福袋上有哪些花纹?

(2)福袋的外形色彩有哪些特征?

小结:福袋多以红色为主,上面会绣上一个"福"字,还会有很多漂亮的图案,如荷花、牡丹、石榴、寿桃等。

(二)观察福袋实物,进一步感受福袋的外形特征。

仔细观察福袋实物,与其他小朋友的福袋进行交换欣赏,感受福袋款式的多种多样。

关键提问:

(1)欣赏了这些福袋,你们有什么感觉?

(2)这些福袋有哪些相同的地方?

小结:这些福袋看起来都红红火火,十分喜庆。福袋的肚子大多是圆形的,福袋的口子被紧紧系住,寓意着福气满满,好不外漏。

(三)启发式提问,引导幼儿分享自己喜欢的福袋,并说明理由。

关键提问:

(1)你们喜欢哪种福袋?

(2)它的花纹是怎样的?

(3)为什么喜欢它?

小结:每一个小朋友喜爱的福袋都不一样,每一个福袋都有其独特的含义、花纹与图案。你们发现了每一个福袋不一样的美,你们真棒!

三、画福袋——发挥想象,激情创作

引导语:刚刚我们欣赏了很多漂亮的福袋,现在我们就来创作一个属于自己的福袋。

(一)再次观察福袋的整体特征,运用线描的方式勾勒出福袋的外形。

关键提问:刚刚我们观察到的福袋有哪些形状呢?

小结:福袋多以圆形为主,小朋友自己创作福袋时,可以发挥想象力,创作一个独一无二、独属于自己的福袋。

(二)幼儿发挥想象,自主创作福袋,教师巡回指导。

(三)进行作品分享与评议。

关键提问:孩子们,你们的福袋都已经创作完成,谁愿意分享自己的作品呢?说一说自己创作的想法和福袋所代表的含义。

小结:小朋友们的福袋都已经完成,每一个福袋都有自己的独特含义,有的是希望身体健康,有的是希望开心快乐。

活动延伸

1.区域活动:在美工区开展相关福袋活动,以多种形式呈现福袋。
2.家园共育:开展亲子活动,制作精美福袋,赠送给家人,充分表达自己对家人的爱与祝福。

活动四

家务小帮手[①]

设计意图

《3—6岁儿童学习与发展指南》指出:"艺术是人类感受美、表现美和创造美的重要形式,也是表达自己对周围世界的认识和情绪态度的独特方式。"幼儿教育应丰富其想象力和创造力,引导幼儿学会用心灵去感受和发现美,用自己的方式去表现和创造美。家务,是每个家庭中同日常生活有关的劳务,也是幼儿最常见和最容易忽略的活动。我们设计"家务小帮手"活动,旨在让幼儿通过观看机器人做事情给生活带来的方便与舒适,回忆父母在家劳

---

① 本书作者指导刘聪老师设计与撰写。

动的辛苦,从而激发幼儿设计机器人做家务劳动的愿望。

🏹 活动目标

1. 了解生活中常见的劳动,知道劳动的辛苦。
2. 能用点、线、面、装饰的方法,设计能帮助减轻家务劳动的机器。
3. 感受机器人给人们生活带来的帮助与方便。

🏹 活动重难点

1. 重点:幼儿通过交流自己做家务劳动的生活经验,体会做家务的辛苦,知道机器人可以帮助我们做一些事情。
2. 难点:能大胆想象、创作机器人,并用绘画的形式展现出来。

🏹 活动准备

1. 经验准备:幼儿已积累了做家务劳动的生活经验。
2. 物质准备:幼儿做家务劳动图片、《能干的机器人》视频、画纸、画笔。
3. 环境准备:欢快的音乐。

🏹 活动过程

一、知劳动,懂不易

(一)生活经验交流,感受爸爸妈妈做家务劳动的辛苦。

关键提问:

(1)爸爸妈妈平时都做哪些家务?他们是怎么做的?

(2)爸爸妈妈做完这些家务之后身体有什么感觉?

小结:家里面的家务十分烦琐,洗衣做饭、打扫卫生,爸爸妈妈辛苦工作一天,还要做很多家务劳动,他们很辛苦。

(二)幼儿分享交流自己平日做家务劳动的图片,进一步感受做家务的辛苦和自己做家务的困难。

关键提问:平时在家你是怎样帮助爸爸妈妈的?你都做哪些事情?做完这些家务你的感受是怎样的?是不是所有家务你都能完成呢?

小结:虽然我们想帮爸爸妈妈减轻劳动负担,但是有些困难和危险的事情我们做不了。

二、懂劳动,用科技

幼儿交流讨论让大家既不辛苦,又能做好家务的方法。

关键提问:谁可以帮助我们做家务呢?

(一)播放《能干的机器人》视频,感受机器人为我们做家务时带来的帮助与方便。

(二)播放《能干的机器人》视频,观察机器人的工作过程,感受机器人为我们做家务时带来的帮助与方便。

关键提问:机器人是怎样帮助人们做家务的?给我们带来了哪些便利?

小结:拥有不同功能的机器人的外形也不一样。它们能帮我们做各种各样的家务,连我们不喜欢和危险的事情都能做,可真厉害!

(三)激发幼儿帮助妈妈设计机器人减轻家务劳动的愿望。

关键提问:你想要设计一个具有什么功能的机器人?为什么?

小结:扫地机器人可以帮助我们解放双手,使地面时刻都保持干净整洁;做饭机器人可以帮助我们做出美味的饭菜。机器人能帮我们做很多事情,给我们的生活带来方便和舒适。

三、善思考,巧设计

(一)再次引导幼儿明确自己的想法,设计独一无二的机器人。

(二)幼儿自主设计,教师巡回指导。

四、爱劳动,展览会

引导幼儿与同伴互相交流自己的作品,讲述自己设计的机器人的特点和功能。

关键提问:

(1)你觉得谁设计的机器人功能最厉害?为什么?

(2)有了我们设计的机器人,我们的生活变得怎样?

小结:不同的机器人有不同的功能,他们可以帮助我们改变生活,提高生活品质。科技改变生活,我们要热爱学习与思考,让我们的生活变得更加美丽。

➢ 活动延伸

家园共育:将设计劳动机器人的想法与家长分享,共同探讨劳动机器人的功能与特点。

活动五

我的自画像[1]

🔖 设计意图

世界上没有两片完全相同的树叶,也没有两个完全相同的人,虽然我们在同一片蓝天下,同一个城市、同一个班级,但是我们每个人都是独特的,你有你的特征,我有我的特点。大班幼儿已经逐渐发现自己与他人的不同,我们从大班幼儿的年龄特点和探究欲望出发,设计了"我的自画像"活动,旨在通过活动,幼儿能更加了解自己的闪光点与特征,更加热爱和喜欢自己。

🔖 活动目标

1. 知道自己的外貌特征,明白每个人都是独一无二的。
2. 大胆作画,能够运用绘画的形式大胆表现自己的整体形象。
3. 感受每个人都是与众不同的,热爱自己,喜欢自己。

🔖 活动重难点

1. 重点:感受自己的与众不同,知道自己的基本特征,热爱自己,喜欢自己。
2. 难点:通过观察,对自己的整体形象进行绘画,并加上背景装饰,让创作更加完美。

🔖 活动准备

1. 经验准备:幼儿已经回家照过镜子知道自己的长相,并且能说清自己的长相以及穿着。
2. 物质准备:镜子、个人的照片、彩色笔、画纸每人一张。
3. 环境准备:主题环创《独一无二的我》。

---

[1] 本书作者指导刘聪老师设计与撰写。

🛫 活动过程

一、遇见——与众不同的我

(一)我的自画像导入,引导幼儿观察讨论。

关键提问:猜猜这是谁。你是从哪里进行这种猜测,从而作出这种判断的?

(二)小朋友上台比一比、猜一猜,确定我的自画像究竟是谁。

小结:小朋友们从我的自画像中的人物特点入手,从头发、眼睛、鼻子、衣服着装等方面进行猜测,最终找到了我的自画像中究竟是哪一位小朋友。

二、探究——与众不同的我

(一)出示图片,引导幼儿观察图片中的人物的面部特征,并用完整的话进行描述。

关键提问:

(1)他们有哪些特征?

(2)有哪些共同点? 有哪些不同点?

小结:图片中的每一个人都有自己不同的特点,他们肤色不同,胖瘦不同,五官的大小也不同,但是他们都拥有漂亮的五官。

(二)结合道具镜子,观察自己的面部特征,并进行分享交流。

关键提问:

(1)你的面部有哪些特征?

(2)你喜欢自己的哪个地方,为什么?

小结:每个人都是独一无二的,我们观察到的这些不一样可以从外表看出来,通过你们的描述,老师看到了不一样的你,也感受到了你们对自己的喜爱。

(三)理解与众不同、独一无二的含义。

关键提问:什么是与众不同、独一无二呢?

小结:世界上每一个人都有自己的特点,人们长相不同,性格不同,每一个人都有自己的独一无二之处,所以每一个人都是独一无二、与众不同的。

三、创作——与众不同的我

（一）经验巩固与众不同的我。

引导语：说说与众不同的我。

（二）大胆创作"我的自画像"，教师进行巡回指导。

（三）引导幼儿进行想象，尝试对作品进行添画。

（四）游戏"猜猜他是谁"。

将所有小朋友的自画像进行展示，通过观察整体面部特征，找出自画像的主人。

活动延伸

区域活动：将各种材料投放至美工区、语言区，让幼儿大胆表达，喜爱自己。

活动六

开往春天的轻轨[①]

设计意图

春天是万物复苏的季节，是色彩斑斓、百花盛开的季节。《幼儿园教育指导纲要（试行）》要求，幼儿"能初步感受并喜爱环境、生活和艺术中的美""喜欢参加艺术活动，并能大胆地表现自己的情感和体验"。"开往春天的列车"活动，从大班幼儿爱动手、喜探究的兴趣特点出发，结合重庆区域特色"轻轨"，让轻轨驶入春日原野，让幼儿尽情享受春天的独特魅力。

活动目标

1. 了解春天的季节特征，结合生活实际，描绘自己对春天的理解与感受。
2. 观察轻轨的外形特征，大胆想象，自主设计轻轨的造型并增添春天的美景。
3. 感受春日荡漾、万物复苏的美好景象，愿意用色彩表达对春日的喜爱之情与对家乡的热爱之情。

---

① 本书作者指导刘聪老师设计与撰写。

🔺 活动重难点

1.重点:了解春天与轻轨的外形特征,结合实际,设计轻轨的外形特征。

2.难点:大胆描绘自己对春天的感受,萌发对家乡的热爱之情。

🔺 活动准备

1.经验准备:对春天的季节变化有基本的了解,周末与家人共同赏过春色,知道重庆的特色交通工具"轻轨"。

2.物质准备:彩色笔、白色卡纸。

3.环境准备:主题环创"春天到了"。

🔺 活动过程

一、赏春色——激发春日情感

(一)谈话导入,激发对春日美景的探索与想象,回顾已有经验。

关键提问:

(1)现在是什么季节?

(2)春天到了,我们的身边发生了哪些变化?

小结:现在是美丽多彩的春天,春天有刚发芽的小草、盛开的鲜花、燕子南飞大声歌唱、柳树慢慢发芽,春天到,大地万物复苏。

(二)春日美景欣赏,进一步萌发对春日的喜爱之情。

关键提问:

(1)从图片中,你观察到了什么?

(2)你对美丽的春日有哪些感受?

小结:春天是一个充满活力和生机的季节。花开了,小草冒出嫩芽,冬眠的小动物也起床了。春天让人对生活充满了希望,让人时时刻刻想去拥抱春天、热爱春天、享受春天。

(三)观本地特色,引出主题——开往春天的轻轨。

教师出示轻轨穿过春日美景的图片,引导幼儿进行猜测与想象。

关键提问:

(1)你知道这是哪里的春色吗?

(2)这是什么交通工具?

小结:美丽的春天给重庆留下了不一样的景色,这就是家喻户晓的重庆轻轨,也将生活融入了美丽的春色。

二、识轻轨——驶入春日美景

(一)教师出示轻轨图片,带领幼儿了解轻轨的外形特征。

关键提问:

(1)轻轨的外形特征是怎样的?

(2)轻轨是由哪些部分组成的?

小结:轻轨是重庆本地对地铁的称呼,极具本地特色。它的外形是长方形的,由很多节车厢连接组成。轻轨车身上有很多车窗以及五颜六色的图案,它快速地沿着轨道行驶。

(二)观察整幅图片,深入感受画面结构与春日美景。

关键提问:

(1)画面整体布局有哪些特点?

(2)画面色彩是怎样的?

小结:在画面中,色彩鲜艳明亮,轻轨处于画面的中心位置,四周以春日美景围绕,美景近大远小,画面协调美丽。

(三)启发思考,引导幼儿进行畅想。

关键提问:春天那么美,世界那么大,你想去哪儿看看?

小结:让我们坐上重庆轻轨,走进大自然,欣赏属于春天的美。

三、画春色——发挥想象激情创作。

(一)再次观察画面的整体特征,运用线描的方式勾勒出轻轨的外形。

(二)幼儿发挥想象,自主创作,教师巡回指导。

(三)进行作品分享与评议。

关键提问:孩子们,你们的作品都已经创作完成,谁愿意来分享自己的作品呢?说一说自己创作的想法。

活动延伸

家园共育:欣赏更多的春日美景,通过多种方式方法进行春日美景的创作。

活动七

环保标志我知道[①]

🔺 设计意图

《3—6岁儿童学习与发展指南》指出:"艺术是人类感受美、表现美和创造美的重要形式,也是表达自己对周围世界的认识和情绪态度的独特方式。"在幼儿园中进行艺术教育可以帮助幼儿从艺术中了解世界,体会生活的美好。"环保标志我知道"活动将社会性教育"认识标志"与艺术相结合,借用生活中的"禁烟""禁鸣喇叭""垃圾入箱"等常见标志,帮助幼儿树立环保意识,同时在创作环保标志的过程中了解标志的设计内涵,体会合理构图的美感。

🔺 活动目标

1. 认识各种标志,了解不同标志在保护环境中的作用。
2. 发挥创意,自主设计并制作简单的环保标志,体现环保理念。
3. 萌发环境保护的情感,有爱护环境的意识。

🔺 活动重难点

1. 重点:认识各种标志,了解不同标志在保护环境中的作用。
2. 难点:发挥创意,自主设计并制作简单的环保标志,体现环保理念。

🔺 活动准备

1. 经验准备:认识常见的标志牌。
2. 物质准备:绘画用具、水彩笔(油画棒)人手一份。
3. 环境准备:多媒体课件,各种标志图片。

🔺 活动过程

一、走进环保标志

教师出示标志牌的图片,引导幼儿运用已有经验回答。

[①] 本书作者指导石慧老师设计与撰写。

关键提问:

(1)小朋友们,你们见过这些标志牌吗?在哪里见过?

(2)这些标志有什么作用?

小结:这些环保标志牌一般都会安装在小区的绿化带,公园或公共环境的草坪、树木旁边,用来提醒人们注意保护环境,爱护花草树木。

二、解读环保标志

教师逐一解读各种环保标志,加深幼儿对标志牌的理解。

(一)观察树形标志牌。

关键提问:

(1)这些标志牌都是什么形状的?

(2)为什么要做成大树的形状?代表了什么意思?

小结:这些标志牌都是大树形状的,是为了提醒人们要爱护树木。

(二)观察花形标志牌。

关键提问:

(1)这些标志牌漂亮吗?它们是什么形状的?

(2)你觉得它们是在提示人们保护什么?

小结:它们都是花朵的形状,提示人们要保护花朵和爱护花草。

(三)观察各种特殊标志牌。

关键提问:

(1)你在生活中看见过这些形状的标志牌吗?

(2)你还见过哪些特殊的标志牌?它们是什么样子的?

(3)人们为什么要用这些形状来制作标志牌?

小结:每一种标志牌都有自己的特殊含义,我们要认真了解并遵守其指示。

三、设计环保标志

引导语:看了这么多的环保标志牌,你们想不想自己设计一个?一起来看看设计一个环保标志牌需要哪些步骤吧!

第一步,想好自己要设计哪方面的环保标志牌,确定一个外形。保护花草的,可以选用花朵外形;保护树叶的,可以选用树叶外形;保护大树的,可以选用大树外形……

第二步,按照你想表达的意思,设计出标志外形。

第三步,涂上颜色,一个环保标志牌就完成了。

关键提问:

(1)你选用了哪种形状?设计了哪种标志?它代表的含义是什么?

(2)你想把它放在什么地方?

小结:你们设计出了各种各样的标志,通过学习我们知道了不同标志所代表的含义不同,要运用到的地方也不同。

活动延伸

1.区域活动:请幼儿将完成的标志牌放在周边相应的环境中,展示自己的作品,提示人们爱护环境。

2.家园共育:活动结束后,请幼儿回家同家长一起完成居家环境标志牌,并进行摆放。

活动八

瓶盖灯笼[①]

设计意图

灯笼作为中国传统文化的重要元素,象征着团圆、喜庆和光明。春节期间,大街小巷都挂上了红红的灯笼,各式各样的灯笼能为节日增添浓厚的氛围。我们设计的"瓶盖灯笼"活动,选择以瓶盖为主要材料制作灯笼,一方面是引导幼儿发现生活中的废旧物品也能通过巧妙的构思和创作变成美丽的艺术品,增强幼儿的环保意识;另一方面,让幼儿在动手制作灯笼的过程中,感受中华优秀传统文化的魅力,加深对春节这一传统节日的理解和认知。

活动目标

1.认识灯笼的基本构造,知道灯笼象征着团圆、喜庆和光明。

2.能用剪刀、红线等工具连接各个部分,并将其组合成灯笼的形态。

3.感受中华优秀传统文化的美,具备初步的环保意识。

---

① 本书作者指导石慧老师设计与撰写。

🔺 活动重难点

1.重点:欣赏灯笼,感受中华优秀传统文化的美,能积极发现生活中可以再利用的物品,初步具备环保意识。

2.难点:能用红线连接各个部分,并将其组合成灯笼的形态。

🔺 活动准备

1.经验准备:掌握使用剪刀的技巧,能用绳索打结,具有对灯笼形象的初步认识。

2.物质准备:筷子若干,红色、黄色矿泉水瓶盖若干,剪刀,卡纸,线,瓶盖灯笼制作步骤图,灯笼图片。

🔺 活动过程

一、谜语导入,红红的大灯笼

引导语:老师被一个谜语难住了,想请小朋友们帮老师想一想谜底是什么。没根没叶不开花,屋檐底下接个瓜,虽说熟透吃不得,过了正月才吃它。

幼儿:灯笼。

二、欣赏灯笼,感受灯笼构造

关键提问:

(1)小朋友们,你们知道在什么时候人们会挂上大红灯笼吗?

(2)为什么要挂上灯笼呢?

小结:我们通常会在一些传统节日或者喜庆的场合挂灯笼,红红的灯笼象征着团圆、喜庆和幸福。

关键提问:

(1)你们还见过哪些漂亮的灯笼?

(2)今天,老师给大家准备了好多好看的灯笼图片,我们一起来看一看吧!在欣赏图片的时候请小朋友们思考一个问题,灯笼都是由哪些部分组成的?

小结:灯笼的形状有很多,有的圆,有的方,有的是花朵的形状,虽然它们的形状不一样,但是所有的漂亮灯笼都是由灯笼提手、灯笼身体,以及灯笼穗组成的!

三、分析材料,探索制造方法

引导语:我们已经知道灯笼由哪些部分组成了,现在小朋友们就一起来做一做好看的灯笼。老师今天给大家准备了一些材料,我们一起来想一想我们要怎样使用这些材料进行制作。

幼儿讨论如何将所有的材料运用起来,制作成灯笼。

小结:可以用瓶盖来做灯笼身体,卡纸做灯穗,筷子做灯杆,最后利用红线把它们连接在一起。

四、利用材料,创意制作灯笼

(一)鼓励幼儿根据自己的意愿制作灯笼。

(二)提供打孔服务。

由于在瓶盖中心打孔所需用到的工具过于危险,对于幼儿来说,有一定的操作困难,教师可以在活动前就为幼儿准备好已经打好孔的瓶盖,做好相应准备工作。但在实际活动中,也可根据情况,在现场为幼儿提供打孔服务,让幼儿观察打孔的过程,知道其中的危险和打孔的注意事项。

(三)巡回指导。

(四)让幼儿把制作好的灯笼挂到美工区。

五、作品展示,师幼多维评价

关键提问:

(1)宝贝,你的灯笼是什么形状的?为什么要做成这种形状?

(2)你的灯笼里藏着什么祝福?你想要将灯笼送给谁?为什么?

小结:你们做的灯笼形态各异,颜色丰富,并且每一个灯笼都藏着不一样的新年祝福,让老师感受到了浓浓的年味,仿佛看见一家人提着灯笼正在过团圆年。

活动延伸

1.游戏活动:手指游戏——"大红灯笼高高挂"。

2.区域活动:在阅读区为幼儿提供绘本《红红中国年》,引导幼儿欣赏中国传统文化。

活动九

万州杂酱面[①]

设计意图

通过开展制作家乡美食的活动,幼儿能了解和接触家乡的特色食物,增强其对本土文化的认同感和自豪感。《3—6岁儿童学习与发展指南》指出,要"在大自然和社会文化生活中萌发幼儿对美的感受和体验,丰富其想象力和创造力,引导幼儿学会用心灵去感受和发现美,用自己的方式去表现和创造美"。"万州杂酱面"活动利用超轻黏土的质地和颜色,刺激幼儿的触觉和视觉感官,提高他们对不同材质和色彩的感知能力,鼓励幼儿运用想象力制作出自己心中的家乡美食——杂酱面,从而激发他们的创造性思维和艺术表现力。通过揉、搓、捏、切等动作,锻炼幼儿的精细动作和手眼协调能力,同时培养他们的耐心和专注力。

活动目标

1.了解家乡美食文化,知道杂酱面的制作过程。
2.尝试利用揉、搓、捏、切和塑形等表现方法制作家乡美食杂酱面。
3.为本土美食文化感到自豪,萌发热爱家乡的情感。

活动重难点

1.重点:利用工具对超轻黏土进行揉、搓、捏、切和塑形,做出超轻黏土杂酱面。
2.难点:发挥想象大胆构思出精美的超轻黏土杂酱面。

活动准备

1.经验准备:对超轻黏土的特点有初步了解,在生活中品尝或者观察过杂酱面。
2.物质准备:家乡美食的照片及杂酱面烹饪视频,背景音乐《舌尖上的中国》,彩色超轻黏土及工具等。
3.环境准备:美工区。

[①] 本书作者指导石慧老师设计与撰写。

活动过程

一、引出主题——欣赏照片和观看视频

(一)教师出示家乡美食的照片,激发幼儿的活动兴趣。

关键提问:你们都看到了什么?(引出家乡美食的名称)

小结:对,我们家乡的美食有格格、烤鱼、鸡嗦子粑粑、杂酱面等。

(二)幼儿观看教师准备好的杂酱面烹饪视频,教师引导幼儿表达自己的感受和想法。

关键提问:

(1)视频中的杂酱面是什么样的?(引导幼儿观察杂酱面的造型)

(2)杂酱面的制作步骤是怎样的?

小结:小朋友们,视频里的杂酱面很诱人,面条好,杂酱香,蔬菜丁颜色多。杂酱面的制作步骤是先将准备好的食材切好,再炒杂酱,然后煮面条浇上炒好的杂酱。

二、观察杂酱面——深化对杂酱面的造型及颜色认识

(一)深入观察杂酱面的样子,了解它的组成部分。

关键提问:

(1)杂酱面是由哪些食材组成的?

(2)请小朋友们仔细观察杂酱面的样子,它们分别是什么颜色的?

小结:杂酱面是由面条、杂酱、葱、蒜、香菜、青菜、作料组成的。换种说法,是由弯弯曲曲细细长长的奶白色面条,可口喷香的土黄色肉末,真材实料、色彩丰富的作料组成的。

(二)引出创作主题,引导幼儿大胆讨论制作的想法。

关键提问:小朋友们,你们觉得可以怎样来表现可口喷香的杂酱面?

教师对幼儿的回答进行梳理和总结。

小结:先把每个部分的颜色分好,再通过工具分步完成。

三、创作超轻黏土杂酱面——利用工具,通过揉、挫、捏、切进行创作

(一)初步感知材料。

引导语:今天我们也来创作一幅"杂酱面",不过我们不用彩色笔,而是用一件特别的作

画工具。

教师出示超轻黏土,让幼儿先用手触摸和感受黏土的质地,引导幼儿讨论超轻黏土如何变成杂酱面的样子。

小结:我们可以通过利用工具对超轻黏土进行揉的方法将黏土揉成长条状,制作成"面条",利用工具将超轻黏土搓成颗粒状,制作成"杂酱肉沫",利用工具将超轻黏土捏、切成薄片,制作成"作料"。

(二)幼儿自我创作。

1. 幼儿体验用超轻黏土创作"杂酱面",感受超轻黏土创作的乐趣,教师巡回指导。
2. 教师提供各种小模具或工具,让幼儿为面条添加不同的纹理和装饰。
3. 播放背景音乐《舌尖上的中国》,请幼儿大胆创作属于自己的杂酱面。

指导重点:关注幼儿的制用方式,并及时给予材料支持。(如幼儿制作精细作料等)

四、欣赏与分享作品。

引导语:今天,小朋友们制作出了这么多漂亮的杂酱面,老师都想品尝了。美的东西大家一起分享,现在我们一起来分享一下吧!你想说说哪一份杂酱面作品?你觉得这份杂酱面哪里漂亮?

幼儿分享作品后,教师及时肯定幼儿的表现和新经验的获得。

活动延伸

区域活动:材料投放到美工区,鼓励幼儿继续探索更多杂酱面创作的方式。

活动十

快乐颂[①]

设计意图

为深入学习贯彻习近平总书记在学校思想政治理论课教师座谈会上的重要讲话精神,我园结合实际,将思政教育融入并践行到活动中,让爱国的种子在幼儿心中生根发芽,陪伴并促进幼儿健康快乐成长。践行思政,浸润童心,在幼儿小小的心灵中浸润着作为中国人的

---

① 本书作者指导罗海燕、金莉老师设计与撰写。

民族自豪感!让幼儿用自己喜欢的方式去表现美和创造美。激发幼儿对音乐活动的兴趣,锻炼幼儿的自信和舞台表现力,营造良好的艺术氛围,提高幼儿的歌唱水平及表现美、创造美的能力。让幼儿从小树立起积极向上、创新创造、团队合作等良好的心态和能力,为其未来的学习和成长奠定坚实的基础。结合大班幼儿的年龄特点,我们生成音乐活动"快乐颂"。

活动目标

1.在故事情节的带领下,学唱歌曲《快乐颂》。

2.能有节奏地说出念白,尝试根据不同角色创编念白。

3.完整演唱歌曲,体验演唱问答歌曲的乐趣。

活动重难点

1.重点:能有节奏地说出念白,尝试根据不同角色创编念白。

2.难点:完整演唱歌曲,体验演唱问答歌曲的乐趣。

活动准备

物质准备:PPT课件、笑脸贴贴纸、钢琴伴奏。

活动过程

一、谈话导入,快乐村庄寻找快乐

(一)出示课件,教师带领小朋友来到快乐村庄。

关键提问:小鸭子看起来快乐吗?你觉得它有可能因为什么事情而快乐?

(二)教师根据钢琴伴奏完整地演唱一遍歌曲,幼儿感知歌曲内容与节奏。

二、收集笑脸,感知节奏说出念白

引导语:小鸭子想去村庄收集更多的快乐。它遇到一只快乐的小动物就会获得一张笑脸,于是,它带着口袋出发了。一起来看看它会遇见快乐的谁。

(一)欣赏歌曲前半部分。

1.教师出示小花猫,引导幼儿讨论。

关键提问:这是一只快乐的小花猫,它会有哪些快乐的事情?

2.教师根据钢琴伴奏演唱,幼儿熟悉歌曲旋律。

关键提问:你听到了什么?谁来说一说?

3.教师与幼儿一起梳理歌词内容,帮助小鸭子获取一张笑脸。

(二)感知念白部分的节奏。

1.学说念白的节奏:|我 很 快|乐 -|

幼儿分组练习该念白节奏。

2.教师与幼儿一起复习念白节奏,帮助小鸭子获取第二张笑脸。

3.教师启发幼儿思考。

关键提问:小花猫除了吃条小鱼会感到快乐,还会因其他事而感到快乐吗?

4.教师根据钢琴伴奏演唱歌曲:小花猫小花猫,你快乐吗?你快乐吗?你快乐吗?小花猫小花猫,你快乐吗?你快乐吗?你快乐吗?吃条小鱼,吃条小鱼,我很快乐。摇摇尾巴,摇摇尾巴,我很快乐。

5.教师与幼儿一起梳理小花猫快乐的原因,重点练习念白节奏:|吃条 小鱼|吃条 小鱼|我 很 快|乐 -|摇摇 尾巴|摇摇 尾巴|我 很 快|乐-|

6.教师与幼儿一起帮助小鸭子获取第三张笑脸。

小结:小鸭子非常感谢大家,你们一个个都是积极乐观的小伙伴,帮助它收集了这么多快乐。瞧,小鸭子背上袋子又出发了,一起来看看它又会遇见谁。

三、熟悉旋律,创编不同角色念白

(一)教师根据钢琴伴奏演唱歌曲:小朋友小朋友,你快乐吗?你快乐吗?你快乐吗?小朋友小朋友,你快乐吗?你快乐吗?你快乐吗?

关键提问:有谁愿意来和小鸭子分享你的快乐,记得要像小鸭子一样有节奏地说出来。这样分享快乐才能帮助小鸭子获得更多的笑脸。

(二)鼓励幼儿边演唱歌曲边创编角色念白,要求幼儿用同样的节奏演唱。

幼儿:|我会 画画|我会 画画|我 很 快|乐 -|我会 跳绳|我会 跳绳|我 很 快|乐 -|我爱 上学|我爱 上学|我 很 快|乐 -|我会 唱歌|我会 唱歌|我 很 快|乐 -|

(三)教师与幼儿一起帮助小鸭子获取第四张笑脸。

四、合作表演,学习演唱问答歌曲

(一)现场收集第五张笑脸,教师请一名幼儿上台分享他的两件快乐的事情,然后全班同学与他合作一问一答进行演唱,把歌词小花猫换成小朋友的名字,先练习我很快乐的节奏,再合作演唱歌曲。

A问:冬冬冬冬,你快乐吗? 你快乐吗? 你快乐吗? 冬冬冬冬,你快乐吗? 你快乐吗? 你快乐吗?

B答:|我爱 踢球|我爱 踢球|我 很 快|乐 -|我爱 唱歌|我爱 唱歌|我 很 快|乐 -|

(二)请第二位小朋友上台与大家合作演唱问答歌曲,一起帮助小鸭子获取第五张笑脸。

五、完整演唱,大胆表达快乐秘诀

(一)请出小鸭子,用问答的方式,从头到尾完整演唱歌曲。

关键提问:

(1)小鸭子还有一条快乐秘诀是什么? 我们一起来听一听。

幼儿:小鸭子小鸭子,你快乐吗? 你快乐吗? 你快乐吗? 小鸭子小鸭子,你快乐吗? 你快乐吗? 你快乐吗?

教师:|朋友 很多|朋友 很多|我 很 快|乐 -|得到 帮助|得到 帮助|我 很 快|乐 -|大声地说出快乐啦啦啦,啦啦啦啦啦啦,大声地说出快乐啦啦啦,啦啦啦啦啦啦。

(2)小鸭子最后的快乐秘诀是什么?

小结:大声地说出快乐就会很快乐。原来快乐一定要与人大声地分享,这样就会更快乐。

(二)出示快乐村庄其他小动物,告诉他们快乐的秘诀,加后半部分完整演唱歌曲。

你们怎么把老师唱到歌曲里? 一起把快乐的秘诀告诉所有人。

幼儿:老师老师,你快乐吗? 你快乐吗? 你快乐吗? 老师老师,你快乐吗? 你快乐吗? 你快乐吗?

教师:|吃QQ糖|吃QQ糖|我 很 快|乐 -|穿新 衣服|穿新 衣服|我 很 快|乐 -|

合:大声地说出快乐啦啦啦,啦啦啦啦啦啦,大声地说出快乐啦啦啦,啦啦啦啦啦啦。

➢ 活动延伸

家园共育:请幼儿回家后用问答的方式和家长一起创编和演唱歌曲。

附：

快乐颂

梁 洁 词
金昌焕 曲

1=D 2/4

小鸭子 小鸭子 你快乐吗？ 你快乐吗？
你 快乐 吗？ 小鸭子 小鸭子 你
快乐 吗？ 你快乐吗？ 你快乐吗？

【念白】(创编)

我会游泳，我会游泳，我很快乐——摇摇摆摆，摇摇摆摆，我很快乐——

大声地说出快乐 啦啦啦 啦啦啦啦啦

啦啦啦 大声地说出快乐 啦啦啦

啦啦啦 啦啦啦 啦。耶！

活动十一

劳动最光荣[1]

设计意图

2015年4月28日,习近平总书记在庆祝"五一"国际劳动节暨表彰全国劳动模范和先进工作者大会上的讲话中强调"要教育孩子们从小热爱劳动、热爱创造,通过劳动和创造播种希望、收获果实,也通过劳动和创造磨炼意志、提高自己"。生活即教育,劳动即生活。劳动教育既能帮助幼儿在思想上逐步实现由"为自我服务"到"为他人服务",又能通过劳动不断提高幼儿的动手能力。结合大班幼儿的年龄特点,我们生成音乐活动"劳动最光荣",旨在通过该活动,帮助幼儿感受劳动的乐趣,萌发热爱劳动、珍惜他人劳动成果的情感,帮助幼儿在劳动中获得自信和满足!

活动目标

1.知道五一劳动节是劳动者的节日,感受歌曲的欢快旋律。
2.做自己力所能及的"家务",掌握擦桌子、折毛巾等劳动技能。
3.懂得劳动人民的辛苦,愿意做一个爱劳动的孩子。

活动重难点

1.重点:做自己力所能及的"家务",掌握擦桌子、折毛巾等劳动技能,产生劳动的热情与兴趣。
2.难点:知道五一劳动节是劳动者的节日,感受歌曲的欢快旋律。

活动准备

1.经验准备:已有歌曲《劳动最光荣》的学习经验,已有班级小小值日生的劳动经验,观察过班级保育老师的日常工作。
2.物质准备:各种劳作的工具,图画记录本,亲子活动单,《劳动最光荣》歌曲MV。
3.环境准备:班级值日生表格打卡。

---

[1] 本书作者指导杨绍琼老师设计与撰写。

活动过程

一、知劳动,了解五一由来

(一)知道五一节。

关键提问:人们为了歌颂劳动者,将每年五月一日定为劳动节,你们知道是为什么吗?

小结:将劳动节定为每年的5月1日,是为了纪念1886年5月1日美国芝加哥工人大罢工的胜利。

(二)了解五一劳动节是谁的节日。

关键提问:你们知道哪些人在这一天过节吗?为什么?

小结:五一劳动节是一个国际性节日,是全世界劳动者的节日。

二、乐劳动,我身边的劳动者

(一)班级里最辛苦的人。

关键提问:谁是班级里最辛苦的人?为什么?

小结:保育老师最辛苦,她每天要帮我们拖地、擦桌子、扫地,照顾我们的生活。

(二)观察保育老师的日常工作,让幼儿用图画的方式记录。

关键提问:

(1)保育老师每天要干哪些工作?

(2)我能为小朋友们做些什么?

小结:保育老师每天要给教室通风、擦桌子、擦窗户,帮我们准备水果、准备饭菜、拖地、洗碗。我要为小朋友们服务,分担一些劳动,做一些力所能及的事,如拖地、擦桌子、折毛巾、分发餐盘和筷子等。

三、慧劳动,歌曲巩固

(一)欣赏歌曲《劳动最光荣》。

关键提问:歌曲里都有谁?他们在干什么?

小结:歌曲里有太阳、小鸡、花儿、小喜鹊和蜜蜂。太阳升起,小鸡叫,花儿醒来了,小喜鹊造新房,蜜蜂采蜜,劳动创造最光荣。

（二）再次欣赏歌曲，初步理解儿歌内容。

关键提问：你最喜欢歌曲里的谁？为什么？

小结：《劳动最光荣》这首儿歌以轻快的旋律和明快的歌词，向我们传递了劳动的重要性和劳动的快乐。歌词通过描绘大自然中各种生命辛勤劳作的场景，表达了劳动的创造力和美好。从太阳金灿灿的光芒、鸡叫声、花儿醒来、小喜鹊造新房、小蜜蜂采蜜糖等细节中，我们可以感受到劳动的美好和生命的活力。歌曲以简单易懂的方式告诉我们，只有通过劳动才能创造幸福的生活。

四、趣劳动，一起来劳动

（一）认识劳动工具，知道它们的用途。

关键提问：你们认识这些工具吗？知道它们是用来干什么的吗？

小结：每个劳动工具都有它的大作用，扫帚用来扫地，拖把用来拖地，毛巾用来擦桌子。

（二）为自己想做的事情选择合适的工具。

（三）用劳动工具表演歌曲，伴随音乐劳动。

1.幼儿分组随歌曲的节奏哼唱并擦桌子，掌握擦桌子时要将桌子上的杂物擦到一起，要将桌子的桌面、桌子四侧擦干净等劳动技能。

2.幼儿分组随歌曲的节奏哼唱并折毛巾，学习自我服务的品质，掌握折毛巾时要将毛巾对折整齐等劳动技能。

3.幼儿分组随歌曲的节奏哼唱并扫地，掌握小手拿好扫把顺着一个方向扫，把垃圾全部扫到一起，拿起小簸箕把垃圾全部扫进簸箕里，然后倒进垃圾桶等劳动技能。

活动延伸

家园共育：教师分发亲子活动单，幼儿回到家中帮爸爸妈妈做一些力所能及的家务。

亲爱的家长们："劳则思，思则善心生。"劳动是中华民族的传统美德，而家务是最贴近孩子生活的劳动。为了共同养成孩子的家务习惯，培养孩子的家务意识，把家务的种子埋藏在孩子的心里，让它生根发芽。请家长们和小朋友一起完成以下亲子活动。

幼师幼儿园亲子活动单

班级：　　　　名字：　　　　日期：

帮爸爸/妈妈扫地	
帮爸爸/妈妈洗碗	
帮爸爸/妈妈擦桌子	
帮爸爸/妈妈浇花	
帮爸爸/妈妈拖地	
宝贝完成每项任务后家长记得在对应的空格打"√"	

活动十二

祖国祖国我们爱你[①]

设计意图

幼儿是祖国的未来和希望，从小培养他们的爱国情怀和民族自豪感是幼儿教育的重要任务。在幼儿园大班开展以爱国为主题的音乐活动，不仅能激发幼儿对音乐的兴趣和热爱，还能让幼儿通过对歌曲的演唱和理解，在潜移默化中接受爱国主义教育，增强对祖国的认同感和归属感。

活动目标

1.理解歌词内容，知道自己是中国人，感受歌曲活泼欢快的节奏。

---

① 本书作者指导杨绍琼老师设计与撰写。

2.用响亮自然的声音欢快地完整演唱歌曲,并尝试创编动作。

3.感受祖国的伟大和美好,萌发爱国主义情感。

活动重难点

1.重点:理解歌词内容,感知歌曲中表达的爱国之情。

2.难点:尝试创编动作并随音乐做动作,能用响亮自然的声音欢快地完整演唱歌曲。

活动准备

1.经验准备:幼儿曾经编排过一些歌曲的动作。

2.物质准备:图片、《祖国祖国我们爱你》歌曲音频、《祖国祖国我们爱你》歌曲视频、PPT。

活动过程

一、童心知祖国

幼儿观看视频,教师提问导入,吸引幼儿的兴趣。

关键提问:

(1)你知道中华人民共和国的生日是哪一天吗?

(2)这一天是什么节日?

小结:2024年10月1日,是中华人民共和国成立75周年纪念日。回顾历史,每一个中国人都会为此感到骄傲与自豪。

二、童真赞祖国

教师引导幼儿理解歌词内容,感受歌曲活泼欢快的情绪。

(一)播放歌曲音频,幼儿完整欣赏歌曲。

关键提问:

(1)歌词中你们听到了什么?你们的心情怎么样?

(2)歌词中的小朋友们都画了什么?

小结:歌词中的小朋友用蜡笔画了小鸟、蓝天、太阳,这些东西都象征着祖国的勃勃生机。

(二)播放歌曲视频,引导幼儿感受歌曲活泼欢快的情绪。

关键提问:

(1)你们从视频中看到了什么?

(2)你们想用怎样的情绪表现这首歌?

小结:我们伟大的祖国美丽、富饶、繁荣、昌盛。我们为我们是中国人而自豪。

(三)再次播放歌曲视频并出示组图"祖国祖国我们爱你",引导幼儿理解歌词内容。

关键提问:

(1)歌曲里提到了哪些颜色的蜡笔?

(2)歌词里是怎么说的?

(3)小朋友们的心情是怎么样的?他们想要做什么?

(4)试试用歌词里的话说一说,他们都画了些什么?

小结:《祖国祖国我们爱你》这首歌中提到了"小小蜡笔,穿花衣,红黄蓝绿多美丽",提到了红、黄、蓝、绿这四种颜色的蜡笔。歌词里说小朋友"画个图画比一比",表达了小朋友们开心、积极、充满热情的心情,他们想用画图画来表达对祖国的热爱。

三、童声唱祖国

鼓励幼儿用响亮自然的声音欢快地演唱歌曲。

(一)出示图谱,教师根据图谱对应歌词清唱歌曲,帮助幼儿对应歌词与图谱。

(二)播放歌曲音频及图谱,鼓励幼儿跟唱歌曲。

(三)播放歌曲伴奏及图谱,鼓励幼儿用响亮自然的声音欢快地完整演唱歌曲。

小结:小朋友们太棒啦!你们用响亮自然的声音、欢快的情绪完美地演唱了这首歌曲,从你们的歌声中,老师感受到了你们的活力和快乐,相信你们对这首歌的喜爱已经深深融入每一个音符里。

四、童心颂祖国

(一)教师鼓励幼儿创编动作表现歌曲。

引导语:我们一起来当小小舞蹈家,用肢体语言表现歌词内容。

关键提问:

(1)小鸟是怎么飞在蓝天里的?

(2)长在春天里的小草是什么样的?

(3)太阳、国旗我们可以用什么肢体动作来表现？

小结：你们用优美的动作表现了歌词的内容，所有的动作都表达了对祖国妈妈的爱。

(二)播放歌曲音频第5—8句，鼓励幼儿做动作。

(三)一起表演，鼓励幼儿到表演区一起听音乐并将编好的律动动作完整做一遍。

引导语：小朋友们，现在让我们一起到表演区，跟着音乐把完整的动作再做一遍，展示你们的风采吧。

活动延伸

1.区域活动：在音乐区，投放歌曲伴奏《祖国祖国我们爱你》，鼓励幼儿边唱边做动作。
2.日常活动：教师可通过谈话、观看阅兵、升旗仪式等活动渗透红色爱国主义教育，进一步激发幼儿热爱祖国的情感。

祖国祖国我们爱你

潘　蓉　词
潘振声　曲

1=C 2/4

抒情地

（乐谱略）

小小蜡笔穿花衣，红黄蓝绿多美丽。小朋友们多么欢喜，画个图画比一比。画小鸟飞在蓝天里，

$6\ \widehat{5\ 6}\ |\ 3\ -\ |\ 4\ 4\ \widehat{3\ 5}\ |\ 2\ -\ |\ 1\ \widehat{3\ 5}\ |\ \dot{1}\ \dot{1}\ |\ 7\ 7\ \widehat{6\ 5}\ |$
画 小 草　长 在 春 天 里，　你 画　太 阳，我 画 国

$6\ -\ |\ 5\ \dot{1}\ 0\ |\ \widehat{3\ 6}\ 5\ 0\ |\ \widehat{2\ 4}\ \widehat{3\ 2}\ |\ 1\ -\ |\ 5\ \dot{1}\ 0\ |$
旗，　祖 国　祖 国　我 们 爱 你，　祖 国

$\widehat{3\ 6}\ 5\ 0\ |\ \widehat{2\ 4}\ \widehat{3\ 2}\ |\ 1\ (\ \widehat{1\ 2\ 3\ 4}\ |\ 5\ 6\ 7\ |\ \dot{1}\ \dot{1}\ \dot{1}\ 0\ )\ \|$
祖 国　我 们 爱 你。

第二篇

幼儿园园本美育课程和园本劳动教育课程思政

　　幼儿园园本美育课程和园本劳动教育课程是我园"5+2+N园本课程体系"中的两个关键课程。一方面，幼儿美育教育课程和劳动教育课程的理论研究成果，为学前教育阶段美育教育和劳动教育研究提供了理论支撑。另一方面，通过探索和实践，我们构建生成的幼儿园美育教育课程和劳动教育课程的实践模式，可供各级各类幼儿园参考使用。一是，幼儿园园本美育课程。2023年12月，教育部印发《教育部关于全面实施学校美育浸润行动的通知》，提出"以社会主义核心价值观为引领，弘扬中华美育精神，坚定文化自信，以浸润作为美育工作的目标和路径，将美育融入教育教学活动各环节，潜移默化地彰显育人实效，实现提升审美素养、陶冶情操、温润心灵、激发创新创造活力的功能，培养德智体美劳全面发展的社会主义建设者和接班人"。美育从根本上讲，是一种对人的全面教育，是为实现崇高的理想，充分发挥人的潜能，实现人的全面发展的教育方式。儿童版画对促进儿童动脑、动手，开拓思维、培养幼儿的创造能力、实践动手能力，促进幼儿自主意识的发展具有十分的重要作用。我们以儿童版画为例，弘扬中华优秀传统文化美育教育功能。幼儿围绕农耕用具、粮食丰收、大美河山等幼儿园课程思政主线，用自己独特的方式表达着对耕读文化的理解，抒发着爱祖国、爱家乡的美好情感。二是，幼儿园园本劳动教育课程。2020年3月，中共中央、国务院在《中共中央 国务院关于全面加强新时代大中小学劳动教育的意见》中指出,要"把劳动教育纳入人才培养全过程,贯通大中小学各学段,贯穿家庭、学校、社会各方面,与德育、智育、体育、美育相融合"。2022年3月,教育部发布的《义务教育劳动课程标准(2022年版)》指出,新版课程标准的变化是加强了学段衔接,注重幼小衔接。劳动课程的核心素养就是让学生在劳动实践中形成劳动观念、劳动能力、劳动习惯和品质、劳动精神。幼儿园劳动教育课程,即根据幼儿的劳动兴趣与需要,创设贴近幼儿真实生活经验的劳动场景与实践情境,通过劳动体验,培养幼儿劳动情感,积累劳动经验,增强劳动意识,养成劳动习惯,培养良好品德,注重学习品质,促进幼儿身心全面发展。

第六章　幼儿园园本美育课程思政

美育,又称美感教育或审美教育。《3—6岁儿童学习与发展指南》指出:"幼儿艺术领域学习的关键在于充分创造条件和机会,在大自然和社会文化生活中萌发幼儿对美的感受和体验,丰富其想象力和创造力,引导幼儿学会用心灵去感受和发现美,用自己的方式去表现和创造美。"因此,幼儿园美育旨在让幼儿感受美、表现美和创造美,是一种为了培养幼儿审美意识、审美眼光,乃至审美创造力的"身"与"心"的教育。幼儿园美育不等于艺术技法教育,其关键在于育人,将美育的育人内容融入思想政治教育,有利于把思想政治教育的理论性内容转化为具有审美价值的内容,使思想政治教育内容"美"起来。对此,我们以版画作为幼儿园美育教育的重要形式,将中华优秀传统文化、民族精神、文明礼仪等融入其中,从而满足幼儿生命成长的需要。

第一节　幼儿园小班园本美育课程思政教育教学活动设计

活动一

赤豆拓画[①]

设计意图

《3—6岁儿童学习与发展指南》指出,应"创造条件和机会,促进幼儿手的动作灵活协调"。小班幼儿已经具备了一定的动手能力和想象力,通过"赤豆拓画"这一活动,不仅可以锻炼幼儿的手部精细动作,还能激发他们的创造力和审美能力。同时,让幼儿在劳动中体验乐趣,培养热爱劳动的品质。

活动目标

1.认识赤豆的颜色、形状和大小,了解赤豆的基本特征。

---

① 本书作者指导蒋建萍老师设计与撰写。

2.尝试用赤豆进行拓画。
3.激发想象力和创造力,体验成功的喜悦。

活动重难点

1.重点:认识赤豆的颜色、形状和大小,了解赤豆的基本特征。
2.难点:尝试用赤豆进行拓画。

活动准备

1.经验准备:幼儿对赤豆有初步的认识。
2.物质准备:各色赤豆及玉米片、双面胶、画纸、花朵范画、PPT课件。

活动过程

一、豆香初启,趣意萌生——故事导入,激发兴趣

(一)出示PPT课件,展示装有赤豆的瓶子,引导幼儿仔细观察。

关键提问:小朋友们,今天老师要给你们介绍一种植物的种子,那就是小熊最喜欢吃的赤豆。让我们一起看一看,瓶子里的赤豆都有些什么颜色?(红色、暗红色、褐色等)它们是一样大小的吗?(不是,有的个头大,扁扁的;有的个头小,圆圆的)

小结:小朋友们都很棒,认真观察到了赤豆有好多颜色,还有不一样的大小,这样我们就更了解赤豆啦,等会儿能做出更漂亮的画哟!

(二)讲述故事《赤豆宝宝旅行记》,激发幼儿的好奇心和想象力。

教师讲述故事《赤豆宝宝旅行记》:赤豆宝宝每天都被困在瓶子里,它们特别渴望能够出去旅行。终于有一天,熊宝宝吃完赤豆后,粗心地忘记把瓶盖盖上了。这下子,赤豆宝宝们可高兴坏了,它们迫不及待地蹦蹦跳跳往外跑。它们穿过外面宽阔的大路,来到了一个美丽的花园里。哇!这个花园真是太漂亮啦!五颜六色的鲜花让赤豆宝宝们欢喜不已。它们心想:我一定要拍张照,跟这些美丽的花儿合个影。

小结:故事真有趣,小朋友们听得可认真啦,现在大家想不想和赤豆宝宝一起玩呢?

二、妙笔绘豆,创意涌现——出示范画,引导观察

展示赤豆拓印画的范画,引导幼儿观察画面内容和赤豆的排列方式。

关键提问:这些赤豆宝宝在干什么?(它们在拍照)它们是怎么拍照的?(有的赤豆宝宝站

在花朵旁边,有的赤豆宝宝躺在花朵上,有的赤豆宝宝躲在花朵后面……)

引导语:这些赤豆宝宝是不是特别可爱呀?它们都笑得很开心呢。我们也来用赤豆宝宝做一幅画吧,让它们一直都能这么快乐。

小结:小朋友们都发现了赤豆宝宝拍照的小秘密,等会儿自己创作的时候就知道怎么摆赤豆宝宝啦!

三、巧心粘豆,艺韵天成——讲解步骤,示范方法

教师详细讲解赤豆拓画的制作步骤和方法。

引导语:

(1)我们要轻轻地把赤豆宝宝放在颜料上,用手指轻轻地按一按,把赤豆的形状印在纸上。

(2)小朋友们可以大胆地发挥想象,用不同颜色的赤豆宝宝来装饰我们的画面,还可以用玉米片做花朵的叶子哦。

(3)在拓印的时候,大家一定要注意保持画面的整洁,千万不要把赤豆宝宝撒在桌子上哟。

四、童心绘梦,豆艺绽放——幼儿操作,教师指导

(一)为幼儿提供充足的材料和空间,让他们自由创作。

引导语:现在轮到小朋友们大展身手啦,让我们用赤豆宝宝创作出属于自己的精彩画作。

(二)鼓励幼儿大胆想象,创作不同的画面。

引导语:相信你们的想象力会让赤豆宝宝变得更加神奇!

(三)教师巡回观察,及时提醒幼儿注意拓印的方法和技巧,保持桌面整洁。

(四)对个别能力较弱的幼儿进行指导和帮助。

五、佳作共赏,笑语欢言——作品展示,互动评价

(一)邀请幼儿将自己的作品展示在黑板上,鼓励他们互相欣赏。

引导语:现在请小朋友们把自己的作品展示在黑板上,我们一起来欣赏。

(二)引导幼儿分享自己的创作思路和感受。

关键提问:谁愿意来给大家讲讲你的画里都有什么故事?

(三)组织幼儿互相评价,交流自己最喜欢的作品及原因。

活动延伸

1.区域活动:在美工区投放更多的材料,如绿豆、黄豆、黑豆等,让幼儿继续进行拓画创作,进一步发挥他们的想象力和创造力。

2.家园共育:将幼儿的作品制作成画册,让幼儿带回家与家长分享。

第二节　幼儿园中班园本美育课程思政教育教学活动设计

活动一

高粱熟了[①]

设计意图

版画作为一种传统的民间艺术,具有丰富的文化内涵和独特的美学价值。同时,高粱这种土生土长的农作物也是幼儿自然教育的活教材。将版画与高粱秆相结合,既拓展了幼儿的美学知识,又丰富了幼儿的自然教育。

活动目标

1.了解高粱的生长习性和基本特征,感受粮食的来之不易。
2.用色彩和手指拓印来表现成熟高粱的基本形态,感受暖色的变化,培养色彩感觉。
3.展开大胆想象,添加自己独特的绘画语言,丰富场景画面。

活动重难点

1.重点:了解高粱的生长习性和基本特征,感受粮食的来之不易。
2.难点:运用色彩和拓印来表现成熟高粱的基本形态,感受暖色的变化,培养色彩感觉。

---

① 本书作者指导陈秋明老师设计与撰写。

🔖 活动准备

1.经验准备:了解版画的拓印技巧。
2.物质准备:高粱秆、颜料、拓印纸、排笔、胶。
3.环境准备:美术室。

🔖 活动过程

一、秋天的馈赠

(一)幼儿聆听儿歌《悯农》,感知谷物得来不易。

教师播放儿歌《悯农》:

锄禾日当午,汗滴禾下土。

谁知盘中餐,粒粒皆辛苦。

(二)幼儿观察谷物并讨论。

关键提问:诗中的植物你见过吗?知道它们是从哪里来的吗?

幼儿欣赏高粱秆拓印作品,感受谷物之美和奇妙的造型。

小结:作品里的高粱有绿绿的高粱秆、高粱叶,还有金黄的穗子,当穗子红了就表示高粱熟了。

二、探寻高粱

(一)出示高粱秆。

关键提问:高粱一身都是宝,老师为小朋友们准备了一些宝贝,仔细观察,它们是高粱的哪部分?

(二)探寻高粱的组成部分,发现高粱秆还需要叶子和穗子才能合成完整的高粱。

(三)思考拓印方法,利用前后关系为高粱秆涂上深深浅浅的绿色。

三、我来试试看

(一)幼儿自主选择方式,制作高粱贴画。

鼓励幼儿仔细观察各种高粱的颜色、形状等,并利用固有的颜色、形状进行自由拼贴。

(二)分组探究装饰粘贴方式,幼儿自由操作。

(三)分工合作,按照粘贴拓印步骤粘贴、上色、印制、风干。

1.利用固有色为高粱画上高粱叶和穗子。

2.多次拓印,展现高粱的多,激发秋日丰收之情。

四、欣赏与评价

(一)请幼儿谈一谈自己小组的分工合作情况。

(二)请幼儿分组展示自己的作品,并为大家做讲解。

活动延伸

区域活动:布置高粱拓印展,幼儿互相欣赏和评价作品。将拓印材料继续投放在区角,鼓励幼儿发挥想象力,继续创作。

活动二

美丽的大树[1]

设计意图

《幼儿园教育指导纲要(试行)》提到,要"充分利用自然环境和社区的教育资源,扩展幼儿生活和学习的空间"。大自然是可亲的、是丰富的。我们开展"美丽的大树"活动,用幼儿园随处可见的小树、树枝等作为材料,激发幼儿对自然艺术的探索。

活动目标

1.了解树的基本结构。

2.愿意参加美术活动,感受手工制作带来的乐趣。

3.利用树枝的特点,找到其可变性,进行上色、添加、组合等加工改造。

活动重难点

1.重点:了解树的基本结构,找到其可变性。

---

[1] 本书作者指导金莉老师设计与撰写。

2.难点：用粘贴方式表现又高又直的树,尝试粘贴出形态各异的造型。

活动准备

1.经验准备：了解版画的拓印技巧。

2.物质准备：树枝、颜料、拓印纸、排笔、胶。

3.环境准备：美术室。

活动过程

一、神秘包裹的由来

关键提问：老师最近收到兔子先生寄给中班小朋友们的一个包裹,我们一起来看一看。兔子先生去公园拍了一些照片,他发现公园的小树悄悄地换了新衣服,你们看,图片上是什么季节？你看到了什么颜色？

小结：春天是个万物复苏的季节,很多干枯的树枝都冒出了嫩芽,长出了绿叶,一片春意盎然。

二、小树枝变大树

（一）出示树叶、树枝和树皮,引导幼儿摸一摸,感受各自有什么不同。

关键提问：兔子先生特别喜欢春天里的小树林,仔细观察,小树是什么样子的？

（二）教师提出主题：用这些树枝组合成大树。

关键提问：

(1)你们看,兔子先生为你们准备好材料,想让你们帮他找到春天,谁愿意来试试看？（请幼儿猜想尝试,教师带着幼儿一起示范）

幼儿自由分组,再次观察树枝,进行思考、讨论,引导幼儿联想如何因材施艺。

(2)想一想,如果把这些树枝重新组合,你觉得组合成什么好？

请每组小朋友共同商量怎样用树枝进行多种造型的拼摆。

三、实际操作(**教师提供笔、丙烯颜料、胶等材料**)

（一）自由拼摆（粗粗的树干、细细的树枝）。

（二）小组交流怎样拼出又高又直的树。

（三）分工合作，按照粘贴拓印步骤粘贴、上色、印制、风干。

1.拓印完成后可以用颜料为小树穿上新衣。

2.创作各种各样的树，如果树、开花的树等。

四、欣赏与评价

（一）请幼儿谈一谈自己小组的分工合作情况。

（二）请幼儿分组展示自己的作品，并为大家做讲解。

活动延伸

1.区域活动：将更多的树枝投放在活动区中，供幼儿自由创作。

2.家园共育：与父母去寻找更多春天的树并拍照记录下来。

活动三

好吃的樱桃[①]

设计意图

《幼儿园教育指导纲要（试行）》中明确指出："教师的作用应主要在于激发幼儿感受美、表现美的情趣，丰富他们的审美经验，使之体验自由表达和创造的快乐。"拓印作为一种传统民间艺术，不仅有助于培养幼儿对美的鉴赏与创作能力，还有利于加深幼儿对民间传统工艺的认识与传承。樱桃是幼儿在生活中经常吃到和最喜爱的水果之一，基于此，我们设计了"好吃的樱桃"活动，让幼儿在拓印过程中感受传统文化的魅力，体验艺术创作的乐趣。

活动目标

1.观察樱桃，了解樱桃的外形特征。

2.用樱桃在纸上点画拓印，感受独特质感。

3.能够耐心细致地一一对应进行点画。

---

① 本书作者指导陈天娇老师设计与撰写。

活动准备

1.经验准备:已经品尝过樱桃。

2.物质准备:樱桃、水粉颜料、画笔、宣纸等。

活动过程

一、樱桃·初相遇

教师播放儿歌《小樱桃》,带领幼儿欣赏儿歌。

关键提问:你们喜欢吃樱桃吗?樱桃是什么样子的?我们一起通过图片了解一下吧!

二、樱桃·探秘乐

(一)教师出示图片《樱桃·外形》,引导幼儿观察樱桃的外部特征。

关键提问:

(1)一起看看樱桃是什么样子的。它是什么形状的?

(2)樱桃是什么颜色的?

(3)它的树叶是什么样子的?

小结:樱桃是圆圆的,被长长的果柄连接在枝头,成熟的樱桃是红色的,外表很光滑,泛着亮光。樱桃的树叶是椭圆形的,绿色的叶子上有清晰可见的叶脉。

(二)教师出示图片《樱桃·内部》,请幼儿观察樱桃的切面、果核,了解樱桃的内部结构。

关键提问:

(1)你知道樱桃切开后,里面是什么样吗?

(2)仔细看看,我们平时吃的是哪一部分?是什么颜色的?

(3)果肉中还有一个什么颜色的点点?它是什么?(这个小点点是果核,吃的时候要吐出来)

三、拓印·初探索

(一)教师播放手工视频及图片《樱桃拓印画》,引导幼儿了解拓印的材料及方法。

引导语:今天我们要用樱桃来创作一幅漂亮的拓印画,一起来看一看是怎么制作出来的吧。

1.选择几颗不同形态的樱桃。

2.用画笔均匀地涂上颜料。

3.将涂好色的樱桃印在白纸上,用手轻轻地按压。

4.停留一会儿后拿起樱桃。

5.重复以上步骤,并选择其他形态的樱桃再印几次,直到把画面印满。

(二)出示材料及组图《拓印要点》,请个别幼儿尝试拓印,知道拓印樱桃的要点。

1.请个别幼儿尝试。

关键提问:

(1)老师准备了材料,想请一位小朋友上来试一试,谁想来?请你挑一颗樱桃吧。

幼儿上台操作。

(2)刚刚这位小朋友有印出清晰的图案吗?他是怎么做的?

2.出示组图《拓印要点》,教师示范,引导幼儿了解拓印的要点。

关键提问:怎样才能得到清晰的图案?看看老师是怎么做的吧。

小结:给樱桃涂颜料的时候,要均匀地涂色,不能涂得过多。将樱桃有颜料的那面印在白纸上时,要用手轻轻地按压,这样就能得到一个清晰的樱桃图案啦。

四、拓印·初体验

(一)发放材料,鼓励幼儿动手制作樱桃拓印画,体验拓印樱桃的乐趣。

关键提问:你想选择哪些形态的樱桃呢?小朋友们,快来动手制作漂亮的樱桃拓印画吧!

(二)请幼儿展示、分享自己的作品。

关键提问:

(1)你选择了几种不同形态的樱桃?

(2)谁愿意给大家介绍一下自己的作品?

活动延伸

区域活动:在美工区投放各种拓印工具及材料,鼓励幼儿用多种工具在不同载体上进行拓印画。

第三节　幼儿园大班园本美育课程思政教育教学活动设计

> 活动一

悯农[①]

🔸 设计意图

本次活动通过艺术创作的形式,让幼儿深刻理解古诗《悯农》所传达的珍惜粮食、感恩农民辛勤劳作的情感。通过版画制作,幼儿将诗句中的意境转化为视觉图像,亲手刻画出农民耕作的场景,体验创作的乐趣。此活动不仅培养了幼儿的艺术表现力和创造力,还加深了他们对古诗文化的理解和尊重,激发了他们对劳动人民的感恩之心。

🔸 活动目标

1.了解用麦穗等材料创作《悯农》版画的基本步骤,初步创作丰收场景。
2.在创作中激发幼儿的动手能力、观察力和艺术创造力。
3.大胆表现农民收割的辛劳,表达个人对古诗《悯农》的感受。

🔸 活动重难点

1.重点:引导幼儿掌握色彩搭配和画面构图的基本原则,以更好地呈现《悯农》诗歌的主题和情感。
2.难点:引导幼儿观察真实人物的动作和表情,并指导其运用线条和色彩来表现。

🔸 活动准备

1.经验准备:幼儿基本了解《悯农》古诗的含义。
2.物质准备:麦穗、颜料(以黄色、绿色、棕色为主)、纸张、胶水、画笔、调色盘、水杯、毛巾等。
3.环境准备:确保教室宽敞明亮,桌子摆放整齐,提供足够的操作空间。

[①] 本书作者指导曾梦馨老师设计与撰写。

活动过程

一、"诗意画卷"理解古诗

关键提问：你们知道粮食是从哪里来的吗？是谁种出来的？

（一）引导幼儿讨论农民的劳动，询问他们对农民工作的认识。

（二）展示《悯农》古诗的图片或文字，介绍古诗的背景和意义。

二、"耕耘之心"创作版画

（一）材料介绍。

1.向幼儿展示麦穗，并提问："这是什么？你们知道它代表什么吗？"

2.介绍麦穗作为版画材料的特点和用途，让幼儿触摸和观察麦穗的质地与形状。

3.展示颜料和其他绘画工具，介绍它们的用途和使用方法。

（二）示范制作。

1.选择合适的麦穗，将其剪成适当长度和形状，模拟田地中的麦穗。

2.在纸张上画出田野和农民的形象，用棕色颜料描绘出土地的质感。

3.将剪好的麦穗用胶水粘贴在纸张上，形成田地中的麦穗效果。

4.使用绿色颜料描绘出树叶和草地等背景元素，增强画面感。

（三）幼儿操作。

1.分发材料给幼儿，并提醒他们注意安全和卫生。

2.引导幼儿根据示范步骤进行创作，鼓励他们大胆尝试和发挥想象力。

3.巡回指导，观察幼儿的操作过程，及时给予帮助和指导。

三、"感恩之田"展示作品

（一）将幼儿的作品展示在教室的墙上或展板上，让幼儿互相欣赏。

（二）邀请部分幼儿上前介绍自己的作品，分享创作过程中的感受和收获。

（三）老师对幼儿的作品进行简单评价，肯定他们的努力和创意，并鼓励他们继续探索和创新。

活动延伸

1.主题画展：在幼儿园举办一场以"感恩自然，珍惜粮食"为主题的画展，展出幼儿在本次版画活动中以及其他相关美术活动中的作品。邀请家长和其他班级的小朋友参观，共同感受艺术的力量，传递珍惜粮食、感恩自然的正能量。

2.家园共育：开展家庭餐桌对话。鼓励幼儿回家后在与家人共进晚餐时，分享自己在活动中的所见所闻所感，与家庭成员讨论粮食的来源、农民的辛勤以及珍惜粮食的重要性。通过家庭餐桌对话，将活动的影响延伸至家庭，形成全社会共同关注粮食问题、尊重劳动的良好氛围。

活动二

爸爸的胡须[①]

设计意图

大班版画活动"爸爸的胡须"，通过让幼儿细致观察爸爸的胡须，培养幼儿的观察力与创造力。在创作过程中，引导幼儿运用版画技巧，表达对爸爸的爱与尊重，促进家庭情感的交流。同时，活动鼓励幼儿动手实践，锻炼手部精细动作，提升艺术表现力。幼儿在艺术创作中享受乐趣，全面发展其认知、情感与社会交往能力。

活动目标

1.了解丝瓜瓤儿作为版画材料的特点和用途。
2.学会利用丝瓜瓤儿创作符合爸爸特征的版画作品。
3.知道家人的重要性，了解爸爸妈妈分别扮演着什么角色。

活动重难点

1.重点：引导幼儿观察真实胡须的特征，并在作品中加以体现。
2.难点：指导幼儿掌握颜色的深浅、浓淡和干湿变化，以表现出胡须的立体感和层次感。

---

① 本书作者指导曾梦馨老师设计与撰写。

活动准备

1. 经验准备：了解爸爸的胡须，观察胡须的自然形态和特征。
2. 物质准备：丝瓜瓤儿、颜料、纸张、画笔、调色盘、水杯、毛巾、胶水或双面胶等。
3. 环境准备：提前将爸爸的照片贴于活动室。

活动过程

一、胡须的秘密

关键提问：你们知道爸爸的脸上有什么特征吗？

(1)引导幼儿讨论爸爸的胡须，询问他们观察到的胡须颜色、形状等特点。

(2)展示一些有关爸爸的胡须的图片，引导幼儿进一步观察。

小结：每个爸爸胡须的长短、粗细、颜色、形状等都不一样，你们在创作的时候要通过不同的方式表现出来。

二、创意雕刻画

(一)材料介绍。

1. 向幼儿展示丝瓜瓤儿，并提问："这是什么？你们以前见过它吗？它有什么特点？"
2. 介绍丝瓜瓤儿作为版画材料的特点和用途，引导幼儿触摸和观察丝瓜瓤儿的质地与形状。

小结：丝瓜瓤是由许多细小的纤维组成的，在创作中方便剪裁，可塑性强。

(二)示范制作。

1. 教师现场示范如何使用丝瓜瓤儿制作《爸爸的胡须》版画，选择合适的丝瓜瓤儿，剪成爸爸胡须的形状。

关键提问：为什么我们要选择这样的丝瓜瓤儿形状呢？它像什么？

2. 在丝瓜瓤儿上涂抹颜料，确保胡须部分均匀上色。

关键提问：我们为什么要选择这些颜色来画胡须呢？

3. 使用胶水或双面胶将上好色的丝瓜瓤儿粘贴在纸张上，形成胡须的纹理并进行添画。

小结：我们通过剪裁、上色、粘贴、添画四个步骤完成了作品。

(三)幼儿操作。

1. 分发材料给幼儿，并提醒他们注意安全和卫生。

2.引导幼儿根据示范步骤进行创作,鼓励他们大胆尝试和发挥想象力。

3.教师巡回指导,观察幼儿的操作过程,及时给予帮助和指导。

关键提问:你们在创作过程中遇到了什么困难?是怎么解决的?

三、父爱印记展

(一)将幼儿的作品展示在教室的墙上或展板上,让幼儿互相欣赏。

(二)邀请部分幼儿上前介绍自己的作品,分享创作过程中的感受和收获。

(三)对幼儿的作品进行简单评价,肯定他们的努力和创意,并鼓励他们继续探索和创新。

活动延伸

1.材料探索:提供多种材料(如不同材质的纸板、布料、自然物等),让幼儿尝试使用不同材料进行胡须的创作,探索不同材料在版画制作中的表现效果,培养幼儿的创新精神和实验能力。

2.家园共育:鼓励家长与孩子一起参与版画创作,以"家族肖像"为主题,让孩子为家庭成员(如爷爷、奶奶、妈妈等)也创作胡须版画,增进家庭成员之间的情感交流。

活动三

花草间[①]

设计意图

幼儿期是幼儿感受美、表现美和创造美的关键时期。"花草间"这一版画活动旨在引导幼儿通过观察和感受大自然中的花草,运用版画这一艺术形式来表达他们对自然之美的理解和热爱。

活动目标

1.初步学习使用两张底版进行套印,感受背景与主要画面的对比效果。

---

① 本书作者指导杨绍琼老师设计与撰写。

2.尝试绘画造型各异的花和草,能将花朵和草上的主要线条描绘得较粗。

3.能正确地使用刻刀,使用刻刀时有安全意识。

活动重难点

1.重点:初步学习使用两张底版进行套印,感受背景与主要画面的对比效果。

2.难点:尝试绘画造型各异的花和草,能将花和草上的主要线条描绘得较粗。

活动准备

1.经验准备:已有对花和草的认识,已有吹塑纸粉印版画的经验。

2.物质准备:课件、各种花和草的图片、套印作品、吹塑纸、5B铅笔、刻刀、宣纸、黑油墨、彩色油墨、玻璃板、胶滚、夹子、拓印用的小茶杯等。

活动过程

一、倾听花草声音

教师出示PPT,幼儿观察他人作品,激发幼儿的创作兴趣。

二、花草纹理奥秘

(一)第一步:制版。

1.观察欣赏花和草的图片,感受其各种形态。

关键提问:你喜欢哪朵花?它是什么样子的?

2.通过观察欣赏套印作品,感受背景与主体画面的关系。

关键提问:

(1)看到这幅版画作品,你们有什么感受?它有哪些颜色?

(2)花是什么颜色?草是什么颜色,背景是什么颜色?这样的背景让画面看起来有怎样的感觉?

3.出示套印的作品与画稿,观察、比较它们的区别,引导幼儿探索套印的方法。

关键提问:它们有什么不同?怎么会印出两种颜色?猜猜是怎样印制的。

小结:套印就是将底版做成主体底版和背景底版两张版子,先刻出主体的部分,进行画面的主体部分印制;再用另一种颜色印制背景底版,最后将两层底稿合为完整的一幅画面。

4.教师示范制作两张底版。

(1)在一张吹塑纸上绘画出底稿图。(花和草的外轮廓需描画出较深的印迹)

(2)第一张底版,主体"花""草"的制版:用刻刀将"花""草"沿轮廓刻下,作为拓印主体部分待用。

(3)第二张底版,背景的制版:留下的背景画面,作为拓印背景部分待用。

5.幼儿创作。

(1)幼儿分组,分别进行刻刀制版。

(2)培养幼儿养成良好的工具拿放和使用常规。(教师提醒幼儿要安全使用刻刀)

(二)第二步:拓印。

1.教师示范如何套印,幼儿操作。

(1)将背景底版与拓印的宣纸对齐、贴好。(方法如同吹塑纸粉印版画的贴法)

(2)将主体"花""草"的底版用胶滚蘸色,嵌入镂空的背景底版(此时背景底版是未上色的),覆盖上宣纸进行主体"花""草"的拓印。

(3)揭开宣纸,将背景部分取下,用另一种油墨上色后再次嵌入主体底版;覆盖宣纸进行拓印,呈现主体与背景两种色彩的画面。

2.幼儿尝试拓印,教师巡视并指导幼儿拓印。

(1)提醒幼儿先印主体部分,再印背景。

(2)在嵌入背景底版时,教师可帮助幼儿将背景底版与印好的主体画面套准、对齐。

三、绽放花草艺术

重点评价画面套印整齐的作品,表扬有耐心、能坚持制作的幼儿。

活动延伸

区域活动:将材料投放至美工区,幼儿可利用区角时间自由选择制作版画。

活动四

快乐的小金鱼[1]

🔖 设计意图

《幼儿园教育指导纲要(试行)》指出,要鼓励幼儿用不同艺术形式大胆地表达自己的情感、理解和想象,尊重每个幼儿的想法和创造。大班幼儿正处于创造力和想象力迅速发展的阶段,版画作为一种传统且独特的艺术形式,能让幼儿体会到不一样的艺术体验和审美感受。小金鱼是幼儿生活中常见且感兴趣的动物形象,我们设计"快乐的小金鱼"活动,利用幼儿身边熟悉的事物开展活动,可激发幼儿的创作热情,同时小金鱼的多种姿态和花纹也为幼儿提供了丰富的想象和创作空间。

🔖 活动目标

1.欣赏并感受小金鱼的优美姿态及其花纹与色彩之美。

2.仔细观察并结合自己的想象创作小金鱼的造型与身体图案,尝试用拓印的方式完成版画作品。

3.大胆想象,敢于创作独特的小金鱼造型,感受版画的新奇与乐趣。

🔖 活动重难点

1.重点:欣赏并感受小金鱼的优美姿态,能大胆想象创作独特的小金鱼造型,感受版画的新奇与乐趣。

2.难点:尝试用拓印的方式创作小金鱼的造型与身体图案。

🔖 活动准备

1.经验准备:知道什么是版画,了解版画的基本操作步骤。

2.物质准备:吹塑纸、铅笔、纸张、滚轮、水粉颜料、颜料盘、围裙、画笔、剪刀、小金鱼视频、版画制作示范视频等。

3.环境准备:材料准备齐全并分别摆放到课桌上。

---

[1] 本书作者指导刘宗利老师设计与撰写。

活动过程

一、视频导入,提升经验

教师出示小金鱼游动视频,引导幼儿观察小金鱼的特点,谈谈自己看到小金鱼的感受。

关键提问:这是什么动物,它长什么样,有什么样的特点,你能说说你的感受吗?

小结:小金鱼有着优美灵动的姿态,丰富的色彩,给人一种美的感受!

二、独特制版,金鱼创作

(一)引导幼儿想一想、说一说如何创作独特的小金鱼造型。

关键提问:可以通过什么方式来创作出独特的小金鱼呢?

小结:我们可以通过绘制独特的花纹,画出不同的游动姿势来创作出独特的小金鱼造型。

(二)出示制版材料,播放示范视频,创作独特的小金鱼造型。

步骤:用铅笔在吹塑纸上刻画出小金鱼的形状并加深印记——用点、线等方式装饰小金鱼的花纹,并留下明显印记。

小结:今天,我们尝试用拓印的方式来绘制出独特的小金鱼,在刻画金鱼的轮廓以及花纹时,一定要注意在吹塑纸板上留下明显的印记,这样才能方便我们拓印出明显的小金鱼轮廓。

三、视频示范,趣味拓印

教师出示上色与拓印的示范视频,巡回指导,鼓励幼儿大胆用滚轮蘸取颜料上色,同时细心地将吹塑纸板拓印在白纸上。

步骤:用滚轮在绘制好的吹塑纸板上均匀地滚上颜料——将已滚上颜料的刻板拓印在白纸上。

小结:小朋友们在蘸取颜料上色时,可以大胆根据自己的想法进行配色,也可以通过画笔等工具辅助上色,但在拓印时,需要细心谨慎,当画纸与吹塑纸板重叠时不要轻易挪动它们之间的位置,以免拓印出现轮廓不清晰的问题。

四、作品分享,互动交流

引导幼儿完成作品后和同伴进行交流和分享,同时可以邀请部分幼儿讲述自己作品的特色之处。

小结：今天，我们用拓印的方式完成了小金鱼的版画创作，不同的绘画手法会带给我们不一样的美的感受，以后我们可以多多尝试用不同的创作手法去完成更多的美术作品，感受不一样的美。

活动延伸

1.游戏活动：户外体育游戏——小金鱼游呀游。

2.区域活动：饲养角——喂养小金鱼，观察金鱼的特点。

活动五

蜗牛慢慢爬[①]

设计意图

《幼儿园教育指导纲要(试行)》指出，要"激发幼儿感受美、表现美的情趣，丰富他们的审美经验，使之体验自由表达和创造的快乐"。蜗牛是幼儿在日常生活中容易观察到的小动物，其独特的螺旋外形常常引发幼儿的好奇和关注。幼儿在观察蜗牛外形特征、自主创作蜗牛壳的纹理时，能激发想象力和创造力。版画是一种具有独特魅力的艺术形式，幼儿在制版、涂墨、拓印等步骤中，能很好地锻炼自身的手部精细动作和手眼协调能力。我们设计"蜗牛慢慢爬"活动，旨在让幼儿在活动中了解蜗牛的身体构造，体验版画拓印的乐趣。

活动目标

1.感知蜗牛壳独特的螺旋外形，了解蜗牛的身体构造。

2.能拓印出蜗牛壳的螺旋外形，并添画出蜗牛身体。

3.体验版画拓印带来的乐趣。

活动重难点

1.重点：了解蜗牛的身体构造，体验版画拓印带来的乐趣。

2.难点：能拓印出蜗牛壳独特的螺旋外形，并添画出蜗牛身体。

---

① 本书作者指导刘宗利老师设计与撰写。

🔺 活动准备

1.经验准备:知道什么是版画,了解版画的基本操作步骤。

2.物质准备:吹塑纸、铅笔、纸张、滚轮、水粉颜料、颜料盘、围裙、画笔、剪刀、《快乐的小蜗牛》歌曲伴奏、蜗牛身体部位图片、版画制作步骤图等。

3.环境准备:将材料完整摆放到课桌上。

🔺 活动过程

一、儿歌回顾,导入主题

师幼共唱儿歌《快乐的小蜗牛》,回顾蜗牛身体构造。

关键提问:你在儿歌中听到了什么,蜗牛的身体由哪些部位组成?

小结:(出示蜗牛身体图片)蜗牛的身体是由一个碳酸钙外壳和一个软体组成的。

二、观察外壳,感知特色

(一)教师出示蜗牛壳图片,引导幼儿感知蜗牛壳独特的螺旋形。

关键提问:请你们仔细观察蜗牛壳的形状,说一说你们有哪些感受。

(二)引导幼儿讨论如何将蜗牛壳装饰得更加有特色。

关键提问:请你们想一想,你们要怎么装饰蜗牛壳,让它看起来更有特色?

小结:蜗牛有一个独特的螺旋形外壳,我们可以尝试用点、线的方式装饰它,也可以根据自己的想法进行装饰,让它变得更加有特色。

三、分步创作,版画拓印

(一)制版:教师出示版画材料以及版画制作步骤图。

步骤:用铅笔在吹塑纸上刻画出蜗牛壳的形状并加深印记——用点、线等方式装饰蜗牛壳——用剪刀沿绘制好的蜗牛壳边缘剪下蜗牛壳。

(二)拓印:教师操作演示。

步骤:用滚轮在绘制好的吹塑板上均匀地滚上颜料——将已滚上颜料的刻板拓印在白纸上。

小结:今天我们用制作版画的方式画出了一个独特的蜗牛壳,小朋友们将自己的独特想法大胆地表现在蜗牛壳上,并用拓印的方式把小蜗牛的壳印了出来。

四、发挥想象,自由添画

(一)引导幼儿根据刚刚拓印出的蜗牛壳,再添画出蜗牛的身体,教师巡回指导。

引导语:小朋友们已经成功将蜗牛壳拓印了出来,接下来请你们发挥想象,大胆地帮小蜗牛画出他们的身体。

(二)作品展示,交流互动。

小结:小朋友们今天用制作版画的方式画出了一只独特的小蜗牛,更加了解了小蜗牛的身体构造,当你们遇到喜欢的小动物时,也可以尝试用版画的形式把它们画下来。

活动延伸

1. 游戏活动:户外体育游戏——蜗牛爬爬。
2. 区域活动:美工区——版画大揭秘。

附:

蜗牛慢慢爬

我是快乐的小蜗牛,(哟哟),背着房子去旅游,(哟哟)。

伸出两只小犄角,(哟哟),一边看来一边走,(哟哟),

依呀儿哟,呀依儿哟,我从来不回头不回头,(哟哟)。

我是快乐的小蜗牛,(哟哟),天南地北去旅游,(哟哟)。

刮风下雨都不怕,(哟哟),躲进小屋乐悠悠,(哟哟)。

依呀儿哟,呀依儿哟,天晴了我再走我再走。

活动六

门神年画[①]

设计意图

《3—6岁儿童学习与发展指南》在艺术领域"感受与欣赏"中明确提出"喜欢欣赏多种多样的艺术形式和作品"的教育目标,并提出要"创造条件让幼儿接触多种艺术形式和作品"的

---

① 本书作者指导瞿尧老师设计与撰写。

教育建议。年画是一种历史悠久的传统民间艺术形式,具有鲜明的艺术特色和浓厚的文化底蕴。我们此次以"门神"为主题开展活动,是因为门神是我们身边常见而不被察觉的民间艺术。通过此次课程,幼儿可以了解中国传统文化风俗故事,体会门神的魅力,感受身边的民间艺术。

活动目标

1. 了解不同年画的艺术风格,体验视觉艺术与中国传统文化之间存在着历史联系。
2. 喜欢并愿意与他人分享交流自己喜爱的不同风格的年画作品。
3. 通过欣赏年画的色彩、人物、喜庆效果和感受,发挥想象,创作一幅门神年画版画作品。

活动重难点

1. 重点:了解不同年画的艺术风格,感受民间艺术。
2. 难点:学会欣赏艺术品,运用画、描、涂等方式创作一幅门神年画版画作品。

活动准备

1. 经验准备:知道并见过年画,与父母一起去书店等地方欣赏过年画。
2. 物质准备:每人带一张门神年画、年画PPT、材料与工具(毛笔、排刷、勾线笔、铅笔、水粉颜料、黑色卡纸、吹塑纸)等。
3. 环境准备:在教室创设门神主题环创(教师提前将幼儿带过来的年画粘贴在教室里布置成展览)。

活动过程

一、门神年画大盘点——回顾经验,大胆表达

关键提问:

(1)你知道过年门口贴的一些图画叫什么吗?
(2)你见过的年画都是什么样的?
(3)年画上面有什么图案?

小结:年画,是中国绘画的一种,始于古代的"门神画",是中国民间艺术之一,亦是常见的民间工艺品之一。年画是中国特有的一种绘画体裁,也是中国农村老百姓喜闻乐见的艺术形式。大都用于新年时张贴、装饰环境,含有祝福新年吉祥喜庆之意,故名年画。

二、门神年画展览会——观看展览,了解年画

(一)创设情境,自主观赏年画,初步了解年画的作用。

引导语:小朋友们,欢迎你们来到年画展览会!现在,小朋友可以自行观赏年画展览,自由地交谈、讨论。

关键提问:

(1)你看了这些年画有什么感觉?

(2)你知道年画有什么作用吗?

小结:年画始于古代的"门神画",早期与驱凶避邪、祈福迎祥的期盼相关;经过几千年的发展,年画除了辟邪祈福,又新增了年节装饰艺术的意义,主要在新年时张贴,用于装饰环境,含有祝福新年、吉祥喜庆之意。

(二)教师引导幼儿观赏年画,了解不同年画的艺术风格。

关键提问:

(1)这幅年画上有什么?

(2)这些年画有什么相同之处?

(3)你们看着这些年画有什么感觉?

小结:新年贴在门上的年画叫门画,它是年画最早的形式。"门神"是门画中最早也是最主要的一个类别。

三、门神版画初体验——观看视频,初识版画

观看视频了解吹塑纸版画制作过程。

步骤:

(1)绘制门神:在吹塑纸板上,用勾线笔绘制门神的形状并进行打稿。

(2)篆刻门神:打稿完成后用铅笔勾边,使轮廓下陷。

(3)版画上色:将吹塑纸和黑色卡纸夹在一起,并依次在画好的底稿上使用颜料涂上颜色。

(4)拓印门神:将吹塑纸上的图案印在黑色卡纸上,完成版画拓印。

四、门神版画大创作——动手操作,创作版画

(一)认识版画工具。

小结:我们准备的材料有毛笔、排刷、勾线笔、铅笔、水粉颜料、黑色卡纸和吹塑纸。材料

准备齐全,我们就可以开始制作啦!

(二)利用准备好的材料制作门神年画版画。

小结:将门神底稿用勾线笔画在吹塑纸上。在画好的底稿上用铅笔勾画轮廓,使轮廓下陷。勾画完成之后,将吹塑纸和黑色卡纸重叠放好并用夹子夹住一边。固定住之后在底稿上依次上色,并印画在黑色卡纸上,每个部位上完颜色立即印画,我们的吹塑纸版画就完成啦。

五、年画作品齐分享——作品欣赏,大胆表达

小结:小朋友们太棒啦!你们制作出了这么多美丽的吹塑纸版画作品。我们一起来看看都有哪些吧!

活动延伸

区域活动:教师在美术区投放传统的民间年画的制作材料,让幼儿感受传统年画的制作方法与过程。

活动七

小满[①]

设计意图

大班幼儿对美术活动已有一定程度的了解和兴趣,美术活动十分注重自主创新和思考。《3—6岁儿童学习与发展指南》指出,幼儿要"能用多种工具、材料或不同的表现手法表达自己的感受和想象"。我们设计"小满"活动,旨在通过对二十四节气中的小满的学习,让幼儿以美术活动的表达形式进行美术的创作,在这个过程中丰富他们对中国传统文化的印象,丰富其自身的美术创新能力。

活动目标

1.了解小满的由来及小满时节的寓意及习俗。

2.能利用画、描、涂等方式创作小满节气吹塑纸版画。

---

① 本书作者指导瞿尧老师设计与撰写。

3.乐于参与吹塑纸版画活动,对二十四节气和版画创作感兴趣。

🚩 活动重难点

1.重点:了解小满节气的由来及小满时节的寓意和习俗。
2.难点:利用画、描、涂等方式创作小满节气吹塑纸版画。

🚩 活动准备

1.经验准备:对吹塑纸版画和二十四节气有初步了解。
2.物质准备:小满习俗图片、毛笔、排刷、勾线笔、铅笔、水粉颜料、黑色卡纸、吹塑纸等。
3.环境准备:宽阔的场地。

🚩 活动过程

一、猜谜语,引节气

(一)教师引导幼儿猜谜语,打一节气,调动幼儿的积极性。

谜语:水充沛麦穗满,季节变换它先到。

关键提问:这个谜底是什么？小朋友们是怎么猜出来的？

小结:这个谜底是二十四节气中的小满。

(二)观看图片,了解小满。

教师出示养蚕图片,根据图片讲述蚕姑娘的故事,引导幼儿倾听小满的由来及小满时节的寓意。

关键提问:

(1)小满节气是怎么来的？

(2)小满节气寓意着什么？

小结:小满节气的由来主要与农作物的饱满程度和雨水的盈缺情况有关。在北方地区,小满节气期间,大麦等夏收作物的籽粒开始饱满,但还未完全成熟,所以被称为"小满"。而在南方地区,"满"则用来形容雨水的盈缺,小满时田里如果蓄不满水,就可能造成田地干裂,甚至造成到芒种时也无法插水稻。因此,小满节气对农业生产有着重要的影响,古代农民会进行各种耕作、施肥、浇水等农事活动来保证农作物的生长。

(三)习俗我知道。

教师出示小满习俗图片,引导幼儿观察小满节气图片认识习俗。

关键提问:小满节气有哪些习俗?

小结:祭车神、祭蚕、动三车、看麦梢黄、抢水、吃苦苦菜。

二、观图片,探版画

(一)出示小麦吹塑版画及其材料,激发幼儿动手实践兴趣。

小结:版画艺术在我国有着悠久的历史,因其要经过绘画、制版、印刷这三个步骤才能完成,而通常被人们称为"间接艺术"。我国最早的印刷术,可以说是世界上最早的版画艺术。我国的版画起源于唐朝,是中国美术中的一个重要门类。我国古代的版画主要是指木刻版画,随着时代的发展,现代版画已演绎成集铜版画、石版画、丝网版画、麻胶版画、纸版画、吹塑纸版画等多种类的一种独立的艺术形式。

关键提问:小朋友们,你们想不想知道这么好看的版画是怎么做出来的?

(二)观看视频了解吹塑纸版画制作过程。

步骤:

(1)绘制小麦:在吹塑纸板上,用勾线笔绘制小麦的形状并进行打稿。

(2)篆刻小麦:打稿完成用铅笔勾边,使轮廓下陷。

(3)版画上色:将吹塑纸和黑色卡纸夹在一起,并依次在画好的底稿上使用颜料涂上颜色。

(4)拓印小麦:将吹塑纸上的图案印在黑色卡纸上,完成版画拓印。

三、趣动手,我能行

(一)认识吹塑纸版画工具。

引导语:我们准备的材料有毛笔、排刷、勾线笔、铅笔、水粉颜料、黑色卡纸和吹塑板。材料准备齐全,我们就可以开始制作啦!

幼儿利用准备好的材料学习制作小麦吹塑纸版画。

小结:将小麦底稿用勾线笔画在吹塑纸上。在画好的底稿上用铅笔勾画轮廓,使轮廓下陷。勾画完成之后,将吹塑纸和黑色卡纸重叠放好并用夹子夹住一边。固定住之后在底稿上依次上色,并印画在黑色卡纸上,每个部位上完颜色立即印画,最后我们的吹塑纸版画就完成啦。

四、齐分享，我最棒

小结：小朋友，你们太棒啦！你们制作出了这么多美丽的吹塑纸版画作品。我们一起来看看都有哪些吧！

活动延伸

区域活动：在美工区投放其他类型版画，如叠加套色版画、综合版画等，以及适宜的工具材料，引导幼儿继续创作。

第七章 幼儿园园本劳动教育课程思政

《3—6岁儿童学习与发展指南》着重强调了幼儿园劳动体验的重要价值,劳动教育具有树德、增智、强体、育美的综合育人价值,有着明确的课程思政属性。以"劳"育人、以"劳"树德,是幼儿园思政教育的有效途径,也是学前教育落实立德树人根本任务的基础保障,推动思政课程与劳动教育协同发展、双向融合对幼儿的成长具有深远意义。劳动教育课程思政的核心目标是帮助幼儿树立正确的实践观和价值观,激发幼儿热爱劳动、乐于劳动的内在动力。在教育内容的设置上,主要涵盖自我服务劳动、集体服务劳动和种植饲养劳动等方面。自我服务劳动侧重培养幼儿的自理能力和独立性,集体服务劳动侧重培养幼儿的集体荣誉感和合作精神,种植饲养劳动则侧重培养幼儿的科学探究精神和劳动的持久性。在教育方法上,劳动教育强调以幼儿为主体,采用实践操作、示范模仿、竞赛激励等形式,激发幼儿劳动热情和主动性,通过营造真实多样的劳动场景,让幼儿在实际体验中接受思政教育。此外,还注重与其他活动相互结合与融通,形成协同育人效应,与游戏、体育、艺术、生活等活动有机衔接,全面促进幼儿综合能力发展。

第一节 幼儿园小班园本劳动教育课程思政教育教学活动设计

活动一

我会剥橘子[①]

设计意图

幼儿教育应紧密结合幼儿的生活进行,既把生活作为教育内容,又把生活当成教育途径。橘子是幼儿熟悉和喜爱的水果之一,幼儿经常吃到橘子,但普遍存在幼儿不会自己剥橘子或者剥得很慢很费劲的情况,尤其对于小班幼儿来说更是如此。"我会剥橘子"教学活动的选择与设计,旨在让幼儿在听一听、看一看、试一试、说一说、做一做中运用多种感官,主动探

---

① 本书作者指导陈天娇老师设计与撰写。

索,学习掌握剥橘子的正确方法,树立自我服务意识,感受成功的快乐,产生探索周围事物的兴趣和欲望。

活动目标

1.运用多种感官了解橘子的特征,知道剥橘子的正确方法。
2.能用正确方法剥橘子,并用简单的语言描述自己的发现。
3.萌发自我服务的意识,感受成功带来的喜悦。

活动重难点

1.重点:运用多种感官了解橘子的特征,知道剥橘子的正确方法。
2.难点:能用正确方法剥橘子,并用简单的语言描述自己的发现。

活动准备

物质准备:"橘子"组图、《剥橘子》视频、实物橘子。

活动过程

一、出示摸袋,以猜激趣

关键提问:小朋友们,今天老师带来了一个礼物,用手摸一摸,猜猜它是什么。你吃过橘子吗?

二、与橘相遇,探秘橘子

引导语:现在请每一个小朋友都拿一个橘子,用眼睛看一看,小手摸一摸,鼻子闻一闻。
关键提问:
(1)橘子是什么颜色的?
(2)橘子摸起来是什么感觉?
(3)橘子闻起来有什么气味?
小结:小朋友们观察得真仔细,橘子长得圆圆的,颜色是黄黄的,摸起来软软的,闻起来香香的。

三、巧手剥橘,以劳获知

(一)幼儿探索剥橘子的方法。

关键提问:

(1)在剥橘子的时候你遇到了什么困难?

(2)剥橘子皮的时候要注意什么?

小结:我们剥橘子的时候手要和眼睛保持一定的距离,不要太用力,不然橘汁溅到眼睛里会难受,会流泪。

(二)幼儿学习剥橘子的方法。

关键提问:

(1)我们要怎样才能吃到里面的果肉呢?

(2)橘子皮怎么剥?

(3)从哪里剥更容易剥开?

小结:剥橘子时先找到橘子的"肚脐",用手指轻轻剥开一个小口,然后从这个小口开始,慢慢将橘子皮剥下来。

(三)幼儿再次尝试剥橘子。

关键提问:

(1)观看视频后,再次尝试剥橘子,你认为你有了哪些进步呢?

(2)怎样才能剥出最完整的橘子呢?

小结:孩子们,在不断的练习中你们掌握了剥橘子的正确方法,同时老师也看到了你们的进步。

四、品味橘子,健康满格

关键提问:

(1)数一数,你的橘子有几瓣?

(2)橘子吃起来是什么味道的?

小结:橘子吃起来的味道是酸酸甜甜的,它不但好吃而且营养丰富。每种水果都含有丰富的维生素,小朋友们要多吃水果,这样我们的身体才会棒棒的。

五、橘皮晾晒,芬芳渐浓

关键提问:

(1)剥下来的橘子皮有什么用?

(2)怎样收集橘子皮,你有什么好主意?在收集的过程中还应该注意什么?

小结:橘皮的作用很多,可以做成陈皮,还可以泡茶喝,现在我们把剥下来的橘子皮放进篮子里,等会儿一起去将橘子皮洗一洗、晒一晒,用来泡茶喝。

活动延伸

家园共育:

(1)回家后为家人剥橘子,分享自己的劳动成果。

(2)开展"水果分享会",让幼儿认识更多的水果,并尝试动手剥皮。

活动二

我是自理小能手[1]

设计意图

小班幼儿初上幼儿园,每到中午睡觉的时候,大部分幼儿都不会叠衣服,衣服胡乱堆放,起床时他们有的也是需要坐在床上等着老师给他们穿衣服。为了从小培养幼儿良好的生活自理能力,让幼儿养成自己的事情自己做,不要爸爸妈妈帮忙的好习惯,我们设计开展"我是自理小能手"小班健康活动。通过学习儿歌,幼儿在说说、做做的过程中学会自己穿衣服、叠衣服的本领。

活动目标

1.了解穿开襟衣服、叠衣服、叠裤子的方法。

2.在日常生活中,能利用儿歌边说边做。

3.愿意自己穿衣服、叠衣服,体验自我服务的快乐。

---

[1] 本书作者指导周垚岑老师设计与撰写。

🔖 活动重难点

1.重点:通过熟悉儿歌掌握穿衣服、叠衣服的方法。
2.难点:用正确的方法穿衣服。

🔖 活动准备

1.经验准备:有尝试过自己穿衣服。
2.物质准备:小猫咪头饰、幼儿开襟上衣、裤子。

🔖 活动过程

一、情境导入

情境表演:

师:(一阵哭声)咦,什么声音?(哭声)是谁在哭呢?让我们找找看。噢,是小猫咪在哭呢!(教师带小猫出场)。

师:小猫咪,你为什么哭呢?

小猫咪:呜……呜……我不会叠衣服,也不会穿衣服,家里又脏又乱,没有小朋友愿意和我玩了,我好伤心呀!

师:哦！原来是这样啊！别急别急,让我们来帮助你。小朋友们,你们愿意帮助小猫咪吗?

二、学习本领

(一)本领一:叠衣服。

1.请一位小朋友展示他叠衣服的方法。
2.师幼边说儿歌边叠衣服。

小结:关大门,抱抱臂,点点头,弯弯腰,我的衣服叠好了。

(二)本领二:叠裤子。

1.引导幼儿仔细观察图片,了解叠裤子的步骤。
2.启发幼儿在说中做、做中学,掌握叠裤子的本领。

小结:小裤子摆摆好,两条腿变一条腿,裤腰再去找裤脚。

(三)本领三:穿衣服。

1.老师说儿歌,幼儿示范穿衣服。

引导语:老师这里有穿衣服的巧办法,你们想知道吗?

2.请幼儿找一件开襟上衣,体验穿衣服的有效办法。

小结:抓领子,盖房子;小老鼠,出洞子;吱扭吱扭上房子。

3.情境对话。

师:小猫咪,你觉得这种方法怎么样?你学会了吗?

小猫咪:嗯,这个方法简单好记。我很喜欢哦。

小结:我们要学会自己的事情自己做,不麻烦爸爸妈妈,还要乐于帮助别人。现在学会了穿衣服、叠衣服,小猫咪家里很乱,大家一起帮助小猫咪吧!

三、欣赏儿歌

听儿歌《自己的事情自己做》,愉快地帮助小猫咪整理房间,整理幼儿活动室和自己的衣装。

活动延伸

1.区域活动:在娃娃家投放服装,让幼儿练习穿衣服、叠衣服。

2.家园共育:鼓励幼儿在家自己穿脱衣服、整理衣服,养成自己的东西自己整理的好习惯。

活动三

能干的小手[1]

设计意图

小班幼儿的自我意识开始萌芽,自我意识包括自我认识、自我体验和自我控制。要想让幼儿学会自我控制,首先要让幼儿学会自我认识,进行自我体验。小手是每个人身体的一部分,是幼儿所熟悉的,但这个熟悉仅仅停留在表面和表象。所以,要让幼儿真正认识自己的小手,了解小手的形状、作用等,他们才能控制好自己的小手,多让小手发挥它的作用。

---

[1] 本书作者指导瞿尧老师设计与撰写。

🔺 活动目标

1. 了解小手的多种作用,知道小手的重要性。
2. 探索小手的用处,提高精细动作的发展。
3. 体验双手活动的趣味性,增强责任意识。

🔺 活动重难点

1. 重点:体验双手活动的趣味性,增强责任意识。
2. 难点:探索小手的用处,提高精细动作的发展。

🔺 活动准备

1. 物质准备:扣子若干、PPT课件。
2. 经验准备:用小手做过一些简单的手指游戏和一些简单的事情。

🔺 活动过程

一、趣味手指谣,小手本领初体验

(一)播放音乐《鲨鱼找朋友》,做手指谣。

(二)同伴交流,思考小手的作用。

关键提问:小手除了做游戏,还能做些什么事呢?

小结:我们可以用小手吃饭、画画、玩玩具……

二、劳动趣操作,小手本领大探秘

(一)通过解扣子、系扣子,感知小手会劳动。

(二)播放视频,了解小手在不同场合的用途。

关键提问:
(1)你看到了什么?
(2)小手能做些什么?有没有想要展示给大家看看的?

小结:我们的小手用途可真多,小手能给奶奶按摩、分发碗筷、整理玩具、整理图书等。

(三)带领幼儿在玩具区、图书区整理物品。

三、手势趣演示，小手能力大体验

（一）通过演示交流，了解"人人都有一双会说话的手"。

关键提问：

（1）小朋友们得到了老师的鼓掌、大拇指点赞和OK，你们开心吗？

（2）你们知道这些都表示什么吗？（真棒！真能干！）

（3）你们的小手会说话吗？

（二）引导幼儿用手表示一定的意思，体验用手说话的乐趣。

小结：请小朋友们用你们的小手做个动作，摆个姿势，让老师猜猜你们用小手说了什么！

（三）游戏"你说我猜"。

教师做相应的手势动作，请幼儿猜一猜所表达的意思。

（四）通过表演，了解"人人都有一双能干的手"。

小结：我们每个人都有一双能干的手，会游戏、会劳动、会说话，还会表演，它会做的事情可不少呢，以后我们也要多多使用我们的小手，使自己变得越来越能干哦。

活动延伸

1.区域活动：请幼儿在美工区进行手指拓印画。

2.生活活动：引导幼儿在生活中用小手做力所能及的事情，比如穿衣服、脱裤子、分碗筷等。

活动四

种植小能手[①]

设计意图

辣椒是幼儿生活中常见的蔬菜之一，开展种植辣椒的活动，可以让小班幼儿近距离观察植物的生长过程，培养他们对大自然的好奇心和探索欲，同时也能锻炼他们的动手能力和责任感，提高他们对劳动的认知和兴趣。

---

① 本书作者指导蒋建萍老师设计与撰写。

🔸 活动目标

1.认识辣椒的种子,了解辣椒的生长特点。
2.初步掌握种植辣椒的基本方法。
3.激发对种植活动的热情,体验劳动的快乐。

🔸 活动重难点

1.重点:认识辣椒的种子和幼苗,了解辣椒的生长特点。
2.难点:初步掌握种植辣椒的基本方法。

🔸 活动准备

1.经验准备:对辣椒有一定的认识。
2.物质准备:辣椒种子、幼苗若干,小铲子、小水壶等种植工具。
3.环境准备:种植盆或小菜地。

🔸 活动过程

一、初识辣椒,激发兴趣

(一)出示辣椒图片,认识辣椒的样子。

关键提问:

(1)今天,老师带来了一种很特别的东西,你们猜猜看,这是什么?
(2)你们知道辣椒是怎么长出来的吗?

(二)播放辣椒生长过程视频,了解辣椒的一生。

关键提问:

(1)现在你们知道辣椒的生长过程了吗?
(2)今天我们就来一起学习种辣椒吧。

小结:辣椒的成长是一个神奇的过程,充满了生命的奥秘。它从一粒小小的种子开始,在适宜的环境中慢慢孕育、发芽。相信通过接下来的学习,大家能更深入地了解辣椒的生长过程,也能亲自体验种植的乐趣。

二、初种辣椒，拓展知识

关键提问：你们知道怎样种植辣椒吗？

（一）教师示范种植辣椒的方法。

小结：用小铲子将泥土松一松，挖一个种辣椒的小坑，把辣椒种子撒到坑里去，盖一层薄薄的土，最后再浇点儿水，我们的辣椒就种好了。

（二）幼儿自由操作种植辣椒。（教师巡查并个别指导）

小结：小朋友们都很棒，今天我们一起体验了种植辣椒的过程。从松土、播种到浇水，每一个步骤都需要我们的细心和耐心。希望大家以后能像照顾这些辣椒种子一样，用心去对待每一个生命，期待我们的辣椒种子快快发芽长大。

三、初论辣椒，探讨经验

（一）现在我们种好啦，以后我们要怎么照顾辣椒呢？

（二）我们一起期待辣椒快快长大吧，以后我们每天都要来看看它哦。

小结：你们说得都很对，照顾辣椒需要我们的关心和爱护。浇水能让它有足够的水分生长，不踩到它是保护它不受到伤害。相信在我们的悉心照料下，辣椒一定会茁壮成长，让我们一起耐心等待，见证它的变化。

活动延伸

家园共育：父母和孩子一起在家庭小花盆里种植辣椒，定期观察辣椒的生长情况，引导幼儿记录和分享。

第二节　幼儿园中班园本劳动教育课程思政教育教学活动设计

活动一

种洋葱[①]

设计意图

《幼儿园教育指导纲要(试行)》指出:"要尽量创造条件让幼儿实际参加探究活动,使他们感受科学探究的过程和方法,体验发现的乐趣。"本次活动选择水培洋葱和土培洋葱,旨在引导中班幼儿通过亲身实践和对比观察,了解不同种植方式下洋葱的生长情况。亲手进行水培和土培洋葱的实践,可以提高幼儿的动手能力,培养劳动意识,使幼儿体悟劳动的乐趣与价值,同时让他们直观感受到植物的成长离不开辛勤的培育。让幼儿在与自然的互动中,深刻感受到生命的神奇和成长的不易,从而对劳动人民的伟大贡献有更真切的认识和敬意,为他们的全面发展奠定基础,也为培养他们成为懂得尊重劳动、热爱劳动的未来社会公民埋下种子。

活动目标

1.了解水培洋葱和土培洋葱的基本方法。
2.能用"按、压"等方式正确种植洋葱。
3.对劳动种植活动充满兴趣,对劳动人民持有崇敬之情。

活动重难点

1.重点:能尝试用"按、压"等方式成功种植洋葱。
2.难点:树立正确的劳动观念,对劳动人民有崇敬之情。

活动准备

1.经验准备:有一定的种植经验。
2.物质准备:洋葱若干、水培容器、土壤、小铲子、种植盆等。

[①] 本书作者指导丁一老师、吴登艳老师设计与撰写。

🌱 活动过程

一、洋葱之魅，引入活动

教师展示洋葱实物，激发幼儿的兴趣。

关键提问：这是什么？你们在什么地方见过？你们知道洋葱是怎么长出来的吗？

小结：洋葱的种植方式可以分为水培和土培，洋葱的生命力非常顽强，只要条件适宜，它就能茁壮成长。

二、种植技巧，精心示范

（一）讲解水培洋葱的方法，展示如何将洋葱放在水培容器中，强调要让洋葱底部接触到水。

关键提问：

(1)水培洋葱时，应该注意什么？

(2)如果将洋葱底部过多地浸泡在水中，可能会发生什么事情？

（二）讲解土培洋葱的步骤，包括挖土、放入洋葱、按压土壤等种植流程并进行示范，重点讲解"按、压"的动作。

关键提问：

(1)在进行"按、压"两个动作时，应该注意什么？

(2)如果洋葱没有被种好，可能会发生什么事情？

小结：无论是水培洋葱还是土培洋葱，都有一定的种植技巧，我们只有保持细心和耐心，才能把洋葱种好，让它们茁壮成长。

三、分组尝试，种植洋葱

（一）幼儿分组，分别尝试水培洋葱和土培洋葱，教师巡回指导，帮助幼儿掌握正确的种植方法。

（二）提醒幼儿注意安全，正确使用工具。

四、交流分享，体验感悟

请幼儿分享自己种植洋葱的感受和体会。

关键提问：

(1)在种植的过程中你遇到的最大困难是什么？是怎样解决的？

(2)你认为哪种种植方式会更有利于洋葱的生长呢？原因是什么？

小结：在种植的过程中总会遇到一些困难，但是只要我们努力思考就能找到解决的方法。水培、土培各有优势，只要认真对待、仔细照料，洋葱都能取得丰收。

五、对比洋葱，持续观察

(一)每天固定时间，观察洋葱的根、芽的生长变化并记录。

(二)尝试用简单的语言描述看到的现象，比如"土培洋葱的根变长了""水培洋葱长出了绿芽"。

关键提问：

(1)土培洋葱和水培洋葱哪个长得更快？

(2)它们的根有什么不一样？芽的颜色和形状一样吗？

小结：通过每天的定时观察，我们发现了洋葱根和芽的变化，水培洋葱生根快，土培洋葱发芽慢。在今后的种植活动中，希望你们继续保持探究的热情，去发现更多植物生长的秘密。

六、移情引导，劳动光荣

引导幼儿体会劳动的乐趣，讲述劳动人民种植的辛苦，培养幼儿对劳动人民的崇敬之情。

关键提问：

(1)在生活中，你们还看见过哪些种植劳动？是怎样劳作的？

(2)只有辛勤劳动才能收获果实，你们想要怎样对劳动人民表达自己的感激之情呢？

小结：生活中的各种种植劳动，有着不同的劳作方式。不管是什么劳动，都只能靠辛勤的汗水才能换来收获，对劳动人民我们要心怀感激之情，可以用很多方式去表达感激，比如尊重他们的劳动成果、向他们说声"谢谢"等。

活动延伸

1.区域活动：发放观察记录表，鼓励幼儿观察洋葱后续的生长情况并以绘画的方式进行记录。

2.家园共育：在家里也可以进行同步的洋葱种植，便于随时观察。

活动二

益虫与害虫[1]

🔖 设计意图

《3—6岁儿童学习与发展指南》中指出,幼儿"喜欢接触新事物,经常问一些与新事物有关的问题"。通过日常观察,我们发现班级幼儿对幼儿园草坪上出现的虫子十分感兴趣,结合中班幼儿的兴趣点,我们设计了"益虫与害虫"活动,旨在通过引导幼儿了解益虫和害虫的生活习性,让幼儿更好地认识和区别益虫与害虫。

🔖 活动目标

1. 认识常见的益虫和害虫,能区分益虫和害虫,知道昆虫与人类的关系。
2. 学习常见的保护益虫、消灭害虫的办法。
3. 萌发保护益虫的情感。

🔖 活动重难点

1. 重点:认识常见的益虫和害虫,能区分益虫和害虫。
2. 难点:学习常见的保护益虫、消灭害虫的办法,知道昆虫与人类的关系。

🔖 活动准备

1. 经验准备:认识常见的昆虫。
2. 物质准备:《桃子树请医生》故事音频及图片,《益虫和害虫》组图。
3. 环境准备:幼儿园草坪。

🔖 活动过程

一、播放音频,导入主题

教师播放故事音频及图片《桃子树请医生》第一段,激发幼儿的探究兴趣,导入主题。

引导语:森林里有一棵桃子树,每年都能收获很多果实,可是最近桃子树却遇到了麻烦。

---

[1] 本书作者指导刘聪老师、吴登艳老师设计与撰写。

关键提问:怎样才能治好桃子树的病?

二、细心理解,初步区分

播放故事音频及图片《桃子树请医生》第二段,引导幼儿理解故事内容,初步区分害虫和益虫。

关键提问:

(1)是谁让树生病的?(蚜虫)

(2)你们觉得蚜虫是害虫还是益虫?为什么?

(3)是谁治好了桃子树的病?(七星瓢虫)

(4)你们觉得七星瓢虫是益虫还是害虫?为什么?

小结:蚜虫吸食树木的营养,传播病毒,像蚜虫一样让植物生病的昆虫是害虫。七星瓢虫吃掉了蚜虫,让桃子树恢复了健康,像七星瓢虫一样对植物有帮助的昆虫是益虫。

三、仔细观察,尝试辨别

出示组图《益虫和害虫》,鼓励幼儿进一步区分益虫和害虫,并说明理由。

关键提问:

(1)图片上是什么昆虫?

(2)你们觉得它是益虫还是害虫?为什么?

小结:蜜蜂白天采蜜,夜晚酿蜜,使人类能喝到香甜的蜂蜜;蜻蜓可以在水中捕食蚊子和幼虫;螳螂可以吃苍蝇、菜青虫等绝大部分的害虫,这些昆虫都对人类有益,是益虫。蚊子喜欢吸食人类的血,通过吸血传播疾病;蟑螂身上携带很多病菌,喜欢吃饭菜,爬到食物中传播病菌;知了喜欢吃树木和庄稼的汁液,把植物的营养吸入自己体内,影响植物生长,这些都是害虫。

四、聚焦问题,畅所欲言

师幼谈话,鼓励幼儿讨论保护益虫和消灭害虫的办法。

关键提问:

(1)益虫是对人类有益的昆虫,我们要怎么保护益虫?

(2)在生活中我们应如何预防害虫?

小结:为了更好地保护益虫,我们不要乱洒农药,不要捕捉益虫;对生活中常见的害虫,如蚊子、苍蝇、蟑螂等,它们一般都喜欢肮脏的环境,所以我们要经常打扫卫生、保持环境整洁。

活动延伸

区域活动：将所学的本领运用至种植区，一起为优优小菜园捉虫除害。

活动三

想长大的种子[①]

设计意图

幼儿与自然有着天然的联系，大自然中形形色色的现象吸引着幼儿主动探索。在开展"春天来了"的主题活动中，一片春意盎然的景色吸引了幼儿的注意，他们纷纷提问：小草是怎么长出来的？它长大后会变成什么样子？它叫什么名字？依据幼儿兴趣需要，我们设计"想长大的种子"活动，以照顾一粒种子的成长为契机，引领幼儿亲身体验种子发芽、生长的过程，让他们感受生命的成长和喜悦。

活动目标

1.了解植物生长的过程。
2.尝试记录帮助种子生长的方法，体验帮助种子长大的快乐。
3.积极参与交流，对植物的种子产生探究的兴趣。

活动重难点

1.重点：知道植物生长的过程。
2.难点：尝试记录帮助种子生长的方法。

活动准备

1.经验准备：幼儿有种植经验。
2.物质准备：蚯蚓PPT、记录纸、记号笔。

[①] 本书作者指导赵艳红老师、吴登艳老师设计与撰写。

🔼 活动过程

一、议植物种植

教师和幼儿一起讨论前期所种植物,唤起幼儿的种植经验。

关键提问:

(1)你们种过什么?

(2)怎样帮助种子生长?

小结:小朋友们种过辣椒、黄瓜、番茄等蔬菜种子,知道种子生长的必备条件包括水分、适宜的温度、光照、土壤、空气等,在这些条件的共同作用下,种子才能正常发芽和生长。

二、观种子生长

(一)播放春雨音频。

关键提问:

(1)这是什么声音?

(2)种子宝宝喜欢它吗?为什么?

小结:这是春雨的声音,种子宝宝很喜欢它,因为种子宝宝需要春雨的滋养。

(二)出示太阳图片。

关键提问:

(1)谁来帮忙了?

(2)它是怎样帮助种子的?

小结:太阳公公来帮忙了,用它的光芒照耀着种子,让种子宝宝使劲地往上长,长出了小芽芽。

(三)出示蚯蚓图片。

关键提问:小蚯蚓是怎样帮助种子长大的?

小结:肥沃的泥土里有充足的营养供种子吸收,蚯蚓在松软的泥土里钻来钻去,为种子的根茎松土,使种子宝宝能更好地吸收阳光、水和泥土中的营养,促进了种子宝宝的生长。

三、思生长方法

(一)引导幼儿运用多种方法帮助种子生长。

关键提问:你们有什么好方法能帮助菜园里的种子生长?

(二)幼儿记录帮助种子长大的方法。

1.介绍记录纸。

小结:这是我们的记录纸,请小朋友们记录。

2.幼儿记录,教师巡回指导。

(三)交流分享。

关键提问:你们可以用什么办法帮助它们?

小结:这么多的好方法帮助种子宝宝长大,相信菜园里的种子宝宝会很开心。

活动延伸

1.区域活动:请小朋友们去科学区进行种子的培育并观察其成长过程。

2.家园共育:亲子一起探索更多不同种子的奥秘。

活动四

认识农耕工具[①]

设计意图

秦时《击壤歌》有云:"日出而作,日入而息。凿井而饮,耕田而食。"农耕文化是中华民族的象征,我们的祖辈就是用勤劳的双手在这片古老的土地上种植希望的,而农耕时代的生产生活工具,在这几千年的农业发展中立下不朽的功勋,是历史传承和时代进步的伟大见证者。为了丰富幼儿对农耕生活的了解,认识更多的农具,学会简单农具的使用,我们设计"初识农具""初探农具""初试农具"等活动,和幼儿一起走近农具,感受劳动人民的勤劳和智慧,引导幼儿懂得珍惜劳动成果,体验农事快乐,领会农耕文化的内涵。

活动目标

1.认识常见的农具,了解它们的基本用途。

2.了解农作物收获的过程,感受丰收的喜悦之情。

3.乐于参与简单的劳动,体验劳动的快乐。

[①] 本书作者指导陈天娇老师、吴登艳老师设计与撰写。

🚩 活动重难点

1.重点:认识常见的农具,了解它们的基本用途。
2.难点:乐于参与简单的劳动,体验劳动的快乐。

🚩 活动准备

1.经验准备:知道一些常见的农具名称及用途。
2.物质准备:PPT课件、花生、淘篮、箩筐、簸箕、扫把。

🚩 活动过程

一、初识农具,激发兴趣

引导语:今天,老师要和小朋友们讲一个关于收获的故事。秋天到了,农田里的果子、稻谷都成熟了,小猪胖胖种的花生也丰收了。你们看,这就是胖胖的花生地。

关键提问:

(1)咦?花生藏在哪里了?
(2)胖胖看见自己的花生成熟了,心里会怎么样呢?(开心、高兴)
(3)可是胖胖为什么不高兴呢?(因为花生全在地里面没有办法挖出来)
(4)小朋友们,你们有什么办法能帮助胖胖吗?(幼儿自由讨论挖花生的方法)
(5)你们看,谁来了?原来是猪妈妈给胖胖送来了收花生的工具。
(6)你们认识这些工具吗?

二、初探农具,知晓用途

(一)帮胖胖找出挖花生的工具。

关键提问:

(1)这么多工具,用哪一个才能挖出地下的花生呢?
(2)它们是用来干什么的?我们一起来听听猪妈妈怎么说的。

幼儿认识铲子、铁锹、钉耙并观看用铲子、铁锹、钉耙挖花生的视频。

小结:铲子、铁锹、钉耙都是农具,可以用于耕地,也可以帮助我们挖出土里的农作物。

(二)寻找运花生的工具。

关键提问：

(1)这么多的花生,用什么工具才能运回家呢?

(2)猪妈妈带来的工具里有什么能用得上呢?

教师出示准备好的淘篮、箩筐。

幼儿认识这两样工具,并通过试验后了解了淘篮、箩筐可以把花生运回家。

小结:其实淘篮、箩筐是传统的农用工具,可以帮农民运输粮食、盛装物品。瞧！小猪胖胖拎着满满一篮花生,猪妈妈挑着一箩筐花生高高兴兴地回家了。

三、初试农具,体验劳动

引导语:胖胖和猪妈妈把花生晒在操场上。(雷声)天要下雨了,我们一起帮胖胖收花生吧。

幼儿用工具收花生。教师为每组提供1个淘篮,2个簸箕,1把扫把。

关键提问：

(1)刚刚你是怎样收花生的?

(2)这些劳动工具为你们提供了怎样的便利?

(3)在收花生的过程中,你们遇到困难时是怎样解决的?

小结:扫把、簸箕是劳动工具,它们能帮助我们节省更多的时间和力气,快速地清理地上的物品。在生活中,我们要学会勤动脑,并借助工具解决问题。小朋友们也要团结友爱,遇到困难时相互帮助。

活动延伸

1.传统农具展示区:收集各种传统农具,如犁、耙、锄头、镰刀等,展示给孩子们看,并向他们介绍这些农具的用途和使用方法,让孩子们了解传统农耕文化的知识和劳动技能。

2.家园共育:请家长与幼儿在家探索更多的农具,通过拍照进行记录和分享。

活动五

有趣的红薯[1]

设计意图

《幼儿园教育指导纲要（试行）》指出：幼儿"对周围的事物、现象感兴趣，有好奇心和求知欲""能运用各种感官，动手动脑，探究问题"。红薯是生活中常见的食物，我们设计"有趣的红薯"活动，旨在通过观察和挖红薯展开活动，让幼儿更直观地了解农作物的生长和收获过程，激发他们对劳动的兴趣和尊重，同时锻炼他们的动手能力、观察能力和合作精神，让幼儿亲身体验挖红薯的过程，使他们切实感受劳动的乐趣和艰辛，从而培养劳动意识。

活动目标

1. 观察红薯的外形特征，了解红薯的生长环境。
2. 能用小铲子或小锄头尝试亲手挖红薯。
3. 乐于参与简单的劳动，体验劳动的快乐。

活动重难点

1. 重点：观察红薯的外形特征，了解红薯的生长环境。
2. 难点：尝试亲手挖红薯，体验劳动的乐趣和成就感。

活动准备

1. 经验准备：菜园种植红薯。
2. 物质准备：小铲子、小锄头、小篮子等工具若干，关于红薯的图片或视频资料。
3. 环境准备：菜园的红薯地。

活动过程

一、"薯"光初现，激发兴趣

教师展示红薯的图片，激发幼儿的兴趣。

---

[1] 本书作者指导蒋建萍老师设计与撰写。

关键提问：今天，老师给你们带来了一张有趣的图片，你们看看这是什么？（引导幼儿观察图片，猜测是什么农作物）

小结：小朋友们的眼睛真亮！这是红薯。红薯可是个很有趣的植物，今天我们就一起去探索红薯的秘密吧！

二、"薯"香探秘，知晓特征

（一）教师带领幼儿来到红薯地，观察红薯的植株。

关键提问：小朋友们，红薯的叶子是什么样子的？红薯藤又是什么样子的？（引导幼儿观察红薯叶的形状、颜色，触摸红薯藤）

（二）教师挖出一个红薯，让幼儿观察红薯的外形特征。

关键提问：

(1)老师把红薯挖出来了，大家看一看，红薯长什么样子？

(2)它的皮是什么颜色的？上面有没有根须？（引导幼儿观察红薯的形状、颜色、根须等）

小结：红薯的叶子是绿色的，像手掌一样。红薯藤长长的，趴在地上。红薯的形状各不一样，有的像纺锤，有的像葫芦。它的皮有红色的、紫色的，还有白色的。红薯身上还有一些细细的根须呢。

三、"薯"海寻宝，体验劳动

（一）教师为幼儿示范如何使用小铲子挖红薯。

引导语：小朋友们，看老师是怎么挖红薯的。先用小铲子把红薯周围的土挖松，然后轻轻把红薯拔出来。注意不要把红薯挖破了。

（二）幼儿分组进行挖红薯活动。

引导语：现在轮到小朋友们动手啦，大家要小心一点儿，看看谁挖的红薯最多。

（三）教师在旁观察指导，确保幼儿安全并适当给予帮助。

小结：小朋友们都很棒，在挖红薯的过程中都很认真、小心。虽然有点儿累，但是看到自己挖出来的红薯，是不是很开心呀？

四、"薯"香满篮，收获欢荣

（一）幼儿将挖出来的红薯放进篮子里，展示自己的劳动成果。

关键提问：小朋友们，把你们挖的红薯都放进篮子里，看看哪个小组的篮子装得最满。

(二)教师与幼儿一起数一数挖了多少个红薯,感受收获的喜悦。

关键提问:

(1)我们一起来数一数,今天一共挖了多少个红薯?

(2)你们今天挖了这么多的红薯,谁来说说自己挖红薯的感受和发现呀?

小结:你们通过自己的努力,收获了满满一篮子的红薯。这些红薯都是大家辛勤劳动的成果,我们要珍惜它们。

五、"薯"味回甘,回味情浓

(一)教师引导幼儿回顾挖红薯的过程,分享自己的感受。

关键提问:今天,我们一起挖了红薯,你们觉得开心吗?你们在挖红薯的过程中遇到了什么困难?你们是怎么解决的?(鼓励幼儿大胆表达自己的感受和体验)

(二)教师总结活动,教育幼儿珍惜劳动成果,热爱劳动。

小结:通过今天的活动,我们知道了红薯是从地里长出来的,也体验到了劳动的辛苦和快乐。我们要珍惜每一粒粮食,因为它们都是农民伯伯辛勤劳动的成果。同时,我们也要热爱劳动,做一个勤劳的好孩子。

活动延伸

1. 区域活动:教师将红薯带回教室,让幼儿观察红薯的变化,如发芽、长叶等。

2. 家园共育:鼓励幼儿回家用红薯制作美食,如烤红薯、红薯粥等,与家人一起分享。

活动六

劳动最光荣[①]

设计意图

劳动是人类特有的活动,是人类区别于动物的本质特征,是人类社会赖以生存和发展的基础。2015年,习近平总书记提出"以劳动托起中国梦",2018年,习近平总书记在全国教育大会上进一步提出,"要在学生中弘扬劳动精神,教育引导学生崇尚劳动、尊重劳动,懂得劳

[①] 本书作者指导崔卓琳老师设计与撰写。

动最光荣、劳动最崇高、劳动最伟大、劳动最美丽的道理"。而现在的大多幼儿在家都过着衣来伸手、饭来张口的生活,习惯以自我为中心,不会换位思考问题,我们设计"劳动最光荣"活动,旨在通过活动,让幼儿感受"我劳动、我快乐",亲历劳动的美,学会尊重他人的劳动成果,爱上劳动,从小事做起,培养幼儿的责任感和劳动意识。

活动目标

1.知道劳动最光荣,懂得尊重别人的劳动成果。
2.能够自己的事情自己做,并帮助他人做一些力所能及的事情。
3.体验劳动的快乐。

活动重难点

1.重点:知道自己的事情自己做。
2.难点:懂得劳动最光荣。

活动准备

1.经验准备:幼儿有关于节约用水的前期经验。
2.物质准备:画笔若干、画纸若干、PPT。

活动过程

一、音乐导入,引出劳动主题

教师播放歌曲《劳动最光荣》,营造欢快的氛围。
关键提问:
(1)你们知道这首歌曲的名字叫什么吗?
(2)你们喜欢劳动吗？为什么？
(3)你们在家都做过哪些劳动?
小结:刚才播放的歌曲叫《劳动最光荣》,每年的五月一日是国际劳动节,在劳动节这一天,每个人都会积极劳动以此来纪念这个日子。

二、故事讲述,理解劳动意义

教师出示绘本或图片,讲述《小象的萝卜地》的故事,让幼儿了解劳动的意义和价值。

关键提问:

(1)勤劳的小象都做了哪些事情?

(2)看着自己种的萝卜被破坏了,小象的心情是怎样的?

小结:萝卜是小象辛辛苦苦种出来的,小象为之付出了很多的汗水和努力,而如今看着自己辛苦种的萝卜被破坏,小象很难过,所以我们要学会尊重、爱护别人的劳动成果。

三、分组劳动,体验劳动过程

(一)教师将幼儿分成若干小组,每组分配不同的劳动任务。

第一组:擦桌子;第二组:扫地;第三组:擦窗户;第四组:拖地。

(二)教师向幼儿介绍劳动工具的使用方法,并示范如何正确操作。

小结:抹布、拖把、水盆等工具都可以帮助我们把卫生做得更干净。但是我们在使用我们的劳动工具时要注意不能挥舞,以免伤到别人。

四、体验分享,表达劳动感受

每小组分别展示自己的劳动成果并分享感受。

(第一组:分享擦桌子的感受;第二组:分享扫地的感受;第三组:分享擦窗户的感受;第四组:分享拖地的感受)

关键提问:

(1)你做了哪些劳动?感觉怎么样?

(2)你喜欢劳动吗?为什么?

小结:劳动是一件神奇的事情,劳动可以让我们变得更勤劳、更聪明,也能让我们感到快乐和满足。在平时的生活中,有很多的事情我们都可以自己做,要养成自己的事情自己做的习惯。

活动延伸

1.区域活动:增添劳动区,让幼儿参与到学校的劳动活动中。

2.家园共育:和自己的爸爸妈妈一起在家劳动。

第三节　幼儿园大班园本劳动教育课程思政教育教学活动设计

活动一

拔草进行时[①]

设计意图

对于大班的幼儿来说,他们已经具备了一定的动手能力和认知水平。我们设计"拔草进行时"活动,让他们参与拔草,一方面可以让他们直接与自然环境接触,亲身体验劳动的过程,感受劳动的艰辛与不易,培养他们尊重劳动、热爱劳动的品质;另一方面,通过认识不同的杂草,也能增加他们对植物的了解,提高他们的观察能力和探索欲望。

活动目标

1.认识常见的杂草种类,了解它们的特征和生长习性。
2.掌握正确的拔草方法,在实际参与拔草的过程中锻炼手部力量和精细动作能力。
3.养成热爱劳动、不怕吃苦的精神,体验劳动带来的成就感和快乐。

活动重难点

1.重点:掌握正确的拔草方法,确保幼儿能安全、有效地进行拔草。
2.难点:帮助幼儿理解劳动的意义和价值,劳动不仅仅是为了收获或完成任务,更重要的是培养良好的品德和习惯。

活动准备

1.经验准备:了解各种杂草的类别。
2.物质准备:各种杂草图片、杂草、蔬菜秧苗、农用工具。
3.环境准备:农家小院种植地。

---

① 本书作者指导丁一老师设计与撰写。

🔺 活动过程

一、初识杂草,积累经验

(一)多媒体展示各种常见杂草的图片,如马齿苋、狗尾草、牛筋草等,让幼儿观察并说说它们的名字。

关键提问:

(1)你们在生活中见过这些杂草吗?它们的名字叫什么?

(2)除了图片上的杂草外,你们还认识哪些杂草?它们长什么样子?

(二)对杂草实物和蔬菜秧苗进行对比观察,了解其形态、颜色、叶子形状等特征,加深对杂草的认识。

关键提问:

(1)杂草和蔬菜秧苗有哪些区别?

(2)如果不将杂草清理干净,可能对蔬菜的生长产生什么影响?

小结:杂草不清理干净会导致蔬菜生长变缓,因为杂草会和蔬菜抢养分、水分,会遮挡阳光,所以要清理杂草,蔬菜才能长得又快又好!

二、清理杂草,实际感知

(一)提出除草任务,向幼儿介绍拔草所需的工具,如小铲子、小耙子等,并讲解它们的使用方法和注意事项。

关键提问:

(1)怎样解决杂草的问题?怎样除草?需要用到什么工具?

(2)除草时还需要注意哪些问题?

小结:除草可以借助各类工具,在除草过程中还应注意安全,不用工具伤害自己或他人,不随意踩踏植物等。

(二)将幼儿分成若干小组,到达指定拔草区域,开始进行拔草活动。

1.教师巡回指导,观察幼儿的拔草方法是否正确,及时给予纠正和指导。

2.鼓励幼儿相互合作,共同完成任务,如一个幼儿握住草的根部,另一个幼儿用工具将草拔出。

三、记录杂草,复盘交流

(一)各小组将拔出的杂草集中放到一起,教师引导幼儿观察杂草的数量和种类并进行记录与统计。

(二)师幼谈话交流,谈谈在拔草过程中的感受和体会,对记录与统计的结果进行分享。

关键提问:
(1)在拔草的过程中,你们遇到了哪些困难?是如何解决的?
(2)清除的杂草有哪些种类?具体数量是多少?

小结:在拔草过程中你们善于解决遇到的各种困难,能积极思考、努力尝试用不同的方法解决问题。通过这次劳动,大家不仅了解了利于农作物生长的环境,杂草对农作物生长的影响,还体会到了劳动的艰辛与不易,更懂得了团队合作和互相帮助的重要性。

活动延伸

1.区域活动:鼓励幼儿在固定周期内对种植区域进行观察记录,是否杂草丛生,让他们持续参与到植物的养护过程中,培养他们的责任感和耐心。

2.游戏活动:在班级内开展"劳动小能手"评选活动,根据幼儿在拔草活动中的表现和平时的劳动习惯,评选出表现突出的幼儿,给予表彰和奖励,激发他们的劳动热情。

活动二

邂逅萝卜[1]

设计意图

《幼儿园教育指导纲要(试行)》中明确指出:"环境是重要的教育资源,应通过环境的创设和利用,有效地促进幼儿的发展。"在幼儿园自然教育中,种植是一种有温度、有情感的劳动教育活动,怎样在优优菜园里种下萝卜,收获满满成果呢?基于幼儿的疑问和兴趣,活动"邂逅萝卜",让幼儿在感知、操作、探究、发现的过程中体验到劳动与收获的快乐。

---

[1] 本书作者指导王泽江老师设计与撰写。

活动目标

1. 了解适宜萝卜生长的条件包括土壤、阳光、空气、水等,知道土培的方法。
2. 会使用简单的工具进行种植活动。
3. 愿意参与种植活动,有意识地关注自然、关注生命。

活动重难点

1. 重点:了解适宜萝卜生长的条件包括土壤、阳光、空气、水等,知道土培的方法。
2. 难点:会使用简单的工具进行种植活动。

活动准备

1. 经验准备:具备种植小葱的经验,知道土培的流程。
2. 物质准备:铲子、喷壶等工具。
3. 环境准备:甘宁耕读基地、优优菜园。

活动过程

一、趣味猜谜,初识萝卜

(一)谜语导入种植的蔬菜——萝卜。

谜语:一个胖娃娃,埋在地底下,头顶绿巾穿红褂,夏天播种秋天拔,小兔子们最爱他。(谜底:萝卜)

(二)师幼互动,帮助幼儿了解萝卜。

关键提问:你们认识它吗? 你们了解的萝卜种类有哪些?

小结:萝卜的种类有很多,有白萝卜、红萝卜、胡萝卜、樱桃萝卜等。

二、回忆小葱,迁移经验

(一)回忆小葱的种植过程,梳理种植萝卜的条件。

关键提问:

(1)小葱是怎么种植的?

(2)萝卜的种植和小葱一样吗? 它的生长需要什么?

小结:小葱和萝卜都可以土培和水培。它们的生长需要土壤、阳光、空气、水等。

(二)共同讨论,找出最适合萝卜的种植方法——土培。

三、种植体验,内化经验

(一)教师示范种植,幼儿观察用到的工具和土培的方法。

关键提问:种植步骤是什么?用了什么工具?

小结:第一步刨土,第二步撒种,第三步培土浇水。需要用到铲子和水壶。

(二)幼儿分组尝试土培萝卜,教师巡回指导。

四、制定公约,升华情感

各小组讨论并制定照顾萝卜公约,积极保护萝卜。

活动延伸

家园共育:回家后和爸爸妈妈一起种萝卜,观察并记录萝卜的生长过程。

活动三

土地妈妈本领大[①]

设计意图

土地孕育和滋养着世上的万事万物。大班幼儿亲近自然并喜欢探索,对任何事物都好奇好问:植物为什么在泥土里生长呢?泥土为什么会不一样呢?追随幼儿的脚步,满足幼儿的好奇心,我们设计"土地妈妈本领大"活动,以"环保教育"为切入点,让幼儿在主动探究的过程中积累、丰富有关泥土的直接经验,了解泥土的作用,知道土地与我们日常生活有着密切的关系,萌发保护环境、美化家园的情感。

活动目标

1.了解土地的作用,知道保护土地的重要性。

2.尝试种植便于种植、观察的植物。

3.有保护生态环境的意识。

---

① 本书作者指导赵艳红老师设计与撰写。

活动重难点

1.重点：了解土地的作用，懂得保护土地的重要性。
2.难点：尝试种植便于生长、观察的植物。

活动准备

1.经验准备：幼儿在日常生活中有认识多种植物的经验。
2.物质准备：铲子等种植工具。

活动过程

一、作物大回顾

(一)师幼共同回忆种植园的农作物。

关键提问：

(1)种植园中有些什么？

(2)这些植物的生长环境是什么样的？

小结：种植园里有番茄、辣椒等蔬菜，这些蔬菜都长在土里。肥沃的泥土里有充足的营养供农作物吸收，小小的蚯蚓在松软的泥土里钻来钻去，为农作物的根茎松土；阳光的照射为农作物进行光合作用；小朋友们为农作物浇水，让这些植物生长得很好。

二、泥土知多少

(一)幼儿仔细观察，探秘泥土。

关键提问：

(1)泥土里藏着许多的秘密，重点观察泥土样品，你们有什么发现？

(2)干土和湿土有什么区别？

小结：干土比较坚硬松散，浇水后的湿泥土细腻柔软有黏性，容易黏在一起。

(二)探秘泥土，幼儿讨论。

关键提问：

(1)什么样的泥土比较适合植物的生长？

(2)泥土能给人们的生活带来什么好处？

小结：泥土在人们的生活中具有重要的作用，人们利用土地种植粮食、蔬菜、瓜果，以供人们的生活需要,还利用土地种植花草树木,美化我们的生活环境,净化空气,改善生态环境。土地和我们的日常生活有着密切的关系,是人类生存的依赖,我们应该保护土地。

三、种植趣体验

(一)分发种子,教师示范种植步骤,幼儿尝试。

(二)幼儿记录种植过程。

关键提问:

(1)怎样种植植物?

(2)种植时有哪些注意事项?

小结:种植时可以用铲子在土地中挖坑,在坑中撒下几粒种子或插入秧苗,然后将泥土填回坑中,培土拍平后浇水;种植时要注意坑与坑的距离,并且保护好种子,不要弄坏了。

四、过程乐分享

分享种植过程,总结遇到的问题并作出调整。

活动延伸

1.区域活动:种植区观察并记录植物的生长情况,感受植物生长的秘密。

2.家园共育:亲子阅读绘本《神奇的土壤》,获取其他新经验,感知大自然的神奇。

活动四

劳动人民最光荣[1]

设计意图

"勤劳"是中华民族的传统美德,习近平总书记讲过:"光荣属于劳动者,幸福属于劳动者。"随着五一劳动节的到来,为了让幼儿热爱劳动,懂得劳动光荣、劳动辛苦的道理,我们设计了"劳动人民最光荣"活动。

---

[1] 本书作者指导刘聪老师设计与撰写。

🔹 活动目标

1.了解各行各业的劳动人民,尊重劳动人民,知道劳动成果来之不易。
2.能做一些力所能及的事情,积极参加劳动活动。
3.体会劳动的辛苦,懂得劳动最光荣的道理。

🔹 活动重难点

1.重点:了解各行各业的劳动人民,尊重劳动人民,懂得劳动最光荣的道理。
2.难点:能做一些力所能及的事情,知道劳动成果来之不易。

🔹 活动准备

1.经验准备:幼儿了解了各行各业的工作要求。
2.物质准备:工人、农民、医生、教师、科技人员、服务人员的工作录像片段。

🔹 活动过程

一、畅想——未来职业

师幼共话,谈论未来想从事的职业,引起幼儿的兴趣。

关键提问:长大后,你想做什么工作?为什么?

小结:每个人对自己未来职业的畅想都有所不同,有的想当医生,有的想当警察,有的想当宇航员……在我们的身边也有很多人从事不同的行业。

二、走近——各行各业

(一)播放《各行各业的劳动者》视频。边看边穿插提问,引导幼儿理解劳动者是用自己的劳动为大家服务的。

引导语:视频中出现了许许多多的劳动者,我们一起找一找他们的身影吧!

关键提问:

(1)他是谁?他是怎样劳动的?

(2)这样做能为人们带来怎样的便利?

小结:工人为我们建筑参天大厦,为我们筑起满足我们各种需要的房子;农民种蔬菜粮食,为我们提供新鲜美味的食物;医生治病救人;教师传播知识;科技人员研究最新发明,方便我们的生活;服务人员为我们提供各种服务,方便我们办事……

(二)谈谈自己身边的劳动者,说出自己的感想。

(1)请幼儿分成若干小组,拿出家人的照片说一说他们都是干什么的。

(2)教师引导幼儿发现家人的职业和幼儿生活的关系,初步感知劳动者的辛苦,学会感恩与尊重。

关键提问:劳动者付出了辛勤的劳动为大家服务,给我们的生活带来了便利,你们想对他们说什么?

小结:每天,许许多多的人都在辛勤工作,用劳动创造美好生活,他们都是光荣的劳动者,我们要感谢、尊重劳动者,让我们大声对他们说:"辛苦了!"

三、理解——劳动不易

(一)回忆参观理发店、超市的情景,进一步了解这些地方的工作人员劳动的辛苦。

关键提问:你们在这些地方看到了什么?他们是怎样劳动的?

幼儿讨论,进一步了解劳动是件辛苦而又快乐的事。

关键提问:

(1)理发店的叔叔阿姨都会干些什么事?没有他们会怎样?

(2)超市里叔叔阿姨每天站着累吗?既然累为什么还要干?

(3)你们觉得他们的心情怎样?为什么?

小结:每一位劳动者都十分辛苦,大家都在各自岗位上尽职尽责、辛勤劳动,即使工作很辛苦,但是他们还是坚持工作,为他人服务。

(二)劳动如此不易,我们可以怎么做?(做好分内之事,不给别人添麻烦)

小结:超市里不需要的东西及时放回原来的地方,不能随便乱放,珍惜排货工作人员的劳动成果;出门旅游,遇到美丽的建筑,不乱涂乱画,珍惜建筑工人的辛勤劳动;对给我们提供服务的人,主动说一声:"谢谢!"

四、行动——班级整理

(一)寻找班级需要整理的地方,畅谈自己的想法。

关键提问:哪些地方需要我们的劳动?需要什么工具?

(二)明确班级整理工作的要求,为整理工作做好充足的准备。

劳动时,认真完成自己的任务,注意劳动安全,遇到困难及时求助老师或同伴。

(三)整理工作进行时,对遇到困难的幼儿及时给予帮助。

(四)师幼共话,讨论班级整理工作中遇到的问题与趣事,体会劳动的艰辛,懂得劳动最光荣的道理。

小结:劳动最光荣,劳动人民最光荣,今天我们都是棒棒的小小劳动者,平时在家也要做力所能及的事情,热爱劳动,热爱劳动人民。

活动延伸

区域活动:开展劳动小标兵活动,在一日生活中进行劳动回顾。

活动五

豇豆成长记[①]

设计意图

某天上午,孩子们一如既往地来到优优菜园种植区,除了发现豇豆爬藤爬得更高了之外,还发现豇豆开花了。自从发现豇豆藤蔓上开花之后,孩子们几乎每天晨间锻炼时间都会来看豇豆,并且对豇豆的成长感到非常神奇。趁着孩子们发现豇豆开花的热乎劲,我们设计了"豇豆成长记"活动,以保持孩子们的兴趣,推进他们对豇豆知识的研究。

活动目标

1.乐意动手洗、择豇豆,体验劳动的快乐。
2.知道豇豆是爬藤类植物。
3.对豇豆感兴趣,日常生活中能够关注到豇豆的变化。

活动重难点

1.重点:乐于在家庭中帮助父母动手洗、择豇豆,体验劳动的快乐。
2.难点:对豇豆感兴趣,日常生活中能够关注到豇豆的变化。

[①] 本书作者指导钟晓宇老师设计与撰写。

🔺 活动准备

1. 物质准备：篮子、剪刀、尺子等工具。
2. 经验准备：已有观察豇豆生长过程的经验。
3. 环境准备：幼儿园三楼优优菜园种植场域。

🔺 活动过程

一、观察发现

关键提问：你们发现豇豆藤蔓上有什么变化？长出来的短短的东西是什么？

小结：藤蔓上在开出豇豆花的位置长出来很短的一节豇豆。

二、护豆记录

关键提问：有些天没有瞧见豇豆了，它会变成什么样子？豇豆怎样才是成熟的？

小结：之前短短的一节豇豆现在变得有老师手掌这么长了。像这种长度的豇豆，还需要生长1周时间就成熟了。

三、收集采摘

关键提问：你们准备了哪些采摘豇豆的工具？在采摘过程中需要注意些什么？

小结：我们的采摘工具有篮子、剪刀。注意剪刀的正确使用方法，看到长度跟自己手臂长度相当的，长得胖胖的，就是成熟的豇豆，可以采摘。

关键提问：你们采摘的豇豆都很长，谁知道自己的豇豆有多长？

小结：大家想出来很多比较豇豆长短的方法，有用自己手臂长度比较的，有用两根豇豆对比发现最长的，还有用尺子量长度的……

🔺 活动延伸

游戏活动：豇豆历险记。

活动六

种植乐[①]

🔺 设计意图

大班幼儿好奇、好问,乐于动手尝试,喜欢探索大自然的奥秘。但是,现在的幼儿物质生活条件优越,网络、电视等虚拟世界使他们渐渐失去了亲近大自然的机会。在生活中,很多幼儿很少自己动手参加劳动,以至于他们大多不知道果实是如何得到的,更不清楚种植的过程。我们设计"种植乐"活动,旨在让幼儿通过动手种植,在观察、实践操作、交流分享中,掌握种植的要领,满足幼儿的探索欲,同时激发幼儿参与劳动的兴趣,树立劳动最光荣的观念。

🔺 活动目标

1. 认识常见的种植工具。
2. 初步掌握种植的基本方法。
3. 有探索精神,喜欢种植活动。

🔺 活动重难点

1. 重点:认识常见的种植工具。
2. 难点:了解基本的种植方法。

🔺 活动准备

1. 经验准备:事先收集有关植物生长的资料和图片。
2. 物质准备:课件、装有土的小盆(每人一个)、种子、种植牌(每人一个)、小铲子(每人一个)、洒水壶(每组一个)。

🔺 活动过程

一、出示组图"种植工具",认识种植工具

关键提问:你们之前种植过豆子吗?你们知道种植需要用到哪些工具吗?这些工具都

[①] 本书作者指导周垚岑老师、吴登艳老师设计与撰写。

是用来做什么的？

小结：种豆子需要准备小盆、小铲子、洒水壶和种植牌。小盆用来装土、种豆子，小铲子用来铲土，洒水壶用来给豆子浇水，种植牌是为了方便找到自己种的豆子。

二、播放视频《种植豆子》，了解种植方法

（一）师幼互动，引导幼儿讨论种豆子的方法。

关键提问：知道了种豆子需要的工具，要怎么种豆子呢？

（二）播放视频及组图《种豆子》，引导幼儿了解种植豆子的方法。

关键提问：我们一起看看视频里是怎么做的吧。你们记住种豆子的具体步骤了吗？要怎么做？

小结：首先用铲子挖一个小坑，然后将豆子放进坑里，将坑填平。接着在种好的豆子表面浇一些水，最后把种植牌插到盆里，这样就能找到自己种的豆子了。

三、出示工具与材料，巩固种植方法

发放种植工具、豆子和种植牌，组织幼儿自己动手种植各类豆子，体验种植的乐趣。

引导语：老师也准备了这些材料，让我们一起回忆种植豆子的步骤吧。

活动建议：教师可用提问的方式引导幼儿回忆种植的步骤，幼儿回答一个步骤，教师演示一个步骤。

四、浅谈种植希望，分享种植经验

关键提问：你们刚才是怎么种的？有遇到什么困难吗？你们是怎么解决的？接下来的日子里，大家要好好照顾它们，期待它们发芽的那天！

活动延伸

区域活动：

（1）语言区——投放种植相关书籍。

（2）美工区——鼓励幼儿绘画种子生长过程。

活动七

大米从哪里来[①]

设计意图

《幼儿园教育指导纲要(试行)》指出,"教育活动的组织形式应根据需要合理安排,因时、因地、因内容、因材料灵活地运用"。大班幼儿有强烈的好奇心和探究欲望,他们对身边常见的大米从哪里来产生了疑问,提出了很多问题。基于此,我们设计"大米从哪里来"活动,旨在通过此活动,幼儿能动手种植,在观察、实践操作、交流分享中,知道大米从哪里来,掌握种植的要领及科学的观察、记录方法,满足幼儿的探索欲望,激发幼儿的责任感,体验到劳动带来的快乐。

活动目标

1. 了解种植的过程与植株生长所需要的基本条件。
2. 掌握正确的种植方法,并积极参与讨论,大胆发表自己的见解。
3. 感受种子生长的神奇,体验种植劳动带来的快乐。

活动重难点

1. 重点:了解大米的成长过程,知道珍惜粮食。
2. 难点:对大米的种植过程有所了解。

活动准备

1. 物质准备:课件、大米、农民耕种视频、诗歌《悯农》等。
2. 环境准备:适宜植物生长的周围环境。

[①] 本书作者指导卓睿老师设计与撰写。

活动过程

一、幸好遇"稻"你

(一)谈话导入。

关键提问:米可以用来做什么?

小结:米除了可以煮饭,还可以煮粥、包粽子、做爆米花。当然,大米还有很多的用处。除了直接做这些食品外,还可以磨成米粉,做好吃的食品。

(二)播放《大米的产生》课件,知道大米是如何磨成粉并制成这些食物的。

二、初来乍"稻"

(一)鼓励幼儿亲自动手,做好吃又好看的食品。

(二)教师示范做米粉制品,并带幼儿品尝,体验成功的乐趣。(观察老师用水和米粉,变米团)

(三)鼓励幼儿制作好吃的米团,让幼儿当小厨师亲自动手制作。

三、意想不"稻"

关键提问:你看过农民伯伯种地吗?今天,老师带你们到农村的田地里去看一看农民伯伯种地的情景。

(一)播放视频,观看农业生产过程。

小结:从春种到秋收,农民伯伯进行了许多的工作,他们顶着火辣辣的太阳给禾苗施肥、浇水、灭虫、拔草,每天辛勤地劳动。这样辛苦的劳动最后换来的是什么?种下一粒种子会收获很多粮食,农民伯伯把农田都种上种子、插上秧苗,因此他们也收获了很多的粮食。

(二)复习诗歌:《悯农》,体会农民伯伯劳动的辛苦。

关键提问:我们应该怎样爱惜粮食?

小结:吃饭时不挑食,不掉饭,不剩饭。

(三)尝试理解《悯农》这首诗的含义,感知劳动人民的辛苦,知道农民的不易,珍惜粮食。

活动延伸

生活活动:幼儿品尝米制品,在品尝的过程中了解米的作用,以及劳动的艰辛。

活动八

种玉米[①]

设计意图

劳动是创造物质财富和精神财富的过程,是人类特有的基本社会实践活动。劳动课程开展的重点是有目的、有计划地组织孩子参加日常生活劳动、生产劳动和服务性劳动。为了使幼儿主动参与种植活动,亲身体验劳动的乐趣,感受大自然的魅力,我们以我园甘宁耕读教育基地为活动场地,设计了"种玉米"活动。

活动目标

1.了解玉米种植的基本过程和方法。
2.通过亲手种植玉米,提高动手操作能力和团队协作能力。
3.愿意参与种玉米的劳动,体验劳动的辛苦和快乐。

活动重难点

1.重点:了解玉米种植的基本过程和方法。
2.难点:通过亲手种植玉米,提高动手操作能力和团队协作能力。

活动准备

1.经验准备:已有认识玉米种子的经验。
2.物质准备:玉米种子、铲子、水桶等种植工具、准备种植玉米的土地。

[①] 本书作者指导杨绍琼老师、吴登艳老师设计与撰写。

活动过程

一、"玉"你相遇

教师出示玉米种子,和幼儿一起观察玉米种子,引发兴趣。

关键提问:

(1)玉米种子长得像什么?请你们用好听的语言描述它。

(2)一起来猜一猜,小小的玉米种子怎么变成玉米棒呢?

(3)小朋友们,我们要先做什么,再做什么,才能种出玉米呢?

小结:玉米种子像一颗颗黄色的小宝石,我们要把玉米种子种到地里,悉心照料,施肥浇水。玉米就能长出大大的玉米棒了。在种植的时候首先要先挖一个小坑,把玉米种子放进去,施上肥,然后盖上薄薄的一层土,最后浇适量水,不要太多也不能太少。

二、"玉"你劳动

带领幼儿到种植地,幼儿亲自参与种玉米的劳动。

关键提问:

(1)小朋友们,挖土的时候要注意什么?

(2)每一个坑放几颗玉米种子的存活概率更大呢?

(3)播种玉米种子后,需要施肥吗?

(4)需要浇水吗?浇多少呢?

小结:挖土不要太深,每一个坑里放2—3颗种子存活率会更大,播种后要给种子适量施肥,补充营养。浇水要适量,不能太多也不能太少。

教师分发劳动工具、玉米种子和肥料,幼儿完成种植玉米。

三、"玉"你同乐

分享种植乐趣,请幼儿分享自己种玉米的感受。

关键提问:

(1)种好玉米种子后,你的心情怎么样呢?

(2)遇到困难你是怎样解决的?

小结:小朋友们都很棒,通过自己的劳动,种下了玉米,在这个过程中大家的动手能力和协作能力都得到了提高,而且还学会了观察和表达。希望我们的玉米快快长大,到时候就能收获啦!

四、"玉"你等待

引导幼儿讨论玉米长大后的样子,并定期观察玉米的生长情况。

关键提问:

(1)小朋友们,你们觉得玉米多久会发芽?

(2)现在的玉米和刚种下的玉米有什么区别?

(3)我们可以用什么方法记录玉米的成长变化呢?

小结:和班级小朋友们共同制作观察记录本,请值日生每天照料种植地里的玉米种子,施肥、浇水、除草,记录它的成长变化。

活动延伸

区域活动:美工区,给玉米种子设计名片。

第三篇

幼儿园社会体验园本课程与科研课题园本课程思政

习近平总书记指出:"办好教育事业,家庭、学校、政府、社会都有责任。"如何顺应人口发展新形势下,促进学前教育高质量发展?《国家中长期教育改革和发展规划纲要(2010—2020)》指出,要"为每一个学生提供适合发展的教育"。《3—6岁儿童学习与发展指南》指出:"幼儿的学习是以直接经验为基础,在游戏和日常生活中进行的。"我园结合陶行知先生"生活即教育,社会即学校"理论,以自然主义和生活体验为基础,整合各种资源,以"家""幼儿园""社会"等环境为教育场域,以儿童的体验式学习为实施路径,确立的"爱生活、善学习、乐体验"儿童发展目标,与"新时代好儿童"中的"有志向、有梦想,爱学习、爱劳动,懂感恩、懂友善,敢创新、敢奋斗"教育目标一致,建构出适宜的生活化、经验化、游戏化系统思政课程内容。其包括园本社会体验课程、幼小衔接课程、乡土材料课程、生活教育课程,遵循了儿童实际需求,诠释了幼儿园园本课程开发内涵与价值,解决过去课程中出现的片面追求课程数量、规模,盲目整合,忽略系统思考和整体设计,从而造成课程建设"碎片化""分散化""割裂化""无序化"等一系列问题,具有以下特点:其一,理念科学。从最新学前教育理念出发,将其应用于课程的设计与构建过程中。如"体验式学习""学习品质"等均体现学前教育近年来的新思想和新观点。其二,儿童视角。基于儿童的视角与需要建构课程,其最大的特点是积极关注"幼儿的体验"。如幼小衔接课程,通过设计体验小学等各类活动,支持儿童平稳实现两个学段的转变。其三,系统构建。活动设计从课程理念、育人目标到内容的选择、实施等全过程都体现了课程建构过程中的科学性、系统性和整体性,为儿童提供更实用的发展空间。

第八章　幼儿园社会体验园本课程思政

在幼儿园阶段,幼儿正处于心智与人格发展的关键期,此时在园本社会体验课程中融入思想政治教育,旨在培养幼儿的集体意识、公民责任感及初步的道德判断能力。我们以幼儿的生活经验为基础,将社会常识、历史故事、民俗文化等内容有机整合,设计幼儿园社会体验园本课程,让幼儿在自然亲近的社会实践中感受合作与分享的乐趣,认识尊重与包容的差异,了解遵守公共秩序的重要性。我们致力于创造一个温馨、开放、互动的学习环境,让幼儿在角色扮演、团队游戏、现场访问等多样化活动中,自然而然地接受思政教育的熏陶。课程内容设计贴近幼儿的认知水平,语言简单生动,充分调动幼儿的参与兴趣,确保教育信息的有效传递与内化。通过这种模式的教育实践,我们期望幼儿能建立起对社会的基本认知,形成积极向上的人生态度,同时培养他们的爱国情感与社会责任感。社会体验园本课程不仅关注知识的传授,更重视幼儿品性与习惯的养成,为他们今后成为具有良好道德品质的公民打下坚实的基础。我们相信,这样的教育既符合幼儿园教育的特点,也响应了新时代对幼儿思政教育的要求,是培养未来社会主义建设者和接班人的重要途径。

第一节　幼儿园小班社会体验园本课程思政教育教学活动设计

活动一

交通安全我知道[①]

设计意图

《幼儿园教育指导纲要(试行)》指出:"幼儿园必须把保护幼儿的生命和促进幼儿的健康放在工作的首位。"基于此,我们设计"交通安全我知道"活动,让幼儿从小了解交通安全知识,养成自觉观察并遵守交通规则的好习惯。

[①] 本书作者指导瞿尧老师设计与撰写。

🔺 活动目标

1.认识红绿灯、斑马线、禁止通行的标志,并了解它们分别代表的意思。

2.能够区分红绿灯、斑马线、禁止通行标志,知道它们分别代表的意思。

3.对交通规则产生兴趣,养成遵守规则的好习惯。

🔺 活动重难点

1.重点:认识红绿灯、斑马线、禁止通行的标志,并了解它们分别代表的意思。

2.难点:能区分红绿灯、斑马线、禁止通行标志分别代表的意思。

🔺 活动准备

1.物质准备:PPT图片、视频。

2.经验准备:了解一些简单的交通规则。

3.环境准备:创设带有红绿灯、斑马线等交通标志的场景。

🔺 活动过程

一、趣味谜语,初探交通规则

谜语:一个小宝宝,三只小眼睛。一只红眼睛,一只黄眼睛,一只绿眼睛。

小结:它的本领可大了,当它的红眼睛睁开时,人们就要停下来;当它的黄眼睛睁开时,人们就要在路口等一等;当它的绿眼睛睁开时,人们就可以继续出发啦!

二、观看图片,认识交通标志

(一)观看交通标志,说出名称。

关键提问:老师这里有几张图片,你们都认识哪些?

小结:我们现在一个个来认识。步行、人行道、直行、向左转弯、向右转弯。

(二)学习交通标志,理解作用。

关键提问:它们分别有什么作用?

小结:步行——提醒行人此处是步行道;人行道——提醒行人此处是人行道,行人专用;直行——提醒行人此道路仅可直行;向左转弯——提醒行人此道路可向左转弯;向右转弯——提醒行人此道路可向右转弯。

(三)探索交通标志,知道交通标志的重要性。

小结:交通标志可以帮助我们指示方向,提醒我们在出行时可能会遇到的危险情况,同时还可以确保驾驶员获得明确的指示和警告,引导车辆有序行驶,维护良好的交通秩序。

三、拼图游戏,交通标志共体验

(一)小组合作完成交通标志拼图。

小结:交通标志在我们的生活中很重要,我们一定要遵守交通规则。如果我们不遵守交通规则,就会发生交通事故,导致自己和他人受到伤害,小朋友们一定要养成遵守交通规则的好习惯。

(二)欣赏《红绿灯》儿歌视频,巩固交通知识。

活动延伸

家园共育:和爸爸妈妈出行时遵守交通规则,观察生活中出现的交通标志并进行记录。

活动二

乘着飞船去飞行[①]

设计意图

伴随着"神舟十八号"载人飞船的顺利发射,幼儿对地球之外的太空产生了浓厚的兴趣。我们设计"乘着飞船去飞行"活动,以"天宫课堂"和"神舟十八号"的发射与回归作为教育背景,以幼儿的兴趣作为基点,以教师为幼儿学习的支持者、合作者和引导者,创设开放式的活动环境,让幼儿在体验中学,在学中体验。旨在通过活动,丰富幼儿的太空知识,激发幼儿对航天的兴趣与探索,增强其民族自豪感和爱国情怀。带着幼儿的诸多疑问,在班级里,一场关于航天的探秘之旅就此启航……

活动目标

1.初步了解太空的各种景物。

---

① 本书作者指导蒋锡燕老师设计与撰写。

2.尝试用画、捏的方式设计太空飞船。

3.萌发民族自豪感和爱国情怀。

活动重难点

1.重点:尝试用画、捏的方式设计太空飞船。

2.难点:萌发民族自豪感和爱国情怀。

活动准备

1.经验准备:幼儿前期有积累关于太空、飞船的知识经验。

2.物质准备:PPT、绘画材料。

活动过程

一、创·一场情景

(一)丁零零,电话响。

引导语:老师突然接到一个电话,说太空小狮子邀请我们去玩耍。太空有什么呢？我们一起去看看吧。

(二)幼儿猜想:太空是什么样子的呢?(神秘的、安静的、黑乎乎……)

1.教师提问,引发思考。

关键提问:太空这么神秘,我们要怎么去呢?

2.幼儿讨论,发挥想象力。

关键提问:我们可以怎样飞上太空？想象一下,我们在太空中会遇到什么?

二、探·太空异同

关键提问:在地球上我们是如何行走、睡觉、喝水的?

(一)观看宇航员在太空生活的相关视频,引发幼儿思考:为什么在地球生活和在太空生活时会相差这么多?

(二)幼儿通过观察对比,了解我国科技的进步以及发展速度,感受祖国的强大,激发幼儿作为中国人的自豪感。

小结:由于失重的原因,宇航员们要时常飘浮在太空中,要穿专门的衣服,吃装在特殊容器的食物,睡在定制的睡袋里,由于太空水资源有限,宇航员们甚至不能频繁地洗澡,就算是洗也只能使用专用的洗发帽和湿毛巾。而且宇航员们行走起来也是非常不容易的,光是转身就要花费很大的力气,非常不方便。所以失重的太空环境并没有我们想象得那么美好和轻松,相反宇航员们每天都要面对来自身体和心理的双重挑战。

三、赴·飞船设计

(一)引导幼儿大胆想象太空中都会出现什么。

(二)鼓励幼儿发挥想象,设计属于自己的太空飞船。

(三)鼓励幼儿大胆使用丰富的材料渲染太空。

四、赏·幼儿创作

鼓励幼儿大胆分享自己的创作,交流自己的想法。

活动延伸

1.区域活动:在各区角投放有关太空的材料。

2.班级活动:将幼儿作品布置成太空展馆供其他班幼儿参观。

活动三

安全出行大家乐[①]

设计意图

《幼儿园教育指导纲要(试行)》指出,幼儿教育选择的教育内容既要贴近幼儿的生活,"符合幼儿的现实需要,又有利于其长远发展",为所有在园幼儿的健康成长服务。近段时间,我们正在开展"初探杂技"主题活动,幼儿对万州三峡的杂技有了初步的感知,我们即将从幼儿园步行到重庆市三峡川剧团去观看杂技演出。由于幼儿的自我保护意识比较低,对于出行安全缺乏理性认识,于是我们设计"安全出行大家乐"活动,旨在通过活动,幼儿能了解出行中的危险因素,懂得一些交通安全知识,知道遵守交通规则的重要性,养成自觉遵守交通安全的好习惯。

[①] 本书作者指导周小丽老师设计与撰写。

🏁 活动目标

1.知道过马路时走斑马线、红灯停绿灯行。
2.体验遵守交通规则的重要性。
3.具有安全意识,养成观看交通标志的良好习惯。

🏁 活动重难点

1.重点:认识常见的一些交通标志,并能理解其含义。
2.难点:知道遵守交通规则能给我们带来安全。

🏁 活动准备

1.经验准备:对交通规则和交通安全有一定认识。
2.物质准备:交通标志的PPT。

🏁 活动过程

一、观看事故视频——传递安全过马路的重要理念

教师播放交通事故的视频。

关键提问:为什么会发生交通事故呢?

小结:行人未遵守交通规则,导致车祸的发生,所以我们要遵守交通规则。

二、认识交通标志——开启安全过马路的规则之门

(一)认识十字路。

教师出示十字路中的图片,幼儿仔细观察。

关键提问:

(1)这是哪里? 小朋友们在什么地方见过它?

(2)上面的白线叫什么? 有什么作用?

小结:这样的标志是斑马线,我们行人过马路时,就要走这样的斑马线。

(二)认识红绿灯。

教师出示红绿灯图片,幼儿仔细观察。

关键提问：

(1)这是什么？它有什么作用？

(2)当绿灯亮的时候,我们要怎样过马路？

(3)当红灯亮时我们要怎样？

小结：这是红绿灯,走斑马线要注意观察红绿灯,红灯停绿灯行,绿灯亮时我们也要等所有的车辆停住了再快速通过。

(三)小组研讨。

讨论1:没有红绿灯的斑马线怎么过？

关键提问：如果是没有红绿灯的斑马线该怎么过呢？

小结：过没有红绿灯的斑马线,要牢记下面规则。一停,在斑马线前远离马路的地方停下来；二看,观察车辆,在车辆离斑马线很远的时候可以准备通行；三通过,确认没车或者车离得很远的时候,快速通过。

讨论2:集体出行有哪些注意事项？

关键提问：我们小朋友集体出行,除了注意上面这些以外,还要注意什么呢？

小结：小朋友一起集体出行,一定要排队,和老师一起遵守交通规则。

三、模拟游戏场景——演练安全通行的文明行为

(一)场景布置：起点(幼儿园)、大马路,有红绿灯斑马线,无红绿灯斑马线,终点(重庆市三峡川剧团),一位老师扮演司机。

(二)讲解游戏规则：幼儿过马路走斑马线,依次走过无红绿灯和有红绿灯的斑马线。

(三)进行游戏。

小结：小朋友在过马路时都能找到斑马线,在过马路前都能先停下来左右看一看,确定安全了才通过,在以后真正过马路时要做个遵守交通规则的好孩子。

四、安全文明出行——熟练掌握安全通行的技巧

引导语：小朋友们在游戏中学习到了遵守规则,我们一起出发去重庆市三峡川剧团观看表演吧。

(一)组织小朋友们排队,三位老师分别站在队前、队中、队尾。

(二)通过没有红绿灯的路口时,提醒小朋友们要仔细观察,没有车辆经过时快速通过马路。

(三)过有红绿灯的斑马线时,请小朋友们仔细观看红绿灯,绿灯亮了观察所有车辆停了再通行。

(四)小组讨论:过马路时,哪些小朋友遵守交通规则了?哪些小朋友没有遵守交通规则?

小结:小朋友们在真正过马路时都能遵守交通规则,非常棒。以后和家人一起出行也要遵守交通规则哦!

活动延伸

1. 区域活动:在益智区提供小积木、不同形状的插片,引导幼儿拼出交通标志。
2. 家园共育:小朋友和爸爸妈妈一起认识更多的交通标志,一起遵守交通规则,发现遵守交通规则的好现象时可用照片或者视频记录并带到幼儿园和小朋友们分享。

第二节　幼儿园中班社会体验园本课程思政教育教学活动设计

活动一

三峡红[①]

设计意图

《3—6岁儿童学习与发展指南》指出,要"运用幼儿喜闻乐见和能够理解的方式激发幼儿爱家乡、爱祖国的情感"。我们住在万州区,在美丽的太白岩山下,辽阔的长江边上。很多中班的小朋友并不了解家乡万州,我们设计"三峡红"活动,旨在让幼儿了解并关注自己的家乡,让幼儿知道家乡在哪里,了解家乡的风景名胜并能为家乡做一些力所能及的事,萌发幼儿热爱家乡的情感。

---

① 本书作者指导李玉亭老师设计与撰写。

🔺 活动目标

1.知道自己的家乡是万州,了解家乡的万州大瀑布、盐井西游洞、翠屏山公园等名胜及自然风光。

2.探索家乡的美丽,能用正确的方式推介家乡、宣传家乡。

3.热爱家乡,为自己是万州人而自豪。

🔺 活动重难点

1.重点:知道自己的家乡是万州,了解家乡的万州大瀑布、盐井西游洞、太白岩公园等名胜及自然风光。

2.难点:探索家乡的美丽,能用正确的方式推介家乡、宣传家乡。

🔺 活动准备

1.经验准备:请家长收集关于万州的照片,供幼儿欣赏和交流;家长带幼儿外出或在来幼儿园的路上,引导幼儿观察周围的景物,向其介绍家乡的风景;教师利用碎片时间和幼儿进行有关家乡的讨论,提前进行话题渗透。

2.物质准备:每名幼儿带一张家乡美的风景图片,由教师制作成展板。PPT、有关万州大瀑布的视频、《三峡红》音频、导游旗、板。

🔺 活动过程

一、探寻家乡踪迹

(一)教师组织幼儿谈话。

引导语:孩子们,我们前期通过谈话、欣赏、观看视频知道了自己居住地的名称及周边的环境,了解了自己家乡的名胜及自然风光。你们在节假日的时候跟爸爸、妈妈到哪里去旅游了?你们知道我们这里最著名的山是哪里吗?你们去过吗?

(二)教师组织幼儿观看视频。

观看万州文旅到万州大瀑布群景区录制的视频。

关键提问:看完视频,你们的心情怎么样?视频中说我们的大瀑布还有一个名字是什么?(青龙瀑布)你们还知道哪些万州的名胜美景呢?

小结:我们的家乡有很多风景名胜,春节的时候人们会到慈云寺祈福、许愿。每年的

3—5月份我们的太白岩山都会开满桃花,吸引人们前来观赏。

二、走进家乡美景

(一)教师创设情境,通过游览旅游的方式观看图片,幼儿说一说自己去过图中的哪些地方,认识图中的哪些地方。

(二)教师小结,进一步帮助幼儿了解慈云寺、万州大瀑布、盐井西游洞。

1.慈云寺原名慈云庵,俗称观音庙,位于万州区沙龙路,慈云寺属佛教"净土宗",有殿堂五重,殿宇庄严,香火旺盛,为万州名刹。

2.万州大瀑布群旅游区地处长江之滨,位于万州区西南部甘宁镇,被评定为国家AAAA级旅游景区并被列入"2015新重庆·巴渝十二景"自然景观类名单。

3.盐井西游洞属国家AAA级旅游景区,位于万州区新田镇,洞内群山环抱,小桥流水,集景观欣赏、文化娱乐、科普于一体。

三、传承家乡情怀

师幼交流,激发幼儿爱护家乡的情感,为自己是万州人而自豪。

关键提问:家乡这么美,生活在这里的你们有什么感觉?碰到有外地游客来游玩我们应该怎么做?

小结:作为万州人,我们非常骄傲。如果遇到了外地游客,我们应该热情接待,向他们介绍我们美丽的万州,同时也要保护我们的家乡,让家乡变得更加美丽。

四、我是家乡"小导游"

游戏玩法和规则:

幼儿分成三组,发放导游旗。游戏过程中,教师注意引导幼儿协商、分工、合作,鼓励幼儿轮流当导游进行游戏。

小导游带领游客游玩,并依据图片内容向游客介绍家乡风景。

小结:美丽的家乡需要我们共同建设,所以我们要认真学好本领、快快长大,以后把我们的家乡建设得更加美丽!

🛪 活动延伸

1.区域活动:将"去旅游"的游戏投放到角色区供幼儿进行角色扮演。

2.家园共育:请家长利用周末时间带孩子去游览万州的名胜美景。

活动二

消防零距离——参观消防队[①]

🔔 设计意图

社会是个体发展的不竭源泉,社会化是个体学习与发展的基本过程,因此,幼儿园教育要打开幼儿园围墙,让幼儿走进社会,让幼儿的多种经验多种感官参与其中。《幼儿园教育指导纲要(试行)》指出:"幼儿园必须把保护幼儿的生命和促进幼儿的健康放在工作的首位。"基于此,我们设计"消防零距离——参观消防队"活动,旨在让幼儿近距离接触消防兵,深入了解消防器材,从心底里产生对消防员这一职业的敬佩与尊重。

🔔 活动目标

1. 了解部分消防器材,初步知道其作用。
2. 学习遇到火灾时逃生的技能。
3. 对消防员叔叔产生敬佩之情。

🔔 活动重难点

1. 重点:学习遇到火灾时逃生的技能。
2. 难点:了解部分消防器材并知道其作用。

🔔 活动准备

1. 物质准备:提前联系消防队,商量讨论活动内容。
2. 经验准备:知道发生火灾了需要拨打119,紧急联系消防队帮助灭火。

🔔 活动过程

一、初定计划,走进消防世界

引导语:小朋友们,今天我们到消防队参观,你们有什么想要了解的?请制订出自己的参观计划。

[①] 本书作者指导周小丽老师设计与撰写。

二、实地参观,揭秘消防知识

(一)认识消防员的衣服。

关键提问:

(1)你们从哪些地方看出这位叔叔是消防员?消防员叔叔的衣服是什么颜色的?

(2)除了橙色衣服,消防员叔叔还有一套黑色的衣服,仔细观察,你们发现了什么?

小结:橙色衣服,上面有荧光条,这种颜色可见度高,更容易被观察到,主要用于救人;黑色衣服的材质是防火的,上面的荧光条便于在火灾中被发现,所以黑色衣服主要用于救火。

(二)认识消防车。

1.观察消防车。

在消防员叔叔的带领下,观看各种各样的消防车。

关键提问:这些消防车的外表有什么共同点?

小结:消防车都是红色的,车顶上都有一个警灯,用以提醒警示,有一架伸缩的云梯,可以伸得很长,还有一节大大的车厢。

2.认识消防工具。

关键提问:

(1)大大的车厢里装载了一些什么东西?(车厢里面装载的有消防器材、抢险器材、防护设备等)

(2)你知道哪些消防器材?

请消防员叔叔再给我们详细补充或者展示一下。

小结:灭火器材有很多,它们的作用分别是:

消防水枪——对准火苗根源冲击,可以灭火;

自持式呼吸器——有害气体会刺激呼吸道,严重的会导致呼吸困难,危及生命,自持式呼吸器可以防止浓烟进入身体;

防护服——防护服的材质是防火的,穿上可以防止被火烧;

防火罩——在火灾中保护自己的面部。

……

我们家里可以准备灭火毯快速灭火,也可以将灭火毯披在身体上保护自己,防烟面罩用来防止吸入有害气体。

3.了解消防车救火的方式。

关键提问:

(1)消防车是怎么救火的?

(2)消防车救火时用到了什么工具?水是从哪里来的?梯子和我们平时看到的梯子有什么不一样?

消防员叔叔现场演示消防车喷水。

小结:消防车的车厢不仅装了消防器材,还储存了满满的水,连接水管就可以喷水出来灭火了;云梯可以伸缩变得长长的,可以对高处进行救援。

(三)感受消防员叔叔的本领。

1.参观荣誉墙,观看消防员叔叔灭火的照片和视频。

2.关键提问:

(1)你们看到了什么?

(2)是谁在救火?

(3)消防员叔叔是怎么救火的?

小结:消防员叔叔为了大家的生命和财产安全,非常勇敢,不怕牺牲,我们向消防员叔叔敬礼!

三、模拟演练,熟悉逃生技能

(一)消防员叔叔教火灾自救逃生。

关键提问:发生火灾后,打了火警电话,但消防员叔叔还没赶到,我们怎么自救逃生呢?

小结:小朋友们讨论出了很多办法,很不错!现在请消防员叔叔教教我们逃生的技能。着火了不能躲在房子里,要把毛巾弄湿捂住嘴巴和鼻子,避开烟雾,沿着墙壁边缘并弯着腰,迅速逃离火灾现场,千万不能乘坐电梯,要走步梯。

(二)模拟演练。

1.创设火灾情境:播放模拟火灾警报声,营造逃生氛围。

2.组织幼儿进行疏散:引导幼儿用湿毛巾捂住口鼻,弯腰低姿,按照预定的疏散路线迅速有序地撤离到安全区域。

3.到达安全区域后,教师清点幼儿人数,确保所有幼儿都安全撤离。

小结:小朋友们一定要记住,火灾很危险,但我们只要学会正确的逃生方法,就能保护好自己。

活动延伸

1. 科学活动:观看视频《火灾是怎么产生的?》,了解火灾产生的原因有哪些。
2. 区域活动:在美工区提供画纸、彩色笔,设计出不一样的消防服、消防车、消器材,并和小朋友分享。
3. 家园共育:家庭购买常用的消防器材,和小朋友一起学习如何使用这些消防器材。

附:

我的参观计划

想重点参观什么?	
想采访了解什么?	
想对消防员叔叔说什么?	
其他	

活动三

安全规则要牢记[①]

设计意图

《幼儿园教育指导纲要(试行)》指出,要为幼儿提供健康、丰富的学习和生活活动,满足幼儿各方面发展的需要,要让幼儿知道必要的安全保健知识,学习保护自己。为了让幼儿感悟到生命的珍贵,萌发保护自己的安全意识,我们设计了"安全规则要牢记"活动。

活动目标

1. 了解常见交通标志的作用,知道标志是社会生活环境中不可缺少的一种符号。
2. 尝试按标志的不同特征进行分类。
3. 具有安全意识,养成看交通标志的良好习惯。

---

① 本书作者指导陈枭老师设计与撰写。

活动重难点

1.重点:了解常见交通标志的作用。

2.难点:按交通标志的不同特征进行分类。

活动准备

物质准备:交通标志的PPT及律动音乐、交通标志图片若干、胶水、白纸等操作材料、交通道路操作图。

活动过程

一、以"歌"导入,律动激趣

引导语:小朋友们集合啦,今天天气真好,我们一起去郊游,好吗?坐上我的大巴,我们出发啦!

二、以"图"引出,直观主题

(一)播放PPT,引出主题。

1.播放PPT,教师导入。

引导语:路上的风景真美丽,我还看见马路上有许多的交通标志。

关键提问:你们认识它们吗?它们表示什么意思呢?

小结:对,每个交通标志都有不同的意思。

2.幼儿自由发言。

(二)幼儿自由按交通标志的特征进行分类。

1.小组探索,按特征对交通标志进行分类。

关键提问:除了这些,马路上还有许多交通标志,你们能按交通标志的特征给它们分类吗?

2.教师巡视并参与讨论。

3.小组汇报,展示分类结果。

小结:按交通标志的颜色和外形的不同,可以将其分为三类(分好标志牌)。

(三)学习新的交通标志的含义。

1.幼儿讨论,自由发言,教师小结交通标志的含义。

关键提问:在这些交通标志里有哪些是你们不认识的?你们见过它们吗?它们表示什么意思?

小结:对,它们都有不同的意思,表示了不同的作用。

2.教师讲授交通标志。

3.教师引导幼儿说出另一种分类方法。

关键提问:这些交通标志都表示什么意思?我们可以统称为什么呢?

小结:

(1)三角形、黄底黑边黑图案一类,表示提醒的交通标志,我们称它们是"警告标志"。

(2)圆形、白底红圈黑图案,表示禁止行为的交通标志,我们称它们是"禁令标志"。

(3)蓝色方形的或圆形的,表示道路方向的交通标志,我们称它们是"指向标志"。

(四)交通标志作用大。

引导语:我们知道了很多交通标志的意义,现在我们就可以帮助司机叔叔认识路啦。

教师出示交通道路图,引导幼儿投放正确的交通标志,并在活动中运用这些交通标志。

关键提问:你们想象一下,如果没有这些交通标志,会变成什么样子?

小结:交通标志在我们的生活中起着重要的作用,如果没有交通标志,马路上的车就会随意乱行,没有规则,互不谦让,很容易引起交通事故;如果没有交通标志,人们就不知道哪里是停车场,车辆就会随意停放,这对我们的行走和生活都会造成很大的影响,所以交通标志是社会生活中不可缺少的符号。

三、以"话"总结,宣传交通

关键提问:交通标志能告诉司机前面的地形,给司机指路并对司机提出要求,我们小朋友在出行时要注意什么呢?(看交通标志、遵守交通规则)

小结:我们要做"小小宣传员",为身边的人宣传交通安全知识。

活动延伸

1.游戏活动:红灯停绿灯行。

2.区域活动:角色扮演(交警小队)。

活动四

逛超市[①]

设计意图

《幼儿园教育指导纲要(试行)》指出,幼儿的发展是在与周围环境的相互作用中实现的,应充分利用社区的教育资源,拓展幼儿生活和学习的空间。为开阔幼儿视野,增强幼儿的社会实践能力,丰富幼儿的生活经验,让幼儿深切体会数学在现实生活中的运用,我们设计"逛超市"活动,让幼儿学会理性消费,体验自主购物的乐趣。

活动目标

1. 了解超市的购物环境和用途,体验超市给人们生活带来的便利。
2. 学会制作购物清单,掌握与超市购物相关的常识和行为规范。
3. 在购物过程中体验交流、选择、合作、分享的快乐。

活动重难点

1. 重点:了解超市的各个售卖区域,认识货架标签,知道商品条形码的作用和钱币在生活中的作用。
2. 难点:能合理使用钱币体验自主购物,完成购物清单。

活动准备

1. 经验准备:前期超市购物体验、初步认识10以内的钱币。
2. 物质准备:亲子购物清单、10元以内的钱币、水彩。

活动过程

一、前期经验准备

(一)教师组织幼儿谈话。

关键提问:你们去的超市叫什么名字?路边摊和小卖部也卖东西,它们和超市有什么地

[①] 本书作者指导范迎川老师设计与撰写。

方不一样？你们在超市里看到了什么？在超市里买了什么？用什么方式支付的？

小结：超市比路边摊、小卖部的商品种类更齐全，几乎所有的生活用品都可以在超市买到。现在的支付方式有很多，例如现金、刷卡、微信、支付宝等。

(二)幼儿回忆购物体验。

观看录像，引导幼儿观察超市的布局结构和售卖区域，认识标签上提供的商品信息和价格，知道什么是促销商品。

关键提问：超市的工作人员有哪些？超市的商品是怎样摆放的？你们是怎样完成采购的？

小结：超市有很多售卖区域，各个区域售卖的物品是不同的，例如零食区、粮油区、生活用品区等，标签提供商品的价格、名称、重量、日期等信息，商品包装上有黑色条形码，每个包装的条形码是不一样的。有些商品即将到达保质期就会被打折促销，有的商家做活动推广商品时也会打折促销。

关键提问：超市有哪些工作人员？他们都做些什么？

小结：超市有收银员、理货员、保洁员、导购员、促销员、保安等工作人员。收银员接收顾客购物付款，现在也有新型自助结账机。理货员清理货架上的商品，对商品进行调整和补充。保洁员负责超市的卫生工作。导购员和促销员向顾客推荐商品，促使商品更快售出。保安负责超市的安全管理。

二、制订出行计划

(一)教师创设情境，引导幼儿制订购物清单。

关键提问：在购物时，我们应该怎么在预算内购买商品？

1.确定购物清单：首先，确定需要购买的物品，包括日用品、食品、衣物等。根据需求和家庭存货情况来制订购物清单。

2.进行预算：列出所需购买的物品后，为每一种物品设定一个预算。实地调查每一种物品的价格、品质以及生产日期状况。

3.对比商品：在确定购物清单和预算后，需要寻找价格合适的商品。通过网上购物平台、超市、百货商店等途径进行比较。在比较商品时，需要考虑价格、品质、用户评价等因素。

(二)文明出行注意事项。

关键提问：在超市购物时，什么事情能做？什么事情不能做？

小结：在超市购物时，不要大声喧哗和乱跑乱跳；商品包装袋不能随便打开；如果我们原本选购的东西不要时，要把它送回原来的地方；找不到要买的东西时，可以询问导购员；挑选物品应该轻拿轻放，只买需要的物品，买太多会超出预算；时刻紧跟大人，防止在超市走丢。

三、前往超市体验

(一)在超市工作人员的带领下观摩超市布局并记录。

(二)找到需要购买的商品。

(三)购买清单上的商品后记录收支情况。

(四)体验面包制作和促销员工作。

四、师幼互动，交流经验

关键提问：你们完成了购物清单吗？在完成购物清单的时候，你们遇到了什么问题？是如何解决的？在付款的时候，应该注意哪些问题？

教师带领幼儿共同梳理逛超市的经验并总结。

小结：遇到的问题主要是不能迅速找到商品的位置，以及带的钱不够用……

活动延伸

1.游戏活动：开展班级超市购物体验，进行角色扮演。

2.家园共育：制作下一次的购物清单。

活动五

节水大作战[①]

设计意图

水是人类赖以生存的生命线。在幼儿的生活和游戏中，水能给他们带来很多的乐趣。

[①] 本书作者指导李玉亭老师设计与撰写。

在小水滴旅行记、水是人类的好朋友、吹泡泡、沉浮实验、奇妙的水车、颜色变变变等活动中，幼儿已经完全被水的"魔力"给征服了。与此同时，我们也应该让幼儿了解人多水少，水资源时空分布不均是我国的基本水情。虽然我国水资源总量居世界第6位，但人均水资源量仅为世界平均水平的35%。解决水资源短缺问题，节水是根本出路。由此，我们设计了"节水大作战"的活动，培养幼儿的节约意识，使他们从小就树立起节约的观念，都知道"节约用水，人人有责"。

活动目标

1. 了解水资源的珍贵，建立保护水资源的责任心。
2. 能从自己做起节约用水，能在生活中宣传节约用水，保护环境。
3. 形成初步的节水意识，在日常生活中注意节约用水。

活动重难点

1. 重点：了解水资源的珍贵，建立保护水资源的责任心。
2. 难点：能从自己做起节约用水，能在生活中宣传节约用水，保护环境。

活动准备

1. 经验准备：幼儿了解水的不同用途，观察并记录人们生活中有哪些浪费水资源的行为，记录后与家长一起讨论节水好办法。
2. 物质准备：《地球的"渴"望》宣传片；节水宣传画（未涂色）、彩笔若干。
3. 环境准备：幼儿园、社区宣传栏。

活动过程

一、生命之源，必不可缺

关键提问：

(1) 在学习节约用水之前老师要考考你们，你们知道水有哪些用途吗？（可以喝、玩吹泡、浇花种地、每天洗漱也会用水、起火了要用水来灭、烧汤也要用水……）

(2) 如果没有了水，我们的生活会发生什么变化？（没有水喝，我们就活不下去了；没有水洗澡，我们肯定很脏；大海消失，我们就再也不能踩浪花了……）

小结：如果水消失了，那么田地就会干旱，再也种不出我们赖以生存的粮食了，就连花草树木和小动物们也会渴死，看来节约用水刻不容缓。

二、节约用水，从我做起

观看纪录片《地球的"渴"望》，了解水资源紧缺的现状，感受水资源对人类的重要性。

小结：水的用途如此之广，对人类来说非常重要，可是刚刚我们看到了世界上有很多地方都严重缺水，那里的人们连喝水都很困难！

关键提问：我们应怎样帮助那些可怜的人呢？我们可以做些什么？(师幼共同总结节水小妙招)

小结：将水二次利用，例如洗过衣服的水还可以拖地，洗过瓜果青菜的水还可以浇花，洗过手的水留下来冲厕所等；洗手时用小水流，用水后把水龙头关紧，不浪费一滴水。

三、"节"尽所能，宣传践行

引导语：现在，小朋友们都知道了节约用水很重要，但还有很多人不知道应该做些什么，让我们一起加入，为节约用水做贡献。

1.每个小朋友都来当节水小卫士，一起团结协作把老师设计的节水宣传画涂上颜色。(幼儿互相合作进行宣传画的涂色，教师在各组巡回指导)

2.每周请两个小朋友戴上袖章在幼儿园进行巡查，如果有玩水、浪费水的情况则要提醒他改正。

活动延伸

1.将共同制作的节约用水宣传画分别贴到幼儿园内和社区宣传栏，让其他的小朋友和社区的居民都能看到。

2.请幼儿与家长自由设计制作一些小的节约用水的标志，贴在教室和家里有水的地方，提醒大家节约用水。

活动六

走进杂技世界[①]

设计意图

今天，辰辰小朋友来到幼儿园就对我说："老师，星期六妈妈要带我去看杂技表演。"小雨

---

① 本书作者指导冉思老师设计与撰写。

问:"什么是杂技表演。"瞬间,其他小朋友也都凑上来七嘴八舌地讨论着。《3—6岁儿童学习与发展指南》指出,在教育过程中应依据幼儿的兴趣特点,灵活综合地组织教育内容,使幼儿获得相对完整的经验。只有当幼儿觉察到学习内容是自己感兴趣的,与自己相关时,才会全身心地投入学习,学习速度会大大加快,效率会大大提高。《幼儿园教育指导纲要(试行)》中也提出,要萌发幼儿爱家乡、爱祖国的情怀。三峡杂技团是万州人自己的杂技团,所以"走进杂技世界"的活动课程产生了……

活动目标

1. 认识门票,了解门票的作用。
2. 对照门票,能按从左到右、从前到后的顺序找到对应座位。
3. 知道杂技是中国传统民间艺术,萌发对杂技演员的敬佩之情。

活动重难点

1. 重点:认识门票,了解门票的作用。
2. 难点:对照门票按座位就座。

活动准备

1. 经验准备:有去金狮剧院或者电影院的经验。
2. 物质准备:《魔幻森林》预告片、金狮剧院图片、门票、座位图。
3. 环境准备:模拟剧院座位布置座位。

活动过程

一、杂技我知道

(一)《魔幻森林》。

教师播放三峡杂技团活动预告片《魔幻森林》。

关键提问:孩子们,刚才我们看到的是什么表演?

小结:刚刚视频里面播放的是三峡杂技团近期的杂技表演——《魔幻森林》。

(二)三峡杂技。

关键提问:孩子们,你们觉得刚刚预告片里面哪部分内容最精彩?

小结:大家都觉得预告片中的一些高难度的动作最精彩,这就是杂技的精彩之处。万州三峡杂技团成立于1956年,三峡杂技团因众多的精彩节目受到广泛关注和好评。练习杂技不是一件简单的事情,需要日复一日、年复一年地不断刻苦练习。

二、剧场小探秘

(一)剧院里面有什么。

关键提问:这次杂技表演在金狮剧院,你们去过金狮剧院吗?走进金狮剧院,你们看到了什么?舞台?座位?

小结:很多小朋友去金狮剧院看过童话剧,有的小朋友还去表演过。金狮剧院里面有一个大舞台用于各种表演,还有很多座位。

(二)座位的秘密。

1.门票知多少。

引导语:看杂技表演,学校给我们班安排了位置,也准备了门票,小朋友们需要按照门票就座。

关键提问:门票上,我们怎么知道自己坐哪里呢?

小结:虽然我们不认识汉字,但我们认识数字。第一个数字代表第几排,第二个数字代表第几个位置。

2.剧院座位。

出示剧院座位图。

引导语:到了剧院,我们应该怎么坐呢?一起来看看吧!

关键提问:老师的门票是10排5座,我应该坐哪里呢?请小朋友在座位图上帮老师找出来吧!

小结:我们先从前往后数,第一排、第二排……第十排。然后从左往右数,找到5号,这样就能找到我的座位。

3.找座位。

引导语:小朋友们已经帮老师找到了座位。接下来试一试,根据自己的门票,在我们的模拟剧院里找到自己的位置吧!

幼儿根据门票在模拟剧院找位置。

小结:刚刚小朋友们根据门票找到了自己的位置,知道从前往后数是门票上的排数,从左往右数是具体的座位号。

三、文明小观众

关键提问:我们观看表演的时候需要注意什么?

小结:观看时,我们不能随意走动,不能大声喧哗,不能站到座位上。让我们一起期待接下来的杂技之旅吧!

活动延伸

1.区域活动:设计我们的杂技门票。

2.家园共育:和爸爸妈妈一起去电影院,探秘电影。

活动七

垃圾分类我能行[①]

设计意图

随着社会的不断发展,资源的不断开发,环境污染的问题日益严重。幼儿是祖国的未来与希望,抓好幼儿时期的环保教育更是刻不容缓。本次活动中,我们以幼儿喜欢的米奇形象导入活动,激发幼儿兴趣。整节活动以游戏的方式贯穿始终,幼儿通过学习垃圾分类的相关知识,了解哪些是可回收垃圾,哪些是不可回收垃圾,进一步明确垃圾分类的意义,树立初步的环保意识,愿意为环境保护做一些力所能及的事。

活动目标

1.感知垃圾分类的重要性,知道不同标志垃圾桶的不同作用。

2.能积极参与、大胆尝试垃圾分类,并在活动中体验游戏的乐趣。

3.愿意美化和保护环境,乐意做环保小卫士。

活动重难点

1.重点:知道贴有不同垃圾标志垃圾桶的不同作用。

2.难点:在课堂活动操作中正确区分可回收和不可回收垃圾,体验游戏带来的快乐。

[①] 本书作者指导黄美玲老师设计与撰写。

🔺 活动准备

1.物质准备:PPT课件《垃圾分类我能行》、游戏PPT《优优家大清理》、平板电脑四台。

2.经验准备:知道乱扔垃圾会破坏环境。

🔺 活动过程

一、情境导入,激发兴趣

播放PPT,激发兴趣。

引导语:孩子们,今天我为你们带来了一位好朋友优优。最近,优优家里发生了一件糟糕的事情,你们愿意帮助优优吗?

小结:想要帮助优优可没有这么容易,优优说想要帮助他,必须学会一个很厉害的本领,通过游戏大闯关,才能帮助他。

二、闯关游戏,趣味操作

(一)第一关——认识垃圾标志。

播放音频,初步了解垃圾的不同标志及作用。

关键提问:这两个垃圾标志哪里不同?分别是什么垃圾标志?

小结:优优刚刚告诉我说我们班的小朋友很棒,学会了第一个本领,认识了可回收垃圾和不可回收垃圾的标志,知道了两个标志不同以及它们的作用。

(二)第二关——猜猜我是谁。

1.播放PPT《猜猜我是谁》,猜测哪些是可回收垃圾,哪些是不可回收垃圾。

(1)优优知道了我们的小朋友这么厉害,于是又给小朋友出了难题,希望小朋友们可以顺利地渡过难关。

(2)请仔细观察,找一找,图片中的垃圾,哪些是可回收垃圾,哪些是不可回收垃圾?

2.幼儿讨论,用笔圈出所有可回收垃圾,用橡皮功能擦除,验证答案。

小结:将垃圾与标志同时出示,在边说边做中让小朋友们对哪些垃圾是可回收垃圾,哪些垃圾是不可回收垃圾有了初步的理解。

(三)第三关——送垃圾回家。

初步尝试垃圾分类。

(1)第三关来了,优优发现了好多好多垃圾宝宝迷路了,优优想请你们帮助它们找到自己的家,你们可以吗?

(2)小朋友们,优优说游戏规则就是你认为是可回收垃圾,就做一个爱心的动作,如果是不可回收垃圾则用叉叉的动作表示。

(四)第四关——分类大PK,巩固提升。

游戏:分类大PK。

游戏规则:两个幼儿进行PK,用手点击正确的选项,正确加分,错误则扣分,最后得分多者即为获胜,获胜者可以在银行存折上加上一颗印章。

第一轮:可回收垃圾大PK,游戏分为两次,挑战难度由幼儿自己决定。

第二轮:不可回收垃圾大PK。

小结:小朋友们真厉害,这么轻松就通过了优优给你们设置的这一个关卡,通过这一次的闯关,优优知道了小朋友们都学会了垃圾分类,优优热情地邀请小朋友们去帮忙整理他的家,你们准备好了吗?

三、游戏提升,巩固学习

(一)观察图片,知道保护环境的重要性。

关键提问:孩子们,仔细观察,优优家里发生了什么事情?垃圾满天飞,优优家里怎么样了?

小结:优优家里到处都是垃圾,房子都被熏得臭臭的。

(二)游戏:优优大清理。

引导语:我们赶紧来帮助优优!小朋友们四个人一组,一起帮优优把家里的所有垃圾进行分类。

游戏规则:四个人一组,每组一张操作卡,合作讨论垃圾的正确分类。

小结:小朋友们知道了垃圾一定要及时扔进垃圾桶,如果到处乱扔,家里就会一团糟。除了在家里不能乱扔垃圾,在户外我们同样不能乱扔垃圾,要做到保护环境,人人有责。

活动延伸

家园共育:今天,小朋友们学会了垃圾分类的本领,真了不起!其实,在我们生活中还有很多其他垃圾,它们的家又在哪里呢?请你们带着这个问题一起去找一找,把找到的答案带到幼儿园分享给大家。

活动八

马路上的车[①]

设计意图

《幼儿园教育指导纲要(试行)》指出,教育活动要贴近幼儿的生活来选择幼儿感兴趣的事物和问题。车是幼儿熟悉并喜欢的物体,为了引发幼儿关注周围事物,培养幼儿对事物的好奇心,我们设计了本次活动。

活动目标

1. 认识不同车辆,丰富有关汽车的生活经验。
2. 按照汽车的不同用途,进行分类。
3. 能通过游戏感受汽车的多样性,乐于大胆探究和试验。

活动重难点

1. 重点:按照汽车的不同用途,进行分类。
2. 难点:准确地将汽车分类。

活动准备

物质准备:汽车行驶、垃圾车清扫马路、洒水车洒水的视频,幼儿收集的各种玩具汽车。

活动过程

一、以"观"导入,引出车

关键提问:在视频中,你们观察公路上有哪些汽车?

小结:公路上的汽车可多了,有洒水车、救护车、公交车等。

[①] 本书作者指导陈枭老师设计与撰写。

二、以"玩"展开,了解车

(一)玩自己带来的各种玩具汽车。

教师扮警察,幼儿当司机。"警察"问"司机"开的是什么车?有什么用?

(二)引导幼儿区分客车和货车。

关键提问:可以乘坐乘客的车是什么车?谁带来了?

小结:专门用来装载乘客的汽车是客车。

关键提问:谁带来了可以运货的汽车?叫什么名字?

小结:专门用来装运货物的汽车是货车。

幼儿从自带的玩具汽车中分别选出客车、货车,并向大家介绍该辆汽车的名称。

(三)了解特别用途的汽车。

关键提问:这是一辆什么汽车?你们在哪里见过?它有什么用?

小结:这是铲车,我们常常能在建筑工地或者大工厂里看到它,它能把很重的东西铲起并运送到其他地方。

关键提问:这又是一辆什么汽车?瞧,它有什么用?它是怎样把公路上的垃圾清扫洁净的?

小结:一辆垃圾车在公路上清扫垃圾。铲车、垃圾车都有一个特别的本事,即能为人们工作。还有哪些汽车也有这样的特别本事,可以为人们工作的?(幼儿找出有特别用途的玩具汽车)

(四)探究按汽车不同用途进行分类。

1.游戏"汽车开进停车场"。

引导语:天黑了,汽车要进停车场休息了,这里有1号、2号、3号停车场。

关键提问:请你们把带来的玩具汽车分一分,你们预备让哪些汽车进1号、2号、3号停车场?

(1)幼儿示范操作(引导幼儿在按颜色、样子等分类基础上按用途进行分类)。

(2)幼儿集体操作。幼儿将手中的玩具汽车按客车、货车、特别用途的车分别停放进1号、2号、3号停车场。

2.游戏"听什么汽车开来了"。

引导幼儿听各种汽车发出的声音,区分这是什么汽车,该进几号停车场。(救护车、大卡车、轿车、消防车)

三、以"查"结束,停对车

幼儿集体检查停车场内的汽车有没有停对地方。

活动延伸

1. 游戏活动:停车场里面有什么?
2. 区域活动:角色游戏——扮演乘客、司机、交警。
3. 家园共育:亲子共读绘本《各种各样的车》。

活动九

国旗飘飘[①]

设计意图

园所耕读教育基地"希望的田野"中五星红旗高高挂起,幼儿时刻关注着国旗。为了在幼儿心中树立正确的民族自豪感,让幼儿在良好的社会环境及文化的熏陶中学会遵守规则,形成基本的认同感和归属感,我们决定开展一次"国旗飘飘"的社会体验活动。旨在通过本次活动,让幼儿认识五星红旗,理解国旗的象征意义,激发幼儿热爱祖国的情感。

活动目标

1. 认识中国国旗,初步了解中国国旗的特征,知道升旗仪式的相关礼仪。
2. 知道中国国旗和其他国家国旗的区别,并能大胆表达国旗升起时的心情。
3. 感受祖国的强大,萌发民族自豪感。

活动重难点

1. 重点:认识中国国旗,了解中国国旗的特征。
2. 难点:知道中国国旗和其他国家国旗的区别,并能大胆表达国旗升起时的心情。

活动准备

1. 经验准备:有参加过升旗的经验。

[①] 本书作者指导何真真老师设计与撰写。

2.物质准备:一面五星红旗,国旗贴纸若干,手摇(国)旗若干,北京冬奥会短道速滑项目中国运动员夺冠的比赛和颁奖视频。

活动过程

一、冬奥入题,唤醒国旗认知

关键提问:

(1)这是什么地方,你们发现了什么?

(2)为什么要悬挂世界各国的国旗?

小结:这是北京冬奥会的会场,悬挂着每一个参赛国家的国旗,代表的是每个参赛的国家。

二、齐观国旗,加深国旗认知

关键提问:

(1)这些国旗一样吗?

(2)有哪些不同?中国国旗是什么样子的?

小结:你们观察得真仔细,每个国家的国旗颜色和图案都不同。中国国旗的旗面是红色的长方形。旗面左上方缀五颗黄色五角星,一颗星较大,四颗较小,因此也称为五星红旗,它代表着我们的国家,我们要爱护中国的国旗。

三、播放比赛,萌发爱国自豪感

引导语:赛场工作人员准备了一些国旗,有国旗贴纸和手摇(国)旗,想为运动员加油,你们知道该怎么用吗?

(一)教师介绍操作方法。

国旗贴纸——将国旗贴纸沿折痕轻轻撕开,根据喜好粘贴在自己的脸上或衣服上。

(二)制作国旗——将旗杆穿过国旗。

幼儿自主选择材料,教师观察指导幼儿正确地粘贴和制作手摇(国)旗。

(三)幼儿观看中国运动员夺冠的比赛视频。

关键提问:看到中国运动员夺冠,你们的心情是怎样的?

小结:看到他们为中国夺得金牌时我们流下了激动的眼泪,我们为他们而自豪。

四、"颁奖仪式",力求倡导行动

关键提问:升国旗时,我们要注意什么?

小结:升国旗时要立正站好,脱帽行注目礼,目视着国旗冉冉升起。

活动延伸

生活活动:每周一开展园内升旗仪式以及耕读教育基地"希望的田野"的升旗仪式,萌发爱国情感。

活动十

美丽的中国结[①]

设计意图

幼儿所能接触到的关于中国结的记忆大多来自节日,鲜明的色彩、精巧的编结都能带给幼儿关于美的体验。教室周围古朴而又漂亮的中国结尽显新年喜庆的色彩。幼儿好奇而又热烈地讨论着"这是什么?真漂亮啊!""为什么要挂这个东西呢?"《幼儿园教育指导纲要(试行)》指出:"在艺术活动中面向全体幼儿,要针对他们的不同特点和需要,让每个幼儿都得到美的熏陶和培养。"为此,我们开展"美丽的中国结"活动,旨在通过开展与"中国结"有关的美术欣赏活动,让幼儿感受、体验中国结的独特之美。

活动目标

1. 观察中国结独特的结构特点,了解中国结吉祥、喜庆的美好寓意。
2. 能编织简单的中国结。
3. 感受中国结的美,喜欢中国传统文化。

活动重难点

1. 重点:能编织简单的中国结。
2. 难点:感受中国结的美,喜欢中国传统文化。

[①] 本书作者指导蒋锡燕老师设计与撰写。

🔖 活动准备

物质准备：各种款式的中国结挂饰若干、有中国结图片的PPT、幼儿操作用纸、油画棒等。

🔖 活动过程

一、以礼物为线索，导入主题

教师出示中国结：今年过春节的时候，老师收到了一件非常特别的礼物，你们知道这是什么吗？

二、以外形为基点，认识特征

(一)初步感知。

关键提问：对了，是中国结。老师非常喜欢这个精致、美丽的中国结，你们喜欢吗？为什么喜欢？你们知道吗，最早的中国结是用绳或者丝线，由人们灵巧的双手编出来的。

教师介绍中国结的构造。

(1)结耳：一圈一圈的，像耳朵，它有一个好听的名字叫结耳，就是中国结的耳朵。

(2)流苏：像一个美丽的少女的长长的头发。

(3)结体：有规则的穿编，非常结实，就像许多双手握在一起，具有无穷的力量。

(二)体验思考。

教师出示幼儿常见的中国结，请他们结合自己对颜色的感受说一说自己的体验。

关键提问：金色、红色会给人什么感觉？

小结：正因为中国结这么美丽，又给人以喜气洋洋、吉祥喜庆的感觉，所以人们常在过节时，或遇到非常开心的事情时，去买中国结送给自己或送给别人。

(三)探索发现。

1.教师讲解简单的绳子编织方法。

2.幼儿尝试用绳子来编一编。

3.教师根据幼儿操作及时指导。

三、以欣赏为载体，感受美好

引导语：中国结是我们中国人发明的一种编织品，是我们中国所特有的一种民间工艺，今天,我们也带来了许多美丽的中国结,我们一起来欣赏吧!

关键提问:

(1)你们觉得这个中国结漂亮在哪里?它跟你们以前见到的中国结有什么不同?你们觉得这样的中国结包含了什么意思?

(2)你们还在哪里看到过中国结?中国结是在什么时候挂的?

小结:中国结是一种吉祥的饰物,中国人喜欢在家里挂中国结。过年的时候,用中国结装饰家中环境,显得很喜庆。大部分人会选择红色,因为红色在中国人心里是吉祥富贵的颜色,代表团结、幸福和平安。中国结的图案很丰富,寓意也各有不同。

四、以展示为提升,获取体验

(一)将幼儿制作的中国结进行展示,让幼儿获得成功的快乐体验。

(二)创作材料介绍。

纸编中国结。

材料:方形卡纸、彩色纸条、纸条制作的流苏。

方法:在方形卡纸四周粘贴上双面胶,其中一边贴上四条纸条,固定后用其他颜色的纸条横向地进行间隔排列,直到排列结束,撕掉全部双面胶进行固定。装饰好两边的结面和流苏,完成作品。

活动延伸

区域活动:

1.为自己设计的中国结取好听的名字。

2.把做好的中国结送给小班的弟弟妹妹。

3.尝试制作多种形式的中国结。

(1)绳绕中国结。

材料:彩色纸、彩色毛线、纸条制作的流苏。

方法:在彩色纸中间贴上横条、竖条的双面胶,利用毛线进行随意的缠绕,待到画面比较满的时候,就将多余毛线剪下来,用流苏装饰。

(2)油画棒绘画:运用线条绘画造型不同的中国结。

活动十一

点亮皮影戏的奇妙制作[1]

🌱 设计意图

《3—6岁儿童学习与发展指南》指出:"带幼儿观看或共同参与传统民间艺术和地方民俗文化活动,如皮影戏、剪纸和捏面人等。"以前,皮影基本都是以娱乐为目的,以娱乐表演的形式出现的。在如今娱乐生活多样的年代,皮影戏的魅力光环正在逐渐黯淡,只有在某些特殊场合才可以看见。将皮影戏文化融入幼儿园课程,可以在让幼儿直观地了解皮影戏文化的同时,进一步培养幼儿保护和传承"非遗"的意识。

🌱 活动目标

1. 能通过观察、尝试、探索等方法,解决"如何让皮影动起来"的难题。
2. 尝试用卡纸、吸管等材料制作龟、兔皮影。
3. 能与同伴合作表演皮影戏,体验成功的乐趣。

🌱 活动重难点

1. 重点:制作皮影。
2. 难点:解决"如何让皮影动起来"的难题。

🌱 活动准备

1. 经验准备:会操作皮影进行表演。
2. 物质准备:完整的皮影一个,白色卡纸、水彩笔、两脚钉、吸管、剪刀、打孔器每人一份,表演幕布。

🌱 活动过程

一、龟兔我来做

引导语:上次活动我们选择了自己制作《龟兔赛跑》这个故事里面的乌龟和兔子,接下

---

[1] 本书作者指导冉思老师设计与撰写。

来,我们就要开始制作了。

二、皮影动起来

(一)观察皮影。

关键提问:孩子们,请你们观察观察,我们的皮影哪些地方能动？能动的地方有什么特点？

小结:原来,能动的地方是人物、动物的关节处。皮影的头和身体、手臂和身体、双腿和身体等地方是分开的。

(二)制作皮影。

引导语:我们今天就来学习如何自己制作皮影。

1.教师介绍所需要的材料和工具。

引导语:今天,我们用到的材料有白色卡纸、水彩笔、两脚钉、吸管、剪刀、打孔器等。

2.师幼讨论制作方法。

关键提问:

(1)怎样用这些材料制作乌龟和兔子呢?

(2)白色卡纸、水彩笔用来干什么?

小结:我们可以用白色卡纸和水彩笔画兔子和乌龟。

关键提问:打孔器可以用来干什么？怎么用？

小结:用打孔器时,孔在上面,这样才可以看清楚孔的位置。

关键提问:两脚钉可以用来干什么？怎么用？

小结:两脚钉要穿过纸片,然后把两只脚分开,就可以固定了。

关键提问:我们自己制作的时候,怎样让自己的皮影动起来？

小结:制作皮影的时候,要把需要动起来的部分分开画。

3.幼儿制作皮影。

幼儿选择自己喜欢的角色制作皮影,教师从旁指导。

三、皮影开场啦

(一)请幼儿根据自己制作的皮影,寻找需要的同伴,练习表演。

(二)皮影戏开场了。

幼儿和自己组队的伙伴一起上场,在幕布上操作自己制作的皮影进行表演。

活动延伸

区域活动：自由分组表演皮影。

活动十二

我是小农夫[1]

设计意图

劳动是幼儿社会认知的重要组成部分，在如今网络盛行的时代，自然教育必不可少，陈鹤琴曾经提出："大自然大社会是幼儿教育的活教材。"为了让幼儿贴近自然，亲近自然，体会劳动的辛苦和粮食的珍贵，懂得尊重他人的劳动，我们开展"我是小农夫"活动，让幼儿亲近自然，融入自然，并在实践中体验种植的乐趣。

活动目标

1. 初步了解土壤的基本特点，知道土壤中含有的物质及其作用。
2. 能认真观察、探索土壤的秘密并尝试进行种植活动。
3. 在实践中体验种植的乐趣。

活动重难点

1. 重点：能认真观察、探索土壤并尝试进行种植活动。
2. 难点：了解土壤的基本特点，知道土壤中含有的物质及其作用。

活动准备

1. 经验准备：甘宁耕读教育基地种植体验。
2. 物质准备：《神奇小农夫》音频及图片，《土壤里有什么》图片，《土壤》音频及图片，《种植》组图，土壤、种子、种植盆、水。

---

[1] 本书作者指导陈秋明老师设计撰写。

活动过程

一、思考——来自小农夫的礼物

播放《神奇小农夫》音频及图片,激发幼儿好奇心。

关键提问:

(1)神奇小农夫送给了我们什么礼物?

(2)种子可以种在哪里?

(3)小农夫说把种子种在土壤里可以收获许多好吃的,这是真的吗?土壤为什么这么厉害呢?

小结:神奇小农夫给我们带来的礼物是种子,种子种在土壤里,经过我们细心照料就可以收获果实,现在我们就一起来寻找土壤的秘密吧!

二、探索——与众不同的土壤

(一)播放《土壤》音频及图片,发放材料——土壤,初步了解土壤。

关键提问:

(1)先一起来观察土壤的样子,土壤是什么颜色?

(2)用手摸一摸,有什么感觉?

(3)闻一闻,土壤有什么气味?

(4)土壤里有什么?

小结:土壤看起来黑黑的,摸起来很松软,还有一点儿湿湿的,闻起来有一股特殊的味道,这就是土壤的气味。土壤里除了有大家发现的水、小石头、植物的根、树枝、树叶、虫子的尸体等外,还会有蚯蚓、蚂蚁等小动物以及我们看不见的空气和各种微生物。

(二)播放《土壤里有什么》音频及图片,进一步了解土壤。

关键提问:

(1)土壤里有没有我们看不见的物质?对种子的生长有什么帮助?

(2)小小的种子想要长大,需要土壤提供哪些物质?(水、空气、养分)

(3)土壤中的养分是怎么来的?(土壤中的微生物能把小石头、树枝、树叶、虫子的尸体等变成养分)

小结:种子需要土壤里的水、空气和养分才能长大。土壤里的各种微生物能把小石头、树枝、树叶、小虫子的尸体等变成养分,让土壤更加肥沃。而生活在土壤中的小动物,如蚯蚓、蚂蚁等,能给土壤松土,让更多的空气进入土壤。在土壤的帮助下,种子才能生根发芽、茁壮成长。

三、实操——各种各样的种子

(一)出示《种植》组图,了解各类种子的种植方法。

关键提问:

(1)今天我们准备了哪些种子?

(2)种植这些种子有哪些步骤?

小结:根据种子的生长特点,挖出大小深浅适宜的坑,将种子放进去,填上土壤,施肥浇水。

(二)分小组动手操作,教师巡回指导。

(三)通过不同形式记录种子和土壤的变化。

活动延伸

1.区域活动:不同的种子生长需要不同,在后期的照料过程中,要注意多观察、记录,按时浇水多晒太阳,避免土壤变得干燥等问题。

2.家园共育:和爸爸妈妈在家同步开展种植活动。

第三节　幼儿园大班社会体验园本课程思政教育教学活动设计

活动一

小学生的一天[1]

设计意图

"小学真好玩。""哥哥姐姐们的小学生活真有意思。"大班小朋友体验小学生活后,对各种问题产生了浓厚的兴趣。《幼儿园教育指导纲要(试行)》中也指出:"引导幼儿参加各种集

---

[1] 本书作者指导陈秋明老师设计与撰写。

体活动,体验与教师、同伴等共同生活的乐趣,帮助他们正确认识自己和他人,养成对他人、社会亲近、合作的态度,学习初步的人际交往技能。"由此,我们开展"小学生的一天"社会谈话活动。

活动目标

1. 了解小学生的一日学习和生活,感受小学与幼儿园的不同。
2. 体验与同伴小学一日游的乐趣并能大胆发言。
3. 喜欢小学生活,乐于参加集体活动。

活动重难点

1. 重点:了解小学生一天的学习和生活,感受小学与幼儿园的不同。
2. 难点:体验与同伴小学一日游的乐趣并能大胆发言。

活动准备

1. 经验准备:提前小学一日游。
2. 物质准备:《小学生的一天》图片及音频、闹钟、书包、红领巾、小学拍摄的图片。

活动过程

一、交流——幼儿园与小学生活

教师将幼儿园生活与小学生活进行对比,导入活动。

关键提问:看看这是几点?这个时候,我们在做什么?小学生在做什么?

小结:早上9:30,我们正在吃点心时,小学生已经上课啦,小学生的生活和我们很不一样。

二、了解——小学一日生活

(一)出示图片《小学生的一天》。

关键提问:

(1)小学生的一天要做哪些事情?早晨几点起床?
(2)起床之后他在做什么?
(3)出门上学前他做了哪些准备?

(4)为什么小学生上学前要检查书包?

小结:小学生每天都会早早起床。作为大哥哥大姐姐,他们能把自己的事情做得井然有序。穿衣洗漱、认真吃饱早餐,出门前还会仔细检查书包,避免忘带东西。

(二)播放音频《小学生的一天》。

关键提问:

(1)小学生到了学校后,要先做什么?

(2)下课铃响了,小学生在做什么?

(3)上课铃响了,他们是怎么上课的?

(4)上午上完三节课,小学生就放学了,中午放学后,他是待在学校还是回家?

(5)下午小学生回到学校又做了些什么?

小结:小学生早上到了学校后,会和同学们一起上早读课。早读课结束后有10分钟的课间休息时间,这个时候可以上厕所、喝水、和同学玩些简单的小游戏。10分钟过后,上课铃就响啦,表示有趣的课要开始了。上午,会有语文、数学、体育等课。中午,小学生可以回家休息,也可以在学校午休。到了下午,还会有科学、美术、音乐等课。小学生每天都能学到不一样的新知识、新本领。

三、畅享——小学生活趣事

(一)教师出示电报路小学跟拍图片。

关键提问:

(1)谁来说说照片上的趣事?请根据图片自由畅谈。

(2)如果你们上小学了,你们自己会做哪些准备?

(3)你们想参加小学中的什么新奇有趣的课程?

(4)对于小学生活,你们有什么畅想?

小结:成为小学生,我会为自己准备书包,书包里面装上书本、笔、放大镜、计算器、文具盒等。上小学后会有更多新奇有趣的课程,比如计算机课,让我们在网络的海洋里获取知识;又比如音乐课,我们可以接触到更多神奇的乐器。成为小学生后,我可以当一名光荣的少先队员了,上课认真学习知识,课间和朋友们做游戏,小学生活一定非常丰富!

(二)系好红领巾,整理书包,体验小学生生活。

🔝 活动延伸

区域活动:(美术)制作手工卡纸书包。

活动二

咱们一起来种植①

🔝 设计意图

班级幼儿在掌握了"五一"国际劳动节的知识后,对简单的劳动行为十分感兴趣,如对于擦桌子、擦窗户、整理自己的抽屉、扫地、照顾植物角里的花草等劳动工作,孩子们都是争先恐后地参与,并在劳动过程中享受着劳动带来的快乐感。《3—6岁儿童学习与发展指南》里提到,"和幼儿一起通过户外活动、参观考察、种植和饲养活动,感知生物的多样性和独特性,以及生长发育、繁殖和死亡的过程"。我们设计"咱们一起来种植"活动,教师在幼儿进行劳动活动时,对幼儿与别人分享自己的劳动经验等行为给予肯定,让他们对自己的劳动表现感到高兴和满足。在保证安全的情况下,教师应支持幼儿按自己的想法做事;或提供必要的条件,帮助他实现自己的想法。

🔝 活动目标

1.感受种子生长的神奇,体验种植劳动带来的快乐。
2.了解种植的过程与种子生长所需要的基本条件。
3.掌握正确的种植方法并积极参与讨论。

🔝 活动重难点

1.重点:掌握正确的种植方法并积极参与种植活动。
2.难点:大胆讨论在劳动中遇到的困难及解决方法。

🔝 活动准备

1.经验准备:活动前请家长引导幼儿提前了解种植的方法。
2.物质准备:种子发芽的录像,幼儿每人一个空的容器(瓶子、花盆、饮料瓶等),标签、各

---

① 本书作者指导钟晓宇老师设计与撰写。

种农作物(小麦、大豆、花生、玉米)种子若干、土壤。

3.环境准备:设置班级劳动种植区域,帮助幼儿做好种植活动相关区域布置。

活动过程

一、谈话激发活动兴趣

关键提问:小朋友们,我们今天要一起做什么事情?

小结:小朋们都答对了,我们要一起来参加种植活动啦。

二、师幼协商分工种植

(一)师幼讨论需要种植哪些农作物。

关键提问:种子是怎么长大的?你们觉得神奇吗?你们想不想自己动手种植一盆植物,看看种子是怎样发芽、长大的?

小结:小朋友们刚刚都看到了种子的生长过程。接下来小朋友们就要在你们自己选择的器具里进行农作物的种植活动。在之后的劳动种植体验活动过程中要注意安全,不能完成的劳动要及时向老师求助。

(二)师幼协商分工劳动内容。

关键提问:

(1)怎样把种子种到瓶子里?种子种好以后,需要做哪些事情?

(2)小朋友们,根据你们选择的种植器具,思考一下需要用到哪些劳动工具。你们选择的劳动工具适合你们的劳动活动吗?

小结:在容器里放入三分之二的细碎土壤,将种子均匀地撒在土壤表面,再用细土将种子完全覆盖,最后给种子浇适量的水。有的小朋友选择小瓶口的瓶子来种植,发现瓶口很小,不利于铲子往里面铲土。最后我们还是想到一个好方法,用自己的小手往瓶子里面放泥土,成功完成了农作物种子种植的活动。

三、师幼协商劳动要求

关键提问:

(1)种子种在土壤的什么位置最合适?为什么?

(2)种子放在什么地方最有助于它的成长?为什么?

(3)小朋友们在劳动活动中遇到了什么困难？

小结：种子放在挖好的泥坑中间，覆盖一层薄薄的土。经过阳光的照射，雨水的滋养，种子就一天天长成秧苗，最后开花结果。铲土的小朋友没有挽袖子，袖子沾到泥了。在种植活动时有的小朋友没有注意安全，一边用劳动工具打闹，一边玩水；还有的小朋友把泥土甩向其他小朋友等。老师希望下次开展种植活动时你们可以改掉这些不好的习惯，积极参加种植活动，做一些力所能及的劳动。

活动延伸

1.生活活动：小朋友们把使用过的劳动工具收拾整理放回指定地方。在展示区观察自己种植的农作物生长过程。

2.区域活动：种植区，小朋友们大胆分享、讨论在种植活动中遇到的困难及解决方法。先请幼儿分享自己在种植活动中遇到的困难和解决方法。之后请老师帮助幼儿梳理、提炼解决问题的方法，形成劳动种植小窍门。

活动三

乐享体验　绘制地图[①]

设计意图

《3—6岁儿童学习与发展指南》指出："幼儿的学习是以直接经验为基础，在游戏和日常生活中进行的。"本次活动设计的本意是结合大班幼小衔接现实需要，预设社会体验场域——万州图书馆，鼓励幼儿对家乡的图书馆进行初次体验。然而在此过程中，大部分幼儿兴趣转移，关注点在去图书馆路线中的各种事物，比如家乡的小吃、家乡的建筑……班级议事后，我们设计开展"乐享体验　绘制地图"活动，旨在帮助幼儿更全面地了解身边的家乡文化并在多次感知、体验后，通过绘制地图获取数的意义、空间方位、前书写能力等经验。

活动目标

1.在体验观察后，能以自身为主，区分左右方位，大胆绘制地图。

2.敢于探究绘制地图的要素，能用数字、图画或其他符号表示周围事物。

[①] 本书作者指导艾丽娟老师设计与撰写。

3.热爱自己的家乡,在地图上找一找自己所在的市、区名称,为自己的家乡感到自豪。

❖ 活动重难点

1.重点:敢于探究绘制地图的要素,能用数字、图画或其他符号表示周围事物。
2.难点:在体验观察后,能以自身为主,区分左右方位,大胆绘制地图。

❖ 活动准备

1.经验准备:亲子体验去图书馆的路线。
2.物质准备:重庆市地图、出行物资(小黄帽、水杯、纸巾、儿童相机、任务单、笔)、绘制地图纸。

❖ 活动过程

一、自主体验,初绘地图

引导语:周末,你们和爸爸妈妈体验了去图书馆的路线。用不同任务单、照片等方式进行记录,回家后还将自己的所见所闻绘制成地图。你们圆满完成了任务,真的很棒!

二、班级议事,共同研讨

(一)分享地图个案1,师幼共同梳理。

关键提问:

(1)地图中有什么?这个建筑物是什么地方?

(2)为什么别人看到会不清楚?

小结:建筑物没有各自的特点,表征性不强。

(二)出示地图个案2,师幼对比观察。

关键提问:

(1)怎样让别人明明白白知道这是什么地方?

(2)看看这幅地图,你们能清楚地知道图上的建筑物是什么地方吗?怎么做到的?除了这种方式,还可以有其他方式吗?

小结:盖印章、字母ABC、信息牌子、物品图案等都可以作为建筑物的标志,别人能很清楚地通过地图找到目的地。

(三)出示多图个案,师幼连续观察。

关键提问:再看看以上地图中建筑物的标志,找相同。

小结:医院、警察局、银行等地方都有自己特定的标志,是约定俗成标志,在地图中不能随意改变。

(四)解决以上问题,对地图进行第一次修改。

三、引导观察,积累经验

(一)分享第一次修改后的地图个案,教师引导观察。

关键问题:××,请你分享你修改后的地图。从你家出发,直走经过了中国银行、万州凉面、沈大汉格格、诸葛烤鱼、炸鸡店……到达十字路口,怎么走?遇到的是什么问题?

小结:没有办法辨别方向。

关键提问:怎样解决?

小结:以自身为参照物,区分左右,并用箭头、三角形、数字等符号进行指向性标注。

(二)解决问题,对地图进行第二次修改。

四、对比反思,再次提升

(一)分享第二次修改后的地图个案,提升幼儿经验。

关键提问:

(1)从这一次修改后的地图中,你们看到了什么?

(2)有了各种房屋的标志;有了各色线条、箭头、数字等表示方向的符号,但地图是你们以自己的方式绘制的,每个人理解并表达的方式都不一样,怎样让别人明白标志、符号的意义?

小结:可以请老师用文字对标志进行备注,这样手绘地图就可以为不知道去图书馆这个路线的人提供便利。

(二)出示重庆市地图,师幼对比反思。

关键提问:

(1)当然,世界地图、中国地图等是很多专家、学者进行测绘的,十分标准,可以为我们导向。咱们重庆也有自己的地图,你们能找到万州在哪里吗?

(2)重庆地图和我们手绘的地图有哪些不一样?

小结:地图中包含很多基本要素,有地理位置、比例尺、控制点等等,需要大家不断探究,老师期待你们有更多发现。

活动延伸

区域活动：地图投放区域，巩固已知经验的同时了解更多地图要素，以及习得更多地理常识。

活动四

去坐公交车[1]

设计意图

《幼儿园教育指导纲要（试行）》指出，要"在共同的生活和活动中，以多种方式引导幼儿认识、体验并理解基本的社会行为规则"。"去坐公交车"是一节社会活动，在日常生活中，幼儿或多或少都有乘坐公交车的经验，为了让幼儿进一步了解乘车规范，在本次社会体验活动中，我们带领幼儿走出幼儿园，去真实体验乘坐公交车的情景。引导幼儿在情境中逐步感知、了解乘车的基本规范，体验文明乘车的乐趣，从而激发幼儿在生活中争做文明小乘客的意识。

活动目标

1.认识公交站台，知道乘车的方法，了解基本的乘车规范以及安全乘车常识。
2.能根据公交站牌找到车次信息，遵守乘车规范，做到安全乘车。
3.喜欢参加社会体验活动。

活动重难点

1.重点：了解基本的乘车规范以及安全乘车知识，体验走出幼儿园与同伴一同乘坐公交车的乐趣。
2.难点：认识公交站台，知道乘车的方法，能根据公交站牌找到车次信息，遵守乘车规范，做到安全乘车。

活动准备

1.经验准备：有乘坐公交车的经历。

---

[1] 本书作者指导刘宗利老师设计与撰写。

2.物质准备：水杯、书包、纸巾等外出所需的生活用品，每位幼儿准备2元零钱；"区教委、小天鹅"文字卡牌。

3.环境准备：教师需提前规划行程路线（区教委站—小天鹅站），寻找到附近的公交站。

活动过程

一、师幼共话，整装出发

关键提问：

（1）孩子们，我们今天来一场说走就走的旅行，一起去小天鹅批发市场逛一逛。你们知道怎么去吗？

（2）你们知道距离我们最近的公交站在哪里吗？

（3）外出体验学习需要带什么东西？

小结：让我们整理好自己的小书包，一同跟随老师、保安叔叔、医生阿姨走出幼儿园，先找到距离我们最近的公交站——区教委站，再一起乘坐公交车，前往小天鹅批发市场。

二、主动观察，路线规划

（一）走进公交车站台，了解公交站的功能。

关键提问：（教师即将到站台时提问）我们马上就到公交站了，请你们看一看、找一找，公交站台在哪里，它长什么样？

小结：我们通过观察知道了公交站具有候车的功能，公交站一般都有为人们遮风挡雨的遮阳棚，有的公交站还会设置座椅。

（二）观察公交车站牌，根据行程找到最匹配的车次。

关键提问：我们要去小天鹅批发市场，应该乘坐哪一辆车呢？请你们离站牌再近一点儿，仔细观察并寻找车次信息在哪里。

（三）认识起点站与终点站，引导幼儿观察。

关键提问：

（1）（出示"区教委"文字卡牌）这是我们现在所在的公交站名称，（出示"小天鹅"文字卡牌）这是我们要去的地方，现在请你们在公交站牌上找一找，看看你能发现什么。

（2）哪一路车可以把我们从"区教委"送到"小天鹅"呢，你是怎么发现的？

（3）这么多路车都能到达"小天鹅"，到底该乘坐哪一路车？说说你的理由。

小结：通过观察，我们知道要学会在公交站牌寻找车次信息，我们看到从"区教委站"到"小天鹅站"可以乘坐10路、21路、58路公交车，经过讨论，大家都一致认为哪辆车先来我们就先坐哪辆车。

三、问题引领，文明乘车

(一)候车过程中，师幼互动讨论乘车规范。

关键提问：

(1)今天你们都带了2元钱，你们知道这2元钱是干什么用的吗？

(2)乘坐公交车应该从哪里上车，上车时应该注意些什么？

小结：小朋友们，根据重庆市交通管理条例，未成年人身高不到1.3米，可以免票。我们万州公交车普通车票是2元，因为我们今天是专门来体验坐公交车的，今天不管你们的身高有没有1.3米，我们今天都按2元付乘车费。现在请你们从公交车前门排队上车，主动把零钱放进投币箱。

(二)上车后，师幼共话乘车规范与乘车安全。

关键提问：上车后，如果还有位置，你们可以找到一个位置坐下来。如果没有位置，该怎么办呢？乘车的时候我们要注意哪些问题呢？

小结：上车后如果还有位置，我们可以找到位置坐下来。如果没有位置，我们应该紧握扶手，双脚分开站立，乘车过程中不将头、手伸出窗外，不打闹、不追逐，学会文明乘车。

四、精彩回顾，经验提升

关键提问：

(1)(即将到站前)请你们仔细听公交车的播报提醒，不要错过目的站，下车时应该走哪个门？

(2)(下车后)刚刚乘坐公交车时遇到了什么问题或者是发生了什么有趣的事情？

小结：今天我们一起走出幼儿园，真实体验了一次公交车旅行。在这趟旅行中，我们学到了很多新本领，认识了公交站台，学会了在公交站牌寻找自己需要的车次信息，了解了乘车规范与乘车安全。在以后的生活中，小朋友们可以在家长的陪同下尝试乘坐公交车去其他地方。

🔺 活动延伸

1.游戏活动:户外体育游戏——我也要搭车。
2.区域活动:益智区——上学的路线。

活动五

走！逛永辉[①]

🔺 设计意图

《幼儿园教育指导纲要(试行)》指出,"社会学习是一个漫长的积累过程,需要幼儿园、家庭和社会密切合作,协调一致,共同促进幼儿良好社会性品质的形成"。在日常生活中,幼儿都是跟家长去逛超市,对超市没有理性认识,没有自主进行购物的计划和意识,本次"走！逛永辉"社会体验活动,幼儿走出幼儿园,和老师、同伴一起走进超市,体验一次不一样的购物旅程。

🔺 活动目标

1.了解超市的区域划分,知道并体验购物的完整流程。
2.能根据自己所准备的零钱选择自己想买的商品顺利完成购物。
3.体验逛超市的乐趣,感受外出社会体验活动的喜悦。

🔺 活动重难点

1.重点:了解超市的区域划分,体验逛超市的完整流程,感受外出社会体验活动的喜悦。
2.难点:能根据自己所准备的零钱选择自己想买的商品顺利完成购物。

🔺 活动准备

1.经验准备:有过逛超市的经历,知道超市有购物区域划分。
2.物质准备:水杯、书包等出行所需生活用品,每位幼儿准备10元零钱。
3.环境准备:幼儿园提前安排出行路线与出行方式。

[①] 本书作者指导刘宗利老师设计与撰写。

活动过程

一、出行讨论,制订计划

教师出示超市图片,师幼共同讨论超市购物区域划分,引导幼儿选择自己想逛的区域并完成购物计划表。

关键提问:

(1)小朋友们都逛过超市吧,超市里面有什么?

(2)你们知道超市有哪些区域吗,你们最想去逛哪个购物区?

(日常用品区、儿童玩具区、餐具区、食品区、糕点区、蔬菜区、熟食区、水果区……)

小结:今天,我们要一起去逛永辉超市,永辉超市十分大,里面有各种商品分区,接下来请你们根据自己的想法完成自己的购物计划表。

二、观察购物,熟悉流程

抵达超市后,组织幼儿观察超市里的人是怎么进行购物的,了解购物的流程。

关键提问:请你们仔细观察超市里的人是怎么进行购物的,购物需要哪些步骤?

购物流程:提前规划要购买的商品—找到对应的商品分区—找到商品后,看标签价格—选择商品—收银台结账。

小结:通过观察,我们知道了购物需要提前规划好自己想买的商品,找到对应的商品分区,看清商品标签,看清价格,对比自己准备的钱是否足够买这件商品,选择好商品后,再到收银台付款。

三、分组购物,快乐体验

(一)根据计划,尝试自主购物。

引导语:请要前往同一个购物区的小朋友分为一个小组,在老师的陪伴下去选择自己想买的商品。购买时一定要先观察标签,看看自己的零钱是否足够购买,如果不够也可以跟别的小朋友一起合作买下它,如果需要帮助,可以向老师或售货员阿姨请求帮助。(每组幼儿需要一位老师陪同)

(二)购物结束,体验付款。

引导语:购物结束的小朋友可以前往收银台结账啦,如果遇到困难,可以向收银员阿姨寻求帮助。

小结:刚刚你们进行了一次愉快的购物体验,购物时全程自己动手,真正地体验了一次像大人一样逛超市的感觉。

四、成果分享,精彩回顾

引导幼儿分享购物成果,共同回顾购物时遇到的问题。

关键提问:刚刚的购物体验中,你们遇到了什么问题或者有什么让你们印象深刻的事情?你们是怎么解决的?

小结:今天小朋友们制订了清晰的购物计划,带着目的,直奔超市,顺利完成了购物。当你们发现钱不够时,能开动脑筋想办法和同伴合作购买;在遇到问题时,知道文明地向周围人请求帮助……

在购物成果分享环节,小朋友们愿意将购买的零食与同伴一起品尝,这种分享的精神值得我们赞扬。在这次逛超市活动中,你们体验到了逛超市的喜悦,也学到了很多新的本领,这是一次难忘的经历。希望你们保持这种团结协作、不怕困难的精神,在以后的生活中争做"生活小达人"!

活动延伸

1.游戏活动:角色游戏——我们开超市啦!
2.家园共育:幼儿和爸爸妈妈一起去逛超市,逛一逛更多的商品区域,并拍照打卡。

活动六

走进图书馆[①]

设计意图

对幼儿来说,书中的世界是奇妙的。为了激发幼儿的阅读兴趣和求知欲,养成良好的阅读习惯,拓宽社会知识面,本期我们将前往新华书店开展"走进图书馆"社会体验活动,让幼儿在参观图书馆的同时了解图书馆的布局和不同种类的书籍,通过观看视频、谈论、分析等方式,调动幼儿经验完成借书体验。

[①] 本书作者指导范迎川老师设计与撰写。

🔖 活动目标

1. 了解图书馆的主要功能,知道图书馆看书礼仪。
2. 遵守借书规则,体验借阅图书的流程。
3. 体验借阅图书和阅读的乐趣,养成文明借阅图书的习惯。

🔖 活动重难点

1. 重点:了解借阅图书的流程。
2. 难点:能独自完成借阅图书。

🔖 活动准备

1. 经验准备:知道阅读的方法,会一页一页地仔细读书,有去过图书馆的前期经验。
2. 物质准备:借书登记表、水彩笔、图书馆任务清单。
3. 环境准备:创设室内小型图书馆。

🔖 活动过程

一、图书馆图片导入,激发幼儿活动兴趣

关键提问:小朋友们看这是什么地方?你们去过吗?图书馆里有哪些区域和工作人员?

小结:图片是万州区图书馆。

二、观看《我会借书》视频,了解借阅图书的流程

引导语:图书精灵今天要来幼儿园,向小朋友们科普关于图书馆借阅图书的注意事项。

(一)自由讨论,调动幼儿的已有经验。

关键提问:在图书馆应怎样借阅图书?

(二)出示视频,学习借阅图书的流程。

关键提问:图书精灵给小朋友们带来了一个视频,小朋友们看一看视频中的小朋友是怎样做的。(播放视频)视频中的小朋友是怎么借书的?先做了什么?后做了什么?

小结:视频中的小朋友是先选书,再借书,然后看书,最后归还图书。

(三)分析组图《借书规则》的对错,学习借阅图书的规则。

1.判断对错,分析图片中的行为。

教师出示组图《正误借书规则》,幼儿判断并分析对错。

关键提问:图片上的这些行为是正确的吗?为什么?

2.师幼交流,了解借阅图书的规则。

关键提问:如果你们在图书馆看书,应注意什么?哪些事可以做?哪些事不可以做?

小结:我们在图书馆时要爱护图书、安静阅读,在借阅图书时要登记、排队、出示借书卡,让管理员登记借阅的书名、日期。

(四)进行"小小图书馆"角色游戏,巩固借阅图书的规则。

引导语:我们已经学习了借阅图书的规则,图书精灵邀请我们一起玩"小小图书馆"的角色游戏!

游戏规则:幼儿5人一组,1人为图书登记员,教师为图书登记员分发借阅表,幼儿在规定时间内借阅自己喜欢的图书,要求遵守借阅图书的规则。

小结:我们不仅要在图书馆中遵守借阅图书的规则,在幼儿园也要遵守图书区的规则并且要爱护我们的书籍。

三、播放PPT,畅谈图书馆礼仪,开启图书馆之旅

(一)走进图书馆。

关键提问:我们在进入图书馆看书的时候,应注意什么?

幼儿畅谈后教师总结。

小结:在进入图书馆后应保持安静,不乱跑乱跳。找到想阅读的书籍后一页一页地翻书,看完以后将书放回原位,不折叠,不损坏书籍和乱扔垃圾。

(二)走进书店。

1.观察书店的标志,知道有的书店有"新华书店"这四个字。

2.观察书店橱窗的布置特点。

3.参观书店的店堂,感受书店的气氛,知道书店的安静氛围有别于其他商场。

4.数数书店里有多少书,感受书的种类之多。

5.观察成人是如何选书、看书的,营业员是如何为顾客服务的。(引导幼儿观察成人在挑选、阅读图书时全神贯注的神情,以揭示人们对书的渴望,对知识的渴望)

6.鼓励幼儿采访图书销售员,大胆提问交流,进一步了解翻阅图书、购买图书的方法。

7.运用所学知识借到心仪的图书。

8.返程。

活动延伸

1.区域活动:在图书区投放绘本,幼儿自主阅读,巩固借阅图书的规则。

2.家园共育:鼓励家长带领孩子去图书馆一起借阅图书。

活动七

小学一日游[1]

设计意图

即将从幼儿园毕业的大班幼儿对小学充满好奇和期待,他们对未知的小学生活有许多的憧憬。毕业前夕,走进小学感受小学的校园风貌成为必不可少的体验课程活动。我们设计"小学一日游"活动,旨在让幼儿在活动中发现小学与幼儿园的不同之处,并亲身体验当小学生,增进对做小学生的认识,为入小学做心理和行为的准备,同时激发幼儿对小学的向往。

活动目标

1.实地参观小学后,发现小学与幼儿园生活学习方式的不同。

2.能大胆地采访小学生,记录自己想知道的问题及答案。

3.感受小学生活、学习的丰富和有趣,萌发升学愿望。

活动重难点

1.重点:有目的地参观小学,发现小学与幼儿园生活、学习方式的不同。

2.难点:大胆地采访小学生,记录自己想知道的问题及答案。

---

[1] 本书作者指导何真真老师设计与撰写。

活动准备

1.经验准备:前期讨论对小学生活的疑问,已完成问题记录表。
2.物质准备:记录表、勾线笔。

活动过程

一、梳理观摩相关事项

1.讨论——"想知道的小学生活"。

关键提问:去电报路小学可以参观什么呢?

小结:可以参观电报路小学的校园环境,以及升旗仪式、上课、下课等小学生学习与生活的环节。

2.根据"电报路小学的生活"设立清单。

关键提问:

(1)参观电报路小学需要注意什么?

(2)幼儿园和小学有很多的不一样,我们可以从什么地方来发现它们的不一样呢?

小结:表扬积极发言、敢于表现的宝贝们。幼儿园和小学有很多的不一样,可以从操场、桌子、椅子、厕所、早操等不同地方来发现。我们进入校园时要有序排队,安静观看他们的活动,争做文明小朋友。现在我们将这些问题设立成清单,当参观遇到问题时用笔记录下来,回园之后和老师、小朋友们一起解决。

二、欢乐之旅,小学旅途欢乐多

(一)参观小学,走入电报路小学。

1.组织幼儿列队步行前往小学,路上留心来往车辆,靠右边行走,注意安全。
2.教师带领幼儿参观校园环境。

(二)观摩小学生上课,梳理问题。

1.安静地走进小学生的教室,有秩序地站在四周,观察教室的环境:座椅的摆放、桌上学具的摆放……

2.看小学生的课间活动,大胆地进行采访。

关键提问:下课铃响了,小学生们在做什么事?

小结:小学生们会更换下节课的书本、上厕所、喝水……

3.课后采访小学生,了解"我的小学问题"的答案并记录下来。

关键提问:你们有什么问题?请你们大胆地向小学生们寻找答案吧!

小结:面对小学生,你们能大方主动地进行询问,真棒!现在,请你们将问题绘画在记录表上,共同回幼儿园一起动脑思考解决这些问题吧!

(三)看小学生做操,观察体会。

观察、体会小学生做操时的整齐、有力。

三、返园之记,完成记录

回园之后简单介绍自己的采访情况和感想,完成记录表。

关键提问:你们今天去小学了解了哪些问题?找到答案了吗?

小结:关于小学,你们还有什么疑问没有解决吗?你们还想了解小学的哪些事情呢?我们下次可以邀请小学的哥哥姐姐来幼儿园分享他们的小学学习和生活情况。

活动延伸

1.社会实践:继续组织幼儿观看小学生活动的图片或录像,使幼儿进一步了解小学生活。

2.语言领域:开展"我了解的小学生活"的谈话活动。

3.家园共育:幼儿回家讲述参观见闻,请家长记录。

活动八

今天我值日[①]

设计意图

劳动是幼儿园一日生活中不可缺少的部分,幼儿参与各种简单的劳动,不仅能锻炼自身的动手能力,还能培养责任感和团队合作精神。劳动对幼儿个性品质的形成和发展有着不可替代的作用。升入大班后,幼儿自我意识、社会认知能力不断发展,他们的责任感、做事的积极性明显增强,在管理好自己的同时,也开始萌发为他人服务的意识,于是我们生成了"今天我值日"社会领域活动。

---

① 本书作者指导杨绍琼老师设计与撰写。

🔹 活动目标

1. 了解值日生活动的意义,知道值日生的服务内容。
2. 能与同伴进行分工合作,认真完成值日各项任务。
3. 愿意为集体和他人服务,萌发做值日生的自豪感。

🔹 活动重难点

1. 重点:愿意为集体和他人服务,萌发做值日生的自豪感。
2. 难点:了解值日生活动的意义,知道值日生的服务内容。

🔹 活动准备

1. 经验准备:幼儿有做值日生的经验。
2. 物质准备:记录表、视频、图片、"值日生"袖章若干。

🔹 活动过程

一、值日生大调查

教师播放视频,帮助幼儿了解值日生的重要性。

关键提问:

(1)如果全班小朋友一起到前面拿餐具,可能会出现什么情况?

(2)大家一起挤到前面拿餐具既浪费时间又会引发混乱,谁能想出好办法?

小结:每次由选出来的几个小朋友为大家做值日,既能避免所有人都挤在一起发生混乱,也可以给每个人提供为大家服务的机会。

二、值日生初印象

教师和幼儿共同讨论、记录并梳理值日内容,引导幼儿进一步了解值日生的服务内容。

关键提问:

(1)如果你是今天的值日生,你应该做些什么呢?

(2)除了图片中的这些事情,值日生还可以做些什么?

小结:值日生可以为大家做很多事情。如收拾整理玩具柜和活动区,保持环境卫生,进餐时帮助老师分发碗筷,活动时帮助老师分发材料、维持秩序,帮助同伴等。

三、值日生交流曲

引导幼儿回忆自己当值日生时做过的事情,互相交流当时为大家服务的心情。并请幼儿在记录表上,用简单的绘画形式记录下自己当值日生时做过哪些事。

关键提问:

(1)你喜欢当值日生吗?为什么?

(2)如果大家都想当值日生怎么办?

小结:大家都非常喜欢当值日生,因为当值日生可以为集体做事情,还能帮助老师和小朋友,大家觉得为班级服务是件很快乐的事情。如果每个人都想当值日生,可以采用轮流值日的办法,让大家都有机会为集体服务。当你们看到其他力所能及的事情时,也可以主动为大家服务。

四、值日生进行时

将幼儿分成若干小组,分发"值日生"袖章,开展值日生活动,师幼一起讨论本周做值日的内容和相应的要求。

1.每组幼儿确定值日内容后,引导幼儿在小组内进行分工。

2.引导幼儿互相交流,积极发表自己的意见,然后再开始做各自的任务。

小结:值日生做事情要认真,不能马虎大意,并且做事要有顺序,及时与老师沟通。能和小伙伴们一起为班集体服务是一件开心的事,在值日活动中大家可以得到快乐。

活动延伸

1.生活活动:

(1)请全班幼儿共同设计一份值日生的服务活动记录表,在每个人做值日生时进行记录,并开展"优秀值日生"和"优秀值日小组"的评比活动。

(2)请幼儿不定期承担一些志愿服务工作,如清扫校园的落叶,清理活动场地的垃圾等。

2.家园共育:请幼儿在家中和父母一起轮流做值日生,让幼儿选择一些需努力才能完成的家务,并将完成的家务内容记录下来,培养幼儿的责任心,体会服务他人的快乐。

活动九

创意山峡石[①]

设计意图

《3—6岁儿童学习与发展指南》指出:"艺术是人类感受美、表现美和创造美的重要形式,也是表达自己对周围世界的认识和情绪态度的独特方式。"在孩子眼中,一草一木、一事一物都具有独特的魅力。作为生长在长江边上的孩子,通过一次家乡桥的体验活动,萌发了对岸边山峡石的兴趣,他们围绕多样的石头进行自主探究、自由创作,将形状与形状碰撞,色彩与色彩融合,进行自己对艺术独一无二的表达。

活动目标

1.欣赏石头不同组合的造型美,能用石头创作出更多动物形象。
2.选择合适的石头,运用相似、对比等多种搭配方法表现动物形态。
3.在山峡石创意表达中,萌发爱祖国、爱家乡的情感。

活动重难点

1.重点:欣赏石头不同组合的造型美,能用石头创作出更多动物形象。
2.难点:选择合适的石头,运用相似、对比等多种搭配方法表现动物形态。

活动准备

1.经验准备:收集形状各异的扁平山峡石。
2.物质准备:动物图片、优秀创作PPT及对应图片、操作板背景图、背景音乐、现场作品照片、记录表。

[①] 本书作者指导艾丽娟老师设计与撰写。

活动过程

一、动物趣貌，激发初创兴趣

关键提问：

(1)今天，老师请来了一些动物朋友，都有谁？你们喜欢什么动物？

(2)要表现出这些动物的外貌形象，可以用到哪些方式？

(3)看看我准备了什么？这些石头有些什么形状？

(4)你们能用这些多样的石头创作出各种动物吗？

小结：(播放现场创作照片)你们的小手真巧，也能进行大胆想象，创作出了可爱的小狗、慢吞吞的乌龟……

二、借形想象，聚焦创作精度

(一)欣赏优秀创作PPT，提炼创作方法并用对应图片记录。

关键提问：老师也创作出了一些动物，和你们创作出的动物有什么不一样吗？(颜色、形状、大小不一样)

小结：老师创作时是结合了石头本身的特点。螃蟹的身体我选择了扇形的石头，左边1只"大脚"、4只"小脚"，右边"脚"的数量相等，石头的选择也很相似。以中间一条线将两边等分，左右两部分能够完全重合，这种创作方式叫对称排列。

关键提问：谁还能从其他角度发现不一样的排列方式？除了我们已经发现的颜色、形状、大小等创作方式，石头的排列有什么规律？

小结：我们一起来验证。第一层和第二层用的是长条形的石头，横着排列；第三层用的是椭圆形的石头，竖着排列；第四层用的是一头大一头小的石头，竖着排列；最上面一层选择了适合排成弧线的相对较小的石头。创作时考虑的是石头排列的层次性。

关键提问：蜗牛身上石头的排列方式是怎样的？谁来说一说？

小结：蜗牛身上同样选择的是长条形的石头横着排列，壳是由大到小从外圈逐渐环绕排列到内圈的方式。

(二)结合梳理出的创作方法，第二次进行创作。

关键提问：创作动物时，要考虑石头的大小、形状、颜色，还要考虑石头适合放在什么位置,可不可以按一定的规律,只要我们仔细观察,用心比对,就会创作出不一样的造型。请你们试一试。

三、调整样态,注重创作深度

(一)对比观察作品,师幼共同梳理。

关键提问:这一次你们创作的小动物,和前一次相比较有了什么变化?(播放现场创作照片)

小结:动物形象更加生动,比如小狗有蹲有坐、长颈鹿有伸长脖子的,有吃草的……

(二)提出创作要求,再次调整创作。

关键提问:请你们再次试试,可以重新创作,也可以将小动物再次进行调整,一定会有意想不到的效果。

(播放现场照片)小结:经过你们的调整,这只小乌龟的壳变得……小兔子扎上了漂亮的蝴蝶结……在这一次创作中,老师看到了你们丰富的想象力,你们在动物造型上的能力有了明显提高。

四、创新背景,拓展创作广度

关键提问:不要局限于刚刚我们共同梳理出的创作方式,可以进行自主创新,要怎样添加山峡石让我们的画面变得更有意思?比如,漂亮的背景、动物之间发生有趣的故事……

(播放现场照片)小结:请创作的小朋友来介绍一下自己的作品。这只小乌龟有了家、小狗有了小伙伴……能够看出你们在构思上花了很大的心思。

🔖 活动延伸

适用区域:美工区、建构区、图书区等。

区角活动:我们家乡有山有水,江边的石头形态各异,能够创作出许多优秀的作品,请你们收集更多的石头投放到区角,不仅限于创作动物。

活动十

我的家乡——桥城[①]

设计意图

万州素有"桥城"之美誉,桥已成为万州最耀眼的风景。随着万州长江大桥的开通,万州结束了用轮渡连接南北两岸的时代,牌楼长江大桥的通车,更是缩短了江南新区与主城的距离,给人们的生活带来了极大的便利。一座座桥的出现、消失、重建见证了万州的发展变化。夜幕降临,桥上灯光倒映江水,明灭闪烁,如梦如幻,是万州市民茶余饭后休闲娱乐的好去处。

常常听幼儿谈论关于桥的粗浅话题,大多是桥的名称、样子、灯光……我们设计"我的家乡——桥城"大班社会活动,着眼于幼儿的认知、兴趣,挖掘桥城的地方课程内容,通过直接感知、亲身体验的方式让幼儿感知家乡桥的多样性,了解桥的发展,感受家乡桥城的发展变化以及为生活带来的便利,激发幼儿爱家乡的情感,为自己是万州人感到骄傲和自豪,有归属感。

活动目标

1. 亲身体验,感知家乡桥的多样性。
2. 了解桥的演变过程,感受家乡桥城的发展变化,萌发热爱家乡之情。

活动准备

1. 经验准备:通过网络,查阅万州桥的相关信息,确定自己想了解的万州桥。亲子体验,对自己初步感知的万州桥进行记录。
2. 物质准备:记录表、录音、与桥有关的书籍、搭建桥的建构玩具、家乡桥的照片及分类标志、PPT。

[①] 本书作者指导陶凌燕老师设计与撰写。

活动过程

一、粗浅认知,感受万州特色魅力

(一)利用图片回想万州特色的美食、美景等风土人情。

(二)谈话分享喜欢家乡的理由,萌发幼儿爱家乡的情感。

关键提问:
(1)你们喜欢万州吗?
(2)你们喜欢万州的什么?

(三)介绍万州独特的地理环境,导入家乡"桥城"的来历。

二、分享经验,了解万州桥的多样性

(一)感知桥城万州的斜拉桥——牌楼长江大桥。

关键提问:前段时间你们了解到牌楼长江大桥的哪些秘密?

1.幼儿分享交流牌楼长江大桥的秘密。

2.语音介绍牌楼长江大桥的相关信息。

小结:牌楼长江大桥全长2120米,桥宽36米。桥的两边有不同数量的钢索,这是斜拉桥的典型特点,它连接牌楼街道和江南新区。

(二)感知桥城万州的拱桥——万州长江大桥。

关键提问:你们知道万州长江大桥吗?

1.幼儿分享交流前期获取的万州长江大桥的相关信息。

2.语音介绍万州长江大桥的相关信息。

小结:万州长江大桥原名万县长江大桥,全长814米,宽23米,桥拱跨420米,桥面距江面高140米,1997年5月竣工通车,是长江上第一座单孔跨江公路大桥,也是当时世界上同类型跨度最大的拱桥,它改变了万州南北两岸互通的交通方式。

(三)感知桥城万州的梁桥——石宝嘴大桥,比较梁桥与拱桥的异同。

关键提问:你们还知道什么桥?

1.幼儿分享万州石宝嘴大桥的信息。

2.语音介绍石宝嘴大桥的相关信息。

小结:石宝嘴大桥是一座梁桥,它连接着北山片区和周家坝。

3.引导幼儿比较发现梁桥与拱桥的异同。

（四）感受万州桥的多样性。

关键提问：除了这些桥，你们还知道万州的哪些桥？

幼儿七嘴八舌话万州桥。

小结：刚刚说到的这些桥大多数都是跨江大桥。其实万州的桥还有高架桥、立交桥、人行桥，有的地方还保留着少量古桥。它们既方便了人们的生活，又成为万州城市建设中亮丽的风景线。

三、建构经验，知道万州桥的发展变化

（一）了解桥出现前，万州南北两岸人们来往的方式及带来的不便。

关键提问：以前科技相对落后的时候，没有桥，长江两岸的人怎样到对岸呢？

幼儿猜想，教师回应。

小结：游泳过河在长江汛期水急浪高的时候很危险，对于不会游泳的人来说，也并不可行。乘坐小木船能到达对岸，但它的速度很慢。正是因为这些原因就有了桥的出现，桥给人们的生活带来了方便。

（二）利用万州典型桥的演变过程，幼儿感受万州的发展变化。

1.感知最初的桥。

关键提问：

（1）你们知道桥最初是什么样子吗？（出示图片）

（2）当最初的简易的桥不能满足人们的需要，给人们的出行带来困扰时，聪明的人们又创造了怎样的桥？（利用图片了解人们经过简单加工后出现的"桥"）

（3）接着出现了这样简易的"桥"，这种桥墩的出现，体现了人们的智慧，比以前方便多了，过段时间，又会出现什么新的问题呢？

幼儿猜想，表达理由。

2.利用图片了解科技进步后，出现的万州古老石拱桥。

关键提问：随着科技的进步又出现了什么桥呢？

幼儿猜想，表达理由。

3.感受如今的家乡桥城的万州桥，获得归属感。

小结：科学技术发展到今天，出现了用钢筋混凝土等材料建构的斜拉桥、拱桥和梁桥。万州的桥梁见证了家乡的发展变化，桥梁已经成为万州城市建设的亮点。我爱我的家

乡——桥城,桥城是独一无二的,创造着许多个第一,身为万州人我们应该感到骄傲和自豪。

🔔 活动延伸

区域活动:创设建构区、图书区、益智区,多方拓展幼儿桥的相关信息。作为家乡未来的建设者,可以了解更多的桥梁知识,可以为家乡的桥梁分类,也可以打开幼儿的想象之门设计并搭建更先进的桥梁、建设美丽的新万州。

(1)建构区:提供记号笔、纸、各种木块积木、插接玩具、乐高拼接玩具等等。

游戏:我是小小建筑师,幼儿为家乡设计、建构心中更为先进的桥。

(2)图书区:提供万州桥自制图书《家乡的桥》,绘本《桥梁的结构》《月牙桥》《桥那边》《走过的小木桥》,记录纸,等。

游戏:幼儿通过绘本等书籍了解更多的桥梁知识。

(3)益智区:提供家乡各类型的桥梁照片,幼儿设计的拱桥、斜拉桥、梁桥的标志,等。

游戏:幼儿自主分类桥梁的类型。

第九章　幼儿园科研课题园本课程思政

《3—6岁儿童学习与发展指南》指出，要珍视游戏和生活的独特价值，创设丰富的教育环境，最大限度地支持和满足幼儿通过直接感知、实际操作和亲身体验获取经验的需要，充分尊重和保护幼儿的好奇心和学习兴趣，帮助幼儿逐步养成积极主动、认真专注、不怕困难等良好学习品质。本章以幼小衔接、乡土材料和生活教育三个课题研究方向进行活动设计，结合幼儿的学习特点和认识规律，注重综合性、趣味性、活动性，寓教育于游戏、生活之中。幼小衔接着重培养幼儿独立自主的人格，塑造幼儿强大的心灵，以积极、乐观的心态迈向小学的殿堂；乡土材料着重让幼儿在自然中真奔跑、真观察、真体验、真感受，萌发幼儿亲近乡土自然、传承乡土文化等意识，厚植幼儿乡土情怀与家园情怀；生活教育着重培养幼儿独立生活能力、增强身体素质和自我保护意识，拓展经验、开阔视野，从而促进幼儿身心健康发展。

第一节　幼儿园幼小衔接园本课程思政教育教学活动设计

活动一

珍惜时间[①]

设计意图

《幼儿园教育指导纲要（试行）》中指出："科学教育应密切联系幼儿的实际生活进行，利用身边的事物与现象作为科学探索的对象。"大班的幼儿正处于好奇好问阶段，他们对周围的事物、现象感兴趣，有极大的好奇心和求知欲。然而时间概念在幼儿的脑海中还是模糊和抽象的。因此，我们设计"珍惜时间"活动，以体验和激发情感为主要任务，借助绘本故事《喜欢钟表的国王》，帮助幼儿真切感受到时间的宝贵，懂得珍惜时间。

[①] 本书作者指导黄美玲老师设计与撰写。

🚩 活动目标

1.知道时间在人们日常生活中的重要作用。
2.有初步的时间概念,能勇敢地表达自己的感受。
3.乐于参与活动,感受珍惜时间、抓紧时间的好处。

🚩 活动重难点

1.重点:知道时间的重要性。
2.难点:感受一分钟时间的长短。

🚩 活动准备

1.物质准备:故事PPT、勾线笔、白纸、定时器一个。
2.经验准备:知道时钟由哪几部分组成,知道生活中的时钟。

🚩 活动过程

一、导入活动,引出时间的概念

(一)出示时钟,简单认识时钟的数字与指针。

关键提问:

(1)这有一个时钟,它是由哪些部分组成的?

(2)这些数字在钟面上的位置一样吗?哪里不一样?

(3)你能一下就说出时钟上显示的是几点钟吗?

小结:这个圆形的时钟是由数字、三根指针组成的,长的那根叫分针,短的那根叫时针,另外一根细细的在慢慢走动的指针叫秒针。有的小朋友能一下子说出几点钟,对时间掌握得比较好。

(二)提取经验,知道哪些物品可以了解时间。

关键提问:除了钟,我们还能通过哪些物品知道确切的时间?

小结:你们的观察能力强,真棒!手表、电脑、手机等可以帮助我们了解时间,知道什么时候做什么事情,时间在我们的生活中非常重要。

二、理解情境,感知时间的重要

(一)完整讲述故事,感受时间的重要性。

引导语:今天,老师还带来了一个好朋友,你们看,国王戴着皇冠,穿着王袍多神奇呀!猜猜他有什么爱好,你是怎么知道的?

教师引导幼儿观察图片上国王的特征、爱好,引出这是个爱好钟表的国王。

关键提问:他是嘀嗒嘀嗒国的国王,他非常非常喜欢钟表。他把所有的钟表都收集到他的宫殿来了,他的表情是什么样的?大家想一想,如果人们没有了钟表,会发生什么?会出什么事情?

(二)仔细观察图片,交流讨论故事内容。

关键提问:

(1)国王为什么不高兴?

(2)小鸟怎么啦?

(3)集市又发生什么事情了?你们从哪里看出来的?

(4)为什么会这样呢?

小结:时钟在生活中非常重要。如果没有时钟,人们就不知道什么时间做什么,整个城市就陷入了一片混乱。

三、体验时间,知道要珍惜每一分钟

(一)讨论:一分钟是长还是短。

关键提问:一分钟是多久?一分钟能做多少事情?

小结:有的小朋友认为一分钟时间特别短,有的小朋友又觉得一分钟特别长,一下就过去了,既然如此,我们就来做个小实验测试一下,一分钟到底是长还是短。

(二)操作:一分钟画一个手表。

引导语:如果要求在一分钟内画一个手表,你们能画好吗?老师这里有个计时器,当我按下计时器说开始的时候,你们开始画手表,当一分钟计时结束的时候会有铃声响起来,这时候我们就停下来,看看自己完成了没有。

1.幼儿第一次操作,交流完成的情况。

关键提问:为什么大部分小朋友没完成呢?刚才还有小朋友说一分钟可以做很多事情呢,现在呢?一分钟时间其实很短,我们一定要珍惜时间,才能完成任务。怎样才能在这短短的一分钟之内画好一只手表呢?

2.幼儿讨论交流,教师帮助小结。

小结:通过交流讨论,我们知道了快速完成绘画需要做到以下几点,一是提前把材料准备好,二是绘画速度加快,三是……有这么多好办法,再加上我们珍惜时间,一定能完成任务。现在我再给你们一分钟,再来一次。

3.幼儿第二次操作,再次完成绘画。

关键提问:这次你们完成得怎么样?为什么画得这么快?比比看,把第二次和第一次比,画得怎么样?

小结:经过第一次的操作,这一次就有更多的小朋友完成了绘画,而且有的小朋友还对绘画的时钟进行了装饰,可见,同样的一分钟,只要集中注意力、抓紧时间,就能完成任务,而且能做更多的事情。

四、拓展经验,了解生活中时间的珍贵

(一)交流讨论,知道生活中的时间。

关键提问:在你们的生活中,什么时候要抓紧时间?

小结:生活中我们不能浪费时间,刷牙、洗脸、吃饭、做手工,都要专心致志,做事情不能拖拉,否则会影响到后面的活动或事情。

(二)看图观察,了解珍惜时间的事件。

关键提问:

(1)发生什么事情的时候特别需要抓紧每分每秒的时间呢?

(2)这里发生了什么事情,为什么要抓紧时间?

(3)医生抢救生命垂危的病人会怎样?着火了怎么办?地震了应该怎么做?

小结:是的,发生这些紧急的事情的时候更要抓紧每分每秒,早一秒就能早安全。我们的小朋友也要学习珍惜每分每秒。

(三)拓展延伸,知道如何珍惜时间。

引导语:现在你们知道时间有多么重要了,我们一定要抓紧时间,争分夺秒。只有珍惜每一分每一秒,我们才能做更多的事,完成更多的愿望。最后给小朋友们一分钟时间,请你们放好小椅子,拿好材料,排好队。

小结:真棒,不到半分钟就完成了,都知道珍惜时间了,希望你们能更加珍惜时间,在有限的时间里做更多有意义的事。

活动延伸

区域活动：教师计时一分钟，幼儿进行收纳箱整理。

活动二

一颗超级顽固的牙[1]

设计意图

换牙是每个幼儿都会经历的一个成长过程，是对他们极其重要的一件事。大班的幼儿正处于换牙时期，他们对此有小小的害怕，担心流血、害怕长不出漂亮的牙齿。幼儿换牙时，老师和家长作为引导者，应给予他们鼓励、支持和勇气，引导幼儿轻松面对换牙。我们设计"一颗超级顽固的牙"活动，旨在通过欣赏一个可爱而有趣的故事，让幼儿了解换牙的知识，感受换牙的喜悦、有趣，让换牙成为幼儿成长过程中的一段美好经历。

活动目标

1. 仔细观察图片，理解故事内容，感受故事的有趣。
2. 根据图片内容大胆猜测并表达自己的想法。
3. 了解换牙是成长的必经之路，能以正确的心态积极面对换牙。

活动重难点

1. 重点：理解故事内容。
2. 难点：大胆猜测并表达。

活动准备

1. 经验准备：知道长大会掉乳牙。
2. 物质准备：绘本《一颗超级顽固的牙》。

---

[1] 本书作者指导冉思老师设计与撰写。

活动过程

一、换牙经历，激发兴趣

关键提问：你们知道什么叫换牙吗？

小结：我们每一个小朋友到了一定年龄（6—12岁），牙齿会松动，离开我们，然后在它原来生长的地方，长出一颗新的牙齿。

关键提问：你们换过牙吗？换牙的时候你有什么感觉？

小结：我们班有个别小朋友已经开始换牙了，他们有的害怕、有的喜悦。

二、欣赏故事，理解故事

引导语：今天，老师给大家带来了一本关于换牙的图画书，我们一起来看看吧！

（一）说顽固。

关键提问：有没有小朋友知道"顽固"是什么意思？

小结：顽固就是不容易改变的意思。

（二）牙松了。

关键提问：

(1)为什么会是"一颗超级顽固的牙"？

(2)正当她张大嘴巴咬下去的时候，发生了什么事情？

(3)塔比莎的牙齿怎么啦？牙齿松了，她的心情怎样？

小结：有的小朋友觉得她会难受，有的小朋友觉得她会很开心。

（三）盼掉牙。

1.出示图画。

关键提问：牙齿松了她应该紧张或是不安，为什么"她笑了"？

引导语：爸爸告诉她，"如果今天晚上你把那颗牙齿放在枕头下面，牙齿小精灵就会把它收走，还会给你留一点儿钱"。

小结：原来她盼望牙齿小精灵来收走牙齿。

2.牙齿一直不掉怎么办。

关键提问：

(1)怎样才能让牙齿快点儿掉下来呢？

(2)小朋友们，你们有什么办法来帮帮她吗？

小结:刚刚小朋友们很热心,帮塔比莎想了很多办法,有的办法我觉得很有想法。

(四)主意多。

引导语:大家帮助塔比莎想到了很多方法,塔比莎自己也想到了几种方法,我们一起来看一看她想到了哪些方法。

1.出示方法一图片:扭。

关键提问:你看到了什么?塔比莎的第一个主意是什么?她成功了吗?为什么?

小结:使劲扭的方式没有成功。

2.出示方法二图片:拉。

关键提问:她的第二个方法是什么?乌龟最后怎么样?

小结:最后乌龟都累坏了,牙齿还是没掉。

3.出示方法三图片:跳。

关键提问:这次她的方法是什么?结果如何?

小结:跳蹦床的方法,牙齿还是没掉。

4.出示方法四图片:粘。

关键提问:她有没有成功?为什么?

小结:塔比莎想了这么多方法,牙齿都没有掉下来,真是一颗超级顽固的牙。晚上,要睡觉了,小精灵不会来了,就在这时发生了一件有趣的事情。

5.出示图片五:打喷嚏。

关键提问:发生什么事了?

小结:牙齿终于掉下来了。

三、完整欣赏,感受有趣

引导语:现在塔比莎心情如何?你是怎么看出来的?她很开心,留了一封信给小精灵,我们一起来听一听。

教师带领幼儿再次欣赏故事。

关键提问:

(1)塔比莎的故事结束了,你们觉得这个故事有趣吗?

(2)哪里有趣?

引导语:为了换牙,塔比莎想了这么多的方法,最后还是一个不经意的喷嚏帮助了她,今天塔比莎也写了一封信给我们大班的孩子,我们来听一听她想对我们说什么。

小结:亲爱的小朋友们,换牙不是一件坏事,说明你长大了。我们出生后长出来的牙叫乳牙,到了六七岁,乳牙就会依次松动掉下来,再长出新牙,这时长出来的新牙叫恒牙。掉牙并不疼,先是松动,过一段时间就会自然掉下来。如果小朋友的牙松动好久都不掉,而且里面都长新牙了,这时就要爸爸妈妈带你到医院请牙医帮忙。

活动延伸

家园共育:幼儿回家后,和家长一起查阅掉牙期间的牙齿保健知识。

活动三

想一想 量一量[①]

活动意图

"诗词歌赋在心中"班本课程正在进行,诗仙李白的那句"谪仙醉乘金凤去,大醉西岩一局棋"激发了幼儿的探究兴趣,我们设计"想一想 量一量"活动,旨在以家乡——太白岩为载体进行体验,让儿童在生活中发现数学、理解数学。"老师,我从八角亭到洗墨池走了98步。""老师,我从'万州第一山'走到'锦绣山河'走了70步。"幼儿以生活中常见的物品为工具,以多元方式进行测量,理解测量单位的大小和测量结果之间的反向关系。

活动目标

1.能用首尾相接的方法进行测量,比较长短距离。
2.结合测量工具的长短,理解测量结果之间的反向关系。
3.喜欢探究活动,在过程中感受家乡太白岩的美好事物,萌发爱祖国、爱家乡的情感。

活动重难点

1.重点:能运用首尾相接的方法进行测量。
2.难点:结合测量工具的长短,理解测量结果之间的反向关系。

[①] 本书作者指导谭培花老师设计与撰写。

活动准备

1. 经验准备:提前了解爬山小常识、太白岩悠久历史,制定爬山线路图,知道简单的测量方法。

2. 物质准备:背包(爬山生活物品)、记录表、碑文石刻。

活动过程

一、寻"仙"踱步,激发兴趣

(一)以"诗人踱步"的游戏方式,激发幼儿测量兴趣。

引导语:诗仙李白曾在太白岩上写下一首诗《横江词》,据说是踱步成诗。让我们也一起来感受。从太白岩石壁踱步到绝尘龛,背诵一首自己熟悉的诗。

关键提问:

(1)从太白岩石壁踱步到绝尘龛背诗,你踱了多少步?

(2)大家的步数为什么不一样?

小结:有的踱了50步,有的踱了39步,踱步的大小直接影响踱步数量。

二、体验探究,提炼方法

(一)幼儿围站成圈,教师布置任务。

关键提问:

(1)怎样才能准确知道一段距离的长短?

(2)需要使用什么测量工具?

小结:想要知道一段距离的长短可以用测量的方法。测量工具有很多,可以用枯树枝作测量工具,也可以用背包里的遮阳伞作为测量工具……

(二)幼儿随地自选材料,进行第一次测量、记录、梳理。

关键提问:请你们试着自选一种材料进行测量并记录。

测量完成,梳理结果。

关键提问:你们用的是什么材料?测量方法是什么?最后结果是多少?

幼1:用的是两株狗尾巴草,从最开始的地方平放,然后一株接一株地量,一共9株多一点点。

幼2:用的是跨步测量,小布丁帮忙做记号,刚好10步。

幼3：用了20根干树枝，每测量一次都做了记号。

小结：从你们分享的结果中，用狗尾巴草测量的数量是9株多一点点，跨步测量是10步，干树枝测量的结果是20根。你们能想办法收集身边常见的、便于测量的普通物品去完成测量。真棒！

关键提问：同样是测量，为什么结果会不一样？

幼1：因为我们用的测量工具不同，我用的是狗尾巴草，他用的是跨步。

幼2：对，还有我用的树枝。

小结：测量工具不同，得出的数量不一样。

（三）师幼调整工具，进行第二次测量、记录、梳理。

关键提问：工具不同这个问题可以怎样解决？以上几种工具中，什么最便于测量？

幼：我们可以统一用树枝进行测量。

测量完成，再次梳理结果。

关键提问：都使用树枝，测量工具一致，结果为什么还是不一样？怎样解决？

小结：测量工具一致，但长度都不一样，树枝可以修剪成一样长。

（四）调整测量工具的长度，进行第三次测量、记录、梳理。

关键提问：请各小组将树枝进行比对，调整为同等长度，再次测量。

测量完成，再次梳理结果。

关键提问：统一了测量工具，每组成员的树枝长度一致，但各组的测量结果却不一致，为什么？请你们看看测量实录视频。

幼：树枝长度一致，但是我们的测量方法不一样。

关键提问：什么方法测量出来的结果会比较准确？

小结：统一工具和长度后，测量时一定要从起点开始，首尾相连，摆放整齐，直至终点，最后准确记录。

关键提问：从视频中发现了什么问题？

幼：我们一组的树枝长一些，二组的树枝短一些，结果也会不同。

小结：一组的树枝长一些得到的结果数值小，二组的树枝短得到的结果数值大。

（五）运用正确测量方法，进行第四次测量、记录、验证。

关键提问：请各小组用树枝进行正确测量，验证答案。

测量完成，验证测量结果。

小结：进行测量时，测量工具越长，数值越小，测量工具越短，数值就越大。

三、实地延展,巩固经验

请小组尝试使用更多元的材料测量太白岩上其他感兴趣的景点A到景点B之间的距离,分享给自己的家人。

活动延伸

数学就在我们身边,测量其乐无穷。在教室里、马路上、家里面都有很多测量的场域,鼓励幼儿用其他生活中更多常见的测量工具去探索物品的大小、高矮、宽窄、厚薄……

附:

幼儿记录表1

小组	方法	工具	数量

幼儿记录表2

小组	方法	工具	数量

教师统计表1

小组	方法	工具	数量
1			
2			
3			
4			
5			

教师统计表2

小 组	方法	工具	数量
1			
2			
3			
4			
5			

活动四

上小学的路[1]

设计意图

《幼儿园教育指导纲要（试行）》指出，要引导幼儿"学习用简单的数学方法解决生活和游戏中某些简单的问题"，强调幼儿数学教育活动必须来源于生活，让幼儿在生活中发现数学、学习数学、理解数学。在我园儿童耕读教育基地体验活动中，幼儿在关注玉米的生长过程

---

[1] 本书作者指导冉思、陈枭老师设计与撰写。

时,学会了测量不同阶段玉米生长的高度,从此他们迷上了测量活动,他们会在生活中测量桌子、身高、绘本……为坚持不懈地鼓励幼儿与同伴友好合作,通过观察、测量与分析的方式掌握正确的测量方法并记录,我们设计"上小学的路"活动,旨在通过系列体验活动,让幼儿能合理规划时间,选择最近的路上小学,为上小学做好身心准备、生活准备、社会准备和学习准备,以及引导幼儿用积极正面的情绪面对小学生活,为今后形成健全的人格和终身学习的能力打下良好的基础。

活动目标

1.初步感知两点之间有多种行走路线,通过观察、测量与分析找出最近的路。
2.敢于探究与尝试,掌握正确的测量方法并记录。
3.愿意用数学的方法尝试解决生活和游戏中的问题,体验解决问题的乐趣,为上小学做好经验准备。

活动重难点

1.重点:敢于探究与尝试,通过观察、测量与分析掌握正确的测量方法并记录。
2.难点:在多次操作学习过程中,选择出最适宜的测量工具,验证出最近的路。

活动准备

1.经验准备:亲子体验上小学的路。
2.物质准备:无线展台、PPT、测量材料(吸管、乐高玩具、毛线)、记录表、笔、路线图。

活动过程

一、展示场景,导入激趣

关键提问:孩子们,你们即将大班毕业,马上就要进入小学,你们要上哪一所小学?知道从家到学校的路吗?请体验过小学路的小朋友来分享一下。

幼儿朵朵分享从家到小学有三条不同的路线。

引导语:对于即将进入小学的我们,找出家到学校距离最近的路,可以为我们预留出足够的时间按时到校不迟到。请你目测一下哪条上学路最近并说说理由。

小结:你们积极开动脑筋,大胆表达了自己的想法,但是大家意见不一。需要我们继续开动脑筋解决问题,找到最近的路。

二、体验探究，获取经验

（一）分组自选工具，初次测量记录。

1.提供多元材料，幼儿合作体验。

教师提供路线图、记录表和测量工具，幼儿自主选择材料、路线进行测量。

2.小组分享结果，梳理汇总问题。

关键提问：你们从统计表中发现了什么问题？为什么？

小结：从以上统计表可以看出，各小组选择不同的路线，使用不同的测量工具，得出的数量不一样。有同一条路线但选择不同测量工具的，得出的数量也不一样。

（二）统一路线工具，二次测量记录。

1.聚焦关键问题，大胆表达想法。

（1）同一条路线选择不同测量工具，得出的数量不一样，这个问题在后面的探究中，我们可以怎样解决？

（2）幼儿统一路线，用合适的工具进行测量并记录。（幼儿记录表1）

2.小组分享结果，引导发现问题。

关键提问：同一条路线同一种测量工具得出的结果为什么又不一样？这是为什么？（引导幼儿发现测量中的问题：测量时玩具摆放不整齐，中间留有空隙，会影响测量结果）

小结：正确的测量方法应是选择一种测量工具，从起点出发，首尾相连，摆放整齐，直至终点，然后准确记录。

三、大胆验证，扩散思维

（一）运用前期经验，调整测量方法。

1.支持幼儿想法，投票决定材料。

2.请幼儿用选好的材料第三次测量并记录在第三页表上。

（二）鼓励幼儿表达，尝试解决问题。

关键提问：这一次测量过程中遇到了什么新问题？请你说一说。（教师记录表1）

1.转角处玩具太硬，不方便测量。

小结：在老师提供的工具中，柔软的工具最便于转角处的测量。（毛线）

2.终点处只剩一小段距离，不够一根毛线完整的长度。

小结：为了方便比较，我们统一记录方式。我们可以先记录从起点开始使用工具的整数,比如2根毛线多一点,先记录整数2,多余的这一小段就用"+"来表示。2+就表示从朵朵家到电报路小学的距离是2根毛线多一点点。

四、分析比较,提炼方法

(一)优化测量工具,寻找最近的路线。

引导语:现在你们已经掌握了正确的测量方法和记录方法,也知道了毛线是这三种材料中最合适的工具,请大家用毛线测量朵朵家到电报路小学三条路线的距离,记录在第四页表上。这样我们就能帮助朵朵找出最近的路了。

(二)观察比较数据,得出准确结论。

引导幼儿观察记录表上的数据,找出最近的路线。

小结:从这张记录表可以清晰地看出,第三条路最近。今天,小朋友们不仅学习了测量的正确方法,还帮助朵朵寻找到了她家到电报路小学的最近路线,为她上小学节省了时间,避免迟到。

五、合理规划时间,幼小科学衔接

小结:相信你们在测量、比较、分析后也能找到自己家到小学最近的路,为上小学节省时间。进入小学后,老师希望你们认真听讲,按时上学,早日戴上红领巾,做一名优秀的小学生!

活动延伸

家园共育:亲子体验路线,自主测量距离。请幼儿回家和爸爸妈妈一起找一找从自己家到即将上的小学有几条路,绘制出路线图并用更多的工具测量,比如步数、时间、皮尺、红外线测距仪等。

附:

幼儿记录表1

小组	路线	工具	数量

幼儿记录表2

小组	路线	工具	数量

教师统计表1

小组	路线	工具	数量
1			
2			
3			
4			
5			

教师统计表2

小组	路线	工具	数量
1			
1			
1			
2			
2			
2			
3			
3			
3			
4			
4			
4			
5			
5			
5			

活动五

特别的爱[1]

🔖 设计意图

《3—6岁儿童学习与发展指南》指出,成人要"帮助幼儿学会恰当表达和调控情绪"。从"百善孝为先"到"老吾老以及人之老"的古训,无不提示我们尊老、敬老、爱老,已经成为全社会的责任。"爱"是幼儿园教育中永恒的主题,它无时无刻不在我们身边,幼儿的成长更是倾注了家人、老师、同伴以及社会大量的心血与爱。什么是爱？怎样表达爱？我们设计"特别的爱"活动,从以上问题出发,截取生活中常见的爱的表达方式,让幼儿通过行动、语言来体验爱、感受爱。同时,让幼儿在看一看、说一说、听一听的过程中理解长辈在心中的美好感受,愿意用自己的方式表达对长辈的爱与感激之情,营造良好的"爱老、敬老、助老"氛围,让爱传承。

🔖 活动目标

1. 愿意在生活中关心老人、尊敬老人、帮助老人,让我们的社会充满爱。
2. 能用自己的方式表达对长辈的爱与感激之情。
3. 通过观察照片和分享故事,感受祖辈给予自己的照顾和疼爱。

🔖 活动重难点

1. 重点：感受祖辈给予自己的照顾和疼爱。
2. 难点：用自己的方式表达对长辈的爱与感激之情。

🔖 活动准备

1. 经验准备：活动前请父母与孩子聊一聊祖辈对晚辈的关爱和照顾。
2. 物质准备：幼儿和爷爷奶奶或姥姥姥爷的合影照片、故事《我的爷爷奶奶》、幼儿记录表每人一张,大记录表一张,彩笔、胶带若干。

---

[1] 本书作者指导李玉亭老师设计与撰写。

活动过程

一、爱在引导，发现美好——讲述故事，共享温暖

引导语：老师在幼儿园门口等待你们时，总是会看到你们的爷爷奶奶、姥姥姥爷对你们细致的呵护，长辈对你们关爱的种种瞬间都特别令人难忘和感动，请你们说一说你们和祖辈之间感人的事情吧！（如，姥姥清晨早起为我做早饭；牵着我的手送我来幼儿园；一次次地问我冷不冷给我披衣服；生病难受时，姥姥一直陪着我；等等）

关键提问：你们有没有感受到爷爷奶奶和姥姥姥爷对你们的爱呢？你们爱不爱他们？请你们结合照片讲一讲。

小结：老师听了这么多温暖的故事真是无比感动，原来和爷爷奶奶、姥姥姥爷在一起这么幸福。他们一直在我们身后默默地保护着我们，为我们准备丰盛美味的饭菜，带我们去游乐场逗我们开心，他们从来都不求回报。他们全心全意地照顾我们，一定特别辛苦！

二、爱在告白，暖暖温情——感受情感，表达情感

（一）教师讲述自己和爷爷之间的故事，幼儿通过故事感受爷孙间的亲情。

引导语：小朋友们和爷爷奶奶、姥姥姥爷之间的故事真的很让人感动。我也很爱我的爷爷奶奶，下面我也讲一个有关我和爷爷之间的故事。

关键提问：听完我的故事，你们有什么感受？什么地方让你们觉得很温暖？

引导重点：通过故事感受爷孙之间的亲情。

小结：家人之间的关爱是能看得见、摸得着的，这些爱就像故事里的摇椅一样，默默地守护着我们。

（二）鼓励幼儿大胆表达敬老爱老的方式，并制订关爱老人的计划。

关键提问：大家都特别爱自己的爷爷奶奶、姥姥姥爷，他们为我们做了那么多的事情，我们能为他们做些什么呢？

教师出示计划表并介绍记录方法：我们可以为长辈做的事情有很多，现在请把你们想为爷爷奶奶、姥姥姥爷做的事情先记录下来，然后按照你们制订的计划一一去做。

指导重点：提示内容主要体现关心照顾老人的具体事情。

（三）分享幼儿做的计划表，梳理和总结幼儿想要关怀和照顾老人的方式。

关键提问：我们可以为爷爷奶奶做哪些事情？

指导重点：鼓励幼儿大胆表达，引导幼儿讨论自己现在可以为长辈做些什么。

小结：看来只是一个小举动、一句暖心的话、一声甜甜的呼唤、一幅充满爱意的画就能让爷爷奶奶、姥姥姥爷感到幸福和满足！

三、小手传爱，真挚祝福——展开行动，关爱长辈

引导语：请小朋友们回家后将你们的暖心大行动拍下来，把照片或视频发送给老师，不要忘记小任务哦。

小结：今天，大家都分享了自己和长辈之间的感人小故事，也表达了对他们深深的爱。接下来的日子里，希望宝贝们都能按照自己制订的计划去实施，真正做到对爷爷奶奶、姥姥姥爷的关心和照顾，在生活中也要关心老人、尊敬老人、帮助老人，让我们的社会充满爱。

活动延伸

1. 区域活动：继续进行计划的制订及分享。

2. 家园共育：向家长展示幼儿制订的关爱计划，并请家长对幼儿在家的关爱行动进行支持，及时将幼儿关爱行动的照片或视频发给老师，生成后续的课程。

本周打卡记录

第一周：

行动＼时间	星期一	星期二	星期三	星期四	星期五	星期六	星期天
唱首歌跳支舞							
捶捶背揉揉腿							
老幼共画自画像							
送一份手工礼物							
送爷爷奶奶爱吃的东西							
一起做游戏							
帮助生活中的老人							

第二节　幼儿园乡土材料园本课程思政教育教学活动设计

活动一

闯关大冒险[①]

设计意图

晨间活动时,我们发现幼儿很喜欢用竹竿做游戏。为了让幼儿在游戏中探索出更多的竹竿玩法,鼓励幼儿积极思考、运用多种感官进行体验,发展幼儿身体的灵敏性和弹跳能力,提高动作的节奏感和协调性,在自然化、生活化的情景中练习跨跳等动作的灵敏性,达到寓教于生活的目的,以及让幼儿在轻松愉快的氛围中体会集体合作的快乐,我们设计了"闯关大冒险"活动。

活动目标

1.能根据老师的指令进行走、跑、跳等基本动作,尝试用跨跳的方式过河。
2.在合作游戏中,发展弹跳能力、灵敏性和协调性,激发勇于挑战的学习品质。
3.愿意主动参与体育游戏活动,体验体育游戏带来的快乐。

活动重难点

1.重点:能根据老师的指令进行走、跑、跳等基本动作,尝试用跨跳的方式过河。
2.难点:在合作游戏中,发展弹跳能力、灵敏性和协调性,激发勇于挑战的学习品质。

活动准备

物质准备:长短不一的竹竿、音乐(去郊游)、木凳。

[①] 本书作者指导石慧老师设计与撰写。

🔽 活动过程

一、趣探竹竿

教师播放音乐《去郊游》，幼儿自由探索竹竿玩法。

小结：刚刚你们玩竹竿玩了这么多种不同的玩法，现在我们一起去森林探险，请小朋友们把竹竿放回篮子里。

二、趣玩竹竿

（一）设置森林探险情境，幼儿用自己喜欢的方式过桥。

（二）幼儿分为男女两组，尝试用不同的方式过桥。

小结：恭喜你们第一关闯关成功！刚才的游戏中，我们用到了双脚跳、单脚跳等方式过桥。刚刚老师看到有一个小朋友用到了特别的方式过桥——蛙跳。在蛙跳的时候，我们的双脚宽于肩，接着弯曲膝盖蹲呈"坐下"的姿势，臀部向后坐，保持胸部挺起，接着向前高高跳起，落下后继续保持蹲位，双脚也保持之前的宽度，我们一起来练习一遍。

三、趣跳竹竿

加大游戏难度，幼儿学习听指令快速过桥。

引导语：第二关，听指令过桥。老师发出指令，小朋友听指令快速过桥。我们先原地练习一遍，侧身走、双脚跳、蛙跳。

小结：你们真厉害，耳朵会听，眼睛会看，所以能快速地听指令过桥。恭喜你们第二关闯关成功。

四、趣跨竹竿

引导幼儿尝试多种方法跨过竹竿。

关键提问：第三关，我们来到了小河边，河水很急，河面很宽，小朋友们想一想，我们要怎么过河呢？（引导幼儿利用各种方式进行尝试）

小结：我们可以助跑，然后跨过去。助跑我们要找到适合自己的距离，跑的时候想一想哪一只脚先跨出去更舒服。跨的时候注意安全，不要碰到旁边的小朋友。

五、再探竹竿

关键提问：我们进入了丛林深处，天空突然下起了大雨。大雨过后，河水涨高了，我们要怎样过河呢?

请幼儿来尝试,幼儿自由尝试后,一起试试怎么过小河。

引导语:刚刚是老师和你们一起完成了闯关,现在请小朋友们自己完成闯关。我们在第一关的时候,用自己喜欢的方式过桥,第二关用助跑跨的方式过河,第三关你们可以自己尝试用你们可以过的方式过河。老师的哨声响起,我们就回到原位。

活动延伸

区域活动:在美工区投放记录表和笔,幼儿绘画自己的闯关冒险日记。

活动二

趣味木桩走[①]

设计意图

《幼儿园教育指导纲要(试行)》中指出,要"开展丰富多彩的户外游戏和体育活动,培养幼儿参加体育活动的兴趣和习惯,增强体质,提高对环境的适应能力""用幼儿感兴趣的方式发展基本动作,提高动作的协调性、灵活性"。大班幼儿的动作趋于协调、灵活,但是幼儿在追逐跑的过程中,因腿部和腰背部的力量限制,动作不够流畅迅速。因此,我们设计"趣味木桩走"活动,旨在促进幼儿腿部力量及动作灵敏性、协调性的发展,引导幼儿发现游戏中的问题,并通过共同讨论来解决,鼓励幼儿做学习的小主人。

活动目标

1.知道比赛规则并愿意挑战。
2.尝试以一个木桩为起点,进行多排的S形前进。
3.在游戏中感受团队竞技的乐趣,萌发团队荣誉感。

活动重难点

1.重点:幼儿能按规则进行S形前进。
2.难点:幼儿能克服活动中的困难,大胆与同伴探索更多游戏玩法。

[①] 本书作者指导周垚岑老师设计与撰写。

🔺 活动准备

1. 经验准备：一路纵队变2路纵队练习，2路纵队变4路纵队练习，知道前进走的路线。
2. 物质准备：木桩若干、口哨、号码牌、地上贴上标签、热身音乐、一面小红旗等。

🔺 活动过程

一、扮演角色，热身运动

(一)全身运动——学解放军进行野外拓展训练。

踏步走—跑步走—后踢腿跑—跨跳—S形前进踏步放松。

引导语：今天，我们小朋友来学当解放军，一起到野外进行拓展训练。老师做指挥员，你们做解放军战士，解放军战士一定要听指挥员的指令。小战士们，我们先来锻炼身体，大家听我的指令，和我一起练本领。让我们走过草地，跑过平原，跨过沼泽（绕过小树桩）踏步放松一下。

(二)跟着音乐节奏做腿部热身运动。

二、基本动作，S形前进

(一)讲解S形前进的方法，进行S形绕木桩练习。

关键提问：小战士们真棒！不喊累不喊苦！刚刚我们是怎么绕过这些小树桩的？

小结：像这样弯弯绕绕，一个跟着一个走过小树桩，这样的前进方法就像蛇一样，我们叫它S形行走。

关键提问：S形前进的时候要注意什么？

小结：S形前进的时候不能碰倒小树桩，而且队伍不能脱节。今天我们就要进行S形前进训练。

(二)进行S形绕木桩练习。

引导语：在我们的前方有很多小树桩，我们要用S形前进的方法绕过这些小树桩，但是小战士们要认真听指挥员的要求。当你们绕完小树桩后，小战士要占领一个宝地才算成功，但是队伍要跟原来的一样。（集体练习2遍）

(三)从S形绕木桩前进过渡到绕地上的原点S形前进。

引导语：刚刚我接到通知，训练要加大难度了。小战士们要先S形前进绕过小树桩，还要继续S形前进,没了树桩怎么办呢?接下去可要听仔细了。当第一个小战士占领一个宝地后,第二个小战士要绕过第一个小战士站在他的后面占领一个宝地,接着第三个小战士绕过第二个小战士占领一个宝地,第四个绕过第三个,第五个绕过第四个,每个小战士都要占领自己的宝地,记住S形不能脱节。

(四)分组示范练习,教师进行指导。

引导语:集体练习1遍后进行比赛。当你们组所有的战士都占领宝地后,请你们举手告诉指挥员(老师)。

(五)绕人桩进行S形前进比赛。

关键提问:刚才我们已经占领了宝地,你们也知道了占领宝地的方法。你们看,现在没有了小树桩,前面有一块宝地等着你们去占领。我们要用S形前进的方法去占领,可以怎么占领?

小结:当第一个战士占领宝地后,第二个小战士要绕过第一个小战士站在他的后面占领一个宝地,接着第三个小战士绕过第二个小战士占领一个宝地,第四个绕过第三个,第五个绕过第四个,最后一个小战士占领后举起对面的绿旗就算成功。

分组进行示范,教师进行指导。(集体练习1遍)

(六)进行比赛2次。

引导词:当你们组所有的战士占领宝地后,请你们举手告诉指挥员。

占领红宝地:方法同前,同时占领绿宝地和红宝地。

三、放松运动

小结:今天的S形前进训练很成功,你们都是勇敢的小战士!让我们一起放松一下吧!

活动延伸

区域活动:

(1)运动区——与同伴探索更多木桩的游戏玩法。

(2)美工区——鼓励幼儿在木桩上进行绘画。

活动三

民间体育游戏——揪尾巴[①]

🔖 设计意图

《幼儿园教育指导纲要(试行)》指出:"培养幼儿对体育活动的兴趣是幼儿园体育的重要目标,要根据幼儿的特点组织生动有趣、形式多样的体育活动,吸引幼儿主动参与。"大班幼儿的身体动作能力已得到较为良好的发展,已经具备较好的身体协调性和灵活性,幼儿园可以创设丰富多彩的体育活动,用幼儿感兴趣的方式发展基本动作,进一步提高其动作的协调性、灵活性。"揪尾巴"是传统的民间游戏,幼儿通过游戏可以锻炼自身的身体动作灵敏性以及手眼协调性,如游戏中的"快跑"和"躲闪"等动作。通过游戏,幼儿可以了解民间游戏,在游戏中与同伴合作,满足幼儿社会性发展的需求。实践证明,在教师的引导下幼儿可以将"揪尾巴"这一游戏进行发散和创编,衍生出更多元的玩法,既满足幼儿创造能力的发展,同时也符合大班幼儿的年龄特点。

🔖 活动目标

1.初步感知民间游戏,学习并掌握"揪尾巴"游戏玩法。
2.会玩"揪尾巴"游戏并能与同伴合作创编更多"揪尾巴"游戏玩法。
3.体验民间游戏的乐趣,乐于与同伴共同进行游戏。

🔖 活动重难点

1.重点:感知民间游戏的趣味性,体验与同伴一同合作游戏时的喜悦。
2.难点:学习并掌握"揪尾巴"的游戏玩法,并能与同伴合作创编更多"揪尾巴"游戏玩法。

🔖 活动准备

1.经验准备:掌握毛巾的多种玩法,能用毛巾充当多种游戏道具。
2.物质准备:毛巾若干、热身音乐《健康歌》。
3.环境准备:可供幼儿追逐、躲闪的宽敞场地。

[①] 本书作者指导刘宗利老师设计与撰写。

活动过程

一、热身运动,活动导入"毛巾变尾巴"

(一)《健康歌》音乐热身活动。

引导语:在进行体育活动或游戏前,一定要先热身才能避免受伤,现在请小朋友们和老师一起回顾我们之前学的热身操,动起来吧!

(二)毛巾玩法变变变。

关键提问:

(1)小朋友们之前用毛巾做过很多游戏,毛巾可以用来怎么玩?

(2)如果我们把毛巾塞进裤腰,它又像什么?

小结:刚刚我们探索出了毛巾的新玩法。如果把毛巾放进裤腰就像一根小尾巴,今天老师就要带小朋友们一起玩一个揪尾巴的游戏!

二、师幼示范,幼儿初步感知玩法

(一)师幼示范基本玩法。

关键提问:老师需要和一位小搭档共同完成示范,请其他小朋友注意观察,并思考一个问题,老师在游戏时需要怎样保护自己的小尾巴? 小搭档要怎样才能揪到老师的小尾巴?

(二)幼儿初步体验"一人保护尾巴,一人揪尾巴"基本玩法。

小结:在刚刚的游戏中,我们了解了揪尾巴的基本玩法,一个人要保护自己的尾巴,另一个人要找准机会揪下对方的小尾巴。接下来我们要加大难度,继续挑战更多的玩法。

三、体验游戏,尝试双人、多人游戏

(一)两两游戏,相互揪尾巴。

引导语:在学会游戏的基础玩法后,小朋友们尝试找到自己的小搭档,和自己的搭档一起,都在裤腰塞一个毛巾,做成一个小尾巴,仔细听老师的游戏规则之后和小搭档一起做游戏。如果哪位在游戏中违规了,就算游戏失败!

游戏规则:两人面对面站立,教师喊"三、二、一、游戏开始"后,两人同时开始移动,瞅准机会揪对方的尾巴。注意游戏中不得拉扯身体其他部位、不得推搡,先揪下对方尾巴者获胜。

(二)多人游戏,保护自己的尾巴,揪其他人的尾巴。

引导语:接下来请小朋友们都参与到共同游戏中,不再以双人形式,大家需要在保护好自己尾巴的同时尝试去揪其他小伙伴的尾巴。

游戏规则:多个小朋友同时塞上小尾巴,教师喊"三,二,一,游戏开始"后,多人同时开始移动,保护好自己的小尾巴的同时,瞅准机会揪其他同伴的小尾巴。注意游戏中不得拉扯身体的其他部位、不得推搡,最后守护好自己尾巴的小朋友获胜。

小结:人数越多的时候,小朋友们首先要保护好自己的小尾巴不被揪下来,再尝试去揪其他小伙伴的小尾巴,所以这时候小朋友们就要行动更加敏捷,要尝试跑起来,去躲闪或揪住其他小伙伴的小尾巴。

四、合作讨论,创编揪尾巴玩法

(一)教师提问,引导幼儿互动讨论。

关键提问:除了双人、多人的玩法,我们还能有哪些好玩的玩法?和你的小伙伴一起讨论,并向大家分享你的想法,带着大家玩一玩!

(二)邀请幼儿展示创编玩法。

小结:今天,我们一起玩了传统民间游戏——"揪尾巴",从单人到双人再到多人揪尾巴,我们在游戏中合作,在游戏中思考,一起感受了民间游戏的乐趣。在今后的生活中,你们还可以去发现更多的民间游戏,尝试学一学、玩一玩,并把它们带到幼儿园跟我们一起分享和游戏。

活动延伸

1.游戏活动:手指游戏"猴子尾巴弯弯"。

2.区域活动:在美工区为幼儿提供画纸、画笔等材料引导幼儿画一画"谁的尾巴最好看"。

3.家园共育:亲子游戏"大尾巴,小尾巴"。

活动四

小兵突击[①]

设计意图

《幼儿园教育指导纲要（试行）》指出，要"在体育活动中，培养幼儿坚强、勇敢、不怕困难的意志品质和主动、乐观、合作的态度"。在幼儿教育中我们发现，大班幼儿在双手双脚交替爬的过程中，能自觉地形成组织性纪律，但团队意识与合作意识不强。为了促进班级幼儿体能的发展，培养幼儿的坚强意志，提高幼儿的动作水平，养成积极锻炼身体的好习惯，培养幼儿的团结协作精神和集体主义观念，我们设计"小兵突击"活动。

活动目标

1. 乐于参与闯关游戏。
2. 知道钻和爬的动作要领。
3. 能双手双脚交替向前爬。

活动重难点

1. 重点：练习双手双脚交替向前爬的动作。
2. 难点：动作灵活、协调地攀爬。

活动准备

1. 经验准备：幼儿对解放军的工作性质已有简单了解。
2. 物质准备：木梯4组、废旧轮胎4个、玉米根若干、音乐。

活动过程

一、热身活动

（一）角色导入，引发兴趣。

请跟教官一起做《军操》，师幼共同做热身运动。

[①] 本书作者指导钟晓宇老师设计与撰写。

(二)师幼一起做《军操》。

口令就是在运动时专门的术语。稍息、立正、半臂或一臂距离向前看齐,带领幼儿进行队列队形练习。

二、展开活动

(一)双手双脚扶地向前爬。

引导语:今天教官接到上级下达的艰巨任务,让我们到达敌人的营地炸掉他们的碉堡,需要闯过三个关卡才能到达敌人的营地,你们有没有信心?

第一关:爬过小桥(将木梯摆成直行)。

关键提问:前面是两座小桥,小桥是用木梯连接成的,大家想一想,怎样才能又快又稳地爬过这座小桥?

1.幼儿分两组尝试用自己的方式过小桥。

教师注意观察,及时鼓励与肯定幼儿的过桥方法,并提醒幼儿在过桥中注意安全。请个别幼儿示范自己的过桥方法,讨论哪种方法又快又稳。

2.讲解示范,指导练习。

(1)请个别幼儿做示范,教师讲解动作要领:弯下腰,双手扶木梯、双脚踩在木梯上交替向前爬。

(2)请全体幼儿分成两组练习双手双脚向前爬。

教师注意观察,指导幼儿动作灵活、协调地完成爬的动作。

小结:小兵们真勇敢,轻松闯过第一关。

第二关:爬过弯曲桥(加大难度,移动木梯,将4个轮胎分别放在木梯连接处)。

引导语:前面的桥发生了变化,你们有没有信心闯过第二关? 勇敢的小兵们出发吧!

1.全体幼儿分成两组练习双手双脚向前爬过弯曲桥。

2.教师注意观察指导幼儿动作灵活协调地向前爬,及时给予幼儿鼓励,提醒幼儿注意安全。

小结:你们是勇敢的小兵,不怕困难,勇往直前闯过第二关。

第三关:爬过小山(再次加大难度将几个轮胎垒在一起,垒成小山的形状,幼儿爬过小山)。

关键提问:前面发现了又高又陡的小山坡,你们还有没有信心闯过第三关爬过小山?

小结:表扬所有小兵们闯关成功,你们像解放军叔叔一样不怕困难勇往直前。

(二)侦察敌情,增强信心。

引导语:小兵们马上接近敌人的营地,跟教官一起去侦察敌情。

播放音乐,教师与幼儿侦察敌情,当看到敌人时立刻趴下,敌人走了继续前进,不要被敌人发现。

小结:刚刚你们随着音乐的提示,趴下的动作非常标准,成功躲避了敌人的查探,你们都是能干的突击小兵。

(三)游戏"勇炸碉堡",巩固练习。

1.全体幼儿扮勇敢的小兵,分成2队,听到口令后,每队第一名幼儿爬过小山,匍匐前进爬过草地,取一枚炸弹勇敢地扔向敌人的碉堡。

规则:前面的小兵爬过小山后,后面的小兵就可以出发了。

2.播放音乐,幼儿开展游戏活动。

3.根据实际活动量,灵活把握游戏的次数。

4.播放胜利的音乐,与幼儿一起感受胜利的喜悦。

活动延伸

1.游戏活动:《好玩的轮胎》。

2.家园共育:亲子用其他的材料体验不同材料的不同玩法。

活动五

飞檐走壁[①]

设计意图

《3—6岁儿童学习与发展指南》指出:"开展丰富多样、适合幼儿年龄特点的各种身体活动,如走、跑、跳、攀、爬等,鼓励幼儿坚持下来,不怕累。"幼儿园在户外新建了主题体育游戏悬垂区,围观的幼儿很多,真正会玩的却很少,大多数幼儿望而却步,有的拉着绳子跑,还没来得及抬腿就到了尽头。怎样提高幼儿悬垂的能力?结合本园运动材料欠缺的实际情况,我们积极开发运动资源,创设低成本、高质量的体育活动,充分将木桌、木梯、油桶运用起来,

---

① 本书作者指导赵艳红老师设计与撰写。

基于此，我们设计了本次"飞檐走壁"活动，让幼儿在独自展现、合作探究中以双手抓杆、手脚并用的方式进行悬垂爬，锻炼手臂、腰腹及腿部力量，从而在体育活动中，培养幼儿坚强、勇敢、不怕困难的意志品质和主动、乐观、合作的态度。

活动目标

1. 知道多种游戏的组合玩法并创新。
2. 能以双手抓杆、手脚并用的方式进行悬垂爬，锻炼手臂、腰腹及腿部力量。
3. 乐于与同伴合作，体验集体游戏的乐趣。

活动重难点

1. 重点：能以双手抓杆、手脚并用的方式进行悬垂爬，锻炼手臂、腰腹及腿部力量。
2. 难点：与同伴合作探究，共同游戏。

活动准备

1. 经验准备：日常活动中丰富幼儿的运动经验。
2. 物质准备：幼儿运动创意表、木桌12张、木梯4组、油桶4个、垫子2张、音乐。

活动过程

一、热身入境，激发兴趣

（一）师幼分别围绕木桌、油桶、木梯做热身活动。

（二）摆放器材。

4张木桌为一组，摆两组，油桶分别放在一端，木梯分别放在一侧。（图1）幼儿以两路纵队跟随教师分别围绕木桌、油桶、木梯做热身活动，重点进行上肢运动和腿部运动。

图1

二、初探木桌,探究玩法

关键提问:你们有哪些关于木桌的创意玩法?

小结:木桌的玩法有很多。比如:(1)手膝爬行钻木桌。幼儿掌心与膝盖着地,在木桌下手脚协调钻爬,也可在木桌上爬行。(2)肩背侧滚木桌。幼儿侧躺在桌面上,双手交叉抱于胸前,用上肢力量翻滚。(3)从木桌高处往低处跳。幼儿双脚或单脚在木桌上,从木桌上往下跳,双脚着地。

关键提问:

(1)你们用什么方式通过木桌?

(2)还能用哪些不同的方式通过木桌?

小结:小朋友们都用了许多不同的方法通过木桌,比如,在木桌上手脚协调爬,在木桌上平衡走,在木桌下匍匐爬。

关键提问:

(1)组合的木桌可以怎样通过?(图2)

(2)还有什么不同的方式?

图2

小结:组合的木桌玩法有很多,有手脚并用匍匐前进的,有全身团成一团从桌子下滚过去的,有从桌面快速奔跑过去的,还有平躺在桌面上翻滚的……以上玩法,小朋友们都与同伴保持了安全距离,通过方法较安全。

三、组合玩法，勇过险桥

(一)师幼共同思考加上木梯的桌子通过方法。(图3)

图3

关键提问：你们有什么方式过桥？

(二)教师示范：臀部坐在木梯上，手放两侧，脚踩木杆向前移动；以同样的方式后背着向前移动。

小结：小朋友们都能胆大心细地按照老师提出的要求通过险桥。我们的臀部坐在木梯上，小手放两侧，保持身体平衡，小脚踩在木杆上快速向前移动，十分灵活，大家做得又快又好。

四、飞檐走壁，掌握要领

(一)师幼共同思考油桶与木梯组合的通过方式。(图4)

图4

(二)教师示范玩法:双手抓杆,脚搭在木梯上,手脚并用悬垂爬,爬到一端为挑战成功。

(三)幼儿自主玩耍,教师适时帮助。

小结:多数小朋友都能双手抓杆,脚搭在木梯上,手脚并用悬垂爬,都在坚持着完成挑战,表现出了极强的耐力与勇敢。

五、欢乐桌摇,放松整理

引导语:小朋友们两两一组坐在木桌上甩甩腿脚,相互做全身按摩,捶一捶、捏一捏,重点放松手臂与腿部肌肉。

活动延伸

1.游戏活动:体验"好玩的木梯""勇敢的小兵"游戏带来的快乐,体验同伴间相互配合的快乐。

2.家园共育:亲子用其他乡土材料进行创意运动,体验不同材料的不同玩法。

第三节　幼儿园生活活动园本课程思政教育教学活动设计

活动一

盐去哪儿了[①]

设计意图

《3—6岁儿童学习与发展指南》要求幼儿在探究中认识周围事物和现象,"能感知和发现常见材料的溶解、传热等性质或用途"。盐的溶解是我们生活中极为常见的科学现象,幼儿在生活中观察到溶解现象会产生"盐都去哪儿了?"的疑问。基于此,我们设计了"盐去哪儿了"活动,旨在通过这个活动,幼儿能探究常见物品的溶解现象,在日常生活中养成会观察、爱探究的好习惯。

---

① 本书作者指导周小丽老师设计与撰写。

活动目标

1. 观察盐能在水中溶解的现象,区分可溶物和不可溶物。
2. 能用绘画的方式记录观察到的实验现象。
3. 能对溶解现象有好奇心和浓厚的观察兴趣。

活动重难点

1. 重点:区分可溶解物和不可溶解物。
2. 难点:描述出观察到的溶解现象。

活动准备

物质准备:(每位幼儿各类材料各一份)杯子、适量温水、小勺,白糖、盐、醋、花生米、黄豆、石子,水粉颜料,观察记录表、水彩笔,《小毛驴过河》故事视频。

活动过程

一、情景故事《小毛驴过河》,引起幼儿的好奇,激发幼儿参与活动的兴趣

教师播放《小毛驴过河》故事视频。

关键提问:

(1)为什么盐袋掉进河里就变轻了?

(2)盐去哪儿了?

小结:盐放进水里面"消失"不见了。

二、实验操作《谁会隐身呢》,了解哪些材料可以溶解,哪些材料不能溶解

(一)溶解。

1. 出示材料"温水、盐、勺子",引导幼儿观察盐放入温水中溶解的现象。

关键提问:你们看到了什么现象?

小结:盐放在温水中就慢慢消失不见了,如果用勺子搅拌,盐会消失得更快。

2. 出示材料"温水、醋、勺子",引导幼儿观察醋放入温水中溶解的现象。

关键提问:

(1)你们看到什么现象了?

(2)你们能用勺子把醋取出来吗?

(3)勺子里面只有醋吗？还是醋和水都有？能把醋和水分开吗？

小结：盐放在温水中，我们会发现盐的颗粒慢慢变小，最后消失不见了，这种现象是溶解；把醋倒进水里，水慢慢变了颜色，我们也不能把醋和水分开，这种现象也是溶解。

(二)不可溶解。

出示材料"黄豆、温水、勺子"，引导幼儿观察黄豆放入温水中是否会出现溶解现象。

关键提问：

(1)刚刚我们一起观察到盐会在水中溶解，小朋友们，黄豆放入温水中会有怎样的变化？

(2)能用勺子把黄豆取出来吗？

小结：黄豆放入温水中，无论怎样搅拌都能被我们看见，我们也能取出黄豆，这个现象说明黄豆不会溶解在水中。

三、动手体验《溶解进行时》，引导幼儿区分可溶解物与不可溶解物

(一)出示材料"白糖、花生米、水粉颜料、石子"，鼓励幼儿大胆猜测这些材料是否可以溶解在水中。

(二)分发材料给每个幼儿，幼儿直接操作体验每种材料是否可溶解。

小结：白糖放入水中不见了，水粉颜料放入水中，水变成了颜料的颜色，白糖和水粉颜料可以溶解在水中；花生米和石子放入水中就沉了下去，还能用勺子取出来，花生米和石子不能溶解在水中。

四、实验记录《有趣的溶解》，鼓励幼儿用绘画的方式记录观察到的现象

(一)教师带领幼儿一起回顾活动过程中所有材料是否可溶解。

(二)教师分发材料"水彩笔，观察记录表"给每位幼儿，幼儿用绘画的方式记录观察到的现象。

(三)教师邀请幼儿分享自己的记录表，引导幼儿大胆表达。

小结：小朋友们观察得很仔细，也能用绘画的方式进行记录，以后，我们可以继续用小眼睛去观察，看看还有哪些东西能溶解，哪些东西不能溶解。

➤ 活动延伸

1.区域活动：

(1)美工区：用绘画的方式记录今天活动观察到的现象。

(2)科学区:小朋友们把自己感兴趣的各种材料带进幼儿园,老师准备容器、记录本,小朋友们自己操作溶解实验并分类记录。

2.家园共育:在日常生活中还有许多有趣的溶解现象等着我们去探索,小朋友们回家后跟爸爸妈妈一起去探究观察藏在生活中的溶解,并举一反三、学以致用,家长带领幼儿观察物质溶解时的不同形态,观察了解是否会出现沉淀现象。

有趣的溶解实验记录单

材料							
我的猜想							
实验结果							

活动二

劳动小能手[①]

设计意图

《3—6岁儿童学习与发展指南》提出,要"创造条件和机会,促进幼儿手的动作灵活协调""引导幼儿生活自理或参与家务劳动,发展其手的动作""能使用简单的劳动工具或用具"。现在的孩子大多是衣来伸手,饭来张口,更别说爱劳动。我们设计"劳动小能手"活动,旨在让幼儿懂得劳动的意义,激发热爱劳动的意识、感受劳动的快乐,体验劳动的光荣并能自发地做自己力所能及的事情。

活动目标

1.知道常见家用劳动工具的名称及使用方法。

2.能利用简单的工具进行劳动,在生活中能做力所能及的事情。

3.热爱劳动,懂得自己的事情自己做的道理。

---

① 本书作者指导王泽江、吴银花老师设计与撰写。

活动重难点

1.重点:知道常见家用劳动工具的名称及使用方法。

2.难点:热爱劳动,懂得自己的事情自己做的道理。

活动准备

1.经验准备:有值日生的经验。

2.物质准备:水、抹布、扫帚、拖把、钳子、锤子、螺丝刀、卷尺等常见的劳动工具。

活动过程

一、情境激趣,体验劳动工具

(一)创设问题情境,引发幼儿思考。

关键提问:地面上有一滩水,可能会发生什么情况?我们应该怎么办?

小结:人不小心走在上面,可能会导致摔跤、受伤,我们应该及时用拖把将地面上的水清理干净。

(二)请幼儿尝试用拖把将地面清理干净,体验使用工具的方便和快捷。

二、初次探索,了解劳动工具

(一)展示家用劳动工具,引导幼儿说一说工具的名称。

关键提问:你们认识哪些劳动工具?这些工具有什么用处?

小结:在日常生活中,我们会用到的劳动工具有——抹布、扫帚、拖把等,这些工具可以帮助我们把家里变得干净整洁。

(二)分发劳动工具,幼儿初次探索家用劳动工具的使用方法。

三、角色体验,使用劳动工具

(一)开展劳动竞赛活动,调动幼儿劳动的积极性。

(二)幼儿自由分组进行娃娃家、修理店等角色扮演游戏。

(三)教师创设问题情境,激发幼儿参加家务劳动的热情。

关键提问:爸爸妈妈真辛苦,每天下班回家要忙着做饭、洗衣、打扫卫生……还要照顾你们,家里的事这么多怎么办呢?

小结:自己的事情自己做,家里的事情帮着做,在生活中做一些力所能及的事情,做爱劳动的好孩子。

活动延伸

家园共育:为幼儿提供劳动空间,进行每日劳动打卡,评选家务劳动之星。

活动三

消防员[1]

设计意图

在幼儿眼中,警察、解放军、消防员这些坚强勇敢的人都是最了不起的人,他们也是幼儿游戏时争相模仿的对象。根据大班幼儿动作发展的特点及兴趣,我们设计本次"消防员"活动,旨在增强幼儿的防火意识,提高幼儿身体的灵活性和协调性,发展幼儿钻、跑、跨、爬的基本动作及平衡能力,提高幼儿的团结合作能力,增强集体荣誉感,学习消防员勇敢、坚强、不怕困难、一心为民的优秀品德。

活动目标

1.了解消防员的工作日常,知道常见的消防常识。
2.愿意参加集体活动,能努力完成任务,同时保证自己的安全。
3.学习消防员英勇无畏的精神,感受成为一名消防员的自豪和不易。

活动重难点

1.重点:了解消防员的工作日常,知道常见的消防常识。
2.难点:愿意参加集体活动,能努力完成任务,同时保证自己的安全。

活动准备

1.经验准备:已了解各消防设施的使用方法及消防常识。

---

[1] 本书作者指导何真真老师设计与撰写。

2.物质准备:PPT、消防服、消防帽、活动器械。

活动过程

一、看消防员装备图,做观察小专家

关键提问:

(1)请你们观察图片,知道图片上的人是谁吗?

(2)你们是怎么看出来的?

(3)消防员叔叔的头盔跟我们生活中的头盔一样吗?

小结:给仔细观察的你们点赞!这是消防员叔叔。能从防火服、防火靴、面罩头盔看出来,消防员叔叔的头盔侧面有一盏灯,这盏灯可以帮助消防员叔叔在浓烟中行走时为他们照明。

二、识校园消防设施,丰富消防常识

(一)出示幼儿园消防设施图片。

关键提问:你们知道幼儿园有哪些消防设施吗?

小结:你们真是一群善于发现的孩子!幼儿园里有灭火器,除了灭火器之外,幼儿园里还有很多消防设施,就放在楼梯或者走廊等地方,它就是消防栓,也叫消火栓,是一种固定式消防设施,里面有很多消防器材,发生危险时可以使用它们来保护我们。

(二)认识消防栓、水带、水枪、灭火器、安全出口。

关键提问:

(1)消防栓里面有什么?

(2)这个是什么标志?

小结:消防栓里面有水带、水枪,水枪接在水带的一端,还有一端接在消防栓上,我们可以用其对准火源进行灭火。这个安全出口指示灯还会在浓烟中发亮,帮助我们指出逃生的方向。

(三)播放消防铃声,出示图片。

我们一起来看看消防员叔叔是怎么做的,教师播放视频,幼儿观看。

关键提问:

(1)他们是怎么救人的?

(2)救到的那个人穿的什么?

小结:你们真棒,把我们刚刚学到的方法都用到了。消防员叔叔一接到火警电话就迅速穿好防护服戴上头盔,罩上面罩奔向消防车,迅速出警,进行救援。消防员叔叔救人时,英勇无私地把自己的防火服给被困的人。

(四)回顾幼儿园消防演练。

回顾幼儿园消防演练情景,谈一谈自己的感受。

关键提问:你们还记得我们幼儿园进行消防演练的时候,你们是怎么做的吗?为什么要蹲下来?

小结:因为发生火灾时会产生大量的有毒气体如一氧化碳等,有毒烟气会损伤人体神经系统,容易使人失去意识,丧失行动能力;燃烧时产生的大量烟尘会堵塞呼吸系统,导致窒息死亡,所以每次我们演练的时候老师会请小朋友们弯腰捂住口鼻撤离。

(五)观看消防员训练视频。

关键提问:刚才的这段视频中消防员叔叔是如何进行训练的?

小结:消防员叔叔的训练动作有跑、翻、拉、匍匐爬、登梯等,日复一日地训练使他们的动作迅速,专业严谨,所以出现险情的时候他们才能以最快的速度出警。今天,老师请咱们大班的小朋友做一次小小消防员,看谁的动作又快又标准。

三、穿消防员衣帽,做沉浸式训练

(一)一分钟倒计时,幼儿穿消防服戴消防帽,分组训练。

(二)播放消防警报声,幼儿体验出警,尝试救人。

小结:刚才你们都出色地完成了出警任务。你们在救援的过程中表现出体能很好,动作迅速。消防员叔叔都在为你们点赞,还给你们写了一封信,我们一起来读一读。

火警电话119,

捂住口鼻向下走,

观察四周是第一,

保护自己最重要。

四、阅《消防员》绘本,提升相关经验

小结:今天我们体验的所有消防常识都在一本有趣的图书里面,叫作《消防员》,咱们回家和父母一起仔细阅读,明天把这些经验分享给小班弟弟妹妹。

活动延伸

家园共育:亲子阅读《消防员》,相互交流阅读感受。

活动四

小小消防员[1]

设计意图

《中小学校、幼儿园消防安全十项规定》中提出,应当结合"儿童的年龄和认知特点,组织开展以用火、用电、火灾报警和逃生自救为主的消防安全培训教育,使其掌握必要的消防安全常识"。在幼儿眼中,消防员、警察、解放军都是最伟大的人,他们发自内心地崇拜这些伟大的人,乐于通过模仿游戏进行角色扮演。《3—6岁儿童学习与发展指南》从身体素质的角度提出了幼儿在大肌肉动作方面"具有一定的平衡能力,动作协调、灵敏"和"具有一定的力量和耐力"的发展目标。因此,我们将健康领域融入消防安全,开展"小小消防员"主题活动,创设"消防员选拔大通关"模拟情境游戏,旨在在活动和游戏中,让幼儿增强安全意识,锻炼体魄,萌发对消防员叔叔的崇敬之情。

活动目标

1.认真观察,发现并识别消防安全疏散图、安全出口标志和消防器材(灭火器、消防工具箱),懂得简单的消防常识。

2.在情境体验过程中,不怕困难、相互协作,敢于参与各项体能挑战。

3.感受作为消防员的艰辛,明白在生活中应预防火灾发生,倡导生命至上。

活动重难点

1.重点:发现并识别消防安全疏散图、安全出口标志和消防器材,懂得简单的消防常识。

2.难点:在情境体验过程中,不怕困难、相互协作,敢于参与各项体能挑战。

活动准备

1.经验准备:了解生活中常见的消防常识。

---

[1] 本书作者指导王泽江老师设计与撰写。

2.物质准备：常见的消防安全标志和器材，体能训练材料及标志，场地布置图。

活动过程

一、优"选"战士，巩固消防安全常识

（一）情景激趣，在热身活动中巩固常识。

引导语：好消息，消防大队要选拔一批小小消防员！想成为一名消防员可不简单，要具备消防安全常识、敏锐的观察力、强健的体能等，老师今天先考考你们的观察能力！

带领幼儿热身，观察场地的消防安全标志和器材。

（二）出示常见的消防安全标志、器材图片，师幼共同梳理。

关键提问：你们发现了什么？它有什么作用？

小结：场地中的很多消防安全标志和消防器材，生活中它们都能为我们的生命安全提供保障。作为一名消防员，除了要具备丰富的消防知识，强健的体能也是消防员最基本的素质。

二、趣"练"本领，体验消防员的艰辛

（一）视频导入，浸润品质。

引导语：消防员叔叔在干什么？请你们去试一试。

（二）初次探索，积极参与。

引导语：看看前面的消防员训练场，有很多障碍物，请你们完成第一关——自主探索、顺利通过。

幼儿展示通过障碍物的方法。

（三）观察图示，合作体验。

引导语：为达到快速辨别各种火灾场域的能力，消防员还会随机调整训练场的障碍物。

教师出示场地布置图，幼儿观察并尝试在2分钟内合作完成摆放。

小结：训练场地共分为2组，第一组摆放的是不同方向的椅子，第二组摆放的是不同形态的桌子和方格。恭喜你们在规定时间内完成了场地规划！你们个个都是善于观察和思考、能与同伴积极合作的小小消防员。

(四)终极闯关,内化于行。

引导语:接下来,体能大挑战开始,请你们自由选择,分组挑战。

闯关规则:两队在起跑线后排队,用安全迅速的方法穿过火场抵达安全地带。

小结:挑战结束! 你们不怕困难,勇敢果断。恭喜你们顺利地通过消防安全常识和体能训练考核,成为一名合格的消防员。

三、畅"谈"消防,萌发对英雄的崇敬

(一)师幼畅谈参与选拔的感受。

(二)教师总结,致敬消防英雄。

小结:在生活中,我们应当倡导生命第一,预防火灾发生,保护自身安全。让我们向在危难时刻挺身而出的消防英雄致敬!

活动延伸

家园共育:了解并调查消防员平时的训练,知道小区的逃生疏散路线。

活动五

特别的猫[①]

设计意图

《3—6岁儿童学习与发展指南》指出,大班幼儿要"能根据故事的部分情节或图书画面的线索猜想故事情节的发展,或续编、创编故事"。大班幼儿喜欢探索,具有一定的逻辑推理能力和想象力,能够清晰地表达自己的想法。绘本《他们都看见了一只猫》中,同一只猫在不同事物眼中的形象发生了变化,幼儿需要运用自然科学经验解释产生这些变化的原因,同时,感受到每个人眼中同一件事物都会有不一样的看法。我们以《3—6岁儿童学习与发展指南》为设计依据,设计"特别的猫"幼儿活动,让幼儿根据绘本的情节发展进行猜测、思考,并运用想象力探索"我"眼中的猫,萌发爱自己、接纳自己的情感。

[①] 本书作者指导范迎川老师设计与撰写。

活动目标

1.理解绘本内容,通过故事情节了解绘本中猫的不同形象。
2.通过对比观察、动作模仿等途径,探索一只猫不同的形象的原因。
3.感受科学绘本中蕴藏的趣味,体验猜想和推理的快乐,萌发爱自己、接纳自己的情感。

活动重难点

1.重点:理解绘本内容,知道绘本中的猫在不同事物的眼中的形象不同。
2.难点:能大胆猜想推测绘本中的猫有不同形象的原因。

活动准备

1.经验准备:幼儿有一定的科学常识,对猫的形象有初步的认知。
2.物质准备:课件PPT,操作图片。
3.环境准备:投放绘本《他们都看见了一只猫》。

活动过程

一、游戏导入,激发幼儿兴趣

出示图片,引导幼儿根据轮廓猜测动物。
小结:这是一只猫,长绒毛,竖耳朵,十分可爱。

二、绘本阅读,理解故事内容

关键提问:有只猫满世界溜达,这只猫长什么样?
小结:我们熟知的猫的外形是长胡子,竖耳朵,毛茸爪,圆眼睛。

(一)幼儿讨论,初步感知并描述猫在不同事物眼中的外形变化。

关键提问:绘本中他们都看见了一只猫,小男孩、小狗、狐狸、鱼看到的小猫分别是什么样子的呢?

小结:在小男孩眼中,猫咪有着大眼睛,乖巧又听话;在小狗眼中,猫咪细长挂铃铛;在狐狸眼中,猫咪圆圆又胖胖;在鱼的眼中,小猫变得模糊。这只小猫真神奇,它在不同的动物眼中都不一样。

(二)幼儿讨论,为什么猫在不同动物眼中会有不同的形象。

小结:在不同的动物眼中同样的东西是有变化的,主要在于不同的动物的眼睛构造不同,以及看到事物时的情绪和认识不同。

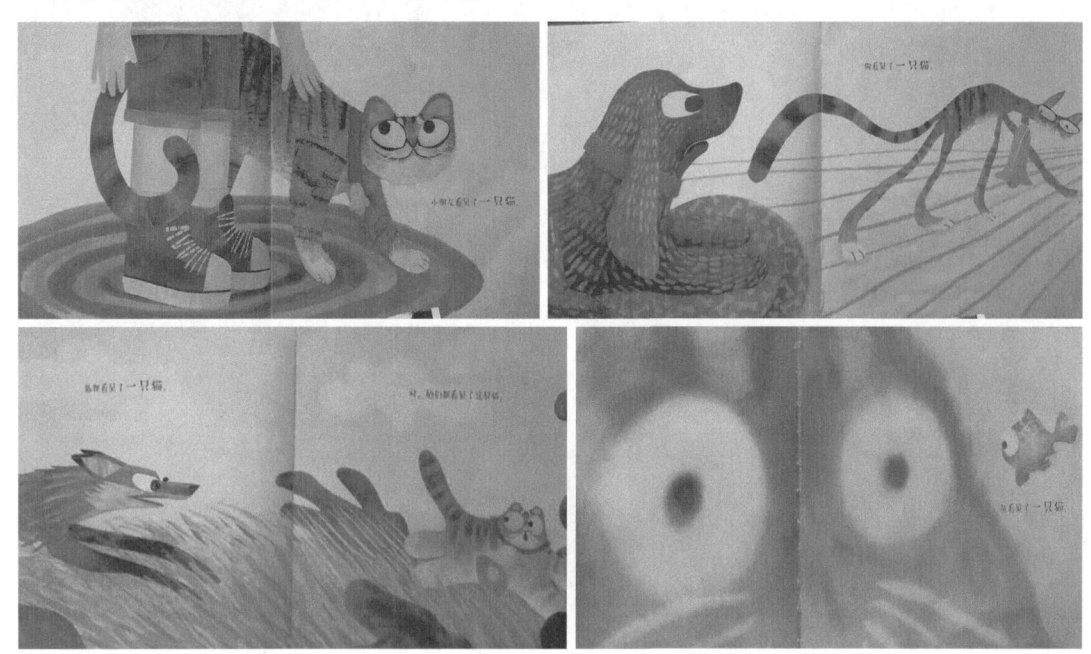

三、配对游戏,大胆推理猜测

(一)展示各动物图片,引导幼儿大胆猜测动物眼中的小猫。

关键提问:这只猫到处溜达,又遇见了哪些小动物呢?在这些动物眼中,小猫又是什么样子的?为什么?

小结:老鼠、蜜蜂、小鸟、跳蚤,他们都看见了一只猫。老鼠怕猫,所以在老鼠眼中猫是凶狠的;蜜蜂看到的猫为什么像一个个泡泡?因为蜜蜂的眼睛有复眼和单眼,复眼位于头部两侧,由很多只小眼组成,所以蜜蜂看到的小猫是一个个泡泡;小鸟眼中的猫是矮矮的,因为小鸟飞得高;跳蚤并没有看到这只猫的全貌,因为它太小了,看不到小猫完整的身体。

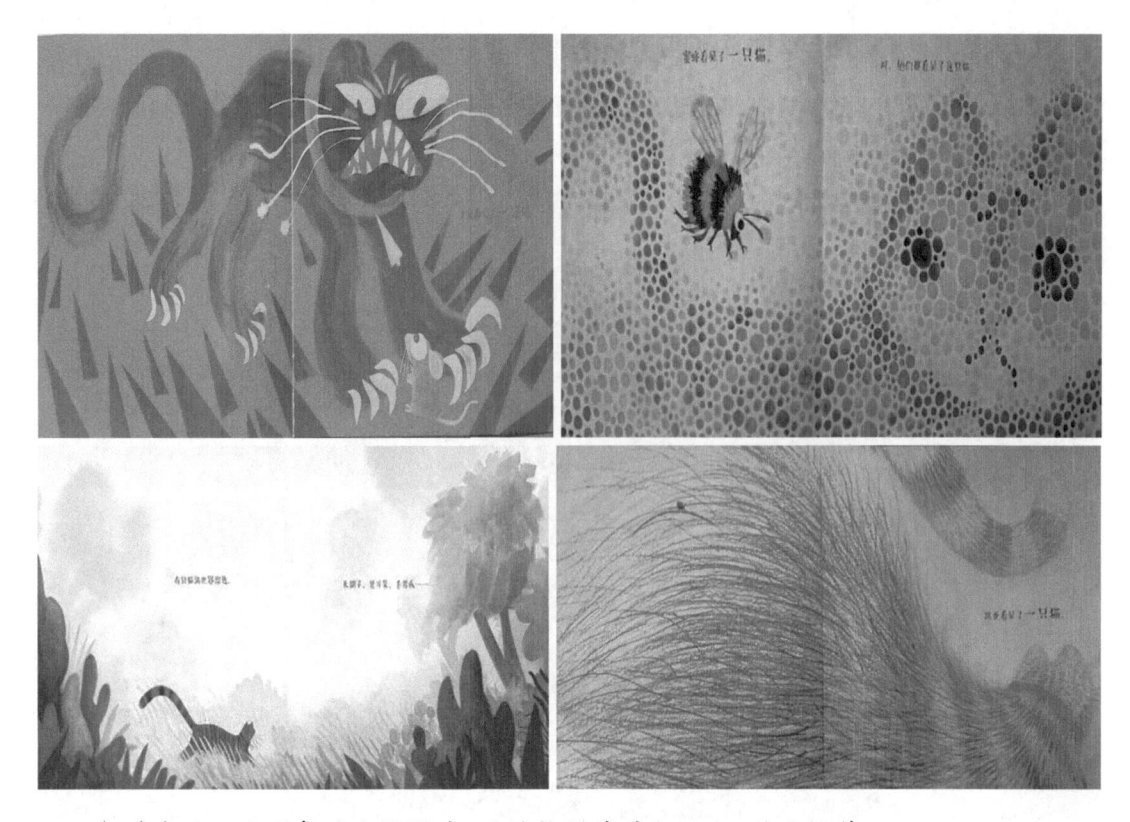

（二）出示不同形象的小猫图片，用动物图片进行匹配，幼儿操作。

关键提问：谁来说说你是怎么匹配的？为什么？

幼儿讨论，运用图片操作匹配，分享操作结果。

小结：蛇属于高度近视眼，靠的是温度感知，所以它看到的东西都是亮黄、火红、蓝色三种颜色；蝙蝠是通过声音感知世界，通过声音定位，所以它看见的猫通身是由一个个的定位点构成；臭鼬要比猫矮小一些，它其实是色盲，分辨不出颜色，所以臭鼬眼中的猫，就像加了黑白颜色一样；虫子看见的猫像是一个由成千上万的虫子组成的大虫子。

四、体验理解,发挥想象创编

关键提问:猫到处溜达,来到另一片水池旁,它眼里的自己又是什么样子的呢?为什么会这样呢?

请幼儿发挥想象创编并分享自己创编的故事,教师指导记录。

小结:作为一个个鲜活而独立的个体,每个人在自己、在他人眼中都是不一样的存在。正是这些不尽相同的方方面面,才构成了个性鲜明的我们。

五、阅读归纳,理解故事逻辑

小结:一只满世界溜达的小猫。它在溜达的路上碰到了小男孩、一条狗、一只狐狸、一条鱼、一只老鼠、一只蜜蜂、一只小鸟、一只跳蚤、一条蛇、一只蝙蝠、一只臭鼬、一条虫子等小动物。这只猫在每个小动物的眼中长得都不一样。

活动延伸

1. 区域活动:美工区画一画你眼中的小猫。
2. 家园共育:和家长一起讲一讲这个小故事。

活动六

值日生初体验[①]

设计意图

幼儿升入大班以后,自理能力明显增强,有乐于帮助别人做事的强烈愿望,尤其是在当老师说需要帮助时,幼儿表现出极大的热情,每当听到老师的赞扬,心中会充满无限的自豪感。但有的幼儿没有掌握正确的整理方法,或是不能正确判断某件事是不是可以去做,有时会出现"一窝蜂、好心办错事、越帮越忙"等现象。为了满足大多数幼儿想给老师帮忙的这种愿望,增强幼儿为集体服务的意识,养成良好的生活习惯,掌握一些收拾整理的技巧,我们在生活中寻找教育契机,为幼儿提供锻炼的机会,特设计"值日生初体验"教学活动。

[①] 本书作者指导石慧老师设计与撰写。

🔖 活动目标

1. 了解值日生的职责和工作内容,掌握简单的劳动技能。
2. 能在实际操作中学会合理分工与合作,提高解决问题的能力。
3. 萌发热爱劳动和积极主动为集体服务的意识。

🔖 活动重难点

1. 重点:能清晰了解值日生的各项任务,积极参与劳动。
2. 难点:愿意在合作中协调完成值日生工作,培养坚持和负责的品质。

🔖 活动准备

物质准备:划分好的值日区域标识、各种劳动工具,如扫帚、抹布等。

🔖 活动过程

一、思考引导,开启值日

师幼谈话,引出值日生话题。

关键提问:

(1)小朋友们,我们每天在教室里学习、游戏,教室的整洁是谁来维护的呢?

(2)你们可以为班级的整洁做点儿什么事情?

小结:我们都是班集体的一分子,虽然我们的力量很小,但是我们每个人都能为班级做点儿力所能及的事情,让我们的教室更加整洁美丽。

二、明确职责,知晓内容

(一)教师介绍值日生的职责和工作内容。

(二)展示值日区域标识,让幼儿清楚知道每个区域的位置。

关键提问:

(1)你认为值日生每天可以做哪些工作?

(2)在擦桌子、扫地、浇花的过程中应该分别注意什么?值日生要怎么做才能把这些工作做好呢?

小结:小朋友们,要想做好值日生的工作,需要大家认真、细心、有耐心,有时候还离不开相互合作,只有这样才能出色地完成值日生的各项工作。

三、合理分组,探讨分工

(一)将幼儿分组,每组推选一名组长。

(二)教师给每组分配不同的区域和任务。

关键提问:你们小组打算怎么完成任务呢?

(三)教师引导幼儿讨论分工。

四、亲身实践,合作劳动

(一)幼儿开始进行值日劳动,教师在旁观察指导。

关键提问:

(1)你们现在正在进行什么工作?

(2)为什么要这样做呀?

(二)鼓励幼儿相互合作,遇到问题一起想办法解决。

关键提问:

(1)遇到问题了你们打算怎样解决?

(2)你们觉得同伴之间相互合作有什么好处?

小结:小朋友们,在整理的过程中遇到了一些小困难,但是通过你们的合作,取得了最终的成功,是大家的辛勤劳动,让我们的教室变得更干净整洁了。

五、回顾过程,肯定成果

(一)劳动结束后,组织幼儿一起回顾劳动过程。

(二)表扬幼儿的表现,肯定他们的努力和成果。

关键提问:

(1)你们今天做值日生的感觉怎么样?

(2)在劳动的过程中,你们印象最深刻的事情是什么?

小结:劳动虽然有点儿累,但是劳动很光荣,通过我们的努力班级变得更好了,小小的我们也能为班级做力所能及的事情,要为自己感到骄傲。

六、鼓励值日，推行轮值

（一）鼓励幼儿在日常生活中主动参与劳动，培养良好的劳动习惯。

（二）可以设置轮流值日制度，让每个幼儿都有机会体验。

活动延伸

1.游戏活动：让幼儿扮演不同的角色，例如老师、服务员、清洁工等，让他们体验不同职业的责任和工作。

2.区域活动：制作值日生墙，在教室中设置一面值日生墙，展示值日生的照片和任务清单，以激励其他幼儿积极参与。

后 记

幼儿园课程作为一种特定的实践活动，不只是通过教学、生活和游戏促进幼儿全面发展，还应该包括在幼儿个体成长过程中起重要作用的方式与进程。幼儿园课程的价值从课程的社会价值上讲，主要包括政治和道德作用；从个体价值上讲，旨在促进幼儿身心全面发展。从理论上讲，幼儿园课程的社会价值是幼儿园课程能否反映和满足不同时代的社会发展状况、不同社会的文化发展需要；幼儿园课程的个体价值主要是指幼儿园的教育实践活动是否能满足幼儿的身心发展，是否能满足幼儿已知发展需要和未知发展需要，这是幼儿园课程开发与教学改革的核心。幸福是人类社会的根本追求，人类的一切奋斗都会转化为幸福。重庆市万州区幼师幼儿园课程体系由"一轴两轮"构成，"一轴"指幸福，"两轮"分别指"系好童年的第一粒扣子"育人目标与"享有童年的最幸福生活"幼儿追求。

本书是中共重庆市万州区委人才工作领导小组办公室"万州区第二批创新创业示范团队重庆市万州区幼师幼儿园幼儿教育课程思政建设创新创业示范团队（万州人才办[2021]7号）"的研究成果。本书是重庆市万州区幼师幼儿园"5+2+N"园本课程体系的完美呈现，共有三个篇章，由何蓉、罗海燕、吴登艳合作编写。本书设计与撰写具体分工如下：作者何蓉负责顶层设计，开展理论研究、组织实践探索，在全国首创并诠释幼儿教育课程思政这个学术定义，构建形成了幼儿教育课程思政实践模式。何蓉老师提出了在幼儿园五大领域中渗透课程思政理念，提出了幼儿园"劳动体验课程""美育版画课程"两个关键思政课程实验，提出了在开展国家和省部级课题项目研究的过程中贯通立德树人根本任务，形成了课题园本课程。本书具体由何蓉确定研究选题，制定思路框架，撰写前言后记，深入课堂指导骨干教师设计、撰写和组织教学活动；罗海燕负责理论研究的推广，幼儿园教育教学活动的选题、设计与开展等工作，撰写了第一篇的理论部分和一部分教育教学活动；吴登艳开展实践研究，负责幼儿园教育教学活动设计指导，撰写了第二篇的理论部分和一部分教育教学活动；艾丽娟具体负责幼儿园课程改革与教学工作，撰写了第三篇的理论部分和个别教育教学活动。

由于作者学术精力与科研能力有限,疏漏之处在所难免,本书的理论观点和实践探索有待完善,诚恳广大同仁和读者朋友批评指正并提出宝贵建议。同时,本书在编写过程中,得到了第五批重庆市高校黄大年式教师团队"乡村卓越幼儿教师迭代培养教师团队(渝教人发[2024]6号)"成员肖幸教授、易俊英教授、宋生涛教授、熊应教授的指导,在此表示感谢。另外,本书的出版得到了西南大学出版社董宏宇等相关领导和编辑的大力帮助,在此表示感谢。

编者

甲辰夏月巴渝三峡